NATURA

Biologie für Gymnasien

bearbeitet von

Siegfried Kluge
Gerhard Ströhla

Stoffwechsel

Ernst Klett Verlag
Stuttgart Düsseldorf Leipzig

1. Auflage

1 5 4 3 2 1 | 2008 2007 2006 2005

Alle Drucke dieser Auflage sind unverändert und können im Unterricht nebeneinander verwendet werden. Die letzten Zahlen bezeichnen jeweils die Auflage und das Jahr des Druckes.

Internetadresse: www.klett.de

Redaktion
Dr. Sigrid Schrooten

Mediengestaltung
Ingrid Walter

Autoren
Prof. Dr. Siegfried Kluge, Neumark
Gerhard Ströhla; Gymnasium Münchberg

unter Mitarbeit von
Dr. Irmtraud Beyer, Ricarda-Huch-Schule, Gymnasium, Dreieich
Dr. Horst Bickel; Geschwister Scholl Gymnasium, Düsseldorf; Studienseminar für das Lehramt an Gymnasium und Gesamtschule, Düsseldorf
Prof. Dr. Harald Gropengießer; Universität Hannover, Fachbereich Erziehungswissenschaften
Gert Haala; Konrad-Duden-Gymnasium, Wesel; Studienseminar Oberhausen
Bernhard Knauer; Hainberg-Gymnasium, Göttingen
Dr. Inge Kronberg; Fachautorin und Dozentin, Hohenwestedt
Hans-Peter Krull, Albert-Einstein-Gymnasium, Kaarst
Hans-Dieter Lichtner, Rats-Gymnasium, Stadthagen
Dr. Horst Schneeweiß; Gymnasium Orthmarschen, Hamburg
Dr. Wolfgang Tischer; Gymnasium Sarstedt
Günther Wichert; Theodor-Heuss-Gymnasium, Dinslaken

Gestaltung des Bildteils
Prof. Jürgen Wirth; Fachhochschule Darmstadt (Fachbereich Gestaltung) unter Mitarbeit von
Evelyn Junqueira
Nora Wirth

Einbandgestaltung
Jens-Peter Becker; normal Industriedesign, Schwäbisch Gmünd; unter Verwendung von folgendem Foto: Okapia (Bangura), Frankfurt

Reproduktion: Meyle + Müller, Medien-Management, Pforzheim
Druck: Aprinta, Wemding

Printed in Germany

ISBN 3-12-045310-2

Was steht in diesem Buch?

Dieses Buch enthält viele Seiten, die nicht nur der Vermittlung von Wissen dienen, sondern zur vielfältigen Auseinandersetzung mit den biologischen Themen anregen.

- **Informationsseiten:** Hier wird die grundlegende Information zu einem Thema geliefert. Durch zahlreiche Abbildungen werden schwierige Sachverhalte durchschaubar.
- **Praktikumseiten:** Sie finden hier Anleitungen zu Versuchen, die Sie selbst durchführen können.
- **Lexikonseiten:** Diese Seiten bieten eine Fülle zusätzlicher Informationen, die das bisher Gelernte in einen größeren Zusammenhang stellen und damit überschaubarer machen.
- **Materialseiten:** Auf ihnen befinden sich umfangreiche Informationen zu einem Thema und dazugehörige Aufgaben.
- **Impulseseiten:** Auf diesen Seiten finden Sie fächerübergreifende Materialien und Impulse zur selbstständigen Bearbeitung.

Basiskonzepte: Biologie ist eine komplexe Wissenschaft, bei der zwischen den verschiedenen Teildisziplinen viele — teils abstrakte — Beziehungen bestehen. Dieser neue Seitentyp zeigt Querbeziehungen zwischen unterschiedlichsten Themen auf. Basiskonzept-Seiten verdeutlichen Prinzipien und ermöglichen es, Faktenwissen zu ordnen und zu strukturieren. Aufgaben fordern zur Auseinandersetzung mit den Beispielen auf. Informationsseiten enthalten entsprechende Hinweise (→ 132/133).

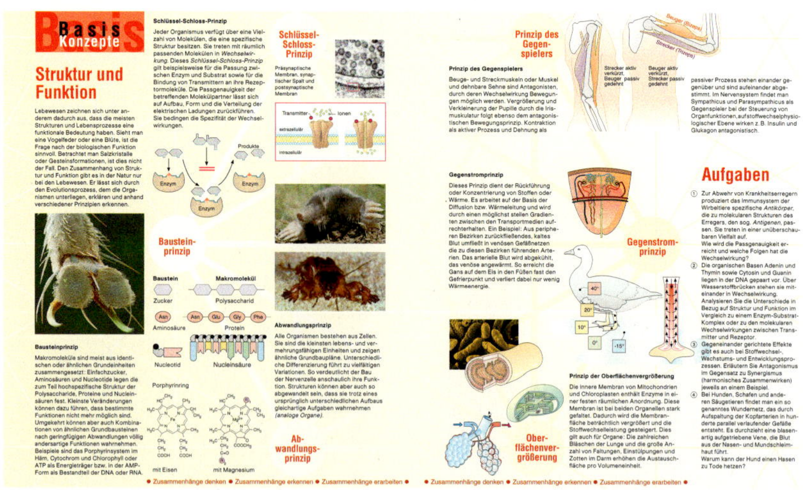

Inhaltsverzeichnis

Stoffwechsel

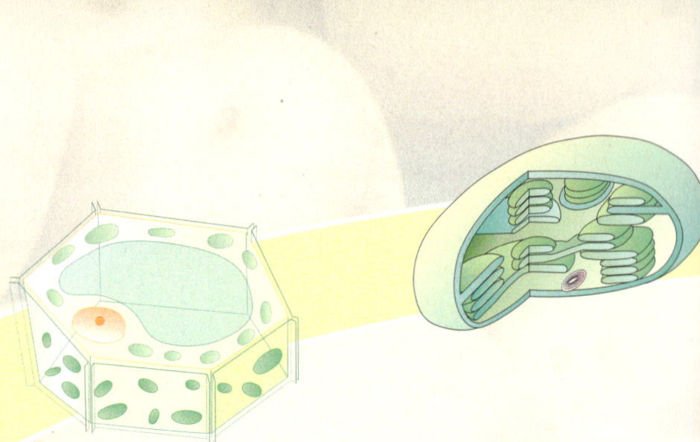

Alle Lebewesen setzen sich aus unbelebten Molekülen zusammen. Trotzdem besitzen sie Eigenschaften, die unbelebte Materie nicht aufweist. Eine wichtige Voraussetzung ist der hohe Ordnungsgrad, der in den Zellen vorliegt. Ein entscheidender Prozess innerhalb dieser Zellstrukturen ist die Energieumwandlung.

Bei der Fotosynthese wird die Lichtenergie der Sonne in chemisch gebundene Energie umgewandelt. Sie liegt dann in Form des energiereichen Stoffes Glucose vor. Vereinfacht dargestellt wird mithilfe der Lichtenergie Wasser gespalten *(lichtabhängiger Teil)*. Sauerstoff wird dabei freigesetzt, der Wasserstoff wird auf Kohlenstoffdioxid übertragen. So entsteht das Energieträgermolekül Glucose *(lichtunabhängiger Teil)*. Dieser Vorgang *(Assimilation)* läuft in den Chloroplasten ab. Kohlenstoffdioxid wird über die Spaltöffnungen in das Blatt aufgenommen. Der Sauerstoff kann über die Spaltöffnungen an die Umgebung abgegeben werden.

Die Glucosemoleküle bleiben zur Speicherung nicht als einzelne Moleküle in den Zellen, sondern werden zu langen Ketten, den *Stärkemolekülen*, zusammengesetzt. Die Stärke wird in bestimmten Speicherorganen, wie der Sprossknolle bei der Kartoffel oder den Körnern beim Getreide, gespeichert.

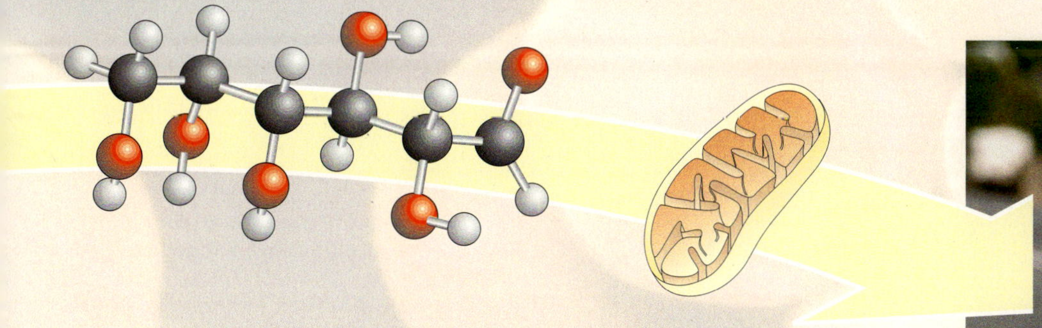

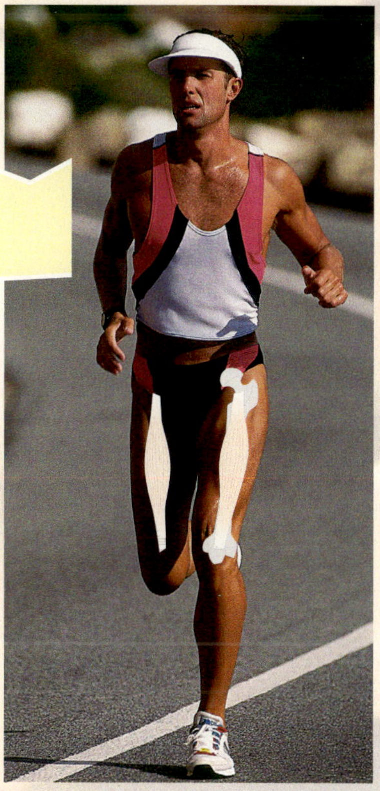

Glucose kann von Lebewesen wieder abgebaut werden *(Dissimilation)*. Bei der Zellatmung wird der in Glucose gebundene Wasserstoff in den Mitochondrien auf Sauerstoff übertragen. Gärungsprozesse verlaufen ohne Sauerstoff *(anaerob)*.

Menschen, Tiere und auch „Pflanzen ohne Licht“ erhalten ihre Energie aus der *Zellatmung*. Bei Mensch und Tier gelangt die Glucose mit der Nahrung über den Verdauungstrakt in den Körper und wird mit dem Blutsystem zu den einzelnen Zellen verteilt. Der Sauerstoff gelangt über die Lunge und das Blut zu den Zellen und den Mitochondrien. Der beim Abbau der Glucose zurückbleibende Rest wird wieder in Form von Kohlenstoffdioxid ausgeatmet.

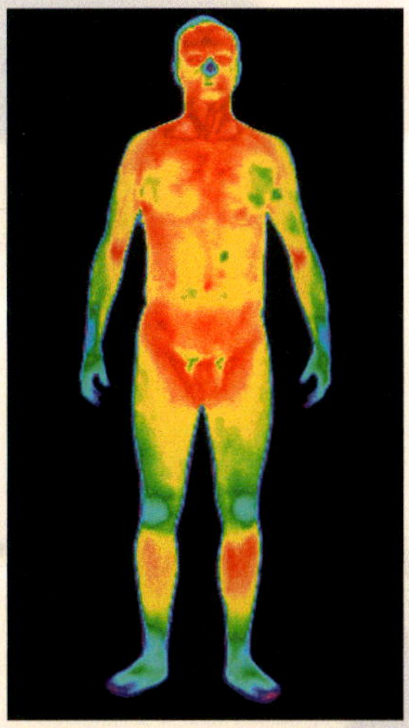

Die in den Glucosemolekülen gespeicherte chemische Energie wird von den Lebewesen für die Erhaltung der Körperfunktionen, das Wachstum oder die Bewegungen benötigt. Ein Teil der Energie wird als Wärme vom Körper an die Umgebung abgestrahlt. Im Energiehaushalt der Tiere und des Menschen ist dies ein entscheidender Faktor.

1 Stoffaufnahme und Stoffabgabe bei Mensch und Tier

Ernährungsweisen der Organismen

1 Löwenrudel beim Fressen

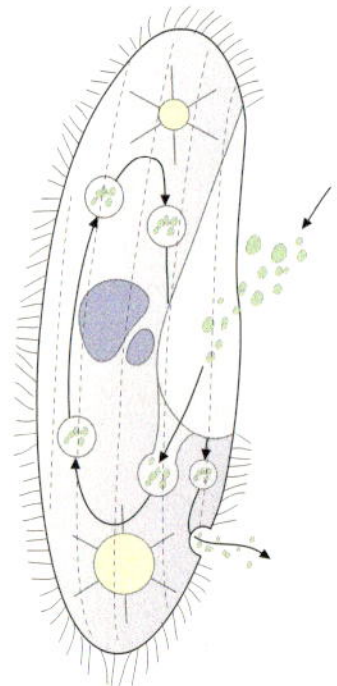

Nahrungsvakuole des Pantoffeltiers

Art	relative Darmlänge*
Maus	6
Katze	4
Mensch	4
Pferd	12
Rind	26

* Körper-/ Darmlängen der Tiere

Ein Löwenrudel hat ein Zebra erbeutet. Ruhig lassen sich die Tiere zum Fressen nieder. Was dem Menschen vielleicht grausam erscheinen mag, ist für sie lebensnotwendig. Tiere sind *heterotroph* und können nur existieren, wenn sie genügend energiereiche organische Nährstoffe aufnehmen und in ihrem Stoffwechsel in körpereigene Stoffe umbauen oder zum Energiegewinn für ihre Lebensvorgänge abbauen.

Größere Organismen verdauen die Nahrung in ihrem Darm. Von dort werden die Nährstoffe in ein Transportsystem aufgenommen, das die Nährstoffe im Körper verteilt und zu den Zellen befördert. Bei einfach gebauten Tieren ohne großen Energieverbrauch, wie z.B. Würmern, reichen ein Darmblindsack und die Flüssigkeit der Leibeshöhle dafür aus. Größere Tiere aber verbrauchen so viele Nährstoffe, dass ein durchgehender Darmkanal nötig wird, der eine ständige Nahrungszufuhr und gleichzeitige Ausscheidung der Reste erlaubt. Ihr Blutkreislaufsystem verteilt die Nährstoffe im Körper.

Bei Tieren lässt sich eine starke Spezialisierung auf bestimmte Nahrungsarten feststellen. Fleischfresser haben eine sehr energie- und proteinreiche Nahrung, die mit hohem Energieaufwand erjagt werden muss. Pflanzenfresser müssen diesen Aufwand nicht betreiben, ihre Nahrung ist aber ungleich schwerer zu verdauen. Gebisse und die anderen Verdauungsorgane sind an die unterschiedlichen Nahrungsquellen angepasst.

Einzeller wie die Amöben können Nahrung an der gesamten Körperoberfläche aufnehmen. Bei Pantoffeltierchen ist die Aufnahme der Nahrung auf einen bestimmten Bereich, den Zellmund, beschränkt. Auf einem vorbestimmten Weg durchläuft sie in einer Nahrungsvakuole eingeschlossen die Zelle bis zum Zellafter. In der Nahrungsvakuole werden die Nährstoffe in kleinste Bausteine aufgespalten. Diese können die Membran der Vakuole passieren und stehen dann im Zellplasma dem weiteren Stoffwechsel zur Verfügung. Auch bei kleinen Tieren wie dem Süßwasserpolypen Hydra versorgt sich jede Zelle aus der verdauten Nahrung im Darm selbst.

Wie die Tiere müssen auch Pilze und viele Bakterien organische Stoffe als Nährstoffe von außen aufnehmen. Sie sind ebenfalls heterotroph. Nur die *autotrophen* Pflanzen können mithilfe der Sonne als externer Energiequelle organische Stoffe selbst herstellen.

Aufgabe

① Welche Regeln lassen sich aus den Angaben zur Körper- und Darmlänge der verschiedenen Tiere aufstellen? Geben Sie eine Erklärung für die Unterschiede.

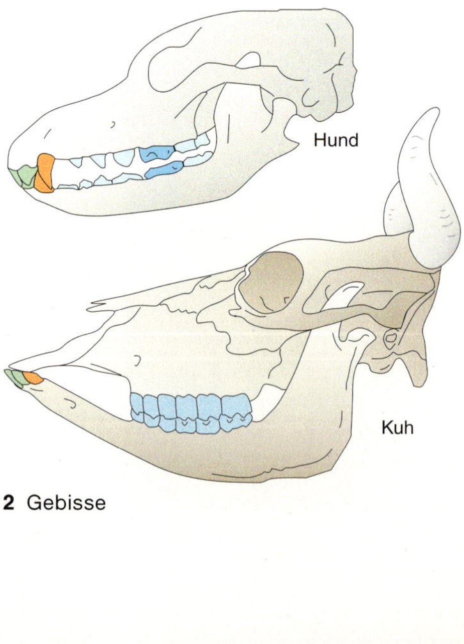

2 Gebisse

Verdauungsprozesse

Ein Bissen Pizza beginnt seine Reise durch den menschlichen Körper. Am Ende dieser Reise werden alle Nährstoffe – Kohlenhydrate, Proteine und Fette – im Blut dem Stoffwechsel zur Verfügung stehen. Nur die wenigen unverdaulichen Reste werden zusammen mit Darmbakterien ausgeschieden.

Die Verdauung beginnt beim Menschen bereits im Mund. Dafür sorgen Enzyme im Speichel, die die nötigen biochemischen Reaktionen ermöglichen (s. Seite 48). Speichel aus den Ohrspeichel- und Unterzungendrüsen macht durch den Schleimstoff *Mucin* die Nahrung auch kau- und schluckfähig. Die Zähne zerkleinern die Nahrung und sorgen so für eine große Angriffsfläche der Verdauungsenzyme. Das Enzym *Amylase* z. B. spaltet die Vielfachzuckermoleküle der Stärke im Pizzateig in kleinere Einheiten auf.

Durch die peristaltischen Bewegungen der Speiseröhre wird der Nahrungsbrocken in den Magen befördert. Bereits der Anblick und Geruch der Pizza hat die Magensekretion in Gang gesetzt. Die *Belegzellen* geben Salzsäure ins Mageninnere ab und senken den pH-Wert auf ca. 1 bis 2. Dadurch werden die meisten Bakterien abgetötet. Eiweiße *(Proteine*, s. Seite 40) werden denaturiert und dadurch leichter verdaulich. Die saure Umgebung wandelt die von den Hauptzellen produzierte Enzymvorstufe *Pepsinogen* in das wirksame *Pepsin* um, das die Nahrungsproteine in kleinere Bruchstücke *(Polypeptide)* spaltet.

Natürlich werden auch körpereigene Proteine von Pepsin angegriffen. Die Abgabe als Vorstufe schützt die Hauptzellen vor Selbstverdauung. Sie wird zusätzlich dadurch vermindert, dass die Außenseite der Magenzellen mehr Fett und weniger Proteine enthält als die anderer Zellen. Zusätzlich bilden die Schleimzellen der Magenwand das Polysaccharid *Mucin*, das gegen den Mageninhalt eine Barriere bildet. Wird nach dem Tod kein Magenschleim mehr erzeugt, setzt die Selbstverdauung ein. Daher kann in der Kriminalistik der Todeszeitpunkt aufgrund des Magenzustandes bestimmt werden.

Salzsäure wird nur nach Bedarf erzeugt. Der Anblick und der Geruch der Speisen fördert die Bildung von Botenstoffen, die Haupt- und Belegzellen anregen. Dehnungsrezeptoren der Magenwand sorgen für den gleichen Effekt. Erst wenn Nahrung durch den Pförtner in den Dünndarm übertritt, wird durch das Hormon (s. Seite 17) *Sekretin* die Salzsäure- und Pepsinogenproduktion wieder gehemmt.

Durch Hormone der Magenwand sind inzwischen auch die Wand des Dünndarms und die Bauchspeicheldrüse *(Pankreas)* zur Enzymproduktion angeregt worden. Durch den *Pförtner* wird die Nahrung portionsweise in den ersten Dünndarmabschnitt, den Zwölffingerdarm, weitergegeben. Die Bauchspeicheldrüse setzt auch Hydrogencarbonat frei, das den sauren Speisebrei auf pH 7 bis 8 neutralisiert. In diesem Bereich sind die Dünndarmenzyme der Drüsenzellen wirksam. Sie geben Enzyme zur Spaltung aller Nährstoffe ins Darmlumen ab. Amylase verdaut Stärke zu Maltose. Die Doppelzucker Maltose, Saccharose und Lactose werden durch weitere Enzyme in Monosaccharide zerlegt.

Die Eiweiß spaltenden Proteasen *Trypsin* und *Chymotrypsin* zerlegen die im Magen denaturierten und vorverdauten Proteine in noch kleinere Bausteine. *Exopeptidasen* bauen diese von den Enden her zu einzelnen Aminosäuren ab. Damit sind Proteine und Kohlenhydrate in membrangängige Einheiten zerlegt.

Fette lösen sich nicht in Wasser und liegen so zunächst als kleine abgegrenzte Fetttröpfchen vor. Gallensäuren aus der Leber bzw. der Gallenblase spalten sie auf, sodass eine größere Angriffsfläche entsteht. Dann können die *Lipasen,* Enzyme des Dünndarms, die Fette in ihre Bestandteile Fettsäuren und Glycerin spalten.

Danach ist die Verdauung und Resorption der Nährstoffe praktisch abgeschlossen. Der Dickdarm entzieht dem Nahrungsbrei Wasser und Mineralstoffe, die zum großen Teil aus den in die Nahrung abgegebenen Verdauungssäften stammen. Darmbakterien verdauen Zellulose und bilden einige Vitamine (B 12, K), die der Dickdarm aufnimmt. Der Wurmfortsatz des Blinddarms ist eines der Lymphorgane, die die Bakterien überwachen. Der Kot enthält Ballaststoffe *(Zellulose)* und überschüssige Darmbakterien.

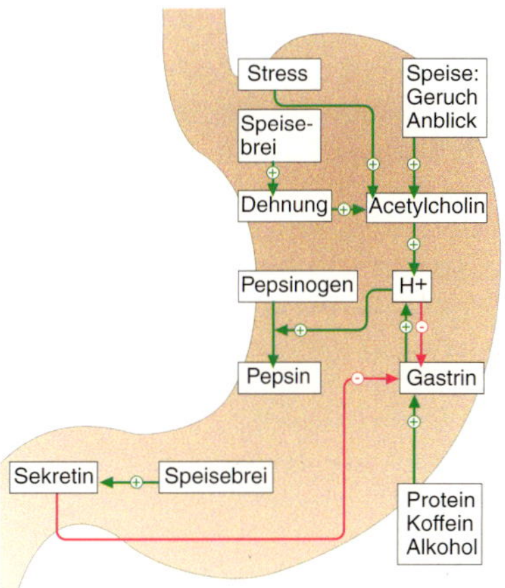

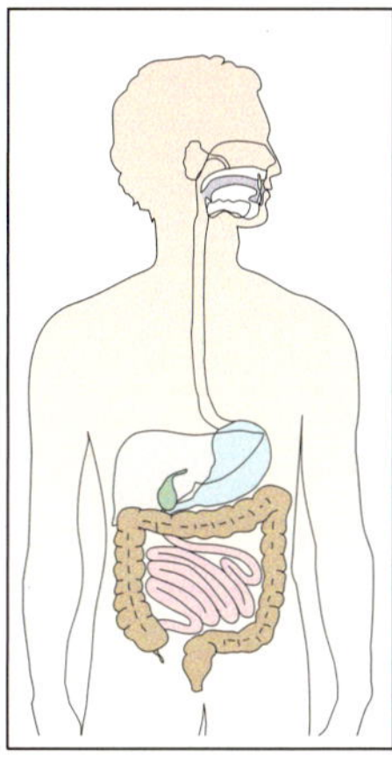

pH-Wert	Ort	Drüse	Enzym	enzymatischer Prozess
6,8	Mund	Speicheldrüse	Ptyalin (1,5 l/Tag)	Stärke → Maltose
2	Magen	Haupt-, Belegzellen	Pepsin Kathepsin (1,5–2 l/Tag)	Proteine → Polypeptide
8,5	Zwölffingerdarm	Bauchspeicheldrüse	Trypsin Erepsin Amylase Maltase (1 l/Tag)	Proteine → Polypeptide Polypeptide → Aminosäuren Stärke → Maltose Maltose → Glucose
		Gallenblase	Lipase	Fett → Glycerin + Fettsäuren
8,3	Dünndarm	Dünndarmsekret	Erepsin Maltase Laktase (3 l/Tag)	Polypeptide → Aminosäuren Maltose → Glucose Laktose → Glucose + Galaktose
	Dickdarm			Wasserrückresorption (ca. 5–6 l/Tag)

Stofftransport in Lebewesen

Egal ob Einzeller oder Großtier – jede Zelle muss in der Lage sein, Nährstoffe aus ihrer Umgebung zu entnehmen und ihre Abfallstoffe an sie abzugeben.

Phagocytose und Pinocytose

Einzeller nehmen Nahrung oft durch *Phagocytose* auf. Bei Amöben ist sie entlang der ganzen Zelle möglich. Nahrungspartikel werden von der Amöbe zunächst an ihre Zellmembran angelagert. Die Membran umschließt sie dann von allen Seiten. Schließlich verschmelzen die Membranen miteinander, die Außenmembran schließt sich und die Nahrung ist in einer Vakuole eingeschlossen, in der sie verdaut werden kann. Damit wird auch das Zellplasma vor den Verdauungsenzymen in der Nahrungsvakuole geschützt (Abb. 1). Flüssige kleinere Nahrungsteilchen werden ähnlich durch *Pinocytose* in die Zelle transportiert. Bei anderen Einzellern ist Phagocytose nur an bestimmten Stellen der Zelle, dem Zellmund, möglich.

Carrier
Trägermolekül in Membranen, das einen Transport spezifischer Substanzen durch die Biomembran ermöglicht

Diffusion

Die Wasser abstoßende, *hydrophobe* Zellmembran kann von den meisten in Wasser gelösten Stoffen nicht passiert werden. In der Zellmembran sind aber Eiweißmoleküle eingelagert, die wie Röhren durch die Zellmembran führen. Gelöste Stoffe können durch sie hindurch direkt in das Zellplasma übergehen. Die in Wasser gelösten Teilchen bewegen sich regellos im Lösungsmittel entlang des Konzentrationsgefälles.

Erleichterte Diffusion

Um eine ständige Diffusion der Stoffe durch Membranen zu ermöglichen, halten Lebewesen oft an ihnen ein Konzentrationsgefälle aktiv aufrecht. Durch Abtransport oder chemische Bindung der aufgenommenen Stoffe wird deren Konzentration auf der einen Seite der Membran niedrig gehalten, durch ständige Zulieferung frischer Stoffe bleibt die Konzentration auf der anderen Seite hoch. So wird im Darm immer frischer Nahrungsbrei an der Dünndarmwand vorbei geführt, um die Nährstoffkonzentration dort hoch zu halten. Das mit Nährstoffen „aufgeladene" Blut wird schnell abtransportiert und nährstoffarmes herangeführt.

Aktiver Transport

Glucose ist für den Energiestoffwechsel ein äußerst wichtiger Grundstoff. Daher nimmt der menschliche Körper ihn praktisch vollständig ins Blut auf. Da dieses selbst durch erleichterte Diffusion nicht möglich ist, gibt es in den Mucosa-Zellen der Dünndarmwand *Carrier*, d. h. Trägermoleküle, die Glucose binden und in die Zelle schaffen. Dieser Transport wird ermöglicht durch den Transport von Natriumionen in die Mucosa-Zellen. Da die Na^+-Konzentration in den Mucosa-Zellen erheblich geringer ist als im Darmlumen, gehen die mit Glucose und Na^+-Ionen beladenen Carrier-Moleküle durch Diffusion in die Zellen über. Die Carrier-Moleküle haben spezifische Bindungsstellen für Na^+-Ionen und Glucose. Nur wenn beide Teilchen an den Carrier gebunden sind, ermöglicht er den Übergang beider vom Darmlumen in das Cytoplasma der Mucosa-Zellen (Abb. 9.1a). Antriebskraft ist dabei der Konzentrationsgradient der Na^+-Ionen vom Darmlumen zu den Mucosa-Zellen. Der Ionenübergang ist daher ohne weitere Energiezufuhr möglich, die Glucosemoleküle werden damit „huckepack" *(passiver Cotransport)* gegen ihr Konzentrationsgefälle aus dem Darm heraustransportiert.

Damit dieser Prozess nicht zum Erliegen kommt, wird die Natriumkonzentration im Zellplasma der Mucosa-Zellen durch Ionenpumpen gering gehalten. Sie transportieren die Natriumionen der Mucosa-Zellen ins Blut und gleichzeitig die Kaliumionen nach innen. Da diese „Ionenpumpen" die Ionen gegen den Konzentrationsgradienten transportieren, ist dafür Energie erforderlich. Diese wird von dem universellen Energieträger ATP *(Adenosintriphosphat)* bereitgestellt, indem ATP zu ADP (Adenosindiphosphat) und Phosphat gespalten wird (Abb. 1b). Die

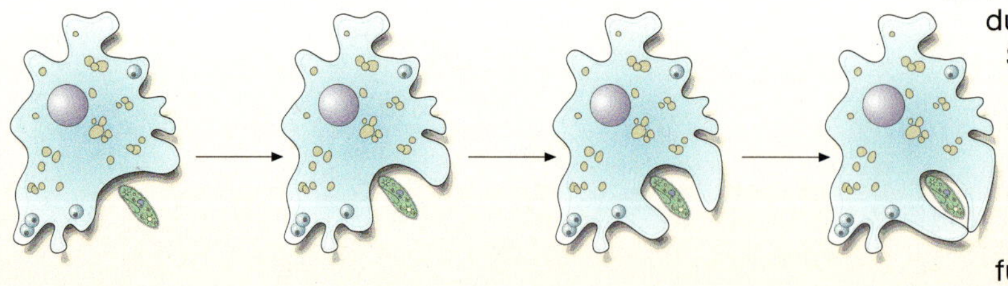

1 Amöbe phagocytiert Pantoffeltierchen

Natrium-Kaliumpumpe ist ein Transportsystem, das an vielen Stellen im Organismus eine zentrale Rolle spielt (s. Seite 69).

Resorption an der Darmoberfläche

Durch die genanten Transportmechanismen werden die Nährstoffe aus dem Darmlumen durch die Mucosa-Zellen hindurch transportiert: Der Fetttransport erfolgt im Wesentlichen durch erleichterte Diffusion, der Transport von Aminosäuren und Kohlenhydraten zusätzlich durch aktiven Transport.

Damit der Transport möglichst vollständig und schnell genug erfolgt, ist die innere Oberfläche der Darmwand enorm vergrößert. Durch ca. 8 mm hohe Faltungen, den mikroskopisch kleinen Darmzotten und elektronenmikroskopisch kleinen Membraneinfaltungen, den *Mikrovilli,* erreicht der ca. 3 m lange menschliche Dünndarm eine Innenfläche von etwa 2000 m^2. Die Nährstoffe werden zunächst in die Mucosa-Zellen, dann aus ihnen ins Blut transportiert. Die vielen Kapillaren der Darmwand laufen zur Pfortader zusammen und geben die Nährstoffe an die Leber ab. Nur die Fettsäuren und das Glycerin gelangen zunächst in die Lymphgefäße. Diese vereinigen sich zum Milchbrustgang, durch den sie nach oben befördert werden, da dieser im Bereich des Brustkorbs in die Blutbahn mündet. Fettsäuren und Glycerin werden wieder zu Fetten synthetisiert, damit sie mit Transportmolekülen umgeben und zur Speicherung in die Leber oder ins Unterhautfettgewebe befördert werden können. (→ 106/107).

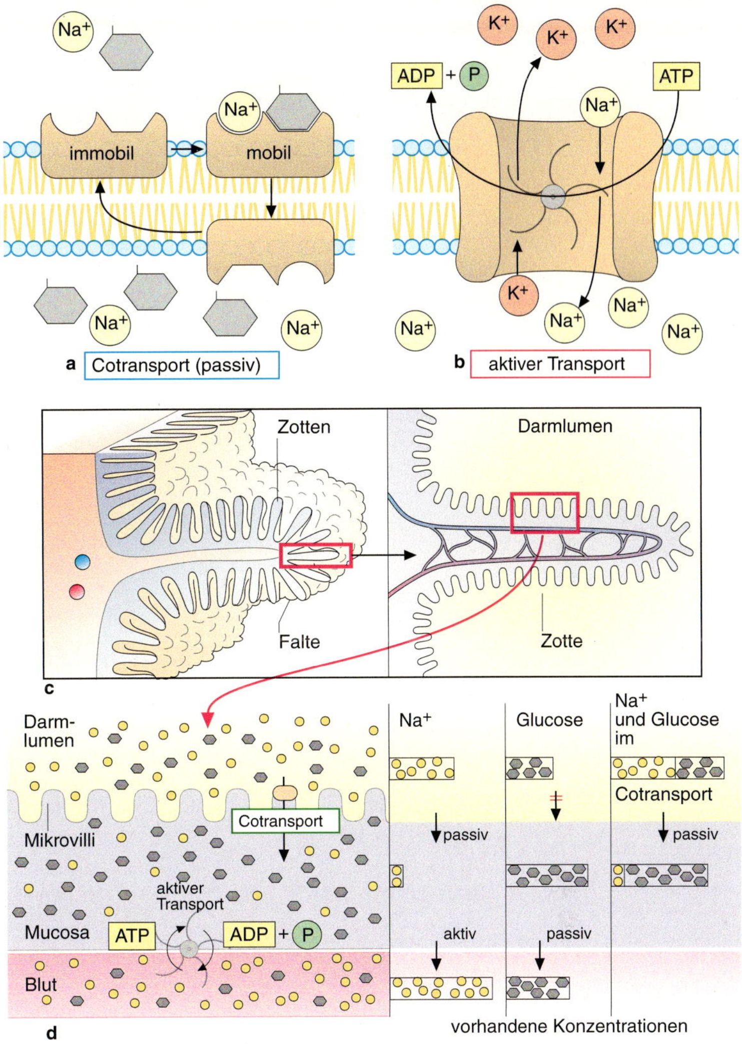

1 Transportmechanismen in der Dünndarmwand

Zettelkasten

Wiederkäuer lassen verdauen

Rinder sind Wiederkäuer. Ein Teil ihrer Speiseröhre bildet eine riesige Gärkammer: Er ist zu Pansen, Netz- und Blättermagen umgebildet. Zuerst wird das grob gekaute Gras in den Pansen befördert. Die hier lebenden Bakterien können mithilfe ihres Enzyms *Zellulase* Zellulose zu Glucose abbauen. Daraus synthetisieren sie u.a. Lipide. Außerdem können die Bakterien aus Glucose und Harnstoff aus dem Rindespeichel Aminosäuren und eine Reihe von Vitaminen für den Eigenbedarf erzeugen. Beim Wiederkauen wird die Nahrung weiter fein zerkleinert und gelangt dann als Brei in den Blätter- und Labmagen. Im Rinderdarm werden die Nährstoffe schließlich resorbiert. Tötet man die Bakterien im Pansen, zeigt das Rind schwere Mangelerscheinungen.

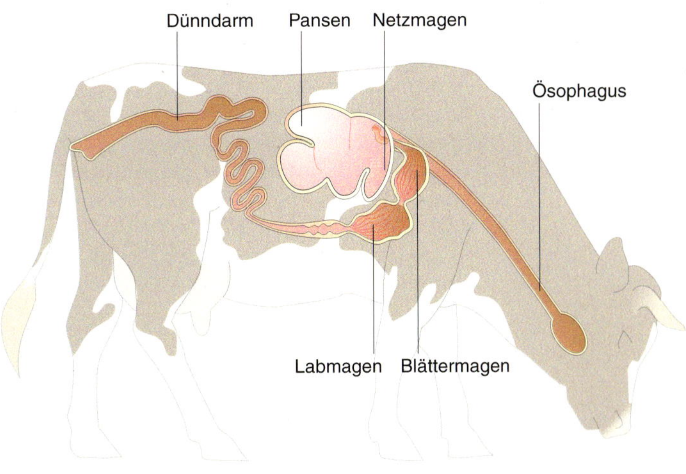

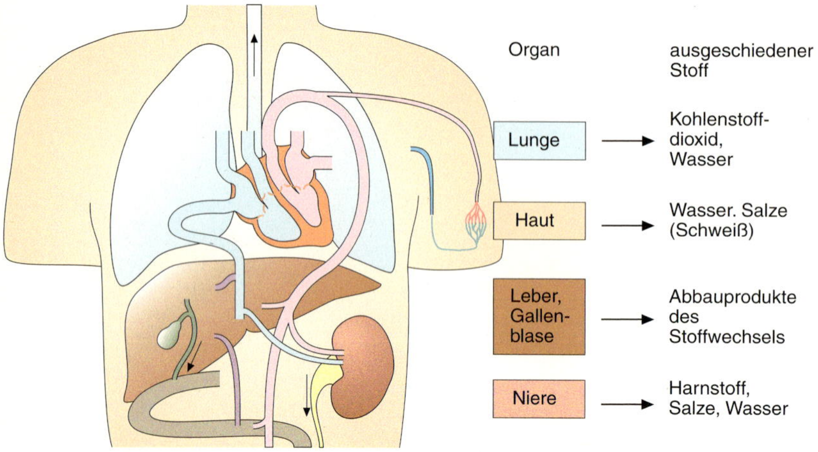

1 Schema der an der Exkretion beteiligten Organe

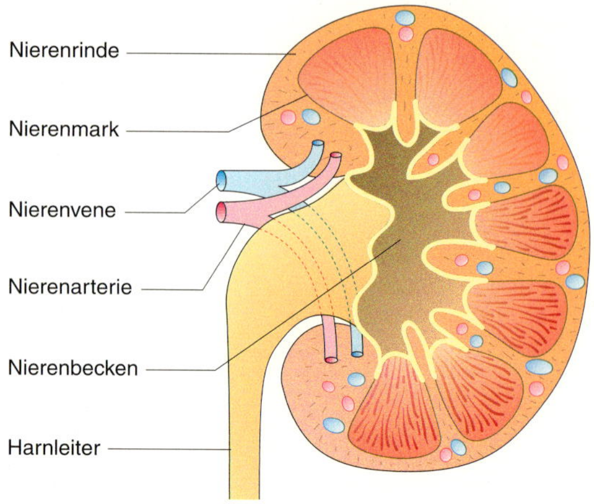

2 Schema eines Längsschnittes durch die Niere

Die Niere — Organ der Exkretion und Osmoregulation

Hämoglobin
roter Blutfarbstoff

Blutplasma
Flüssigkeit des Blutes ohne Zellen

Der Wissenschaftler Claude Bernard erkannte bereits im 19. Jahrhundert das Prinzip der *Homöostase*: Durch gezielte Aufnahme und Abgabe von Stoffen sorgt der menschliche Körper dafür, dass die Umgebung seiner Zellen eine weitgehend konstante Stoffkonzentration enthält.

Abfallstoffe werden durch *Exkretion* beseitigt. Die Lunge scheidet dabei das im Körper entstehende Kohlenstoffdioxid aus. Die Leber baut vor allem Abfallstoffe zu ausscheidbaren und wenig giftigen Stoffen ab. So wird z. B. der giftige Ammoniak aus dem Abbau von Proteinen unter Energieaufwand zusammen mit Kohlenstoffdioxid zu wenig giftigem Harnstoff umgebaut. Abbauprodukte des Hämoglobins scheidet die Leber als Gallenflüssigkeit in den Darm aus. Die Nieren sind die wichtigsten Organe zur Osmoregulation, d.h. zur Einstellung einer konstanten Zusammensetzung der Körperflüssigkeiten durch die gezielte Abgabe von Mineralstoffen oder/ und Wasser. Außerdem geben sie die stickstoffhaltigen Abfallverbindungen wie Harnsäure und Harnstoff, die aus dem Abbau von Proteinen entstehen, nach außen ab. Die Haut scheidet zwar im Schweiß Wasser und Salze aus, kann aber seine Zusammensetzung kaum regulieren.

Können sie ihre Aufgaben nicht erfüllen und ist die Nierenfunktion zu gering, so ist eine Dialyse an der „künstlichen Niere" nötig. Aber auch bei der Dialyse sind langfristig Schäden zu erwarten, weil dadurch das Auswaschen der Abfallstoffe und Salze nur schlecht gesteuert werden kann. Die Alternative ist eine Nierentransplantation. In Deutschland beträgt die Wartezeit aber inzwischen einige Jahre. Die Bereitschaft zur Organspende konnte mit dem Bedarf an Spendernieren zu keiner Zeit Schritt halten.

Funktionsweise der Niere

Ein Längsschnitt durch die Niere zeigt eine klare Gliederung. Die *Nierenrinde* ist sehr gut durchblutet: Täglich wird sie von ca. 1500 Liter Blut durchströmt. Das *Nierenmark* umgibt das Nierenbecken ganz im Inneren, das in den Harnleiter mündet. Die Nieren sind aus ca. 1,2 Millionen *Nephronen* aufgebaut. Sie sind ca. 2 cm lang, vielfach verschlungen und bilden den Harn.

Jedes Nephron beginnt in der Nierenrinde mit einem *Nierenkörperchen*, der *Bowmann'schen Kapsel* (Abb. 11.1). Hier verzweigen sich die Nierenarterien stark in Kapillaren. In ihnen herrscht ein Blutdruck von ca. 8 kPa, im Inneren der Bowmann'schen Kapsel nur 2 kPa. So wird durch die Schlitzmembran ständig Blutplasma in den Kapselraum gepresst. Durch diese Druckfiltration entstehen pro Tag ca. 170 Liter *Primärharn*. Die Porengröße der Schlitzmembran entscheidet über die maximale Molekülgröße der im Primärharn enthaltenen Teilchen. Die Poren sind durchlässig für Glucose und andere kleine Teilchen wie Ionen; sie finden sich im Primärharn in gleicher Konzentration wie im Blut. Größere Teilchen wie Proteine werden im Blut zurückgehalten.

Bildung des Endharns

Bei der Bildung des *Endharns* aus dem Primärharn werden vor allem die lebenswichtigen Stoffe wie Glucose sowie wichtige Ionen rückresorbiert, d. h. aktiv (unter Energieaufwand) wieder ins Blut transportiert. Außerdem wird durch Rückresorption von Wasser der Harn stark konzentriert.

Diese Prozesse finden in den übrigen Teilen des Nephrons statt. Der vordere Tubulus des Nephrons läuft stark gewunden durch die Nierenrinde. Hier werden die lebenswichtigen Stoffe wie Nährstoffe, Na^+- und K^+-Ionen aktiv wieder ins Blut aufgenommen (Abb. 1). Dadurch sinkt die Konzentration der gelösten Teilchen im Harn. Als Folge diffundiert Wasser in das umliegende Gewebe und schließlich in die Blutbahn: Das Volumen des Harns wird dadurch um ca. 75 % reduziert. Die *Henle'sche Schleife* führt tief ins Nierenmark und wieder zurück in die Nierenrinde. Hier werden Ionen aktiv rückresorbiert und Wasser dadurch ins Blut nachgesaugt. Ähnliches gilt für den hinteren Tubulus und das Sammelrohr. Da das Nierenmark eine hohe Salz- und Harnstoffkonzentration aufweist, wird auch hier dem Harn Wasser entzogen. Dadurch wird der Harn auf ca. 1,5 bis 2 Liter pro Tag konzentriert. Über das Nierenbecken und den Harnleiter gelangt er schließlich in die Harnblase.

Die Konzentration des Harns wird durch das Hormon *Adiuretin* aus der Hirnanhangdrüse bestimmt (s. Seite 17). Es erhöht bei zu geringem Wassergehalt im Blut die Durchlässigkeit der Wände des hinteren Tubulus und des Sammelrohrs und so die Rückresorption von Wasser. Das Nierenhormon Angiotensin führt zu einer erhöhten Aufnahme von Natriumchlorid und Wasser im vorderen Tubulus und kontrolliert so die Rückresorption von Salz und Wasser. Andere Hormone sind ebenfalls an der Regulation des Wasser- und Salzgehaltes im Blut sowie des Blutdrucks beteiligt. (→ 136/137)

Aufgaben

① Das Trinken von größeren Mengen Meerwasser ist für Schiffbrüchige tödlich, obwohl maximal konzentrierter Urin eine höhere Stoffkonzentration aufweist als das Meerwasser. Erklären Sie.

② Alkohol fördert die Ausschüttung von Angiotensin. Wieso leiden Alkoholiker unter Entwässerungssymptomen?

③ Erläutern Sie die Funktion der Bowmann'schen Kapsel.

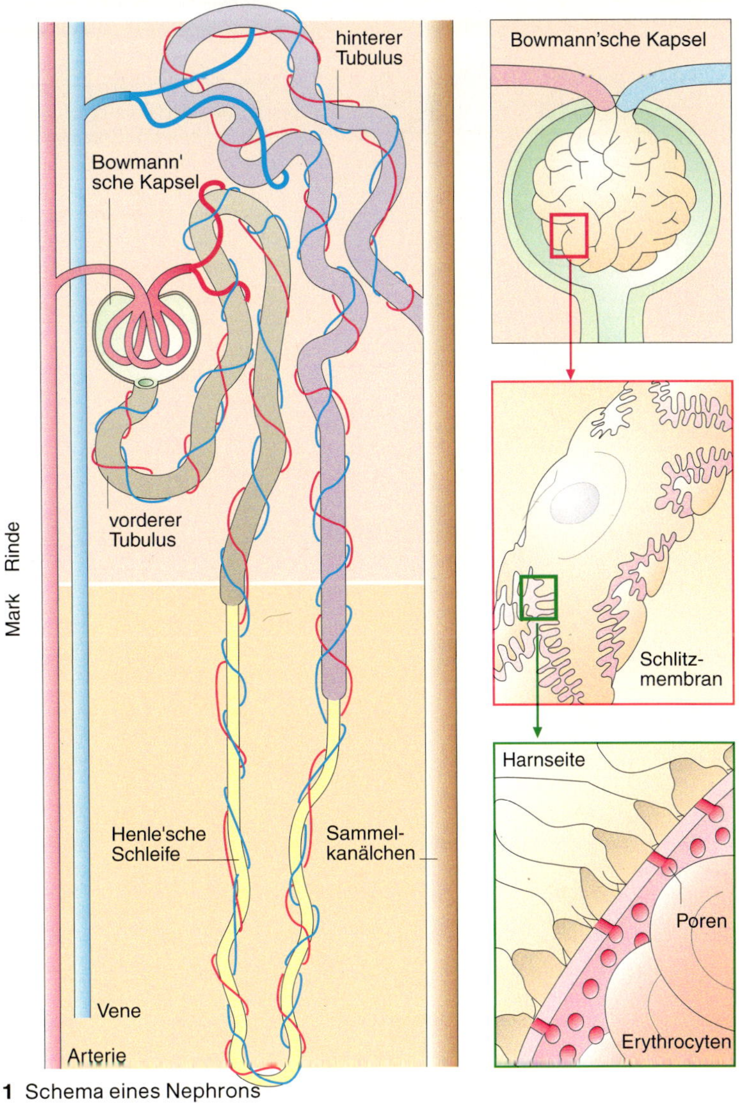

1 Schema eines Nephrons

Blutinhaltsstoffe (g/l)	durchschnittliche tägliche Durchflussmengen	Primärharn			Endharn
		vorderer Tubulus Beginn	Henle'sche Schleife Beginn	Henle'sche Schleife Ende	(Sammelrohr) Ende
	Wasser (l/Tag)	170	56	26	1,2
70	Proteine (g/Tag)	11	0	0	0
7	Natriumchloridionen (g/Tag)	1190	392	81	8,4
1	Glucose (g/Tag)	170	0,5	0,5	0,5
0,3	Harnstoff (g/Tag)	51	45	45	30

2 Harnbildung

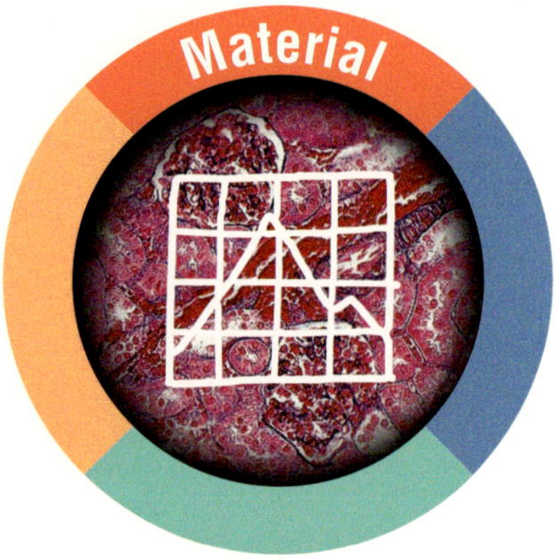

Das Gegenstromprinzip

Die *Henle'sche Schleife* ist einer der wichtigsten Teile eines Nephrons zur Osmoregulation. Hier findet ein Großteil des aktiven Transports von Ionen aus dem Primärharn ins Blut statt. Daneben erfüllt die Henle'sche Schleife optimal die Aufgabe, Wasser rückzuresorbieren. Wesentlich daran beteiligt ist auch das Sammelrohr.

Mithilfe von Nierenpunktion, d. h. der Entnahme von Flüssigkeit aus den Nierenkanälchen kann man die Stoffkonzentrationen in der Niere recht genau messen. Eine andere Messmöglichkeit besteht darin, eine Niere schnell tief zu gefrieren, in dünne Scheiben zu schneiden, Proben zu entnehmen und darin die Stoffkonzentrationen zu bestimmen. Die Ergebnisse gibt Abbildung 2 wieder.

Aufgaben

① Beschreiben Sie die Konzentrationsverhältnisse der wichtigen Stoffe in Worten.

② Wieso sind diese Konzentrationsverhältnisse vorteilhaft für den Organismus?

Die Stoffkonzentrationen werden durch aktiven Transport oder durch passive Diffusion erreicht. Dabei verlaufen die Blutgefäße der Niere dicht an der Henle'schen Schleife entlang (s. Abb. 11.1), sodass leicht Stoffe zwischen beiden Systemen diffundieren können. Da der Blutstrom dem Harnstrom entgegengerichtet ist, spricht man hier vom *Gegenstromprinzip* (→ 136/137). Es erleichtert den Stoffaustausch, wenn die Wände für die Stoffe durchlässig sind. Dabei wandern die Stoffe so, dass teilweise ein Konzentrationsausgleich stattfindet.

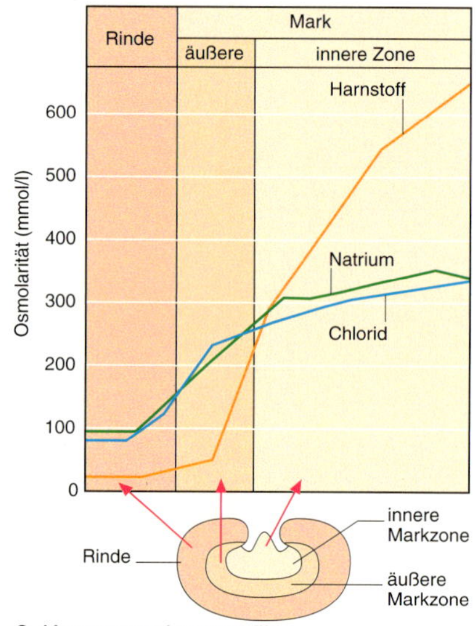

2 Konzentrationsprofil

Abbildung 3 gibt die Durchlässigkeit der einzelnen Abschnitte der Wand eines Nierenkanälchens in der Nierenrinde und im Nierenmark wieder. Einen Sonderfall stellt der dicke aufsteigende Schenkel des Nephrons dar. Dort werden aktiv Na^+- und Cl^--Ionen hinausbefördert. Die erhöhte NaCl-Konzentration im Mark und der Rinde führen zum osmotischen Wasserverlust aus dem absteigenden Schenkel. Im Sammelrohr entsteht eine hohe Harnstoffkonzentration. Der Harnstoff sickert nach außen.

Aufgaben

③ Das im aufsteigenden Schenkel resorbierte Na^+ und Cl^- ist für den Wassertransport aus dem absteigenden Schenkel der Henle'schen Schleife und dem Sammelrohr wichtig. Begründen Sie.

④ Wieso wandert kein Wasser aus dem dünnen Teil der Henle'schen Schleife ins Gewebe, obwohl dort der Konzentrationsgradient dafür vorhanden wäre?

⑤ Harnstoff kann im absteigenden Sammelrohr diffundieren. In welche Richtung wandert er?

⑥ Wieso ist auch das für die Rückresorption von Wasser aus dem absteigenden Schenkel wichtig?

⑦ Aufgrund der Rückresorption von Wasser herrscht im unteren Teil der Henle'schen Schleife eine recht hohe Konzentration gelöster Teilchen. Wie wird sich dies auf die Wanderung gelöster Teilchen, insbesondere des Harnstoffs und der Na^+- und Cl^--Ionen auswirken ?

⑧ Fassen Sie die Vorgänge zusammen, die darauf hinwirken,
- Na^+- und Cl^--Ionen im Körper zurückzuhalten.
- Wasser möglichst stark im Körper zurückzuhalten.
- Harnstoff zum großen Teil auszuscheiden.

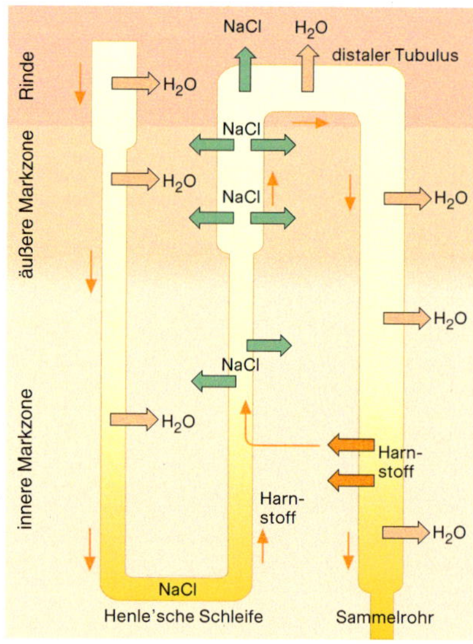

3 Gegenstrom

Der untere Teil des Sammelrohrs kann je nach der Konzentration des Hormons Adiuretin im Blut mehr oder weniger durchlässig für Wasser werden.

Aufgabe

⑨ Wieso ist gerade diese Stelle dafür von Vorteil, wieso nicht die wasserdurchlässigen Zonen des Nephrons davor oder dahinter?

	aktiver Ionentransport	relative Permeabilität	
		H_2O	NaCl
dünner absteigender Schenkel	0	++++	0
dünner aufsteigender Schenkel	0	0	+++
dicker aufsteigender Schenkel	++++	0	0
corticales und äußeres medulläres Sammelrohr	+	+++	0
inneres medulläres Sammelrohr	+	+++	0

1 Stoffdurchlässigkeit

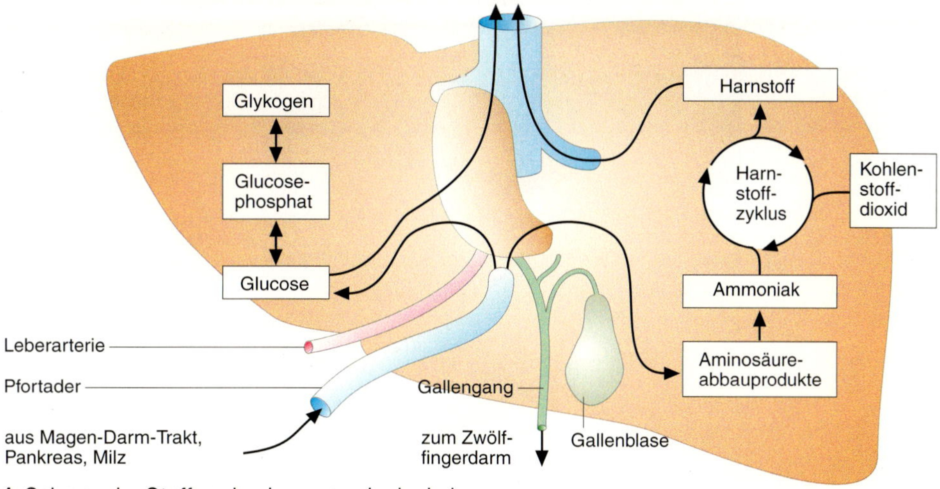

1 Schema der Stoffwechselprozesse in der Leber

Die Leber

Unter Normalbedingungen, d.h. ohne Fieber, zeigt die Leber eine Temperatur von 41,3 °C. Ursache dafür ist neben der zentralen Lage im Körper ihre enorm hohe Stoffwechselaktivität. Mit 1700 g Gewicht ist sie unser schwerstes Organ. Ihre Aufgaben sind ausgesprochen vielfältig: Allgemein ist sie für *Stoffumbau, Entgiftung* und *Speicherung* von entscheidender Bedeutung.

Die lebensnotwendigen Nährstoffe werden in der Leber zu einem großen Teil umgebaut: Aus vielen wasserlöslichen Glucosemolekülen wird das große Polysaccharid *Glykogen* (tierische Stärke) aufgebaut und gespeichert (bis zu 18 % der Lebermasse). Aminosäuren und Fettbestandteile werden hier für den Baustoffwechsel umgebaut. Im stark lipophilen Milieu der Leber werden auch fettlösliche Vitamine (z. B. Vitamin A, D) gespeichert. Alle diese Stoffe werden vom Dünndarm in das Blut resorbiert und über die *Pfortader* direkt zur Leber geleitet.

Auch der *Abbau körpereigener Stoffe* und deren Entgiftung erfolgt in der Leber. Der Blutfarbstoff *Hämoglobin* wird in der Leber in *Bilirubin* umgebaut. Über die Gallengänge gelangt dieser Stoff in den Dünndarm und wird ausgeschieden. Manchmal ist dieser Prozess gestört: Vor allem bei einer infektiösen Leberentzündung *(Hepatitis)* oder bei einem Verschluss der Gallenwege *(Gallensteine)* tritt Bilinsäure ins Blut und lagert sich in der Haut und im Augenbindegewebe ab. Eine typische Gelbfärbung dieser Bereiche ist die Folge *(Gelbsucht)*.

Die Abbauprodukte der Leber werden in den Gallengängen gesammelt und täglich in einer Menge von ca. 0,5 Liter als *Gallenflüssigkeit* über die Gallenblase in den Dünndarm abgegeben. Vor allem die darin enthaltenen *Gallensäuren* sind für die Emulgierung des Nahrungsfettes unerlässlich: Das Fett wird ähnlich wie durch moderne Waschmittel in mikroskopisch kleine Fetttröpfchen verteilt. Die enorme Oberflächenvergrößerung ermöglicht den Fett abbauenden Enzymen *(Lipasen)* erst eine effektive Tätigkeit. Darüber hinaus aktiviert die Gallenflüssigkeit die Lipasen. Kristallisieren durch Stoffwechselstörungen Stoffe (z. B. *Cholesterin* oder Salze des Bilirubins) in der Gallenblase aus, entstehen Gallensteine, die in den Gallengängen stecken bleiben können und dann zu äußerst schmerzhaften Krämpfen *(Gallenkolik)* führen.

Die über die Nahrung aufgenommenen *Giftstoffe* (z.B. Alkohol) werden hier, soweit das physiologisch möglich ist, abgebaut. *Schwermetalle* sind nicht abbaubar, werden aber hier gespeichert. Eine Überbelastung mit solchen Stoffen kann zur lebensbedrohlichen Zerstörung der Leberzellen führen *(Leberzirrhose)*. Chronischer Alkoholmissbrauch ist die häufigste Ursache dieser gefährlichen Degeneration.

Beim Abbau körpereigenen Proteins entsteht Ammoniak. Dieses Gift wird in den Leberzellen zu ungiftigem *Harnstoff* umgebaut, der über die Nieren aus dem Körper geschleust wird.

Cholesterin
wichtigste, in allen tierischen Geweben vorkommende Kohlenstoffverbindung vom Typ der Sterine

Pfortader
Vene, die nicht direkt zum Herzen führt, sondern in einem Organ aufkapillarisiert (Leber aller Wirbeltiere, Niere einiger Wirbeltiergruppen)

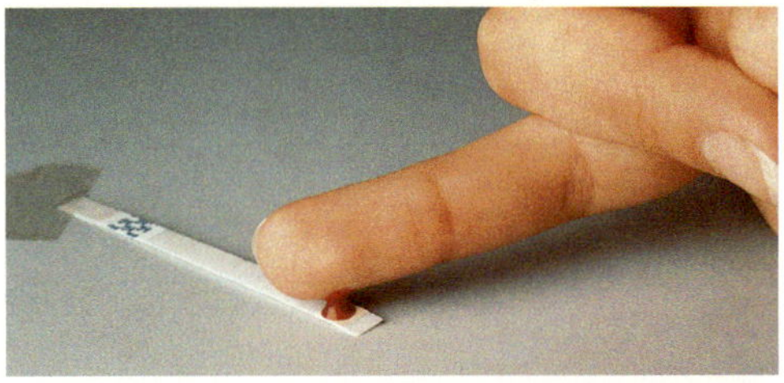

1 Blutzuckertest

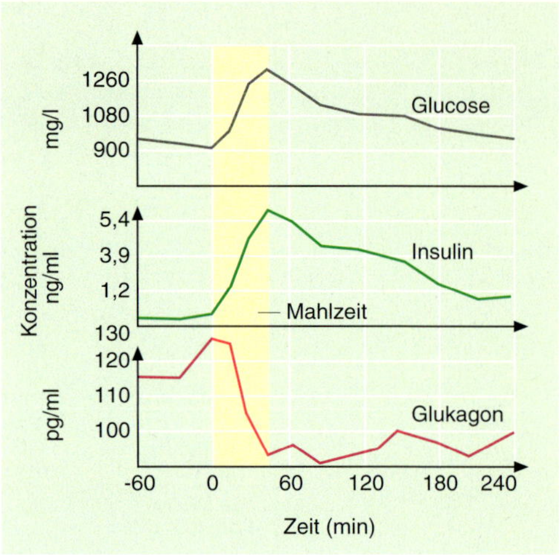

2 Konzentrationsverläufe nach einer Mahlzeit

Regulation des Blutzuckerspiegels

Blutzuckergehalt
Ein Blutzuckerwert von 90 entspricht 90 mg/dl = 900 mg/l Blut.

Überschlagsrechnung:
In rund 6 Litern Blut eines Erwachsenen sind 6 · 900 mg = 5,4 g Glucose enthalten.
180 g Glucose = 1 mol ≙ 2836 kJ
5,4 g Glucose = 85 kJ

Energiebedarf beim Radfahren: 40 kJ/min. Der Energiegehalt des Blutzuckers reicht für ca. 2 min.

Nervenzellen decken ihren Energiebedarf fast ausschließlich durch Glucose. Eine Unterversorgung kann eine Verminderung der Konzentrationsfähigkeit, in extremen Fällen einen Verlust des Bewusstseins zur Folge haben. Nervenzellen können selbst nur wenig Glucose speichern. Die Konzentration der Glucose im Blut wird ziemlich konstant auf ca. 1 g pro Liter Blut gehalten. Wird mit der Nahrung mehr Glucose aufgenommen, wird der Überschuss in der Leber und den Muskeln in Form des Polysaccharids Glykogen gespeichert. Daraus kann bei Bedarf, z. B. bei körperlicher Belastung, wieder Glucose hergestellt und ins Blut abgegeben werden. So ergibt sich ein intensiver Kohlenhydratstoffwechsel.

Die Glucosezufuhr ist von der Nahrungsaufnahme, der Verbrauch von der körperlichen Belastung abhängig. Beide können sich im Laufe eines Tages stark verändern, trotzdem schwankt die Glucosekonzentration im Blut nur minimal. Im menschlichen Körper gibt es also ein Regulationssystem, das den Blutzuckerwert konstant hält. Ein Blutzuckerbelastungstest bestätigt dies: Eine gesunde Person trinkt eine Lösung von 75 g Glucose in einem Liter Wasser. In bestimmten Abständen wird die Blutzuckerkonzentration gemessen (Abb. 2). 75 000 mg Glucose sollten in ca. 7 Liter Blut Blutzuckerwerte von 10 000 mg pro Liter erwarten lassen. Tatsächlich steigt der Blutzuckerspiegel maximal auf ca. 2000 mg/l an, sinkt dann aber innerhalb von zwei Stunden ab und pendelt sich auf die Ursprungskonzentration ein.

Mit der Nahrungsaufnahme und damit parallel zum Ansteigen der Blutzuckerkonzentration wird ein Hormon in die Blutbahn freigesetzt, das ein Absinken des Zuckergehaltes bewirkt (Abb. 2). Dabei handelt es sich um *Insulin*. Da es in inselartigen Zellgruppen der Bauchspeicheldrüse, die sich deutlich vom übrigen Gewebe abheben, gebildet wird, bekam es diesen Namen. Die Zellgruppen werden nach ihrem Entdecker als *Langerhans'sche Inseln* bezeichnet. Jede Erhöhung des Glucosespiegels über den Sollwert (ca. 900 mg/l Blut) wird in speziellen Zellen der Bauchspeicheldrüse, den β-Zellen, registriert. Sie geben dann Insulin ins Blut ab.

Die Wirkungsweise des Insulins ist vielfältig. Es fördert die Glucoseaufnahme durch Zellen, insbesondere in die Muskel- und Fettzellen. In den Leber- und Muskelzellen stimuliert es die Glykogensynthese und die Energieumwandlung durch den Glucoseabbau. Gleichzeitig hemmt es den Abbau von Glykogen. Die Synthese von Fetten und Eiweißen aus Glucose wird angeregt. Insulin senkt damit den Blutzuckerspiegel auf zweierlei Weise: Einerseits bewirkt es die Speicherung *(Speicherhormon)* von Glucose, andererseits fördert es deren Verbrauch (Transport durch die Zellmembran und Steigerung des Glucosestoffwechsels).

Der Energiebedarf bei körperlichen Leistungen, selbst der Grundumsatz, wird vom Organismus überwiegend durch die beim Glucoseabbau frei werdende Energie ge-

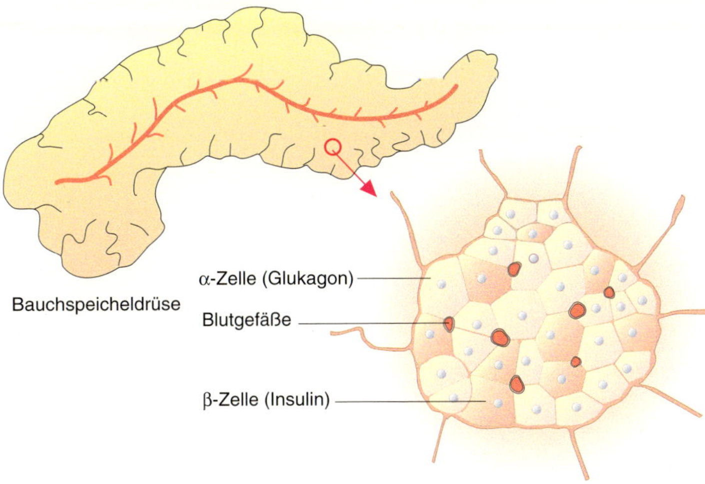

1 Bauchspeicheldrüse und Langerhans'sche Inseln

deckt. In den Zellen tritt ein Glucosemangel auf, der über das Blut sofort ausgeglichen wird. Als Folge sinkt der Glucosespiegel im Blut. Die Insulinabgabe aus den β-Zellen wird reduziert und, da Insulin in kurzer Zeit im Körper abgebaut wird, sinkt die Insulinkonzentration. Dadurch verringert sich auch seine Hemmwirkung auf die Freisetzung eines zweiten Hormons, des *Glukagons*, das in den α-Zellen der Langerhans'schen Inseln gebildet wird (Abb. 1). Glukagon fördert in der Leber den Glykogenabbau und damit die Glucosebildung (s. Seite 17). Auch Proteine und Fette werden für die Glucosesynthese abgebaut. Diese Prozesse führen zu einem Ansteigen der Glucosekonzentration im Blut. Häufig werden Insulin und Glukagon als Gegenspieler bezeichnet, weil sie ihre Freisetzung wechselseitig hemmen und entgegengesetzte Prozesse stimulieren. Bei genauerer Betrachtung fällt jedoch auf, dass sie sich ergänzen: Glukagon sorgt nämlich nur für die Freisetzung gespeicherter Glucose aus der Leber. Insulin wirkt auch an anderen Organen, z. B. Muskeln und Fettgewebe.

Werden Größen in einem System so eingestellt, dass sie ungefähr auf dem gleichen Wert bleiben, spricht man von einer *Regelung* (Abb. 2). Die geregelte Größe ist die *Regelgröße*, in diesem Fall die Blutzuckerkonzentration. Die Änderung des Blutzuckergehaltes durch körperliche Tätigkeit oder Nahrungsaufnahme ist die *Störgröße*. In den β-Zellen befinden sich Messstellen, die so genannten *Fühler*, die eine exakte Messung der Glucosekonzentration im Blut ermöglichen. Die aktuelle Messgröße bezeichnet man als *Istwert*. Im Regler, hier dem Zwischenhirn sowie den α- oder β-Zellen, werden Sollwert und Istwert verglichen. Bei einer Differenz der beiden Werte wird der Blutzuckergehalt über die *Stellglieder* reguliert. Diese Stellglieder sind die Muskel- oder Leberzellen, die Glucose aufnehmen oder abgeben. Diese Abgabe oder Aufnahme wird im Regelkreisschema als *Stellgröße* bezeichnet.

In außergewöhnlichen Belastungssituationen aber auch in Stresssituationen, greift ein drittes Hormon, das im Nebennierenmark gebildete *Adrenalin* ein. Es fördert über das sympathische Nervensystem im Gegensatz zum Glukagon den Glykogenabbau in der Leber und in den Muskeln. Es bewirkt so eine rasche Energiebereitstellung aus den Depots des Körpers. (→ 136/137)

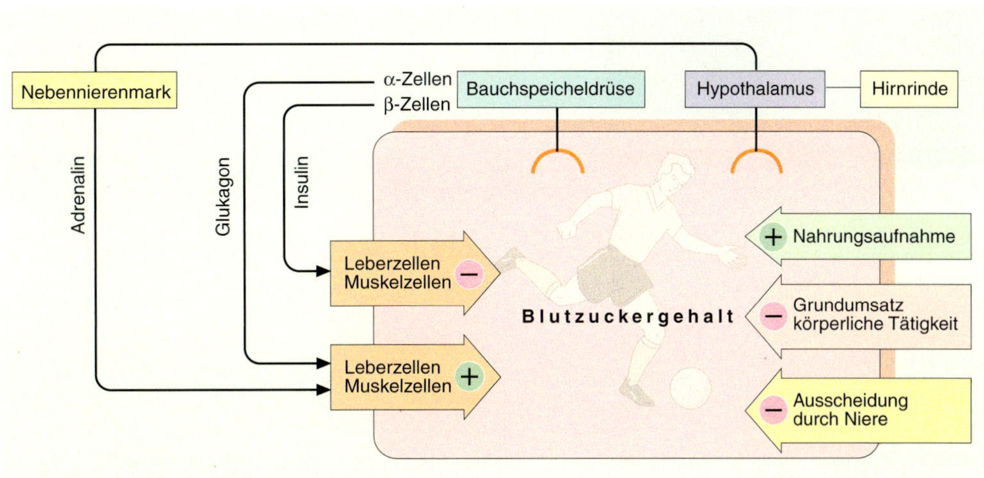

2 Vereinfachtes Regelkreisschema

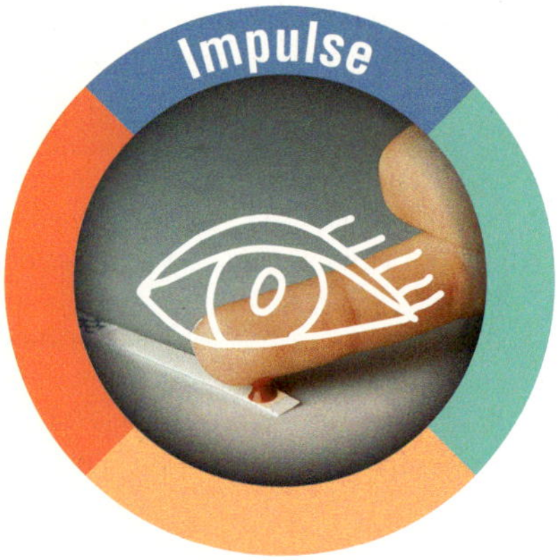

Diabetes mellitus

Der englische Arzt THOMAS WILLIS (1621 – 1675) berichtete als Erster über den honigartigen Geschmack des Urins von Diabetikern. Daher stammt auch der Name: *Diabetes* bedeutet „hindurchlaufen“, *mellitus* „honigsüß“. 1835 isolierte der italienische Arzt AMBROSIANI sowohl aus dem Urin als auch dem Blut von Diabetikern Zuckerkristalle.

Pioniere in der Erforschung der Blutzuckerregulierung waren J. MERING, O. MINKOWSKI, F. GRANT BANTING und CH. BEST, die Versuche an der Bauchspeicheldrüse von Hunden durchführten. Sie wiesen nach, dass dieses Organ entscheidend an der Regulierung des Blutzuckerspiegels beteiligt ist.

Erklären Sie den Begriff Broteinheit (BE) und dessen Bedeutung für Diabetiker. Rechnen Sie für einen Tag die aufgenommenen BE-Einheiten aus.

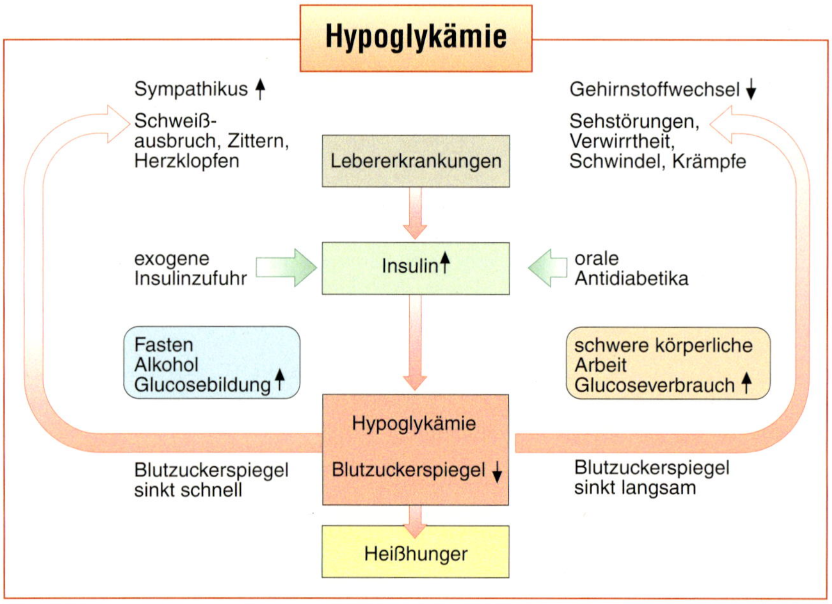

Der Blutzuckerspiegel

Sinkt der Blutzuckerspiegel unter 0,45 g/l *(Hypoglykämie)* führt dies zu Funktionsstörungen des Gehirns, zur Hilflosigkeit und schließlich zur Bewusstlosigkeit und Krampfanfällen. Folgeschäden entstehen häufig durch Stürze oder im Straßenverkehr. Wichtig für Diabetiker des **Typ I** ist es daher, die Unterzuckerung rechtzeitig zu erkennen.

Stellen Sie die Unterschiede zwischen der Hypoglykämie und der Hyperglykämie heraus. Wodurch kommt es zu den Folgeerkrankungen der zu hohen Blutzuckerwerte?

Erläutern Sie die unterschiedlichen Krankheitssymptome der Diabetes und wie sich Betroffene schützen können.

Gute Stimmung auf der Geburtagsparty. Es wird getanzt, auch alkoholische Getränke sind genügend vorhanden. Plötzlich wird Martina bewusstlos. Die Freunde sind ratlos. So viel hatte sie nicht getrunken. Da fällt ihnen ein, dass Martina Diabetikerin ist. Wie soll man helfen? Eine Hyperglykämie ist schwer von der Hypoglykämie zu unterscheiden.

Stellen Sie eine Liste mit Verhaltensregeln zusammen, wie man in einer solchen Situation einem Diabetiker helfen kann.

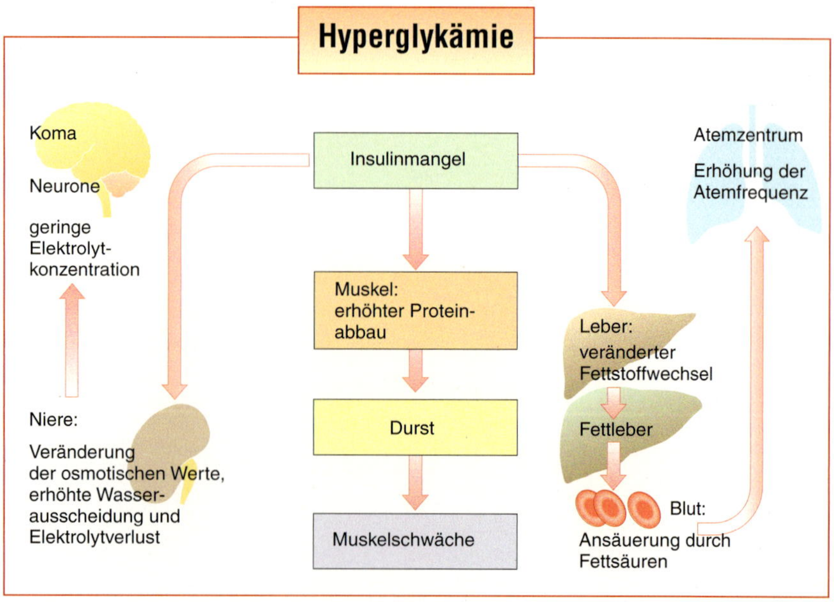

Hormondrüsen des Menschen

In enger Zusammenarbeit mit dem Nervensystem regeln Hormone den Stoffwechsel, das Wachstum, die Entwicklung, die zur Fortpflanzung notwendigen Organfunktionen und den Kreislauf (Herzschlag, Atmung, Blutdruck) sowie das innere Milieu (Wasserhaushalt, Körpertemperatur).

Hormone stammen aus Hormon produzierenden Zellen oder Drüsen. Sie werden in geringen Stoffmengen direkt in den Blutkreislauf abgegeben und gelangen mit dem Blutstrom zu allen Organen. Doch nur an den *Erfolgsorganen* befinden sich spezifische Hormonrezeptoren. Die Abbildung zeigt die Lage der Hormondrüsen im Körper des Menschen und nennt einige wichtige Hormone und deren Wirkung im Stoffwechsel.

Bedeutsam für das Verständnis der Regulation des Hormonsystems sind so genannte *tropische Hormone*, die die Aktivität anderer Hormondrüsen kontrollieren.

Die Schaltzentrale des Hormonsystems ist die *Hypophyse* oder Hirnanhangdrüse, die an der Unterseite des Hypothalamus sitzt. Sie ist etwa erbsengroß und wiegt nur 0,5 Gramm. Die Hypophyse gliedert sich in zwei Abschnitte, den *Vorderlappen* und den *Hinterlappen*.

Der *Hypothalamus* spielt eine wichtige Rolle beim Zusammenwirken von Nerven- und Hormonsystem. Er empfängt neuronale Signale aus dem gesamten Körper sowie aus anderen Teilen des Gehirns und setzt diese um in eine Hormonausschüttung *(Neurosekretion)*.

Dabei gibt der Hypothalamus erstens selbst so genannte Releasing-Hormone und inhibitorische Hormone ab, die die Hormonproduktion des Hypophysen-Vorderlappens regulieren. Zweitens bewirkt er die Freisetzung von Hormonen aus dem mit dem Hypothalamus neuronal verbundenen Hypophysen-Hinterlappen.

Auch der Hypophysen-Vorderlappen produziert unter anderem tropische Hormone, die wiederum die Aktivität anderer Drüsen kontrollieren, aus denen dann schließlich das *Endhormon* freigesetzt wird (s. Abb.). An jeder dieser Schaltstationen ist eine Regulation durch Rückkopplung möglich.

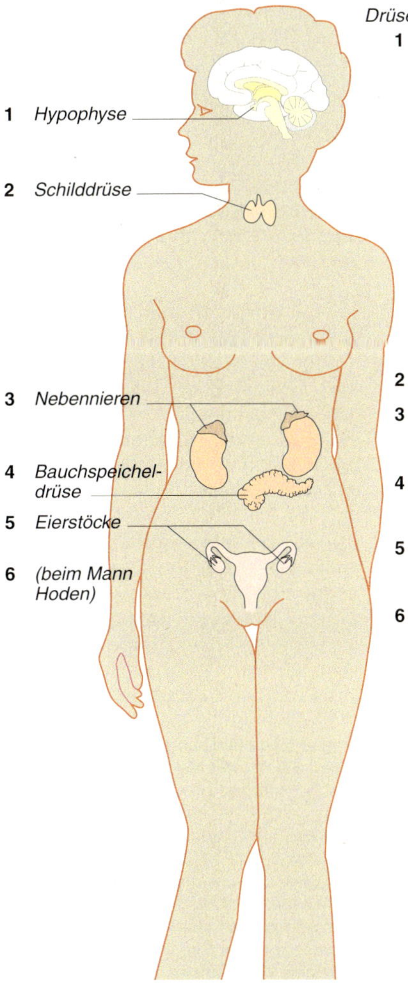

Drüse	Hormon	Wirkung
1	**Hypophysen-Vorderlappen**	
	Somatotropin	*Knochenwachstum, Eiweißsynthese*
	Thyreotropin (TSH)	*Anregung der Schilddrüse zur Thyroxinausschüttung*
	Corticotropin (ACTH)	*regt Nebennierenrinde an*
	Follikel stimulierendes Hormon (FSH)	*Entwicklung von Ei- und Spermazellen; Östrogenbildung*
	Luteinisierendes Hormon (LH)	*Anregung der Progesteronbildung; Eisprung*
	Hypophysen-Hinterlappen	
	Adiuretin	*Regelung des Wasserhaushalts*
	Oxytocin	*Auslösen der Wehen*
2	*Thyroxin*	*Steigerung des Grundumsatzes, Wachstum*
3	*Cortisol (in der Rinde)*	*Glykogenabbau, Steigerung des Blutzuckerspiegels*
	Adrenalin (im Mark)	*Ab- und Umbau von Eiweißen zu Glucose*
4	*Insulin*	*Senkung des Blutzuckerspiegels, Glykogenbildung*
	Glukagon	*Steigerung des Blutzuckerspiegels, Glykogenabbau*
5	*Östrogene*	*Ausbildung weiblichen Sexualorgane, Zyklusregelung*
	Progesteron	*Erhaltung der Schwangerschaft*
6	*Testosteron*	*Ausbildung männlichen Geschlechtsmerkmale, Muskelzunahme*

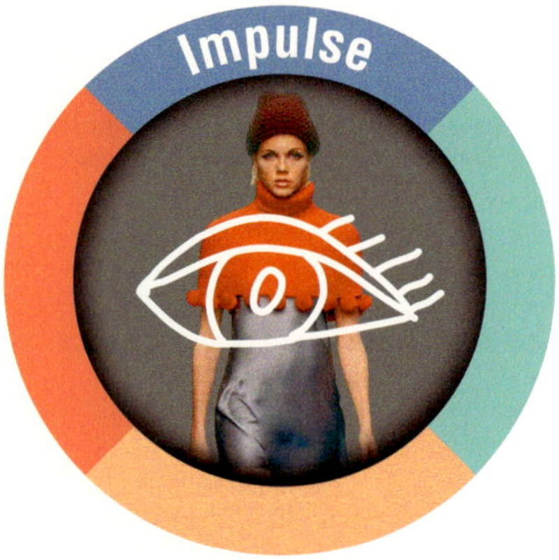

Essstörungen

Übergewicht und Adipositas

Die Fettleibigkeit grassiert unter deutschen Kindern. Studien belegen für Deutschland einen drastischen Anstieg des Körpergewichts in den vergangenen zwei Jahrzehnten. Seit 1985 hat sich der Anteil an übergewichtigen Jungen mehr als verdoppelt – auf knapp 26 Prozent. Jedes dritte Mädchen ist zu schwer.

Mitte der 80er-Jahre war es kaum jedes neunte. Außerdem nehmen die Extremformen zu: Hatten früher Jugendliche schlimmstenfalls ein Gewicht von 160 kg, so zeigt die Waage heute bis zu 180 kg und darüber an.

„Fastfood", „Junkfood" – welche Essgewohnheiten könnten verantwortlich sein?

Übergewicht und Fettleibigkeit gelten als gesundheitlicher Risikofaktor Nr. 2 nach dem Rauchen. Informieren Sie sich über die gesundheitlichen Folgen.

Informieren Sie sich über das weltweite Auftreten von Übergewicht. Vergleichen Sie Häufigkeit und Zuwachsraten und finden Sie Gründe dafür.

Der Body-Mass-Index

Das Normalgewicht (in kg) wurde früher sehr einfach berechnet durch die Formel Körpergröße (in cm) - 100. Aussagekräftiger ist der Body-Mass-Index (BMI) nach der Formel:

Körpergewicht in kg / (Körpergröße in m)^2

Body Mass Index

Frauen	19	24	30
Untergewicht	Normalgewicht	Übergewicht	Fettleibig
Männer	20	25	30

Oft hört man den Begriff „Fettsucht" im Zusammenhang mit Adipositas. Handelt es sich um eine Sucht ? Begründen Sie.

Der Mediziner spricht ab einem BMI von 25 von *Übergewicht*, ab einem BMI von 30 von *Adipositas*. Adipositas oder Fettleibigkeit (engl. obesity) ist eine chronische Krankheit . Dabei handelt es sich um eine übermäßige Vermehrung oder Bildung von Fettgewebe.

Den BMI bei Kindern und Jugendlichen vergleicht man mit der Gewichtsverteilung bei Kindern gleichen Alters. Liegt der eigene BMI über 95 der Perzentile (95 % der vergleichbaren Kinder oder Jugendlichen sind leichter), liegt Adipositas vor, bei einer Perzentile von unter 5 Untergewicht.

Wieso ist ein Festwert bei Kindern und Jugendlichen nicht geeignet als Vergleichswert?

Wo sehen Sie auch Probleme im Perzentilen-Vergleich ?

Was sagt ein Betroffener?

„Ich kenne viele Meinungen dazu, dass man dick glücklich sein können soll, angeblich, und ich mag auch erfolgreiche Dicke. Ich selbst hasse es, fett zu sein. Wie ein Schwein auszusehen und wie ein Schwein beschrieben zu werden. Das Gelächter der Leute, die Angafferei, das Zeigen der Finger und das Kopfschütteln."

„Ich hasse das Fettgefängnis seit Anbeginn an. Fett sein ist beschissen! Es ist entstellend, eine Form von Behinderung. Fettsein und die eigene Ohnmacht im Kampf dagegen sind für mich gute Gründe, mich selbst zu verachten."

„Wenn Du mit Deinem Gewicht nicht zufrieden bist, dann nimm doch einfach ab.", sagen mir Leute oft ... Leute, die keine Ahnung davon haben, wie man gerade das seit Jahrzehnten verzweifelt versucht."

„Lieber würde ich tauschen – selbst wenn es bodenlos unverschämt und Kranke verhöhnend klingt: Lieber an Krebs früh sterben, und einige wenige Jahre schlank verbracht zu haben, um einmal erfahren zu haben, was Spaß beim Surfen ist, oder einen 5 km Waldlauf durchzuhalten."

„Wenn ich könnte, würde ich gern anderen dabei helfen, dieser Art eng begrenztem Schicksal zu entrinnen. Und wenn es nur so viel wäre, als dass man die Lebensmittel-Industrie dazu bringen kann, 80 % weniger Zucker und Fett in ihre Produkte zu stecken."

Eine extreme Meinung zum Thema? Diskutieren Sie. Versuchen Sie, sich in die Lage des Betroffenen zu versetzen.

Zucker, Fleisch und Fett – sind diese Vorlieben womöglich angeboren? Informieren Sie sich über Essgewohnheiten, Kochrezepte (beachten Sie auch die angegebenen Mengen) und körperliche Arbeit in der Steinzeit, auf einem Bauernhof und vergleichen Sie mit heutigen Verhältnissen.

Anorexia nervosa

Anorexia nervosa bezeichnet einen selbst verursachten bedeutsamen Gewichtsverlust oder eine unzureichende altersgemäße Gewichtszunahme, die mit der tief verwurzelten Überzeugung einhergeht, trotz Untergewicht zu dick zu sein. Kernsymptom der Magersucht ist die so genannte *Körperschemastörung*: Magersüchtige Patienten überschätzen ihren Körperumfang und halten sich trotz Untergewicht für zu dick. 95 % der Erkrankten sind weiblich, die meisten ca. 14 Jahre alt. Untersuchungen nach 10 Jahren ergaben: 70 % sind geheilt oder wesentlich gebessert, 20 % behielten die Krankheit chronisch, 10 % starben.

Definition der Anorexie:
- Körpergewicht mindestens 15 % unterhalb der Norm oder BMI < 17.5 kg/m^2.
- Der Gewichtsverlust ist selbst verursacht.
- Körperschemastörung und Überzeugung, zu dick zu sein.

Essen und Erbrechen — Bulimie

Bulimie äußert sich durch häufig auftretende Essattacken, denen der Versuch folgt, den „dick machenden" Effekt der Nahrung durch unterschiedliche Verhaltensweisen, z. B. selbst herbeigeführtes Erbrechen, Abführmittelmissbrauch oder Fasten, entgegenzuwirken. Diesen Versuchen liegt die krankhafte Furcht zugrunde, zu dick zu werden. Auch bei der Bulimie liegt in der Regel eine Körperschemastörung vor wie bei der Magersucht, die häufig in der Vorgeschichte auftritt. Der Häufigkeitsgipfel dieser Essstörung liegt bei Personen von 18 bis 20 Jahren. Bulimische Menschen können unter-, normal- oder auch übergewichtig sein, sie haben meist ein sehr schlankes Körperideal.

Ein tief gehendes Schamgefühl führt dazu, dass die Betroffenen ihre Krankheit lange Zeit verheimlichen und sich sozial isolieren. Häufig treten auch Depressionen unterschiedlichen Schweregrades und selbstverletzendes Verhalten (SVV), also das absichtliche Zufügen von Schnitten, Wunden oder sonstigen Verletzungen z. B. aufgrund von Gefühlen des Selbsthasses, auf.

Essstörungen und Psyche

„Die Patienten sprechen meist leise, klagend, mit monotoner Stimme. Sehr angepasst wird vielleicht gelächelt, Humor wird kaum verstanden. Die Kinder können oft außerordentlich gut argumentieren, sehen ihre eigene Situation jedoch wie unbeteiligt, distanziert und verharmlosend."

Man beobachtet Anorexie oder Bulimie in bestimmten Familien gehäuft, eher unter guten wirtschaftlichen Bedingungen, nie vor, sondern erst beim Beginn der Pubertät. Bei eineiigen Zwillingspaaren waren bei 50 %, bei zweieiigen Zwillingen nur bei 10 % beide erkrankt.

Diskutieren Sie Möglichkeiten der Entstehung der Anorexie. Beziehen Sie dazu auch die Bilder mit ein.

Essstörungen — lebensgefährlich?

Essstörungen sind ernst zu nehmende Krankheiten, deren Risiken vor allem bei längerem Krankheitsverlauf beträchtlich sind. Bleibende körperliche Schäden sind vor allem, aber nicht nur bei chronisch Kranken keine Seltenheit. Ein nicht zu vernachlässigender Prozentsatz der Erkrankten stirbt an den Folgen seiner Essstörung.

Essstörungen gehen einher mit Zwangserkrankungen, verlorenem Selbstbewusstsein und Depressionen bis hin zum Selbstmord. Der permanente Stress, unter den sich die Betroffenen selbst setzen und die Angst vor Entdeckung des essgestörten Verhaltens führt zu Vereinsamung bis evtl. zum Abbruch aller sozialen Kontakte.

Es ist wichtig, dass man sich klarmacht, dass mit einer Essstörung der Körper, die Zukunft und das eigene Leben aufs Spiel gesetzt wird. Und es ist wichtig, dass man sich bewusst wird, dass einem geholfen werden kann. Essstörungen können behandelt werden. Je früher man einsieht, dass die Essstörung nicht die Lösung der Probleme ist, sondern man selber das Problem darstellt, um so besser sind die Chancen, die Essstörung zu überwinden und die oben genannten Risiken zu vermeiden.
(nach: Bulimie-online)

Bin ich gefährdet?

Wenn man Mahlzeiten häufig überspringt, nur kleine und kleinste Portionen zu sich nimmt, oder gar nicht in der Gesellschaft anderer Leute essen will, wenn man aus dem Essen ein Ritual macht, dann deutet das schon auf ein gestörtes Essverhalten hin.

Können Sie sich nicht mehr vorstellen, wie Sie früher bestimmte Dinge gerne essen konnten?

Suchen Sie Ihr Essen nach ganz bestimmten Gesichtspunkten, wie geringer Fett- oder Kaloriengehalt, aus und finden Sie andere Lebensmittel „eklig"?

Benutzen Sie Abführmittel, Diät- und Entwässerungsmittel, um Gewicht zu verlieren? Rauchen Sie oder treiben Sie übermäßig Sport, um sich vom Hungergefühl abzulenken? Verbringen Sie viel Zeit damit, Ihre „Problemzonen" im Spiegel zu betrachten? Glauben Sie, fett zu sein, obwohl Sie immer wieder Leute darauf ansprechen, wie dünn Sie geworden sind? Tragen Sie weite Kleidung, um Ihre wahre Figur zu verbergen? Sind Sie der Meinung, Sie würden sich besser fühlen und würden mehr Anerkennung finden, wenn Sie abnehmen würden? Ziehen Sie sich von Leuten zurück, die Sie auf Ihr Verhalten ansprechen?

Im Durchschnitt leidet eines von 100 Mädchen unter Anorexie. Wie akut ist das Problem an Ihrer Schule ?

Wie würden Sie mit Ihrer Freundin sprechen, wenn Sie bei ihr ein solches Problem vermuten? Informieren Sie sich über den Umgang mit Betroffenen.

Magersucht und Ess-Brech-Sucht — kann man hier von Sucht sprechen?

Sauerstoff — Power-Stoff

Im Jahre 1953 wurde der Mount Everest (8847 m) zum ersten Mal vom neuseeländischen Bergsteiger EDMUND HILLARY und seinem Bergführer TENSING NORGAY bezwungen. Im Jahre 1983 machte eine neue Erstbesteigung dieses Berges Schlagzeilen: REINHOLD MESSNER bestieg den Mount Everest erstmals ohne Sauerstoffgerät. Warum war das eine herausragende Leistung? Die Erklärung liegt in den Gasverhältnissen der Luft und dem Gasaustausch in der Lunge begründet.

In der extremen Höhe beträgt der Luftdruck nur noch ca. 305 hPa, in Meereshöhe 1013 hPa. Jeder Gasbestandteil der Luft trägt entsprechend seinem prozentualen Anteil einen bestimmten Partialdruck zum Luftdruck bei. Der Partialdruck des Sauerstoffs (21 % der Luft) beträgt in Meereshöhe 213 hPa, auf dem Mount Everest aber nur 63 hPa. Daher geht in der „dünnen“ Luft Bergsteigern sehr schnell „die Puste aus“.

Der Partialdruck bestimmt, wie viel Gas in einer Flüssigkeit maximal gelöst werden kann. Der Flüssigkeitsfilm auf der inneren Lungenoberfläche nimmt umso mehr Gas auf, je höher der Partialdruck in der Luft in den Lungenbläschen *(Alveolen)* ist. Das Blut kann in der Lunge also maximal so viel Sauerstoff aufnehmen wie es dem Partialdruck dieses lebenswichtigen Gases in der Atemluft entspricht. Da beim Ausatmen Restluft in den Alveolen verbleibt, ist nach dem Einatmen der Sauerstoffpartialdruck in den Alveolen geringer als in der atmosphärischen Luft.

Sauerstoff diffundiert passiv durch die Wand der Alveolen. Einziger Antrieb ist der Konzentrationsunterschied zwischen Atemluft und Blut. Je größer er ist, desto schneller erfolgt die Diffusion und desto mehr Sauerstoff gelangt folglich ins Blut. Im menschlichen Körper wird die Diffusion des Sauerstoffs aus der Atemluft ins Blut durch eine Reihe von Faktoren gefördert. Die Atembewegungen sorgen stets für frische sauerstoffreiche Atemluft in der Lunge. Sauerstoff wird sofort nach der Diffusion an das Hämoglobin der roten Blutzellen *(Erythrocyten)* gebunden und das sauerstoffreiche Blut wird schnell abtransportiert. Dadurch bleibt die Konzentration in den Lungenkapillaren niedrig und begünstigt so die Diffusion (s. Seite 8).

1 Bergsteiger mit Atemgerät in extremer Höhe

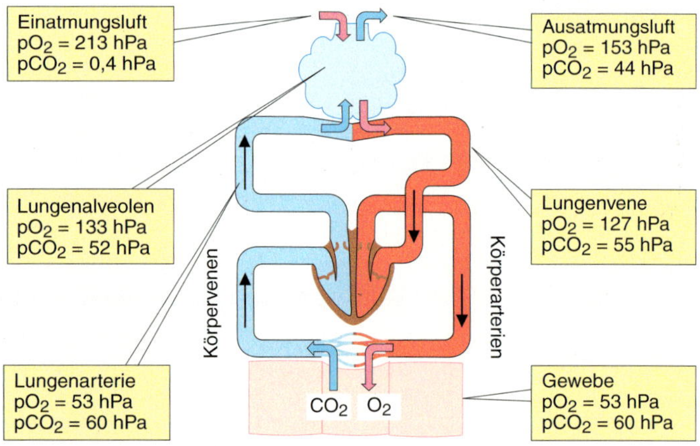

2 Partialdruckwerte von O_2 und CO_2 im menschlichen Körper

Aufgaben

① Erläutern Sie anhand der Abbildung 2, welche Triebkräfte für den Sauerstoff- und Kohlenstoffdioxid-Austausch in der Lunge sowie im Gewebe maßgeblich sind.

② Wieso liegt bei Andenbewohnern die Zahl der Erythrocyten pro mm^3 Blut höher als bei Bewohnern der Meeresküste?

③ Welchen Sinn hat das Höhentraining von Ausdauersportlern?

④ Erythropoietin ist ein Wachstumsfaktor der Niere, der die Bildung von Erythrocyten anregt.
Warum spielt diese Substanz beim Doping gerade bei Ausdauersportlern eine große Rolle?

Regulation der Sauerstoffkonzentration im Blut

Experiment

① Messen Sie 30 s lang Ihren Puls und Ihre Atemfrequenz in Ruhe.
② Machen Sie 30 schnelle Kniebeugen.
③ Messen Sie Puls und Atemfrequenz erneut und vergleichen Sie.
④ Messen Sie 2 min nach der Anstrengung erneut.

Der links angegebene Versuch zeigt: Körperliche Belastung führt zu einer Erhöhung der Atem- und Herzfrequenz. Der Mensch kann sie zwar auch willkürlich in Grenzen variieren, doch passen sie sich „unbewusst" an die körperliche Belastung an. So werden die Konzentrationen von Sauerstoff und Kohlenstoffdioxid im Blut der Arterien praktisch konstant gehalten, obwohl durch die erhöhte Muskeltätigkeit die Sauerstoffkonzentration vermindert und die Kohlenstoffdioxidkonzentration in den Venen erhöht wird.

Ein System zur *Regelung*, d.h. zur Konstanthaltung bestimmter Größen in einem System, kann man gut mit dem *Regelkreismodell* erfassen. Die geregelte Größe ist die *Regelgröße*. Bei der Atmung sind es Sauerstoff- und Kohlenstoffdioxidkonzentration. Eine *Störgröße*, im Beispiel die Muskeltätigkeit, bewirkt, dass der *Istwert* der Regelgröße sich verändert und von dem durch übergeordnete Zentren eingestellten *Sollwert* abweicht. *Messfühler*, in diesem Fall Chemorezeptoren in der Halsschlagader *(Carotis)* und im Hirnstamm, messen laufend den Istwert und melden ihn an einen *Regler* weiter. Die wichtigste Messgröße ist dabei die Kohlenstoffdioxidkonzentration bzw. die Kohlensäurekonzentration im Blut.

Regler ist das Atemzentrum im Nachhirn. Es empfängt über Nervenimpulse die Informationen der Chemorezeptoren über den Istwert und außerdem den Sollwert, der vom Führungsglied im verlängerten Rückenmark vorgegeben wird. Er ist genetisch vorgegeben. Der Regler vergleicht Ist- und Sollwert und

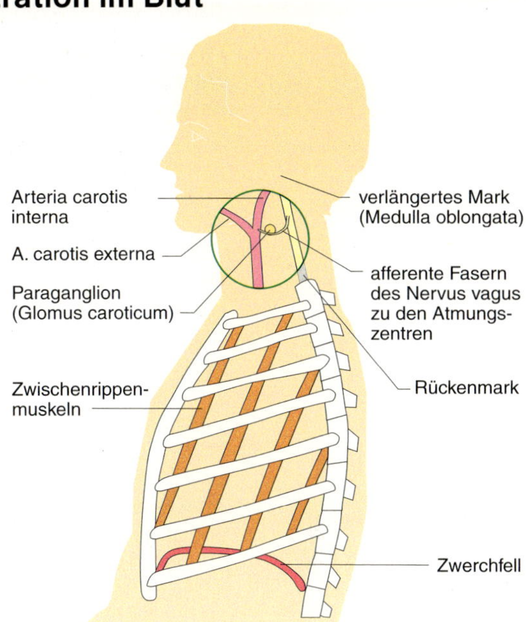

errechnet aus der Abweichung den *Stellwert*. Über Nerven wird er weiter gegeben an die *Stellglieder*, die in der Lage sind, die Regelgröße zu verändern. Bei der Atmung ist es die Atemmuskulatur, also Zwerchfell und Zwischenrippenmuskeln. Bei einem Anstieg der Kohlenstoffdioxidkonzentration arbeiten sie stärker und wirken diesem entgegen. Dieses Entgegenwirken einer Veränderung durch den Regelkreis nennt man das *Prinzip der negativen Rückkopplung*. Es spielt bei allen Regelkreisen eine Rolle, die zur Konstanthaltung einer Regelgröße eingesetzt werden. Dabei kann es sich um biologische oder technische Regelungsprozesse handeln. Abweichungen vom Sollwert werden durch dieses Prinzip ausgeglichen.

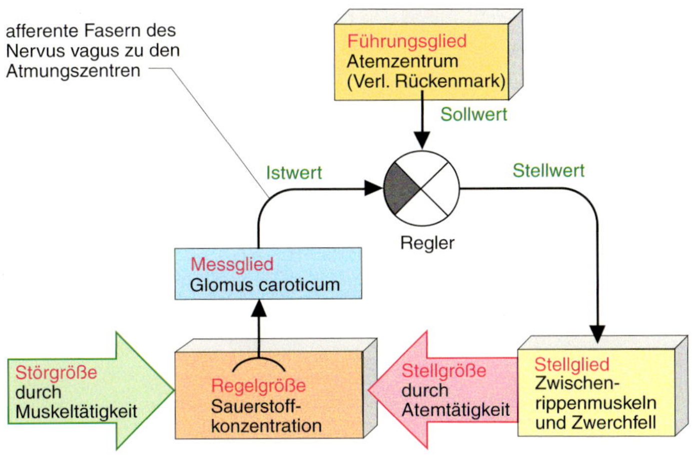

1 Allgemeines Regelkreisschema am Beispiel der Atmung

Aufgaben

① Wenden Sie das Regelkreisschema auf die Konstanthaltung der Temperatur im Klassenzimmer bzw. in einem Kühlschrank durch einen Thermostaten an.
② Die Regelung der Sauerstoffkonzentration im Blut durch das Kohlenstoffdioxid als Messgröße birgt Gefahren. Übermäßiges Atmen vor dem Tauchen vermindert den CO_2-Gehalt sehr stark. Es kann in der Folge zur Sauerstoff-Unterversorgung bis hin zur Ohnmacht kommen. Erklären Sie diesen Zusammenhang anhand des Regelkreisschemas.
③ Was versteht man unter „positiver Rückkopplung"? Finden Sie Beispiele.

Transportsystem Körperkreislauf

Mit den 6 Litern Blut, die das menschliche *Herz* jede Minute in die Aorta pumpt, werden ca. 1,4 Liter Sauerstoff und 4 g Glucose im Körper verteilt. Diese Leistung garantiert, dass die einzelnen Gewebe und Organe ausreichend versorgt werden (Abb. 1a). Bei allen größeren Organismen würde eine Verteilung der Stoffe allein durch Diffusion zu langsam vonstatten gehen. Deshalb besitzen diese Lebewesen ein mit dem Blutkreislauf der Wirbeltiere vergleichbares Transportsystem.

Vergleicht man die Kreislaufsysteme der Wirbeltiere untereinander (Abb. 1b), so erkennt man, dass die Fische einen ungeteilten Kreislauf besitzen. Ihr Herz besteht lediglich aus einem Vorhof und einer Kammer. Hier sammelt sich das sauerstoffarme und kohlenstoffdioxidreiche Blut aus dem Körper. Es wird zu den Kiemenarterien gepumpt. In den feinen Kiemenkapillaren erfolgt der Gasaustausch. Das sauerstoffreiche Blut gelangt von dort zu den Muskeln und Organen. Danach wird es zum Herzen zurücktransportiert. Bei den übrigen Wirbeltierklassen ist der Kreislauf in zwei Teilkreisläufe für die Lunge und den Körper aufgeteilt.

Die Herzen besitzen zwei *Vorhöfe*: Der linke nimmt das sauerstoffreiche Blut aus den Lungenvenen, der rechte das sauerstoffarme Blut aus den Körpervenen auf. Bei den Amphibien ist die Herzkammer noch ungeteilt. Trotzdem wird durch eine zeitlich unterschiedliche Kontraktion der Vorhöfe und durch Muskelleisten in der Kammer eine völlige Durchmischung verhindert. So wird überwiegend sauerstoffreiches Blut in die Aorta gepumpt. Bei den Reptilienherzen wird dieser Effekt durch eine noch unvollständige Scheidewand in der Kammer verstärkt. Vögel und Säuger haben zwei getrennte Pumpsysteme, da die Scheidewand völlig ausgebildet ist. Dies verbessert die Sauerstoffversorgung der Organe und damit den Energieumsatz, welcher eine Voraussetzung für den homoiothermen Wärmehaushalt ist.

Die Leistung des Herzens und der Blutdruck wird dem Bedarf angepasst. Zwar wird jeder einzelne Herzschlag von einem Impulszentrum im Herzen ausgelöst, die Schlagfrequenz wird aber durch Botenstoffe aus dem vegetativen Nervensystem erhöht oder abgesenkt. Druckrezeptoren in der Halsschlagader überwachen den Blutdruck.

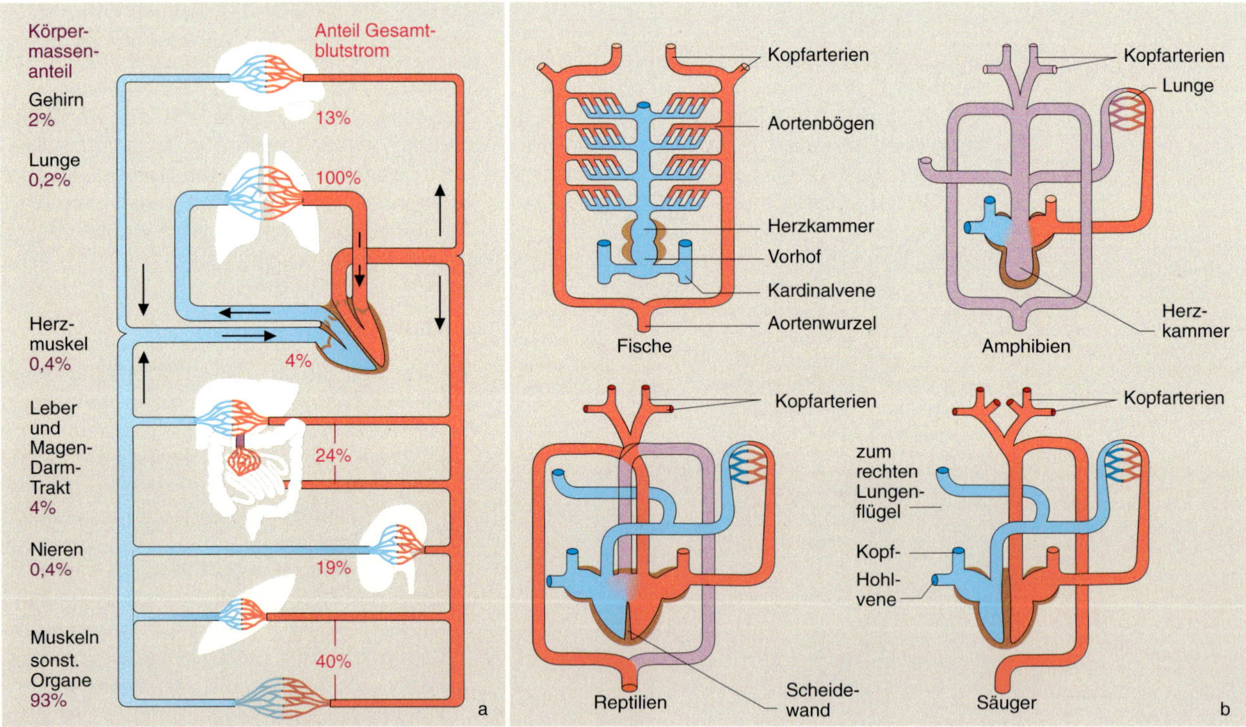

1a Verteilung des Blutstroms auf die Organsysteme des Menschen
1b Schematische Darstellung des Blutkreislaufs und des Herzens verschiedener Wirbeltiere

Atmungsorgane

Unter äußerer Atmung versteht man die Sauerstoffaufnahme und Kohlenstoffdioxidabgabe des Organismus. Der Gasaustausch erfolgt über eine dünnwandige Oberfläche. Eine Verbesserung des Gasaustausches wird durch eine Oberflächenvergrößerung, durch eine geringe Dicke der Austauschschicht und die Bewegung der Transportflüssigkeit im Körperinneren erreicht. (→ 136/137)

Lungen bei Wirbeltieren

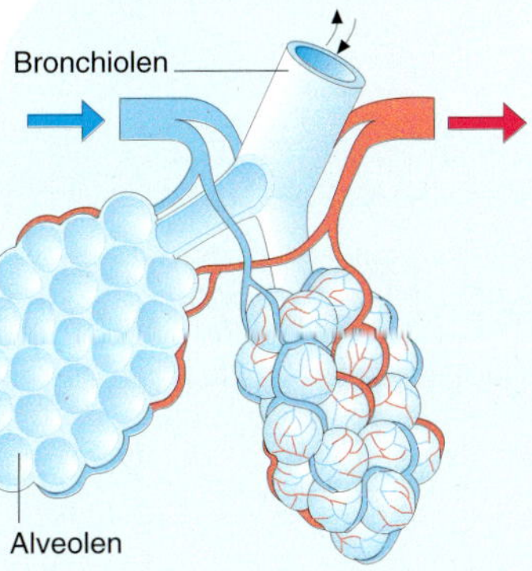

Die *Bronchien* teilen sich in die *Bronchiolen* auf, die in dünnhäutigen Endbläschen, den *Alveolen*, enden. Diese sind fein umsponnen von Kapillaren, in denen der Gasaustausch stattfindet. Ein erwachsener Mensch hat etwa 300 Millionen Alveolen. Die in die Lunge einströmende Luft wurde vorher in der Nase und in der Mundhöhle angefeuchtet. Das Lungengewebe besitzt keine Muskeln und ist weich wie ein Schwamm. Durch das Heben der Rippen und das Senken des *Zwerchfells* erweitert sich der Brustkorb und zieht das Lungengewebe auseinander; hierbei strömt die Atemluft in die erweiterten Lungenflügel. Säugetiere sind die einzigen Tiere, die ein Zwerchfell besitzen, das ein kuppelförmiger Muskel ist. Es erhöht das Austauschvolumen für die Atemgase.

Bei den Vögeln ist das Lungengewebe von einem fein verästelten Röhrensystem, den *Lungenpfeifen*, durchzogen, in denen der Gasaustausch stattfindet. Sie enden nicht blind wie die Alveolen, sondern münden in *Luftsäcken*, die sich zwischen die Eingeweide im ganzen Körper des Vogels und sogar bis in die hohlen Knochen erstrecken. Beim Einatmen fließt die Luft durch die Lungen in die Luftsäcke. Beim Ausatmen werden die Luftsäcke zusammengepresst und die noch sauerstoffhaltige Luft durchströmt ein zweites Mal die Lungen. Sie kann in den Luftsäcken auch Wärme aufnehmen, die beim Ausatmen abgegeben wird; so benötigt der Vogel keine Schweißdrüsen.

Kiemen bei Fischen

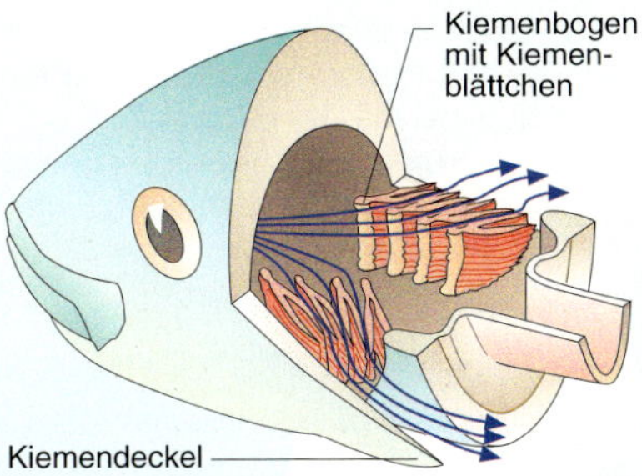

Die Atmungsorgane der Fische sind die *Kiemen*. Es sind dünnwandige Ausstülpungen der Körperoberfläche, die stark durchblutet werden. Durch Verästelungen und Verzweigungen ist die Oberfläche der Kiemen vergrößert. Sie werden von Kiemendeckeln geschützt. Das Wasser wird durch das Maul aufgenommen, an den Kiemen vorbei- und unter den Kiemendeckeln wieder abgeführt. Hierbei wird der im Wasser gelöste Sauerstoff ins Blut aufgenommen und Kohlenstoffdioxid ins Wasser abgegeben. Im Wasser ist der Sauerstoffgehalt 20-mal geringer als in der Luft. Um trotzdem eine ausreichende Sauerstoffversorgung zu gewährleisten, wird durch kontinuierliche Atembewegungen das Wasser zwischen den Kiemen ständig ausgetauscht. Der Wasserstrom ist hierbei dem Blutstrom entgegengerichtet; dies ermöglicht eine effektivere Nutzung des Sauerstoffes. Fische ersticken an der Luft. Dies liegt daran, dass die Kiemenblättchen verkleben und ihre Haut austrocknet. Ein Gasaustausch wird so unmöglich.

Tracheen bei Insekten

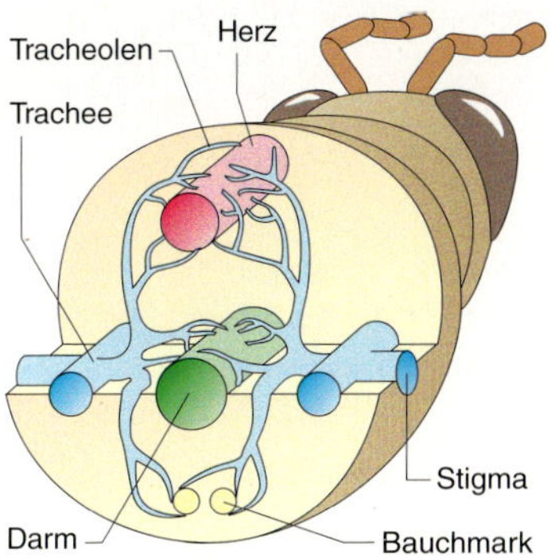

Bei Insekten gelangt der Sauerstoff über kleine Öffnungen im Chitinpanzer *(Stigmen)* in *Tracheen* genannte Röhren. Die Tracheen sind Einstülpungen der Körperoberfläche, die sich im ganzen Körper zu einem Geflecht feiner Kanälchen, den *Tracheolen*, verzweigen. Diese umspannen alle Organe und Muskeln, sodass die Diffusionswege für die Gase nur noch kurz sind. Durch ein Zusammenpressen der Hinterleibssegmente werden die Tracheen verengt und anschließend wieder erweitert. Dies führt zu einer stärkeren Durchlüftung.

Hautatmung

Manche Wirbellose besitzen keine Atmungsorgane. Bei ihnen dringt der Sauerstoff ausschließlich über die Körperoberfläche ein. Tiere mit reiner *Hautatmung* sind vielfach Wasserbewohner, weil feuchte Haut eine kleinere Diffusionsbarriere ist als trockene. Bei kleinen Tieren kann der Sauerstoff sogar direkt zu den Orten des Verbrauchs diffundieren. Mit zunehmender Körpergröße werden die Diffusionswege jedoch länger und der Sauerstoffbedarf kann nicht mehr auf diese Weise gedeckt werden. Bei den Schwämmen beispielsweise wird das Atemwasser durch ein stark verzweigtes Kanalsystem zu den Zellen transportiert.

Auch bei Wirbeltieren mit Kiemen oder Lungen ist die Hautatmung zu finden. Ihr Anteil kann bei wasserlebenden Tieren zwischen 20 % und 60 % variieren. Beim Frosch reicht während der Winterstarre die Hautatmung aus. Im Sommer wird der gesteigerte Sauerstoffbedarf zusätzlich über die Lunge gedeckt. Bei Säugetieren spielt die Hautatmung nur eine untergeordnete Rolle.

Blut — unser flüssiges Organ

Das Blut versorgt alle Körperzellen mit Sauerstoff und Nährstoffen. Ebenfalls entsorgt es Abfallstoffe aus dem Gewebe. Es dient der Aufrechterhaltung eines konstanten inneren Milieus (pH, Temperatur) und ist an der Abwehr eingedrungener Fremdstoffe und Krankheitserreger beteiligt. Zu 56 % besteht es aus dem Blutplasma und zu 44 % aus den Blutzellen (rote und weiße Blutzellen, Blutplättchen), die im Knochenmark gebildet werden.

Weiße Blutzellen (Leukocyten)

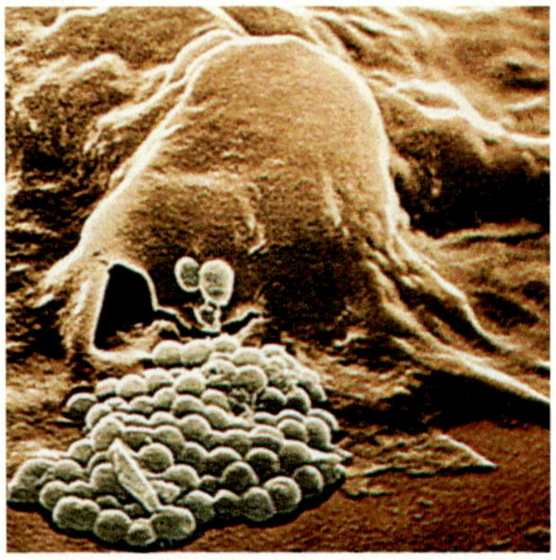

Ständig dringen Bakterien und Viren über kleine Wunden oder die Schleimhäute in unseren Körper ein. Meist beeinträchtigen sie uns jedoch kaum. Zur Abwehr dieser Krankheitserreger dienen die weißen Blutzellen. Sie bilden in Bezug auf Bau und Funktion keine einheitliche Zellgruppe. In der „vordersten Front" der Körperabwehr stehen die Fresszellen: *Granulocyten* und *Monocyten.* Sie bewegen sich amöboid fort und können die Wände der Blutgefäße durchdringen und ins Gewebe gelangen. Bakterien und Gewebetrümmer werden von ihnen erkannt, umflossen und durch Verdauungsenzyme aufgelöst. Besonders die *Makrophagen* (ausgereifte Monocyten) fressen Fremdkörper in großen Mengen. Anschließend präsentieren sie einer dritten Gruppe, den *Lymphocyten*, Teile von Fremdkörpern auf der eigenen Oberfläche.

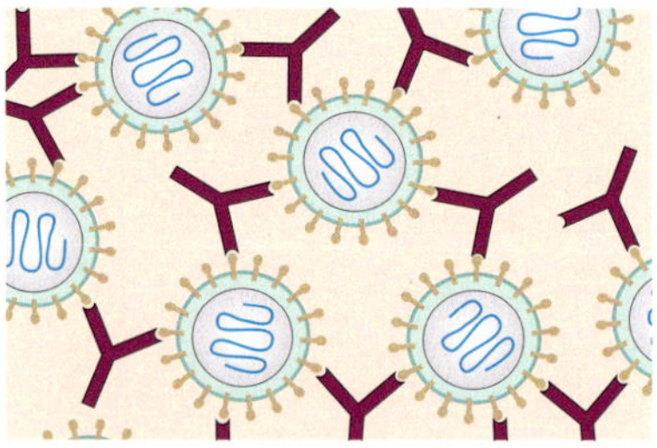

Lymphocyten sind kleiner als die Fresszellen. Ein Teil von ihnen schließt die Entwicklung im Knochenmark ab, die B-Lymphocyten. Der andere Teil reift in der Thymusdrüse zu den T-Lymphocyten heran. Beide Zelltypen wandern hauptsächlich in die Lymphflüssigkeit sowie in die Leber und die Milz. Dort reagieren sie als zweite Abwehrfront auf körperfremde Stoffe, zum Beispiel mit der Bildung von Antikörpermolekülen. Diese Vorgänge werden als *spezifische Immunreaktion* des Körpers bezeichnet.

Blutplättchen

Die *Blutplättchen* entstehen aus Riesenzellen des Knochenmarks, indem deren Plasma in mehrere hundert kleinere Plättchen zerfällt. Folglich sind sie kleiner als die beiden anderen Zelltypen und besitzen keinen Zellkern. Ihre Funktion ist es, Blutungen zum Stillstand zu bringen. Wird ein Blutgefäß verletzt, so gelangt Blut in das benachbarte Gewebe. Die Blutplättchen kommen mit dem Kollagen der Gefäßwände in Kontakt. Dies ist ein faserartiges Protein und Hauptbestandteil aller Bindegewebe. Durch den Kontakt wird in den Blutplättchen eine Reaktion in Gang gesetzt, sodass weitere Blutplättchen angelagert werden und miteinander verklumpen. Die primäre Abdichtung des verletzten Gefäßes ist damit erreicht. Allerdings ist dieser Plättchenthrombus nicht stabil, sondern muss durch die eigentliche Blutgerinnung stabilisiert werden. So wird im Verlauf des Gerinnungsprozesses aus dem inaktiven Gerinnungsenzym *Prothrombin* die aktive Form Thrombin gewonnen.

Thrombin bewirkt folgendes:

- Die Plättchen verändern ihre Oberfläche. Sie wird klebrig und weitere Plättchen lagern sich an das bereits anhaftende Plättchen an.
- Im Blutplasma gelöste Fibrinogenmoleküle verbinden sich zu *Fibrin.* Die Fibrinfäden bilden ein dichtes Netzwerk, in das auch Erythrocyten eingebunden sind, das den Plättchenthrombus überdeckt und so die Blutstillung stabilisiert. Das sonst flüssige Blutplasma erstarrt: Es gerinnt.

Blutplasma

Das *Blutplasma* ist eine klare gelbliche Flüssigkeit, die aus Serum und Fibrinogen besteht. Das Serum ist eiweißhaltig, weitere Bestandteile sind Salze, Aminosäuren, Fette, Zucker, Hormone und Exkretstoffe.

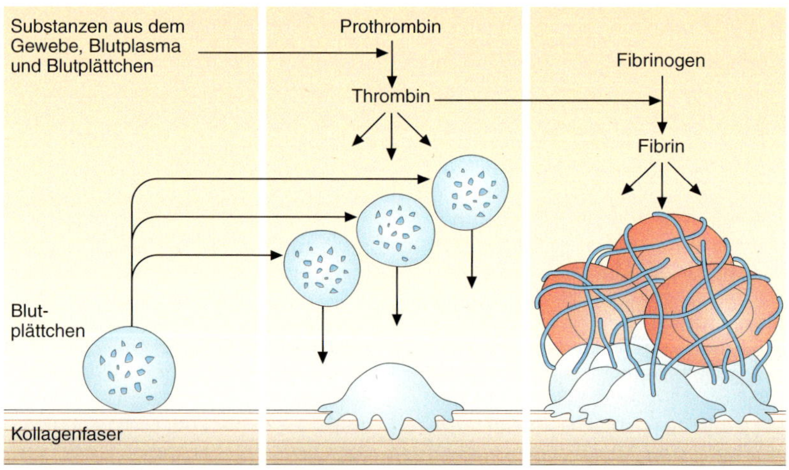

Kontakt eines Blutplättchens mit Kollagen — Veränderung, Beeinflussung benachbarter Blutplättchen — Pfropfbildung

Erythrocyten transportieren den Sauerstoff

Erythrocyten, die roten Blutzellen, sind runde scheibenförmige Zellen mit 7,5 µm Durchmesser. Pro Sekunde werden etwa 2,5 Millionen von ihnen im roten Knochenmark gebildet, sie leben ca. 3 Monate und werden dann in Milz und Leber abgebaut. Ein Liter Blutserum löst maximal etwa 3 ml Sauerstoff. Ein Liter Blut mit Erythrocyten bindet das Hundertfache.

Menschliche Erythrocyten enthalten keinen Zellkern, aber bis zu $^{1}/_{3}$ ihrer Masse Hämoglobin. Es ist das Trägermolekül für den Sauerstofftransport und besteht aus 4 Eiweißuntereinheiten, dem *Globin*, in die je ein *Häm* eingebunden ist. Zentrum des Häm ist ein Eisen(II)-Ion, das über 4 Bindungsstellen in ein Porphyrin-Ringsystem eingebunden ist. Die 5. Bindungsstelle hält das Häm am Globin fest, die 6. Bindungsstelle bleibt frei und kann ein Sauerstoffmolekül locker (reversibel) binden. Dabei entsteht aus dem dunkelroten Hämoglobin das hellrote Oxi-Hämoglobin.

Die Sauerstoffbindungskurve (Abb. 1) zeigt die Abhängigkeit der Sauerstoffsättigung des Hämoglobins vom Sauerstoff-Partialdruck der Umgebung. Im Bereich der Lunge ist der Sauerstoff-Partialdruck mit ca. 130 hPa hoch, hier wird das Hämoglobin fast vollständig mit Sauerstoff beladen. In den Geweben herrscht aber wegen des Sauerstoffverbrauchs ein niedriger Partialdruck. Je weiter das Blut durch die großen Arterien und die Kapillaren ins Gewebe transportiert wird, desto mehr gibt es daher Sauerstoff ab. Bei einem Partialdruck von ca. 60 hPa, wie er oft in den Muskeln herrscht, werden bereits ca. 30 % des Sauerstoffs an die Zellen abgegeben. Da die Bindungskurve in diesem Partialdruckbereich recht steil verläuft, wird schon bei einem geringen weiteren Abfall des Partialdrucks relativ viel Sauerstoff freigesetzt. So ist die Versorgung der Gewebe auch bei hohem Sauerstoffverbrauch gesichert.

Empfänger des Sauerstoffs ist in den Muskeln zunächst das Myoglobin. Es ist ähnlich aufgebaut wie das Hämoglobin, besteht aber nur aus einer statt 4 Untereinheiten. Es kann den vom Hämoglobin freigesetzten und in die Zelle diffundierenden Sauerstoff fester binden (s. Abb. 1).

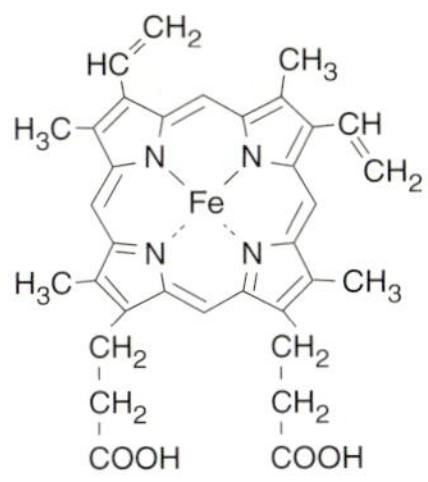

Häm

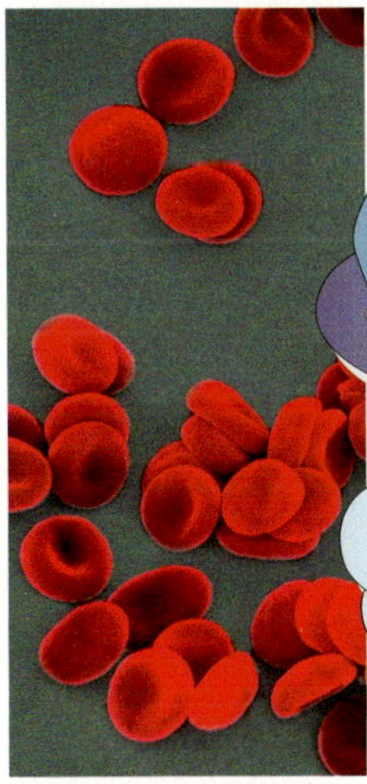

Rasterelektronenmikroskopische Aufnahme von Erythrocyten

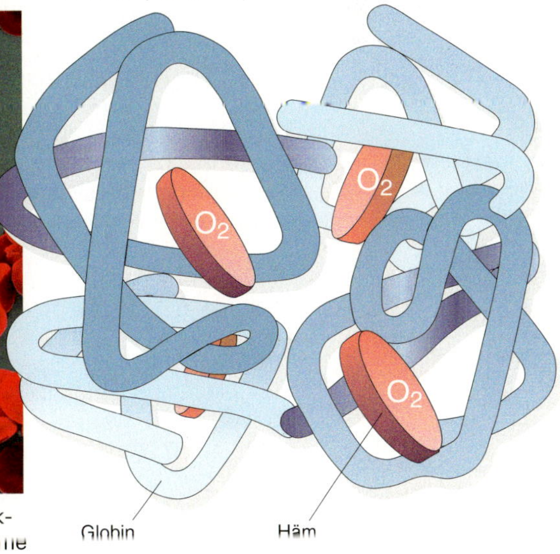

2 Hämoglobinmolekül

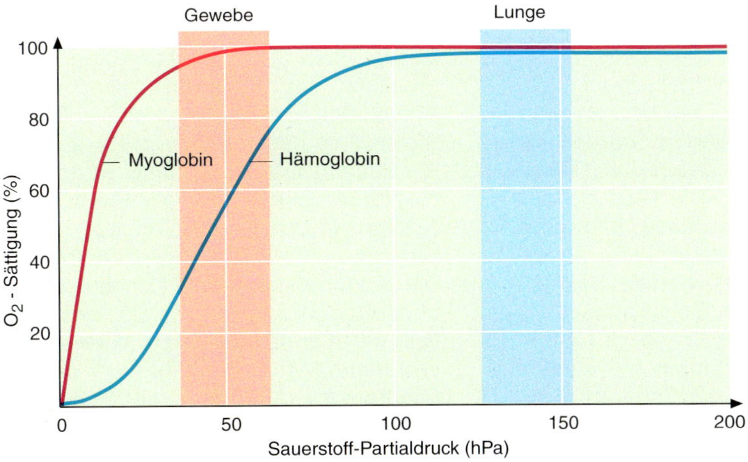

1 Sauerstoffbindungskurve des Hämoglobins und des Myoglobins

Es stellt eine Sauerstoffreserve für den Fall eines hohen Verbrauchs dar. Muskeln, die große Ausdauerleistungen erbringen, wie z. B. der Herzmuskel, haben auch einen besonders hohen Myoglobingehalt.

Aufgaben

① Kohlenstoffmonooxid (CO) entsteht bei unvollständigen Verbrennungsvorgängen wie beim Zigarettenrauchen und bindet ca. 200-mal fester an Hämoglobin als Sauerstoff. Warum sind Raucher dadurch körperlich weniger leistungsfähig?

② Welchen biologischen Vorteil bringt den Robben und Walen ihr sehr hoher Myoglobingehalt in den Muskeln?

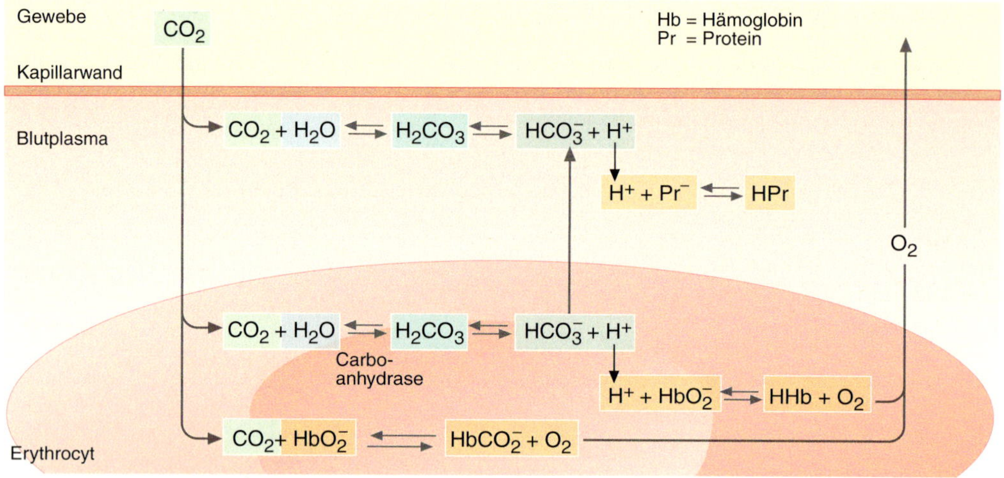

1 Die Rolle des Hämoglobins beim Transport von Kohlenstoffdioxid im Blut

Der Transport von Kohlenstoffdioxid im Blut

$H_2O + CO_2$
$\downarrow\uparrow$
H_2CO_3
$\downarrow\uparrow$
$H^+ + HCO_3^-$
$\downarrow\uparrow$
$2\,H^+ + CO_3^{2-}$

Wasser und Kohlenstoffdioxid bilden Kohlensäure, die in Ionen zerfällt.

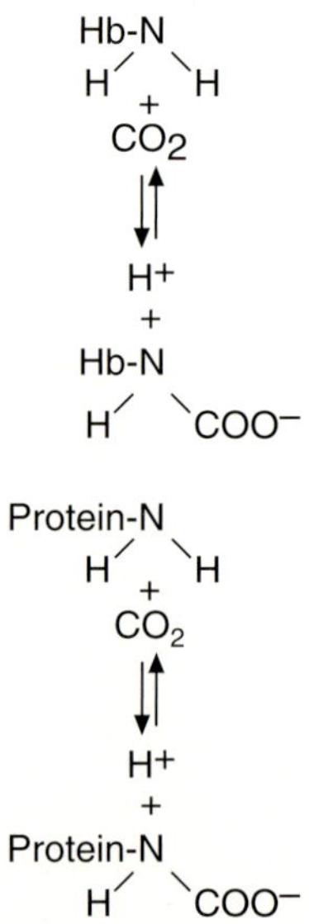

In allen Körperzellen entsteht bei der Energiegewinnung auch Kohlenstoffdioxid. Es diffundiert in die Gewebsflüssigkeit und von da aus in die Kapillaren.

CO_2 ist schlecht in Wasser löslich. Nur etwa 5 % lösen sich physikalisch im Blutplasma. Es würden CO_2-Blasen entstehen, würde es nicht an Seitengruppen von Proteinen, vor allem an Hämoglobin gebunden und so transportiert werden. Mit Wasser reagiert CO_2 zu Kohlensäure. Daraus entstehen in wässriger Lösung *Hydrogencarbonat-* und *Carbonationen* (s. Randspalte). Ein Enzym in den Erythrocyten, die *Carboanhydrase*, katalysiert diese reversible Reaktion und steigert die Umwandlungsgeschwindigkeit in Richtung Hydrogencarbonat auf das 10 000fache. Hydrogencarbonat entsteht vor allem in den Erythrocyten, diffundiert zurück ins Blutplasma und wird von dort weitertransportiert.

Bei der Bildung von Hydrogenarbonat entstehen H^+-Ionen. Sie würden den pH-Wert des Blutes stark verschieben, würden sie nicht an das Hämoglobin gebunden. Dieses wirkt so als Säurepuffer. Die Bindung des CO_2 und der H^+-Ionen an das Hämoglobin senkt dessen Bindungsfähigkeit für Sauerstoff (Abb. 1). Dieser Effekt wird als *Bohr-Effekt* bezeichnet und verläuft sehr schnell.

Deshalb gibt das Hämoglobin auf seinem Weg durch die Kapillaren den Sauerstoff umso schneller ab, je mehr es CO_2 aufnimmt. So erhöht die Sauerstoffabgabe aus dem Hämoglobin dessen Bindungsfähigkeit für CO_2 sowie Protonen und wirkt einer Veränderung der CO_2-Konzentration im Blut und seines pH-Werts entgegen *(Haldane-Effekt)*.

In der Lunge kehren sich die Reaktionen um. Die hohe Sauerstoffkonzentration erleichtert dessen Bindung an Hämoglobin sowie die Freisetzung von CO_2. Das unpolare Molekül CO_2 kann dann leicht durch die feinen Wände der Lungenbläschen in die Atemluft diffundieren.

Die Regulation der CO_2-Konzentration im Blut erfolgt vor allem über eine Veränderung der Atemfrequenz und des Atemvolumens sowie der Fließgeschwindigkeit und der Verteilung des Blutes in den Geweben und der Lunge.

Aufgaben

① Beschreiben Sie die in Abbildung 1 dargestellten Vorgänge beim Transport von Kohlenstoffdioxid im Blut und erläutern Sie die Funktion des Hämoglobins.

② Die Sauerstoffbindungsfähigkeit des Hämoglobins ist pH-abhängig, die des Myoglobins in den Muskeln dagegen nicht. Diskutieren Sie die biologischen Vorteile.

③ Die Erythrocyten sind reich an 2,3-Diphosphoglycerat (DPG). Es verbindet sich mit Hämoglobin, wenn dieses Sauerstoff abgibt, und vermindert dessen Sauerstoffbindungsfähigkeit noch mehr. In großer Höhe steigt die DPG-Menge in den Roten Blutzellen. Wieso ist diese Reaktion des Körpers biologisch sinnvoll?

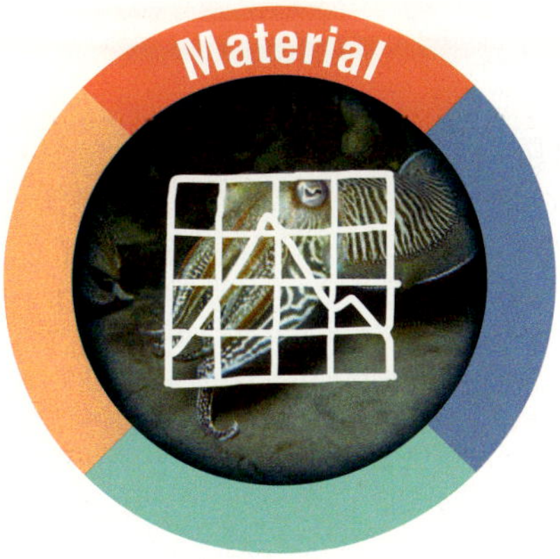

Sauerstoffbindung

CO_2 und der Bohr-Effekt

Je mehr Leistung den Muskeln abverlangt wird, desto besser sollte ihre Sauerstoffversorgung sein. Das wird u. a. durch die Sauerstoffbindung des Hämoglobins gewährleistet. Sie hängt nicht nur vom Sauerstoff-Partialdruck, sondern auch vom Säuregehalt der Umgebung ab *(Bohr-Effekt)*. Er wird wiederum stark vom Kohlenstoffdioxidgehalt des Blutes beeinflusst, das im Blut Kohlensäure bildet. Drei Bindungskurven veranschaulichen diesen Zusammenhang (Abb. 1). Die mittlere entspricht dem CO_2-Gehalt eines ruhenden Menschen, die untere dem eines Menschen bei starker körperlicher Arbeit, die obere einer Hyperventilation (starke CO_2-Abgabe durch willentlich gesteigerte Atmung).

Aufgaben

① Zwischen den 4 Einheiten des Hämoglobins besteht eine Kooperation. Die Sauerstoffanlagerung an die erste Hämgruppe erleichtert die Sauerstoffbindung der weiteren drei Gruppen.
Von welchem Bereich der Bindungskurve kann man auf diesen Zusammenhang schließen?

② Beschreiben Sie die Wirkung von Säure auf die Sauerstoffbindung des Hämoglobins (Bohr-Effekt).

③ Bei einem erhöhten Kohlenstoffdioxidgehalt im Blut ändert sich der Sättigungsgrad des Hämoglobins mit Sauerstoff in der Lunge nur wenig, in den Muskeln wird aber deutlich mehr Sauerstoff frei gesetzt. Erläutern Sie diese Zusammenhänge anhand von Abbildung 1.

④ Der Bohr-Effekt erleichtert auch die Sauerstoffaufnahme in der Lunge. Diskutieren Sie diese Aussage unter Bezug auf die Kohlenstoffdioxidkonzentration und den Säuregrad des Blutes in der Lunge.

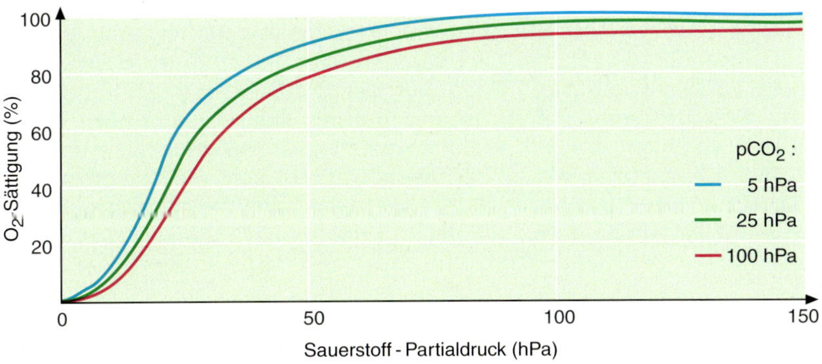

1 Hämoglobin-Sauerstoff-Bindungskurve

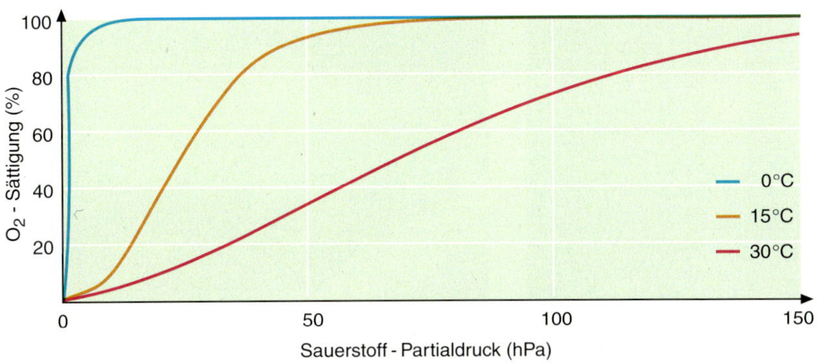

2 Temperaturabhängigkeit der Sauerstoffbindung am Hämocyanin

Kälte verändert das Blut

3 Octopus

Tintenfische sind wechselwarme meeresbewohnende Weichtiere. Die Atmung erfolgt über Kiemen in ihrer Mantelhöhle. Sie besitzen ein Herz und ein größtenteils geschlossenes Blutgefäßsystem. Lediglich das Gehirn und bei manchen Arten der Magen werden frei vom Blut umspült.

Auch Tintenfische transportieren den Sauerstoff in ihrem Blut. Sie haben aber kein Hämoglobin in den Zellen, sondern einen im Blut gelösten blauen bis grünen Farbstoff, das *Hämocyanin*. Darin sind anstelle von Eisen- Kupferionen gebunden, die wie im Hämoglobin Sauerstoff reversibel anlagern können. Im Vergleich zum Hämoglobin hat das Hämocyanin aber eine wesentlich geringere Sauerstoffbindungskapazität, seine Bindungskurven verlaufen demzufolge anders. Abbildung 2 gibt sie in Abhängigkeit von der Temperatur wieder.

Aufgaben

⑤ Vergleichen Sie die drei Bindungskurven des Hämocyanins in Abbildung 2. Welche Aussagen können Sie über die in den Kiemen gebundene und die im Körper freigesetzte Sauerstoffmenge bei den verschiedenen Temperaturen machen?

⑥ Oft findet man Tintenfische tropischer Regionen in Gewässern mit niedrigen Wassertemperaturen tot auf. Die inneren Organe sind nicht verändert. Blutuntersuchungen zeigen, dass die Tiere erstickt sind. Erklären Sie.

Volumen und Oberfläche, Kraft und Energie

Dissimilation
Abbau energiereicher Stoffe

homoiotherm
gleichwarm;
Vögel, Säugetiere

poikilotherm
wechselwarm;
z. B. Fische, Reptilien, Wirbellose

Ameisen können das Fünfzigfache ihres eigenen Köpergewichts tragen. Ein Gewichtheber schafft „nur" etwa das Doppelte bis Dreifache. Die Leistungen kleiner Tiere nötigen Bewunderung ab. Dennoch sind sie physikalisch einfach erklärbar.

Die Krafterzeugung eines Muskels ist abhängig von der Zahl der parallelen Muskelfasern und damit vom *Muskelquerschnitt*. Er wächst mit dem Quadrat des *Muskeldurchmessers*. Ein großer Teil der Muskelkraft muss aber zum Tragen und Bewegen der eigenen Körpermasse des Tieres aufgebracht werden. Diese ist proportional zum Volumen des Tieres, wächst also mit der dritten Potenz seiner Größe. Daher brauchen große Tiere einen erheblich größeren Anteil ihrer Muskelkraft zum Bewegen ihrer eigenen Masse als kleine. Ihr *Leistungsumsatz*, d. h. der Energieumsatz, der für die Tätigkeiten eines Tieres gemessen wird, ist entsprechend größer. Kleine Tiere verbrauchen im Verhältnis auch weniger Energie für ihre Bewegungen.

Anders ist es beim *Energie-Grundumsatz*. Er ist der Energieumsatz eines Tieres in Ruhe sowie nüchtern und wird vor allem vom Wärmehaushalt bestimmt. *Poikilotherme*, d. h. wechselwarme Tiere „heizen" nicht, bei ihnen richtet sich die Körpertemperatur im Wesentlichen nach der Umgebungstemperatur. Ihr Energieumsatz ist erheblich geringer als bei den *homoiothermen*, d. h. gleichwarmen Säugetieren und Vögeln. Diese wenden viel Energie zur Aufrechterhaltung ihrer Körpertemperatur auf. Entsprechend intensiv sind ihre Körperfunktionen wie Herzschlag oder Atemfrequenz und entsprechend hoch ist die nötige Nahrungsmenge im Vergleich zu ihrem Körpergewicht. Andererseits haben sie den Vorteil, dass sie auch bei Kälte eine hohe Körperaktivität beibehalten können.

Allerdings spielt auch in diesem Zusammenhang das Verhältnis von Volumen zu Oberfläche eine große Rolle. Die Wärmeproduktion erfolgt größtenteils in den Muskeln und der Leber der Tiere und ist daher ihrem Volumen proportional. Wärme strahlen die Tiere an ihrer Oberfläche ab. Je größer sie ist, desto größer ist potenziell die Energieabgabe und somit auch der Energiebedarf.

Die Energie für ihre Körperfunktionen gewinnen Tiere durch *Dissimilation* von Nährstoffen, vor allem durch die *Oxidation von Kohlenhydraten und Fetten*. Sie sind die wichtigsten Stoffe für den *Energiestoffwechsel*. Proteine aus der Nahrung werden vor allem für den *Baustoffwechsel* verwendet. Für die Oxidation der Nährstoffe ist Sauerstoff nötig. Bei poikilothermen Tieren reichen meist einfache Atemorgane aus, um den Bedarf zu decken. Bei gleichwarmen Tieren sind eine hohe Aufnahme an Sauerstoff und seine schnelle Verteilung nötig.

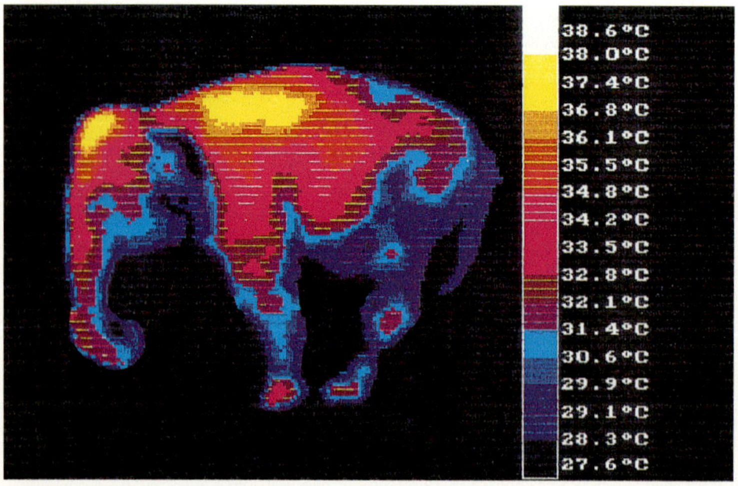

1 Thermografie eines Elefanten

2 Blattschneiderameise als Gewichtheber

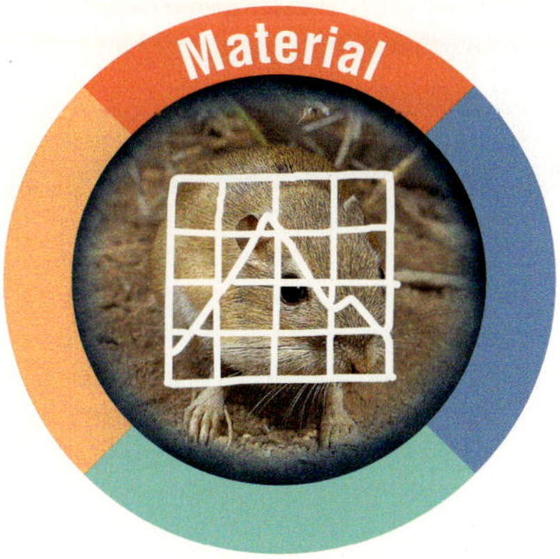

Körpergröße und Energiehaushalt

Kleine homoiotherme Tiere haben bezogen auf ihre Körpermasse einen höheren Energieumsatz und damit eine höhere Stoffwechselrate als große. Messwerte können diese Hypothese bestätigen.

Aufgaben

① Berechnen Sie den 10er-Logarithmus der Werte zu Sauerstoffverbrauch und Herzfrequenz (Abb. 1). Stellen Sie die Zusammenhänge Körpermasse – lg (Sauerstoffverbrauch) und Körpermasse – g (Herzfrequenz) grafisch dar. Welche Aussagen erlauben die Grafiken?

② Erläutern Sie anhand von Abbildung 2, dass es kaum homoiotherme Tiere geben kann, die kleiner als eine Maus sind. Wieso trifft das für poikilotherme Tiere nicht zu?

③ Berechnen Sie anhand Abbildung 3 die Oberfläche, das Volumen und die relative Oberfläche (Verhältnis Oberfläche : Volumen) für verschieden große Würfel. Beginnen Sie bei 80 cm Kantenlänge und halbieren Sie sie immer weiter bis zu einer Länge von 5 cm. Stellen Sie die Ergebnisse in einer Tabelle zusammen und formulieren Sie die Grundaussage.

④ Was sagen die Werte aus Aufgabe 3 über den Wärmeverlust, die Wärmeproduktion und die Stoffwechselintensität gleichwarmer Tiere verschiedener Größe aus?

⑤ Je größer ein Tier, desto problematischer die Wärmeableitung. Begründen Sie.

⑥ Beschreiben Sie das Versuchsergebnis in Abbildung 4 und deuten Sie das Ergebnis.

⑦ Leiten Sie aus den Versuchsreihen allgemeine Regeln über die Körpergestalt gleichwarmer Tiere in verschiedenen Klimazonen ab.

Säugetierarten	Masse (g)	Sauerstoffverbrauch ml O_2/h	Herzfrequenz (1/min)
Maus	22	36	600
Meerschweinchen	900	605	280
Zwergziege	7 000	2 710	158
Orang-Utan	54 000	12 105	106
Mensch	76 000	15 980	72
Löwe	155 000	26 490	50
Pferd	500 000	65 100	44
Elefant	3 833 000	268 000	26

1

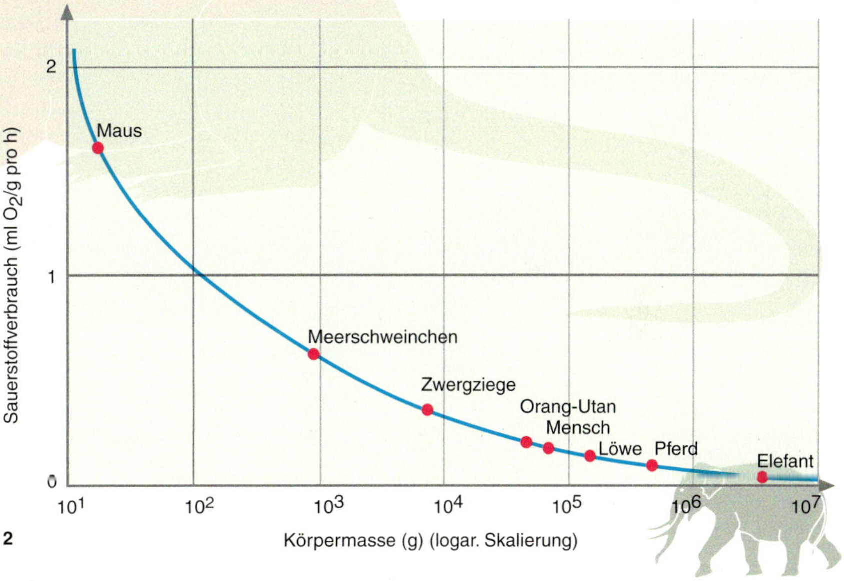

2

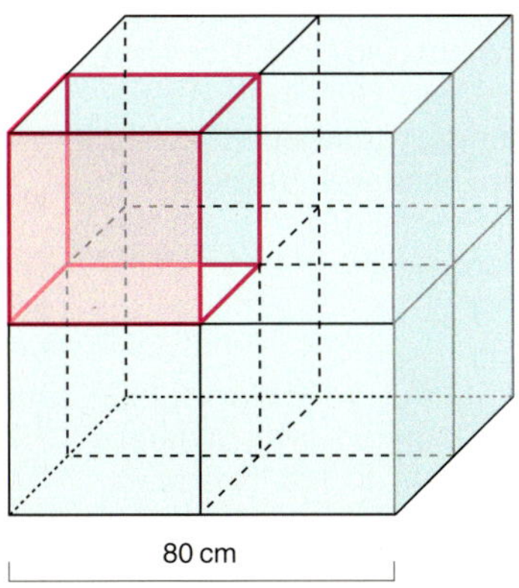

3

6 Ferkel des gleichen Wurfes wurden in zwei Gruppen aufgeteilt und ab dem 12. Tag langsam an unterschiedliche Umgebungstemperaturen gewöhnt. Nach 88 Tagen wurden die folgenden Daten erfasst:

Temperatur	35 °C	5 °C
Masse (kg)	16,8	18,1
Körperlänge (mm)	715	624
Länge der Oberschenkel (mm)	126	109

4

Beispiel einer Messung:

eingeatmetes Atemvolumen: 12 l/min

eingeatmete Sauerstoffkonzentration: 21 %

ausgeatmete Sauerstoffkonzentration: 17 %

Die Differenz von 4 % ergibt einen Sauerstoffverbrauch von: 12 x 4 : 100 = 0,48 l/min

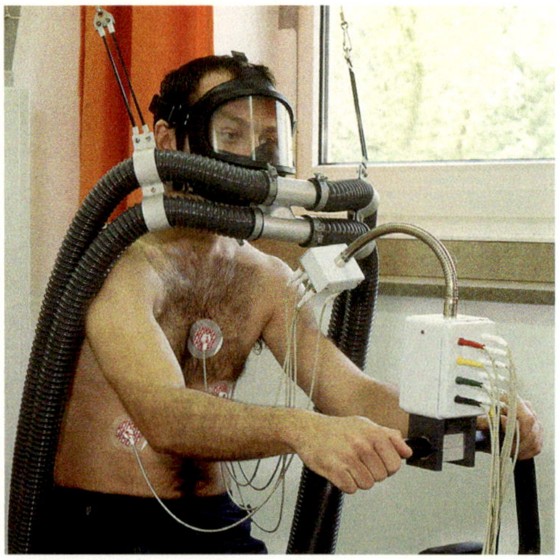

1 Messung des Sauerstoffverbrauches

Energieumsatz		
Alter (a)	Mann	Frau
5	4950	4870
20	3910	3570
70	3400	3190

Grundumsatz in kJ pro m^2 Körperoberfläche und 24 h im Vergleich

Liegen	1,0
Gehen	5,1
Schwimmen	8,1
Bäume fällen	14,5

Leistungsstoffwechsel; angegeben als das x-fache gegenüber dem Grundumsatz

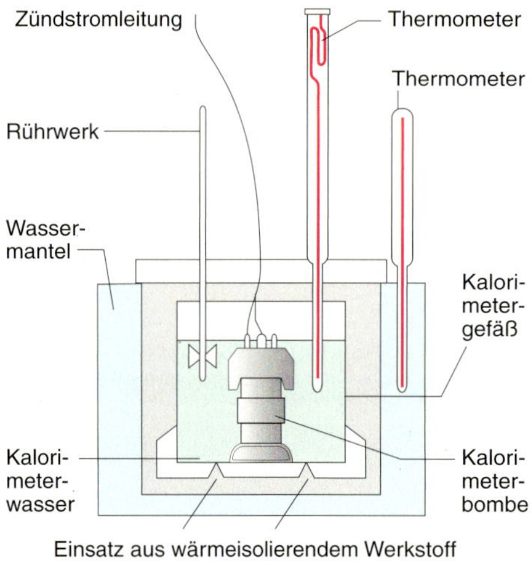

2 Aufbau eines Kalorimeters

Messen des Energieumsatzes

In den Industrieländern leiden viele Menschen unter Übergewicht. Die Ursachen sind meist Fehlernährung und Bewegungsmangel. Deshalb ist es von gesundheitlichem Interesse zu wissen, wie viel Energie ein Mensch über die Nahrung aufnimmt und wie viel Energie er bei körperlichen und geistigen Leistungen benötigt.

Die aufgenommene Nahrung setzt sich neben Ballaststoffen, Vitaminen und Mineralstoffen hauptsächlich aus Kohlenhydraten, Fetten und Proteinen zusammen. Diese energiereichen Substanzen werden veratmet, d. h. unter Sauerstoffverbrauch zu energiearmem Kohlenstoffdioxid und Wasser abgebaut, soweit sie nicht in den Baustoffwechsel fließen. Die Hauptenergielieferanten sind Kohlenhydrate und Fette.

Bei den Dissimilationsprozessen wird Energie frei. Sie wird zu einem kleineren Teil im *Baustoffwechsel* zum Aufbau körpereigener Stoffe verwendet. Der Hauptanteil dient dazu, im *Betriebsstoffwechsel* den Energiebedarf des Körpers zu decken. Wird über die Nahrung mehr Energie aufgenommen als der Körper benötigt, wird sie in Form von Reservefetten gespeichert. (→ 134/135)

Direkte Kalorimetrie

Der Energieumsatz ist stark von der Aktivität des Körpers abhängig. Jede körperliche Tätigkeit, auch Verdauung und Temperaturregulation, steigert den Energiebedarf. Deshalb muss eine Person zur Bestimmung des *Grundumsatzes* nüchtern sein, völlig entspannt und bekleidet bei 20°C auf einer Liege ruhen. Unter diesen Bedingungen wird die Energie nahezu völlig in Wärme umgewandelt. Daher kann man den Grundumsatz durch die abgegebene Wärmemenge direkt bestimmen. Für dieses Verfahren der *direkten Kalorimetrie* ist eine vollständige Wärmeisolierung notwendig oder ein direkter Vergleich mit einem Kalorimeter unter gleichen Außenbedingungen ohne die Person oder das Tier. Der apparative Aufwand ist erheblich. In der Medizin hat die Methode daher nur noch historische Bedeutung.

In der chemischen Forschung hingegen wird sie häufig angewandt. In einem *Kalorimeter*, einem Gefäß, das die gesamte Wärme einer chemischen Reaktion aufnimmt, ohne etwas davon unkontrolliert an die Umgebung abzugeben, bestimmt man die Reaktionsenergie. Durch Verbrennung im Kalorimeter kann man z. B. die Brennwerte von Nahrungsmitteln bestimmen, also die durch vollständige Oxidation freigesetzte Wärmemenge pro Gramm Substanz (Abb. 2).

Indirekte Kalorimetrie

Da die direkte Kalorimetrie viele Fehlerquellen aufweist und nur bei kleinen Tieren gut anwendbar ist, führt man Energieumsatzmessungen beim Menschen durch *indirekte Kalorimetrie* durch. Man zieht dabei den Sauerstoffverbrauch als Maß für den Energieumsatz heran, indem man die Differenz zwischen dem Sauerstoffgehalt der eingeatmeten und der ausgeatmeten Luft sowie das Atemvolumen bestimmt. Das Verfahren ist

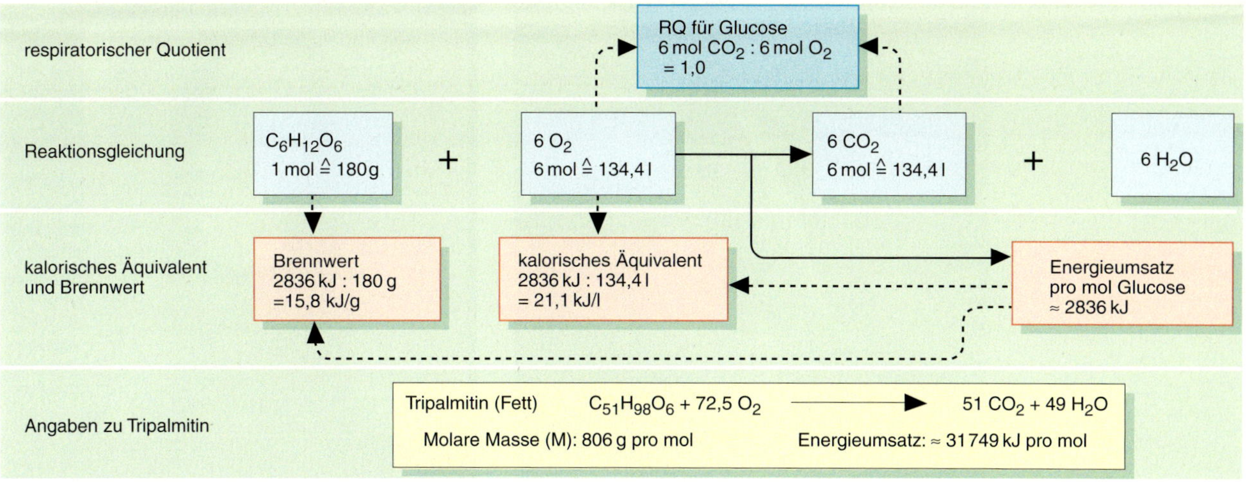

1 Respiratorischer Quotient und kalorisches Äquivalent

RQ	kal. Äquivalent (kJ pro Liter O_2)
0,71	19,62
0,80	20,10
0,84	20,30
0,90	20,61
1,00	21,13

Beziehung zwischen RQ und kalorischem Äquivalent bei Mischkost

Gurken	42
Tomaten	80
Spinat	110
Bier	200
Kabeljau	325
Kartoffeln	365
Fruchteis	530
Brathuhn	605
Pommes Frites	940
Vollkornbrot	1000
Schlagsahne	1250
Fruchtbonbon	1500
Zwieback	1640
Leberwurst	1885
Marzipan	1915
Salami	2240
Schokolade	2350
Erdnüsse	2720

Energiegehalt verschiedener Nahrungsmittel (kJ / 100 g)

einfacher durchführbar als die direkte Kalorimetrie und lässt auch eine Bestimmung des *Leistungsumsatzes* zu, des zusätzlich zum Grundstoffwechsel messbaren Energieumsatzes bei körperlicher Aktivität.

Aus der chemischen Verbrennungsgleichung für Glucose geht hervor, dass pro mol Glucose 6 mol Sauerstoff verbraucht werden (Abb. 1). 1 mol Sauerstoff nimmt bei Normalbedingungen 22,4 Liter ein, bei Oxidation von 1 mol Glucose werden also 6 x 22,4 = 134,4 Liter verbraucht. Aus kalorimetrischen Messungen kennt man die Reaktionsenergie: Bei diesem Vorgang werden pro mol Glucose 2836 kJ freigesetzt. Aus dem Vergleich der Werte ergibt sich, dass pro Liter Sauerstoff bei diesem Vorgang im Körper 2836 kJ : 134,4 Liter = 21,1 kJ/Liter umgesetzt werden. Dieser Wert wird als das *kalorische Äquivalent* bei der Oxidation von Glucose bezeichnet. Er gilt allerdings nur für eine Ernährung rein auf Kohlenhydratbasis, da sich die kalorischen Äquivalente für die verschiedenen Nährstoffe unterscheiden.

Bei Mischkost werden Substanzen aus allen drei Nährstoffgruppen abgebaut. Ihr jeweiliges Verhältnis muss in der aufgenommenen Nahrung bei der Berechnung des Energieumsatzes berücksichtigt werden. Man kann es aus dem *respiratorischen Quotienten* (RQ-Wert) bestimmen. Er ist das Verhältnis aus abgegebener CO_2- und aufgenommener O_2-Menge:

$$RQ = \frac{V(CO_2 \text{ abgegeben})}{V(O_2 \text{ aufgenommen})}$$

Aus den chemischen Gleichungen für die Oxidationsvorgänge kann man schließen, dass der RQ-Wert für Kohlenhydrate wie Glucose 1,0 beträgt, für Fette ca. 0,7 (Abb. 1). Für Proteine sind die Verhältnisse komplexer, da beim Abbau auch Harnstoff entsteht. Der RQ-Wert ist für sie ca. 0,8. Grasfresser haben RQ-Werte um 1, Fleischfresser um 0,75. Beim normal ernährten Menschen liegt der Wert bei etwa 0,9, kann in Hungerphasen aber auf 0,7 zurückgehen. Dann werden nämlich nur noch Reservefette veratmet.

Aus dem RQ-Wert schließt man auf die Zusammensetzung der veratmeten Stoffe, mithilfe ihres kalorischen Äquivalents auf die umgesetzte Energie pro Liter verbrauchten Sauerstoff. Zu jedem RQ-Wert zwischen 0,7 und 1,0 gehört ein bestimmtes kalorisches Äquivalent. Daraus kann man auch den Energieumsatz bei Mischkost bestimmen.

Nährstoff	Brennwert (kJ/g)	kalor. Äquivalent (kJ/l O_2)
Kohlenhydrate	17,2	21,15
Fette	38,9	19,60
Proteine	17,2	18,75

Aufgaben

① Berechnen Sie den Energieumsatz des Sportlers in Abbildung 30.1 anhand der angegebenen Daten bei normaler Ernährung und in einer Hungerphase.

② Der RQ-Wert von Mittelamerikanern liegt deutlich über dem von Europäern. Begründen Sie.

1 Fledermaus im Winterschlaf (Foto und Thermoaufnahme)

Winterschläfer sparen Energie

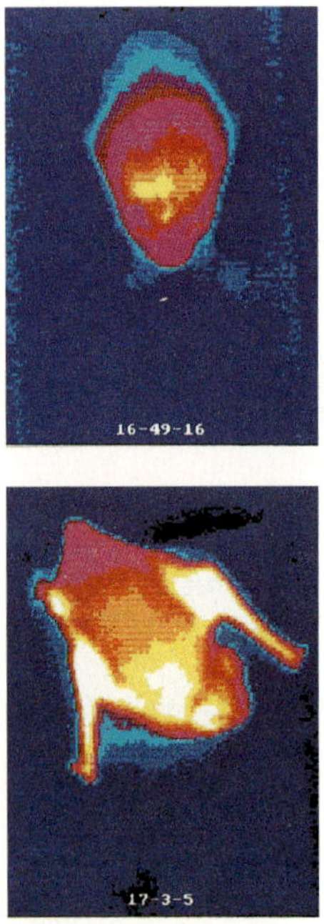

Thermografien einer aufwachenden Fledermaus

Mitochondrien
Zellorganellen, in denen die Zellatmung stattfindet

Cytoplasma, Zellplasma
Grundsubstanz der Zelle

Fledermäuse sind die einzigen flugfähigen Säugetiere. Dies ermöglichen die Flughäute, die zwischen den Vorder- und Hinterbeinen sowie dem Schwanz aufgespannt werden können. Die Fledermäuse orientieren sich mithilfe der Ultraschall-Echo-Ortung. Durch das Maul und die Nase stoßen sie hohe Töne aus. Treffen diese Schallwellen auf einen Gegenstand oder fliegende Insekten werden sie reflektiert und von den großen Ohren aufgefangen. Auf diese Weise können sich die nachtaktiven europäischen Fledermäuse unabhängig vom Licht orientieren und sich von großen Fluginsekten ernähren.

Mit sinkender Außentemperatur nimmt im Herbst das Nahrungsangebot ab. Gleichzeitig steigt der Energieaufwand durch die erhöhte Wärmeabgabe der Tiere an die Umgebung vor allem über die dünnen und gut durchbluteten Flughäute. Bereits im Spätsommer werden Fettdepots als Energiereserven angelegt. So beträgt der Fettgehalt im Herbst fast 30 % des Körpergewichtes. Fledermäuse leben im Sommer auf warmen Dachböden und in Baumhöhlen oder Höhleneingängen. Zu Beginn der kalten Jahreszeit ziehen sie sich in die frostfreien Teile von Höhlen zurück. Die Herzfrequenz nimmt ab, die Stoffwechselrate wird drastisch reduziert und die Körpertemperatur sinkt bis auf den Wert der Umgebungstemperatur. Das Tier verfällt in einen Starrezustand, den man als *Winterschlaf* bezeichnet. Die sinkende Außentemperatur und die kürzeren Tageslängen gelten hierfür als die entscheidenden Auslöser.

Im Stadium des Winterschlafes ist die Temperaturregulation nicht ausgeschaltet. Sinkt die Umgebungstemperatur unter eine kritische Grenze, die knapp oberhalb von ca. 0 °C liegt, so beginnt das Tier Wärme zu produzieren. Der Winterschlaf ist also ein Zustand, bei dem der Temperatursollwert erniedrigt ist.

Die Wärme wird überwiegend in einem besonderen Gewebe, dem *braunen Fettgewebe*, gebildet. Es unterscheidet sich vom üblichen *weißen Fettgewebe* in mehrfacher Hinsicht: Während die Zellen des weißen Fettgewebes einen großen Fetttropfen und sehr wenig Cytoplasma enthalten, findet man in den Zellen des braunen Fettgewebes viele kleine Fetttröpfchen und wesentlich mehr Cytoplasma mit einer hohen Anzahl an Mitochondrien (s. Seite 72). Sie bewirken die charakteristische braune Färbung.

Die Steuerung des Energiestoffwechsels erfolgt im weißen Fettgewebe über Hormone, im braunen Fettgewebe hauptsächlich über das Nervensystem. Im weißen Fettgewebe wird das Fett zu Glycerin und Fettsäuren gespalten und von Blut und Lymphe zu den anderen Geweben transportiert (s. Seite 39). In den braunen Fettzellen werden diese beiden Produkte in den zelleigenen Mitochondrien abgebaut. Anhand des respiratorischen Quotienten von 0,7 kann man erkennen, dass fast ausschließlich Fette verarbeitet werden. Die Mitochondrien dieses Gewebes weisen ebenfalls Besonderheiten auf: Während der Wärmeproduktion nimmt das braune Fett-

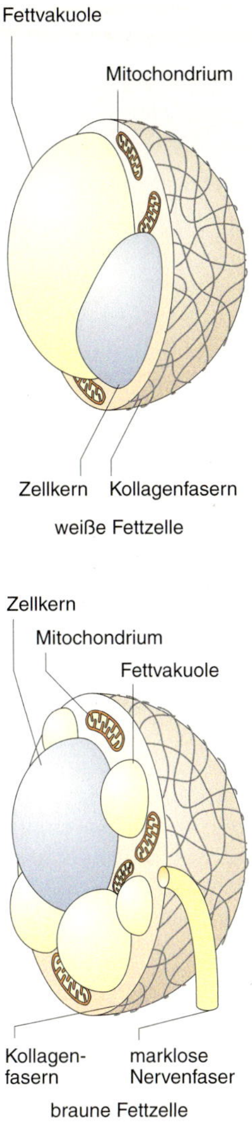

Zelle des braunen und weißen Fettgewebes

gewebe viel Sauerstoff auf. Trotzdem wird kaum ATP *(Adenosintriphosphat)*, der universelle Energiespeicher, gebildet. In den inneren Mitochondrienmembranen des braunen Fettgewebes befindet sich zusätzlich ein spezifisches Membranprotein. Durch dieses strömen Protonen aus dem Intermembranraum der Mitochondrien in ihre Matrix. Die im *Protonengradienten* gespeicherte Energie wird so direkt in Wärme überführt. Der Protonenaustausch zur ATP-Bildung wird dagegen stark reduziert.

Beim Aufwachvorgang wird die Durchblutung im braunen Fettgewebe um das 12fache gesteigert. Die Fledermäuse haben erstaunlich hohe Aufwärmraten, sie können die Körpertemperatur um 1,5 °C pro Minute erhöhen. Bei der 24 g schweren Fledermaus steigt der Sauerstoffbedarf von ca. 600 ml auf 12 000 ml O_2 pro kg Körpergewicht und Stunde. Die Wärmebildung erfolgt ohne Muskelzittern fast ausschließlich im braunen Fettgewebe (s. Randspalte).

Das Muskelzittern, das bei Unterkühlung für alle nicht in den Winterschlaf fallenden Säuger typisch ist, hätte bei den Winterschläfern gravierende Nachteile. Winterschläfer sind ausnahmslos kleine Tiere, besitzen also eine große relative Oberfläche und haben damit eine hohe relative Wärmeabstrahlung. Muskelzittern würde bei den Winterschläfern nur zu einem Energieverlust führen, da die meisten Muskeln nahe der Körperoberfläche liegen und nur wenig Wärme mit dem Blut ins Körperinnere transportiert würde. Das braune Fettgewebe liegt dagegen zentral im Körperinneren.

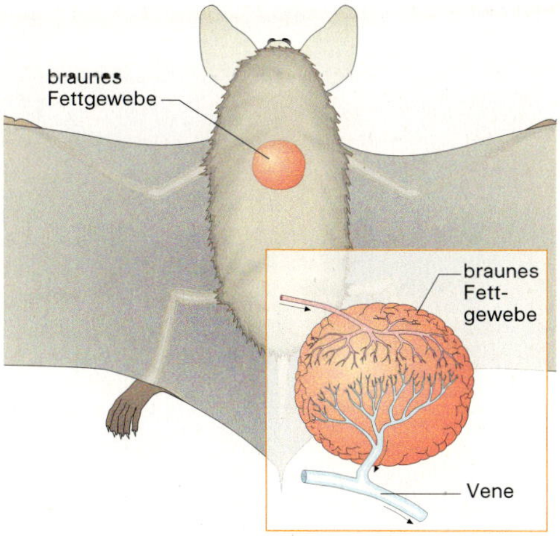

1 Lage des braunen Fettgewebes der Fledermaus

Aufgaben

① Beschreiben Sie anhand der verschiedenen Thermografien in der Randspalte von Seite 32 die Erwärmung der Fledermäuse beim Aufwachen aus dem Winterschlaf.

② Erstellen Sie tabellarisch die Unterschiede zwischen braunem und weißem Fettgewebe und den jeweiligen Vorgängen in den Mitochondrien. Erklären Sie anhand dieser Daten die Vorteile des braunen Fettgewebes während des Winterschlafes.

③ Erläutern Sie, weshalb für Fledermäuse die Wahrscheinlichkeit sinkt, den Winter zu überleben, wenn sie häufig während des Winterschlafes gestört und damit aufgeweckt werden.

Protonengradient
Konzentrationsunterschied von Protonen z. B. an Membranen

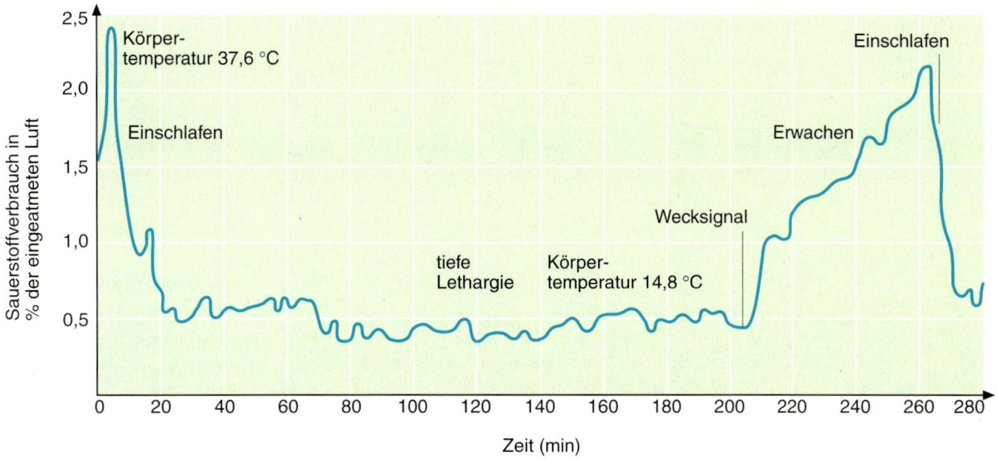

2 Sauerstoffverbrauch einer Fledermaus

1 Seehund (Foto und Thermoaufnahme)

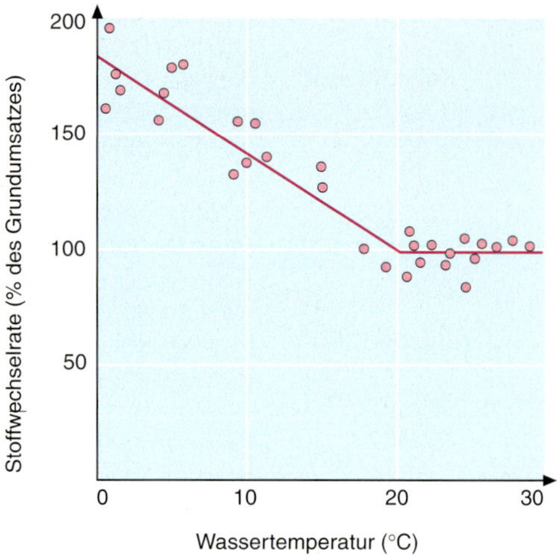

2 Stoffwechsel bei verschiedenen Temperaturen

Seehunde sind gut „isoliert"

Wärmeleitfähigkeit verschiedener Materialien

Luft	0,056
Wasser	1,4
Eis	6
Neuschnee	0,25
Federn	0,057
Kaninchenfell	0,06
Fettgewebe	0,4
Muskulatur	1,1

Träge liegt ein Seehundrudel auf der Sandbank. Die Thermographie eines Seehundes, der soeben aus dem 10 °C kalten Wasser gerobbt ist, belegt, dass er nur wenig Wärme abstrahlt (Abb. 1). Im Winter kann die Differenz zwischen der Körperkerntemperatur, die wie bei den meisten Säugetieren recht konstant bei 37 °C liegt, und der Temperatur des umgebenden Wassers mehr als 30 °C betragen. Folglich besteht nur ein geringer Wärmefluss aus dem Körperinneren nach außen: Seehunde sind im Wasser gut isoliert.

Bei am Land lebenden Säugern schützt das Fell vor Wärmeverlusten, da die Luft, die sich zwischen den feinen Haaren staut, ein schlechter Wärmeleiter ist. Sobald die Seehunde ins Wasser tauchen, wird die vom Fell eingeschlossene Luft vom Wasser verdrängt. Wasser leitet Wärme aber 25-mal so gut wie Luft und verringert daher die Isolationswirkung. Das Fell der Seehunde kann im Wasser also nur geringfügig den Wärmefluss hemmen. Direkt unter der Haut liegt eine dicke Speckschicht, der *Blubber* (Abb. 3). Er umgibt mit Ausnahme der Flossen den gesamten Körper. Fettgewebe ist im Gegensatz zur Muskulatur ein schlechter Wärmeleiter (s. Randspalte) und verringert dadurch die Wärmeverluste an die kältere Umgebung, wie das Temperaturprofil in Abbildung 3 zeigt.

Trotz dieser hervorragenden Isolationsschicht nimmt der Wärmeverlust mit sinkender Umgebungstemperatur zu. Ein Seehund kann seine Körpertemperatur nur halten, wenn der Stoffwechsel gesteigert wird. Messungen des Grundumsatzes belegen, dass unterhalb einer kritischen Wassertemperatur diese Stoffwechselgröße kontinuierlich steigt (Abb. 2). Diese zusätzliche Energie kann nur aus Körperreserven, wie Fett, oder aus der Nahrung stammen.

Andererseits besteht aufgrund der ausgezeichneten Wärmedämmung durch den Blubber auch die Gefahr des Hitzestaus, da bei der Jagd auf Nahrung Wärme entsteht. Er wird dadurch verhindert, dass in der Blubberschicht Blutgefäße liegen, in denen der Blutstrom und damit die Wärmeabgabe fein reguliert werden kann (Abb. 3). (→ 136/137)

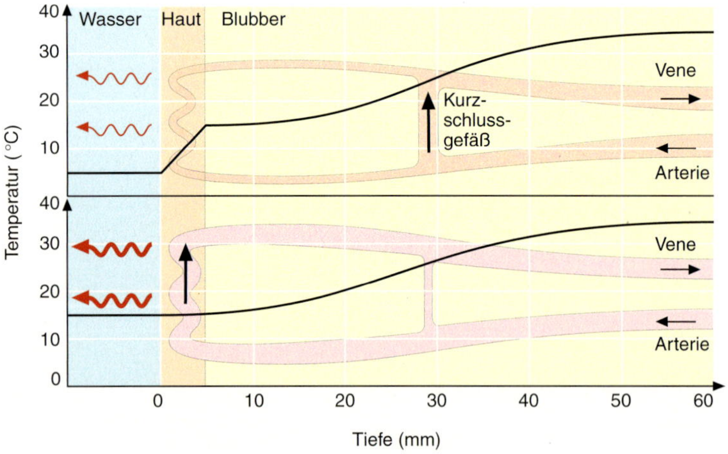

3 Regulation der Durchblutung im Blubber

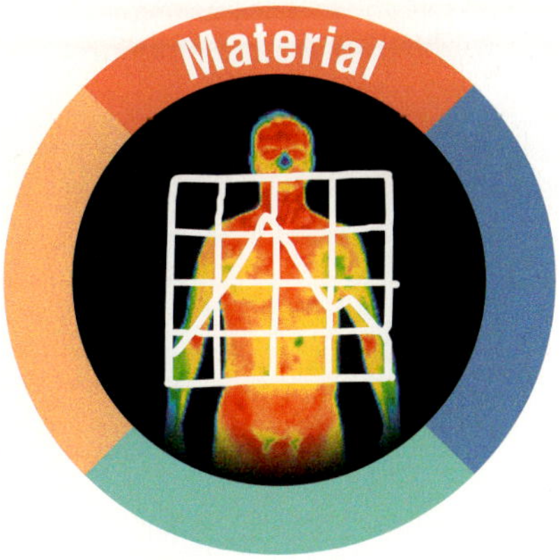

Thermoregulation des Menschen

Aufgaben

1. Beschreiben und deuten Sie die Temperaturzonen im menschlichen Körper (Abb. 1). Erläutern Sie, warum die Mediziner in einer vereinfachten Darstellung von einem homoiothermen Körperkern und einer poikilothermen Körperschale sprechen.
2. Vergleichen Sie die prozentualen Anteile der Organe an der Körpermasse mit ihrer Wärmebildung in Ruhe bzw. bei Arbeit (Abb. 2).
3. Tastet man mit einer erhitzten bzw. abgekühlten Nadel verschiedene Körperpartien ab, treten an bestimmten Stellen deutliche Kälte- und Wärmeempfindungen auf (Abb. 3a). Beschreiben Sie das Versuchsergebnis ebenso wie das in Abb. 3b dargestellte. Deuten Sie beide Befunde im Zusammenhang.
4. Bei hohen Umgebungstemperaturen oder bei anstrengender Tätigkeit schwitzen Menschen bereits nach 2 Sekunden, obwohl die Hauttemperatur sich noch nicht verändert hat. Die Bluttemperatur nimmt jedoch bereits nach 1 Sekunde zu. Erklären Sie die biologische Bedeutung der Schweißproduktion in Zusammenhang mit der Temperaturregulation. Erläutern Sie, ob die Blutgefäße der Haut in diesem Stadium verengt oder erweitert werden.
5. Zeichnen Sie ein Regelkreisschema, das mit den gegebenen Informationen die Regulation der Körpertemperatur eines Menschen veranschaulicht. Sie können voraussetzen, dass der Regler und das Führungsglied im Gehirn lokalisiert sind. Erklären Sie mithilfe Ihres erstellten Regelkreisschemas das Phänomen des Fiebers.

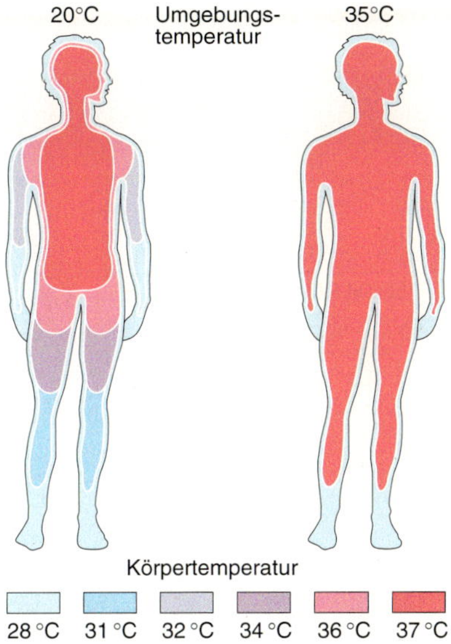

1a

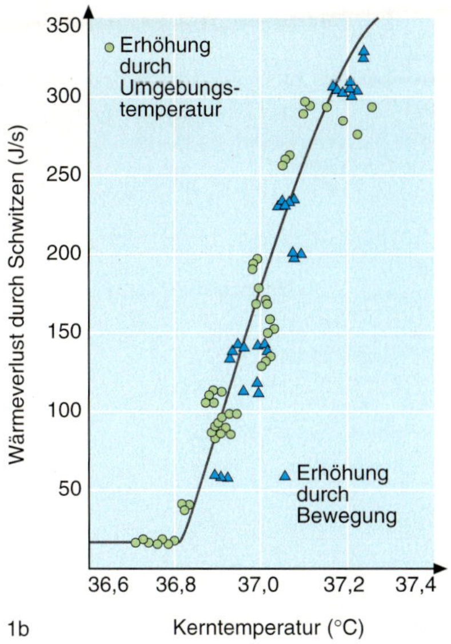

1b

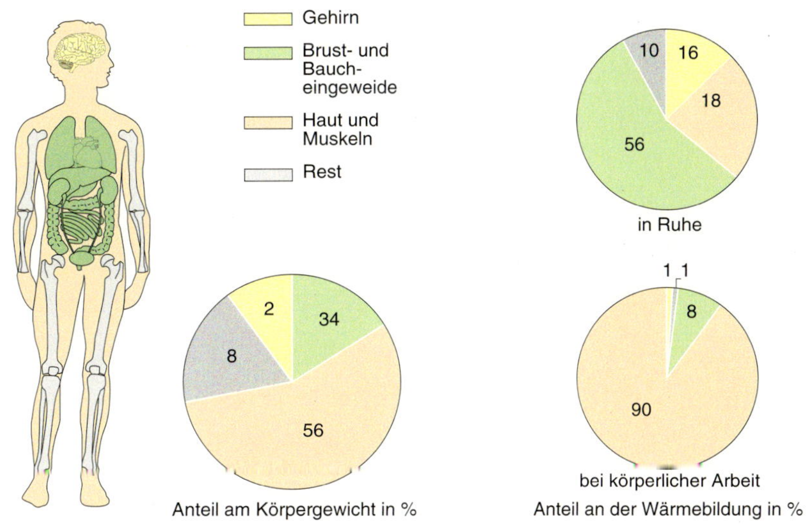

2

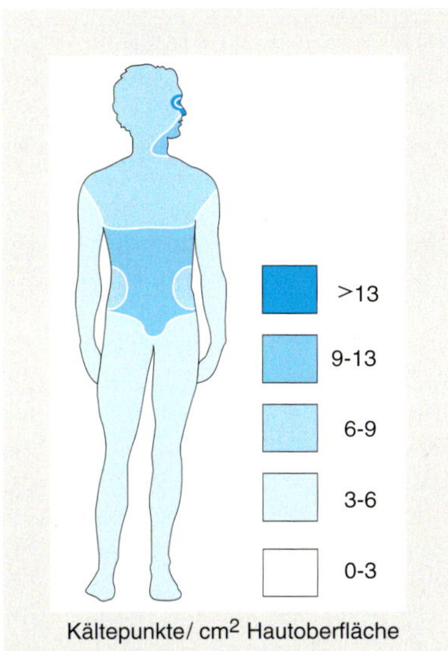

3a

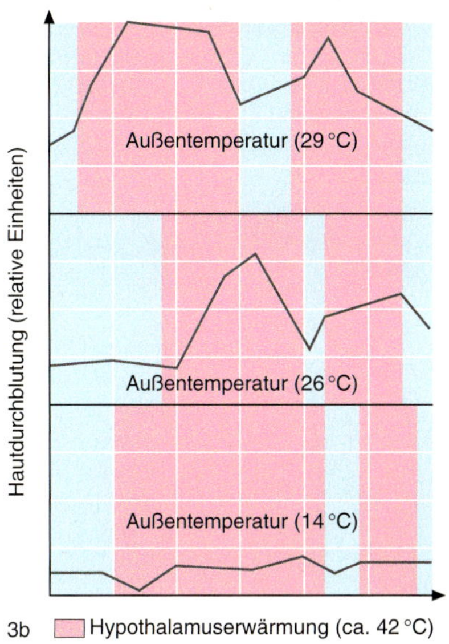

3b

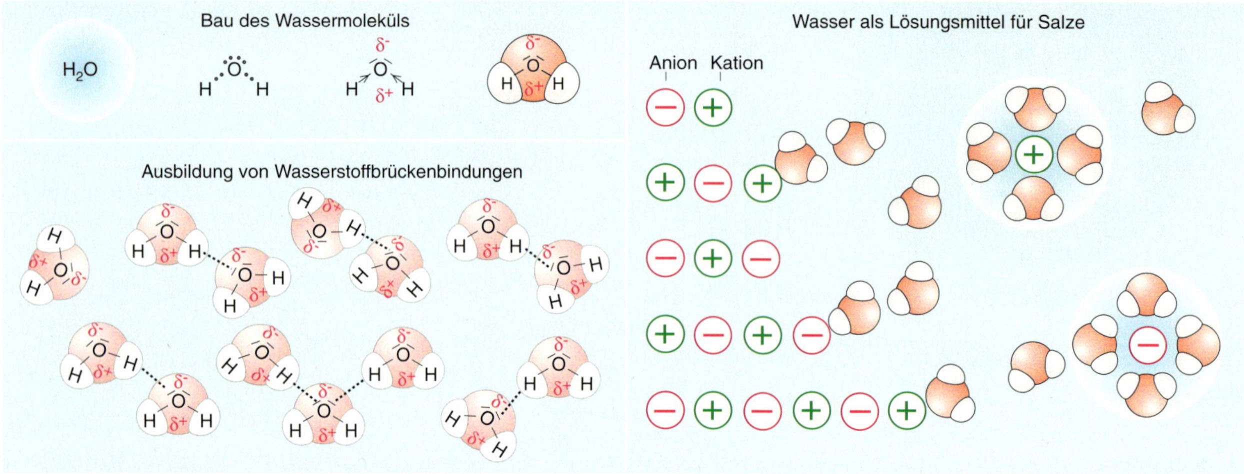

1 Wassermoleküle und ihre Eigenschaften

Ohne Wasser geht nichts

Wassergehalt in % des Frischgewichtes

Mensch	60
Schaf	57
Frosch	77
Käfer	65
Ohrenqualle	98
Gras	67
Holz	50
Gurke	95
Apfel	83

hyder
gr. = das Wasser

philo
gr. = liebend

phobos
gr. = die Furcht

lipos
gr. = das Fett

Es gibt Lebewesen, die ohne Sauerstoff auskommen und solche, die ohne Licht existieren können. Ohne Wasser aber geht es nicht. Es ist lebensnotwendig. Wasser erfüllt im Organismus vielfältige Funktionen. Es ist Strukturbestandteil von Makromolekülen, dient als Transport- und Lösungsmittel, ist Substrat bzw. Produkt enzymatischer Reaktionen und reguliert die Körpertemperatur.

Bis auf wenige Ausnahmen macht das Wasser den überwiegenden Teil der Körpermasse aus. Beim erwachsenen Menschen entfallen ca. 60 % des Körpergewichts auf das Wasser. Wassermoleküle haben besondere chemische Eigenschaften, deren Kenntnisse Vorraussetzung für ein Verständnis vieler Stoffwechselvorgänge sind.

Die Eigenschaften des Wassers beruhen auf dem Aufbau und der Ladungsverteilung des Wassermoleküls (H_2O). Die bindenden Elektronenpaare bilden zwischen dem Sauerstoffatom und den beiden Wasserstoffatomen einen Winkel von 105°, dadurch hat das Wassermolekül eine gewinkelte Struktur (Abb. 1). Die Ladungen sind im Wassermolekül ungleichmäßig verteilt. Der Sauerstoff zieht aufgrund seiner höheren Elektronegativität die bindenden Elektronenpaare stärker zu sich hin, als es die beiden Wasserstoffatome vermögen. Hierdurch ergibt sich eine ungleiche Ladungsverteilung und damit ein polares Molekül: Der Sauerstoff ist stärker negativ geladen als der Wasserstoff. Der Sauerstoff trägt eine negative Teilladung, δ^-, der Wasserstoff eine positive, $\delta+$. Das Wassermolekül hat zwei Pole, es ist ein *Dipol.*

Zwischen den Wassermolekülen gibt es elektrostatische Wechselwirkungen. Der Sauerstoff des einen Wassermoleküls übt eine anziehende Wirkung auf den Wasserstoff eines benachbarten Wassermoleküls aus. Diese im Vergleich zur Elektronenpaarbindung schwächere Bindung nennt man *Wasserstoffbrückenbindung*. Dadurch entstehen größere H_2O-Molekülverbände, sogenannte *Cluster* (Abb. 1). Das Aufbrechen dieser Bindungen erfordert den Einsatz einer beträchtlichen Energiemenge. Deshalb siedet Wasser erst bei 100 °C, das unpolare Methan (CH_4) dagegen schon bei -161 °C. Wasserstoffbrückenbindungen findet man auch bei anderen polaren Verbindungen.

Die Dipoleigenschaft macht das Wassermolekül zu einem sehr guten *Lösungsmittel* für polare Verbindungen und Salze. Salze bestehen aus positiv und negativ geladenen Ionen. Die Wassermoleküle gehen aufgrund elektrostatischer Kräfte Wechselbeziehungen mit den geladenen Ionen ein, sodass sie von den Wassermolekülen mit einer Hydrathülle umgeben werden und sich dadurch die Salze lösen. Stoffe, die wasserlöslich sind, nennt man *hydrophil,* solche die sich in unpolaren Stoffen lösen, *lipophil.*

Organische Verbindungen

Derzeit kennt man mehr als 15 Millionen organische Verbindungen. Sie enthalten allesamt Kohlenstoff. An ihrem Aufbau sind außer dem Kohlenstoff vor allem die Elemente Wasserstoff, Sauerstoff, Stickstoff, Schwefel und Phosphor beteiligt. Viele der bekannten organischen Verbindungen sind Naturstoffe, d. h. sie kommen in Mikroorganismen, Pilzen, Pflanzen sowie im tierischen und menschlichen Organismus vor.

Jedes Kohlenstoffatom geht grundsätzlich vier Bindungen ein. Weist es nur Einfachbindungen zu Kohlenstoff auf, so spricht man von *gesättigten Kohlenstoffverbindungen*. Kohlenstoffatome können jedoch auch Doppel- oder Dreifachbindungen eingehen. Diese Verbindungen nennt man *ungesättigt*. Sie sind sehr reaktionsfreudig.

Funktionelle Gruppen

Funktionelle Gruppe	Formel		Verbindungsklasse
Hydroxy (auch: Hydroxyl)		R–OH	Alkohole
Carbonyl		R–C(=O)–H	Aldehyde
		R–C(=O)–R	Ketone
Carboxyl	R–C(=O)–OH (nichtionisiert)	$R{-}C(=O){-}O^-$ (ionisiert)	Carbonsäuren
Amino	$R{-}NH_2$ (nichtionisiert)	$R{-}NH_3^+$ (ionisiert)	Amine
Phosphat			organische Phosphate

Nahezu alle organischen Moleküle enthalten Atomgruppen, die in entscheidendem Maße die Eigenschaften und die Reaktionen eines Moleküls bestimmen. Solche Atomgruppen bezeichnet man als *funktionelle Gruppen*. Sie sind die Grundlage für die Zuordnung organischer Verbindungen zu bestimmten Verbindungsklassen (Abb.).

Organische Verbindungen werden entsprechend ihrer molekularen Masse auch in niedermolekulare und hochmolekulare Verbindungen eingeteilt. (Niedermolekulare Verbindungen sind die molekularen Bausteine für viele hochmolekularen Naturstoffe, wie Nucleinsäuren, Proteine, Polysaccharide und Lipide.)

Alkohole (Alkanole)

Die funktionelle Gruppe der *Alkohole* ist die *Hydroxylgruppe*. Wegen des elektronegativen Sauerstoffatoms, das Elektronen an sich zieht, ist die Hydroxylgruppe polar. Sie zieht Wassermoleküle an, ist also *hydrophil*, der Rest jedoch bleibt unpolar *(lipophil)*. Der Alkohol *Ethanol* (C_2H_5OH) ist eines der bekanntesten Gärungsprodukte.

Carbonylverbindungen

Die C = O-Gruppe ist die charakteristische Gruppe dieser Verbindungsklasse. Befindet sich die Carbonylgruppe am Ende des Kohlenstoffgerüstes, spricht man von einem *Aldehyd (Alkanal)*, liegt sie innerhalb des Kohlenstoffgerüstes, handelt es sich um ein *Keton*. *Carbonylverbindungen* sind an zahlreichen Stoffwechselvorgängen beteiligt. Insbesondere die Aldehyde gehören zu den reaktionsfähigsten organischen Verbindungen.

Carbonsäuren

Die funktionelle Gruppe der *Carbonsäuren* ist die Carboxylgruppe. Zu diesen relativ schwachen Säuren gehören z. B. Essigsäure, Buttersäure und Citronensäure. Carbonsäuren mit langen Kohlenwasserstoffketten (z. B. Palmitinsäure) sind als Fettsäuren Bestandteil der Fette. Die Carboxylgruppe ist polar, daher sind kurzkettige Carbonsäuren hydrophil. Mit zunehmender Länge der Kohlenwasserstoffkette werden sie jedoch *lipophiler*.

Amine

Bei *Aminen* ist ein mit zwei Wasserstoffatomen gebundenes Stickstoffatom an das Kohlenstoffgerüst gebunden. Die Aminogruppe ist polar und kann ein Proton aufnehmen, sodass sie als Base reagiert. Eine ganz wesentliche Verbindungsklasse sind die *Aminocarbonsäuren*, kurz *Aminosäuren* genannt. Sie enthalten zwei funktionelle Gruppen: die Aminogruppe und die Carboxylgruppe. Die einfachste Aminosäure ist das *Glycin*.

Aminosäuren sind in allen Zellen in großer Menge vorhanden, 20 verschiedene Aminosäuren werden unter Wasseraustritt zu Proteinen verknüpft *(Peptidbindung)*.

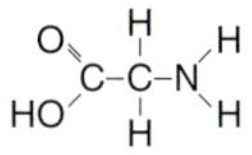

Glycin

Organische Phosphate

In zahlreichen Stoffwechselreaktionen werden chemische Verbindungen mit Phosphorsäure verestert und damit energiereich und reaktionsfreudig gemacht. Die Phosphatgruppe ist Baustein des *Adenosintriphosphates (ATP)*, des zentralen Energieüberträgers in der Zelle.

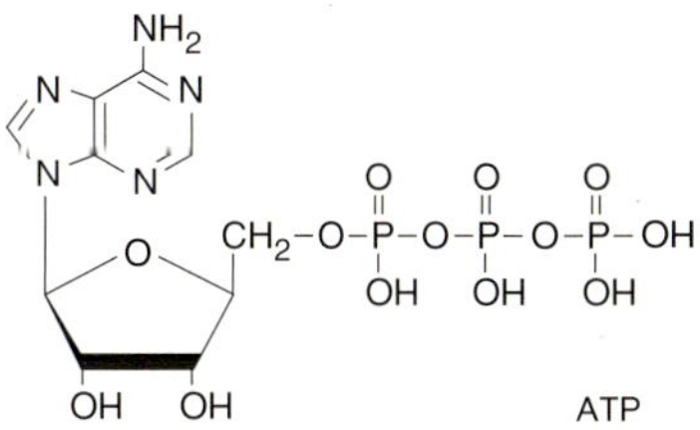

ATP

Viele Coenzyme tragen Phosphatgruppen. Einige dienen wie das NADP *(Nicotinamid-Adenin-Dinucleotid-Phosphat)* als Elektronenspeichermoleküle. Auch die Synthese von Nucleinsäuren und mancher Proteine ist ohne Phosphor undenkbar.

Organische Polymere

Die für das Leben charakteristischen chemischen Verbindungen Kohlenhydrate, Proteine und Nucleinsäuren sind Makromoleküle, im chemischen Sinn *Polymere*. Sie setzen sich aus niedermolekularen Bausteinen zusammen.

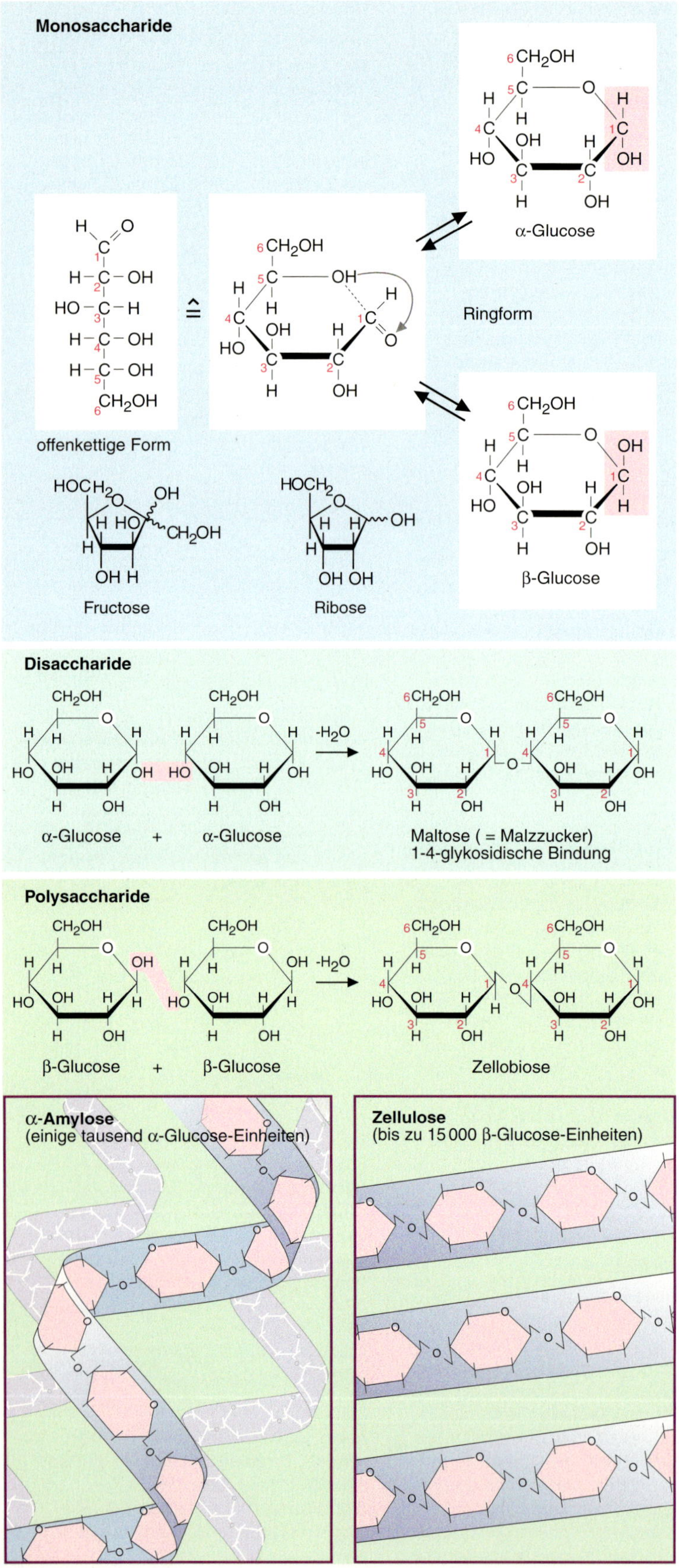

Kohlenhydrate

Kohlenhydrate *(Saccharide)* kennen wir vor allem als Bestandteile der Nahrung, z. B. Stärke, Rohrzucker und Traubenzucker. Es sind wichtige Energielieferanten für den Organismus. Am Beispiel des Traubenzuckers (Glucose) soll der Aufbau eines Kohlenhydrates verdeutlicht werden. Seine chemische Zusammensetzung wird durch die *Summenformel* $C_6H_{12}O_6$ angegeben. Die *Strukturformel* gibt die Verknüpfung der einzelnen Atome an. Mithilfe solcher Strukturformeln *(Konfigurationsformeln)* kann man darstellen, dass Glucose in zwei Formen existiert. Man unterscheidet α-Glucose und β-Glucose. Von anderen Zuckern unterscheidet sich Glucose vor allem durch die unterschiedliche Anordnung der OH-Gruppen.

Glucose ist ein Einfachzucker oder *Monosaccharid*, sie besteht aus einem einzigen Zuckerbaustein. Durch Verknüpfung zweier Monosaccharide entstehen *Disaccharide* (Zweifachzucker). Dabei reagiert eine Hydroxylgruppe des einen Zuckers mit einer Hydroxylgruppe des anderen, wobei ein Molekül Wasser abgespalten wird. Die beiden Zuckermoleküle sind dann über ein Sauerstoffatom miteinander verbunden. Durch Wasseraufnahme kann umgekehrt ein Zweifachzucker gespalten werden. Wichtige Disaccharide sind *Maltose* (Malzzucker), *Saccharose* (Rohrzucker) und *Lactose* (Milchzucker). Durch den Besitz mehrerer OH-Gruppen und die geringe Molekülgröße sind Mono- und Disaccharide in Wasser gut löslich.

Stärke, Glykogen und Zellulose sind wichtige *Polysaccharide* oder *Vielfachzucker*. In diesen drei Polysacchariden sind jeweils viele Glucosemoleküle zu einem Makromolekül miteinander verknüpft. Bei dem pflanzlichen Reservestoff Stärke sind es α-Glucosemoleküle, die zwei Bestandteile der Stärke bilden, die wasserlösliche *Amylose* und das wasserunlösliche *Amylopektin*.

Glykogen wird manchmal als „tierische Stärke" bezeichnet, da es tierischen Organismen als Kohlenhydratspeicher dient. Unser Körper kann ca. 500 Gramm davon in Leber und Muskulatur speichern.

Der pflanzliche Gerüststoff *Zellulose* hingegen besteht aus β-Glucosebausteinen. Das Makromolekül stellt eine lang gestreckte Fibrille dar. Durch parallele Anordnung vieler derartiger Moleküle entsteht eine Faser.

Lipide

Lipide gehören zu einer Stoffgruppe unterschiedlicher Substanzen, die in unpolaren Lösungsmitteln löslich sind. Sie sind als Fette bei Pflanzen und Tieren die Hauptenergiereserve. Ein Baustein ist der dreiwertige Alkohol *Glycerin*. Dazu kommen bestimmte, langkettige Carbonsäuren, die man wegen ihres Vorkommens in Fetten auch *Fettsäuren* nennt. Mit ihrer Carboxylgruppe können sie unter Abspaltung von Wasser jeweils mit einer OH-Gruppe des Glycerins eine Esterbindung bilden. Dabei können drei verschiedene Fettsäuren an der Bildung eines Fettes beteiligt sein. Unter Wasseraufnahme sind die Esterbindungen wieder spaltbar.

Häufig vorkommende Fettsäuren sind z. B. Stearin- und Palmitinsäure. Sie besitzen, wie andere in Organismen vorkommende Fettsäuren auch, eine gerade Anzahl von Kohlenstoffatomen. Stearin- und Palmitinsäure gehören zu den *gesättigten Fettsäuren*, da sie keine C-C-Doppelbindungen besitzen. *Ungesättigte Fettsäuren*, z. B. Ölsäure und Linolsäure, zeichnen sich durch das Vorhandensein einer oder mehrerer C-C-Doppelbindungen aus. Mehrfach ungesättigte Fettsäuren sind für den Menschen meist *essenziell*, sie müssen mit der Nahrung aufgenommen werden. Gesättigte und ungesättigte Fettsäuren unterscheiden sich in ihrem Schmelzpunkt. Fette mit einem hohen Anteil an mehrfach ungesättigten Fettsäuren sind flüssig, wie z. B. Sonnenblumenöl. Fette, die fast nur gesättigte Fettsäuren enthalten, sind dagegen fest, wie z. B. Butter.

Fette sind unpolare Moleküle. Lediglich im Bereich der Esterbindungen sind sie sehr schwach hydrophil, während sich die langen Kohlenwasserstoffketten hydrophob verhalten. Die in den Zellmembranen enthaltenen *Phospholipide* weisen ein polares und ein unpolares Ende auf. Eine der drei Fettsäuren ist in diesen fettähnlichen Lipiden (z. B. *Lecithin, Cholesterol)* durch eine polare Phosphatgruppe mit daran gebundenem Rest ersetzt. Die hydrophilen Eigenschaften werden dadurch verstärkt. Solche Moleküle richten sich gegenüber Wassermolekülen aus. Ihr polarer Teil orientiert sich zum Wasser hin, sodass sich die unpolaren, langen Kohlenwasserstoffketten nebeneinander anordnen. Deshalb kann sich auf einer Wasseroberfläche ein dünner Phospholipidfilm ausbilden. Durch Schütteln entstehen in Wasser fein verteilte Phospholipidtröpfchen (*Micellen*). Es bildet sich eine *Emulsion*.

Bildung eines Fettmoleküls aus einem Glycerinmolekül und drei Fettsäuremolekülen unter Abspaltung von drei Wassermolekülen

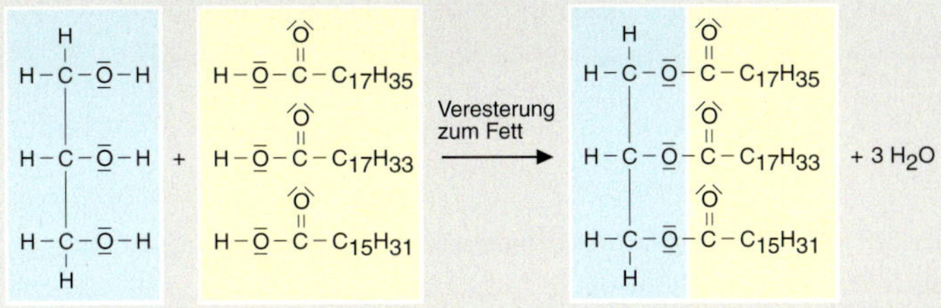

Glycerin + Fettsäuren ⟶ Fett + Wasser

Kalottenmodell eines Fettmoleküls

Gesättigte Fettsäuren

Name	**Summenformel**	**Schmelztemp.**
Palmitinsäure	$C_{15}H_{31}COOH$	+ 63 °C
Stearinsäure	$C_{17}H_{35}COOH$	+ 71 °C

Ungesättigte Fettsäuren

Ölsäure	$C_{17}H_{33}COOH$	+ 16 °C
Linolsäure	$C_{17}H_{31}COOH$	– 05 °C
Linolensäure	$C_{17}H_{29}COOH$	– 11 °C

Struktur des Phospholipids Lecithin

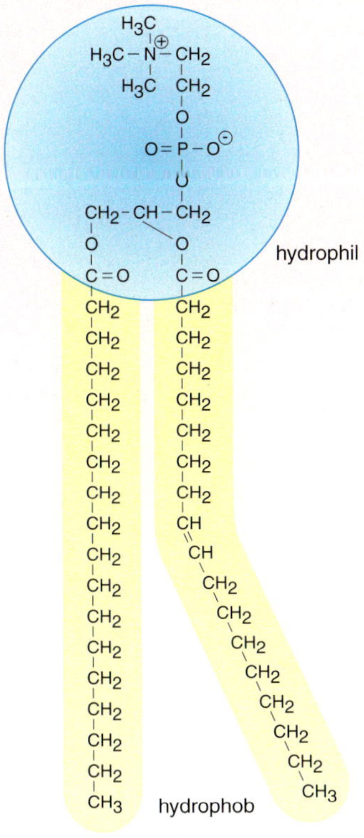

Orientierung von Phospholipiden an Grenzflächen und im Wasser

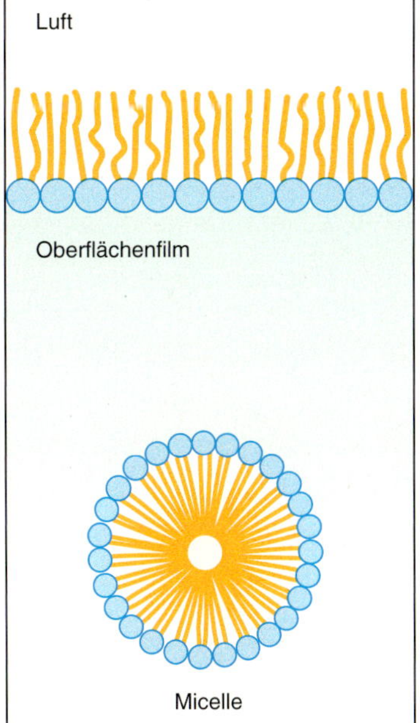

Proteine

Proteine gehören für jedes Lebewesen zu den wichtigsten Substanzen (Abb. 41.1):

- Sie steuern als Enzyme den Stoffwechsel, übermitteln und empfangen im Körper Signale als Hormone und Membranrezeptoren.
- Sie bilden Hämoglobin und Hämocyanin, die den Sauerstoff transportieren.
- Sie dienen als Antikörper der Abwehr nach Infektionen.
- Als Baustoffe bilden sie Gerüste für Zellen und Gewebe (z. B. *Kollagen)*, aber auch außerhalb des Körpers Haltefäden oder die verschiedenen Spinnfäden.
- Sie ermöglichen die Bewegung (Muskelfasern).

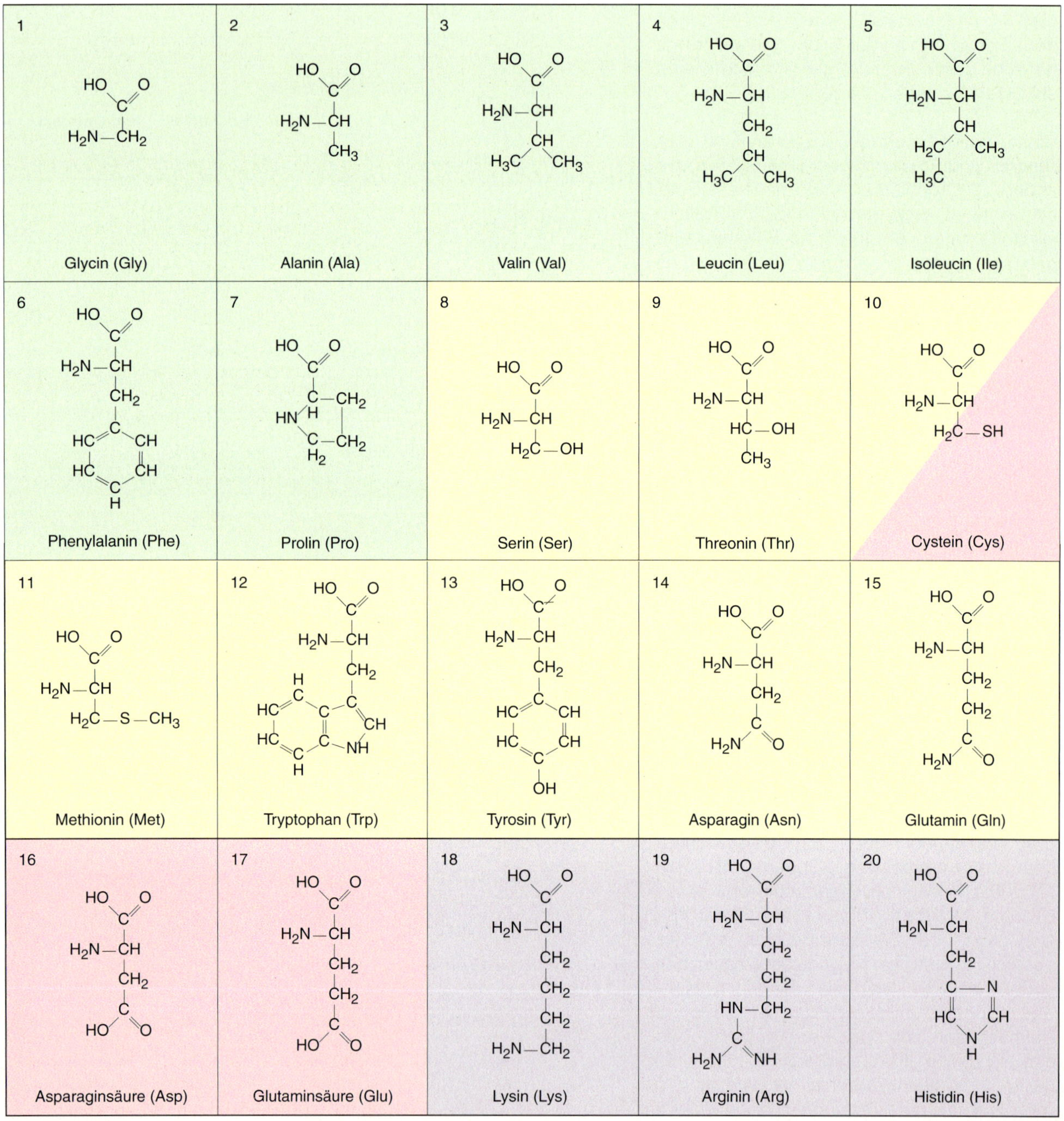

1 Aminosäuren

Aminosäuren — die Grundbausteine

Proteine sind eine Stoffgruppe mit sehr großer Vielfalt. Ihr chemischer Bau lässt sich aber auf ein einheitliches Bauprinzip zurückführen: Jedes Protein besteht aus vielen, stets mehr als 100 Aminosäuren, die zu einem großen Molekül miteinander verbunden sind. Jede der 20 Aminosäuren, die sich am Aufbau der Proteine beteiligt, besitzt neben der Carboxyl- und der Aminogruppe eine spezifische Restgruppe R. Diese bestimmt die Besonderheiten und Eigenschaften der einzelnen Aminosäuren (Abb. 3).

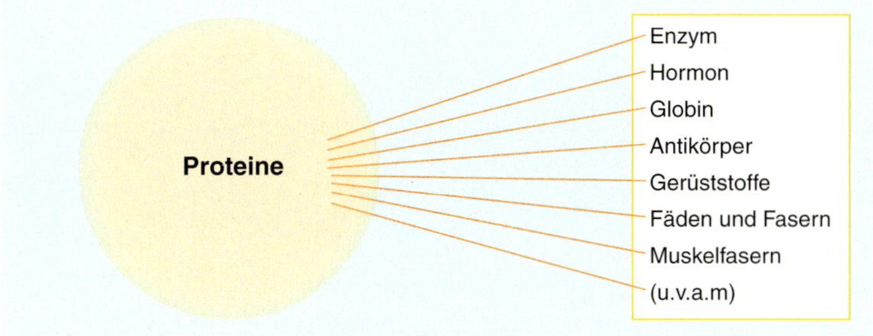

1 Proteine und ihre Funktionen

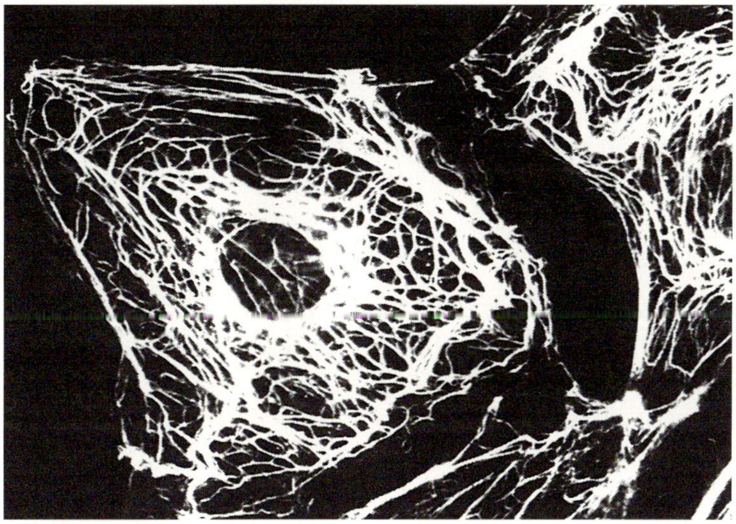

2 Zellskelett (Keratin — Faserprotein)

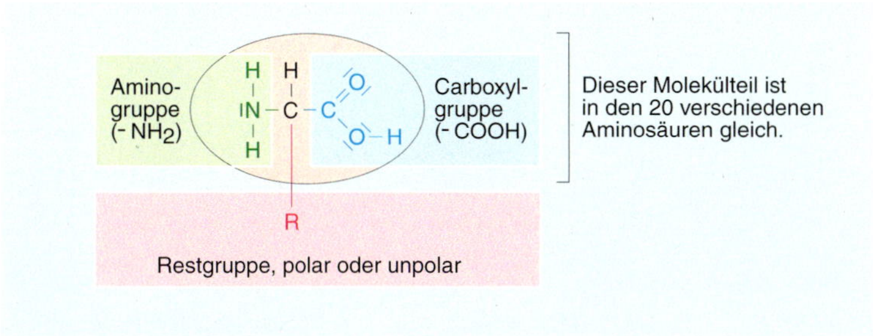

3 Aufbau einer Aminosäure

Die wichtigste Eigenschaft der Restgruppe ist das Verhalten gegenüber Wasser. Wassermoleküle sind Dipole und deswegen ein stark polares Medium. Zu Restgruppen mit Dipolen oder sogar Ionenladungen bestehen daher Anziehungskräfte *(hydrophile Restgruppen)*, während unpolare *(hydrophobe)* Restgruppen daraus abgestoßen werden.

Die Aminosäuren (Abb. 40.1) werden daher folgendermaßen eingeteilt:

1) Aminosäuren mit unpolaren Restgruppen (1—7)
2) Aminosäuren mit polaren Restgruppen
   a) neutrale Restgruppen [8, 9, (10), 11—15]
   b) saure Restgruppen [(10), 16, 17]
   c) basische Restgruppen [18—20]

Die sauren und basischen Restgruppen sind von besonderer Bedeutung, da sie an Übertragungen von H^+-Ionen beteiligt sind:

— Saure Restgruppen können H^+-Ionen abgeben:
  $-COOH \leftrightarrow -COO^- + H^+$
— Basische Restgruppen können H^+-Ionen aufnehmen: $-NH_2 + H^+ \rightarrow NH_3^+$

An der Restgruppe entsteht dabei jeweils eine Ionenladung. Beide Reaktionen sind (je nach pH-Wert) auch umkehrbar, wenn ein geeigneter Reaktionspartner vorhanden ist.

Aufgaben

① Nach der Anzahl der funktionellen Gruppen kann man die Aminosäuren in folgende Stoffklassen unterteilen: Monoaminomonocarbonsäuren, Monoaminodicarbonsäuren und Diaminomonocarbonsäuren. Erstellen Sie eine Tabelle, in der Sie die 20 Aminosäuren diesen Stoffklassen zuordnen.

② Welche Aussagen lassen sich zur Stellung der Aminogruppe und der Konfiguration der Aminosäuren treffen?

③ Von den 20 Aminosäuren kann der menschliche Organismus 9 nicht synthetisieren. Welche Aminosäuren sind das?

Primär-, Sekundär- und Tertiärstrukturen bei Proteinen

Primärstrukturen

Die Verknüpfung zweier Aminosäuren erfolgt zwischen den gemeinsamen Molekülteilen: Zwischen der Carboxylgruppe der ersten Aminosäure und der Aminogruppe der zweiten Aminosäure wird eine Bindung ausgebildet. Dabei werden OH^- und H^+ abgespalten, aus denen insgesamt ein Wassermolekül entsteht. Die neue Bindung wird *Peptidbindung* genannt, der neue Stoff nennt sich *Peptid* (Abb. 1).

Durch derartige Peptidbindungen sind in einem Protein sehr viele Aminosäuren zu einem langen Strangmolekül, einem *Polypeptid* („Vielpeptid") miteinander verbunden. So besteht z. B. das menschliche Insulin aus 51 Aminosäuren und das menschliche Serumalbumin aus 608 Aminosäuren. In den Genen eines jeden Lebewesens ist dabei die Information festgelegt, welche Aminosäuren in welcher Reihenfolge auftreten. Die Aminosäuresequenz wird *Primärstruktur* des Proteins genannt.

Sekundärstrukturen

Durch die Anziehungskräfte zwischen Atomen verschiedener Peptidbindungen (Wasserstoffbrücken) entstehen in einigen Abschnitten der Peptidkette zum Teil regelmäßige Strukturen, die *Sekundärstrukturen* (Abb. 2):

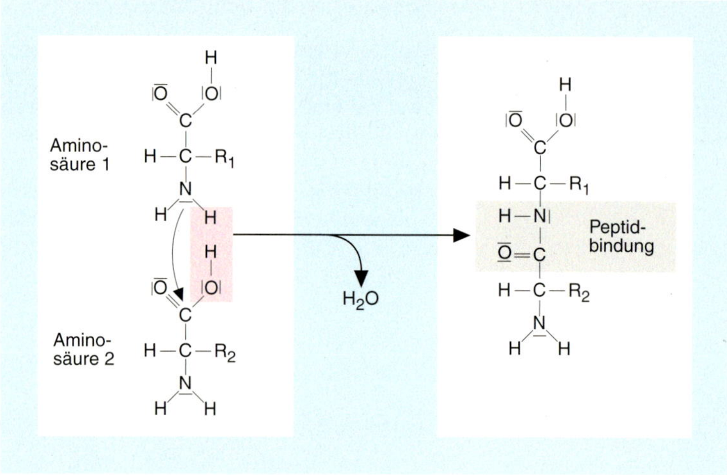

1 Peptid aus zwei Aminosäuren

1) Teile der Aminosäurekette sind als Spirale aufgewunden; die Restgruppen stehen seitlich ab. Diese Struktur wird *α-Helix* genannt.
2) Verschiedene Abschnitte der Aminosäurekette liegen in gleicher oder entgegengesetzter Richtung parallel nebeneinander und bilden eine gefaltete Ebene; die Restgruppen stehen abwechselnd senkrecht oberhalb und unterhalb der Ebene. Diese Struktur wird *β-Faltblatt* genannt. Ein β-Faltblatt ist meistens zusätzlich in sich verdreht.
3) Teile der Kette sind unregelmäßig, ihre Struktur wird *irregulär* genannt.

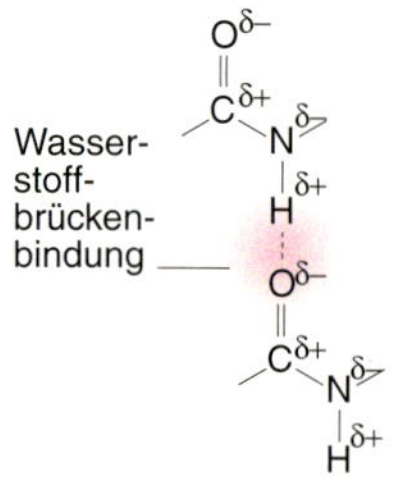

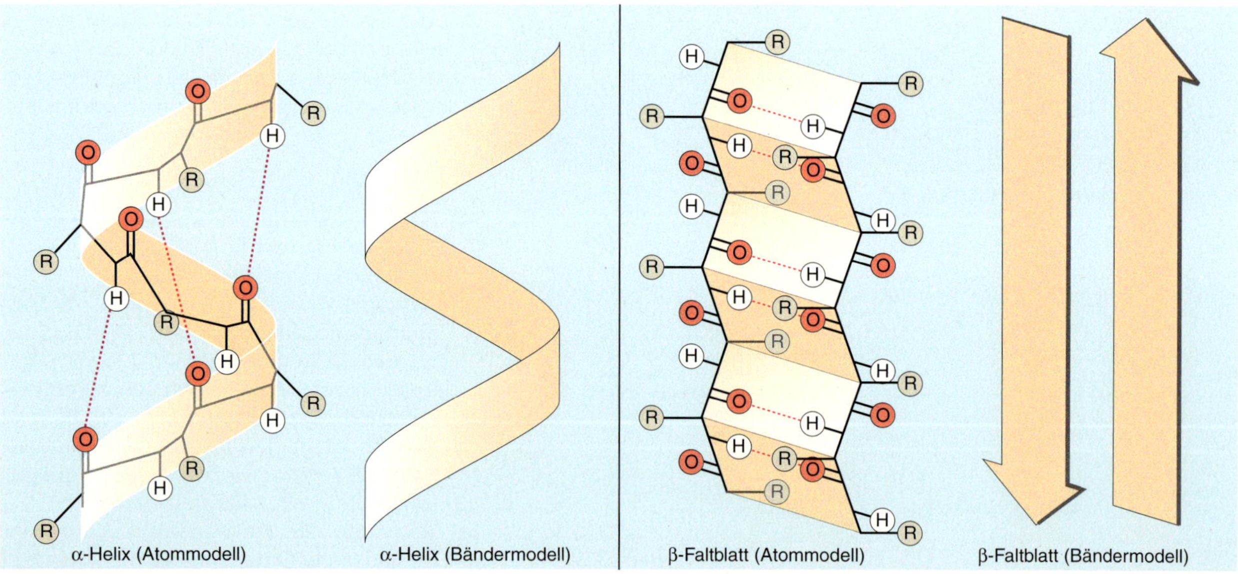

2 Sekundärstrukturen

Tertiärstrukturen

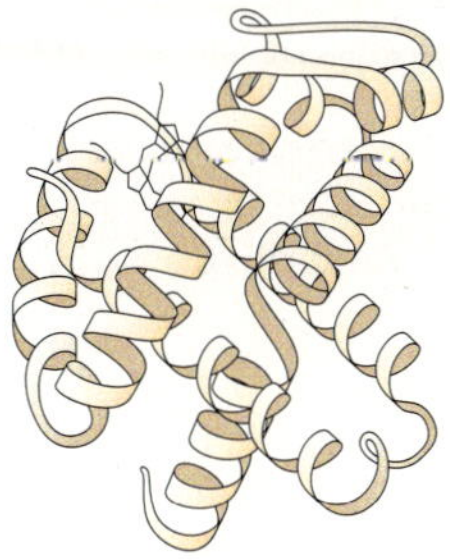
Globin

α-Helix-Abschnitte, β-Faltblatt-Teile und irreguläre Abschnitte sind in einem Protein zu einer charakteristischen Raumstruktur geordnet. Eine solche Gesamtstruktur des Proteins wird *Tertiärstruktur* genannt. So enthält z. B. ein Globin aus dem Hämoglobin ausschließlich α-Helices, während Präalbumin überwiegend eine β-Faltblattstruktur besitzt. In der Ribonuclease sind beide Sekundärstrukturen nahezu gleich stark vertreten.

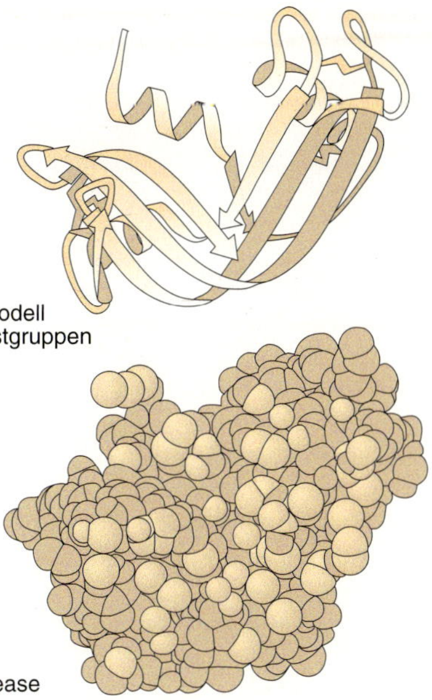

1 Bänder- und Atommodell eines Proteins

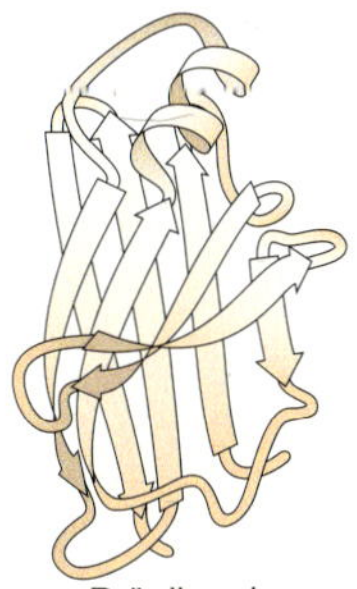
Präalbumin

Die Tertiärstruktur eines Proteins wird hauptsächlich durch die Eigenschaften seiner Restgruppen hervorgerufen und stabilisiert: Zum einen bewirken die Anziehungskräfte der Restgruppen zum umgebenden Wasser, dass sie die hydrophoben Restgruppen im Inneren des Proteinmoleküls sammeln, während sich die hydrophilen (zum Teil geladenen) Restgruppen zum Wasser hin ausrichten. Diese Anordnung ergibt insgesamt eine sehr dichte Packung aller Atome, sodass im Inneren des Proteins praktisch kein freier Platz mehr bleibt. Zwei entgegengesetzt geladene Restgruppen zweier verschiedener Kettenabschnitte ziehen sich an und können auf diese Weise die Kettenabschnitte durch eine *Ionenbindung* aneinander binden. Weiterhin können zwei Cystein-Restgruppen miteinander reagieren, sodass zwei Schwefelatome von verschiedenen Kettenabschnitten durch eine *Atombindung* verbunden sind *(Disulfidbrücke)*.

Die jeweils bewirkte Fixierung ist nicht gleich stark. Die hydrophile Anziehung ist relativ labil, während Atombindungen *(Disulfidbrücken)* eine sehr stabile Verknüpfung bewirken. Die Stabilität der Ionenbindungen nimmt dazu eine mittlere Stellung ein. Die Struktur eines Proteins kann daher z. B. durch Kochen oder durch Säurezugabe zerstört werden, das Protein wird *denaturiert.* Dies zeigt sich z. B. beim Kochen von Eiern oder dem Sauerwerden von Milch.

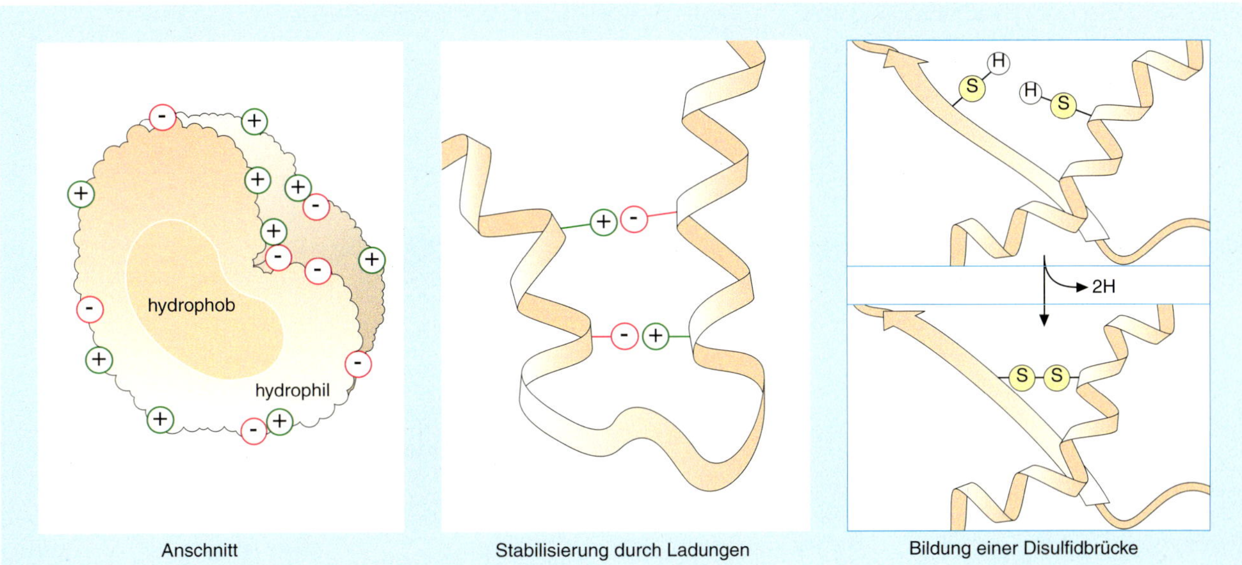

2 Tertiärstrukturen bei Proteinen

Quartärstrukturen bei Proteinen

Bei Untersuchungen des Hämoglobins stellte man fest, dass sein Proteinanteil aus vier einzelnen Proteinmolekülen besteht. Erst die Zusammenlagerung der vier Proteine ergibt das vollständige Gesamtprotein. Man nennt die Struktur derart zusammengesetzter Proteine eine *Quartärstruktur* (Abb. 1).

Die einzelnen Proteinuntereinheiten eines quartären Proteins werden oft mit griechischen Buchstaben versehen. So besteht der Proteinanteil des Hämoglobins aus 2α-Globinen und 2β-Globinen. Viele Enzyme und Hormone bestehen ebenfalls aus mehreren Untereinheiten.

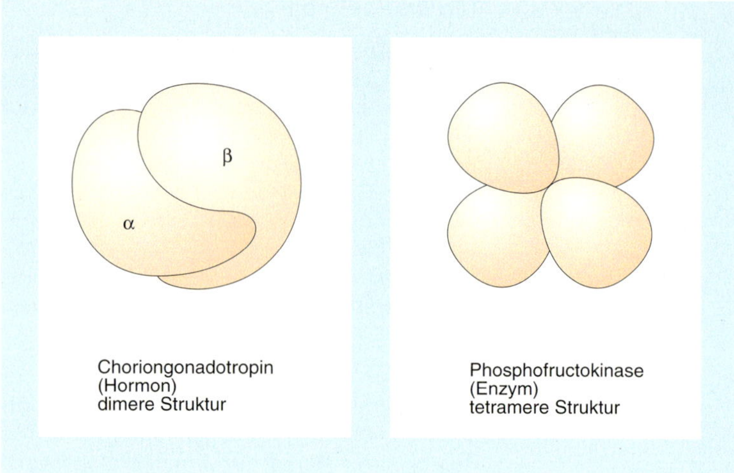

1 Quartärstrukturen bei Proteinen

Zettelkasten

Reinigungstechniken für Proteine

In einem Organismus kommen tausende unterschiedlicher Proteine vor. Will man daraus ein bestimmtes Protein näher untersuchen, muss es erst von allen anderen Proteinen abgetrennt und gereinigt werden. Hierzu verwendet man u. a. die *Elektrophorese* und die *Gelfiltration*.

Bei hohem pH-Wert der Umgebung enthalten Proteine fast nur negativ geladene Restgruppen, sie besitzen also eine negative Nettoladung. Bei der *Elektrophorese* nutzt man diese Eigenschaft aus. Dazu wird ein Proteingemisch auf ein Gel aufgetragen. Nach Anlegen einer elektrischen Spannung wandern die Proteine durch das Gel zur gegenüberliegenden, positiv geladenen Elektrode. Kleine Proteine im Probengemisch passen besser durch die Poren des Gels und wandern rascher als die großen.

Darüber hinaus werden Proteine mit unterschiedlich großen Nettoladungen verschieden stark angezogen und wandern aus diesem Grund verschieden schnell. Insgesamt legen die Proteine daher unterschiedliche Strecken zurück und werden somit aufgetrennt.

Bei der *Gelfiltration* verwendet man eine Säule, die mit kleinen Gelkügelchen (ca. 100 µm Durchmesser) gefüllt ist. Das Innere dieser Kügelchen besteht aus einem feinen Netzwerk. Lässt man nun ein Proteingemisch langsam durch die Säule fließen, so dringen kleine Proteine in die Kügelchen ein und verfangen sich dort für einige Zeit. Sie wandern daher langsam durch die Säule. Große Proteine können dies nicht und wandern schneller. Die Proteine verlassen daher nach der Größe sortiert die Säule.

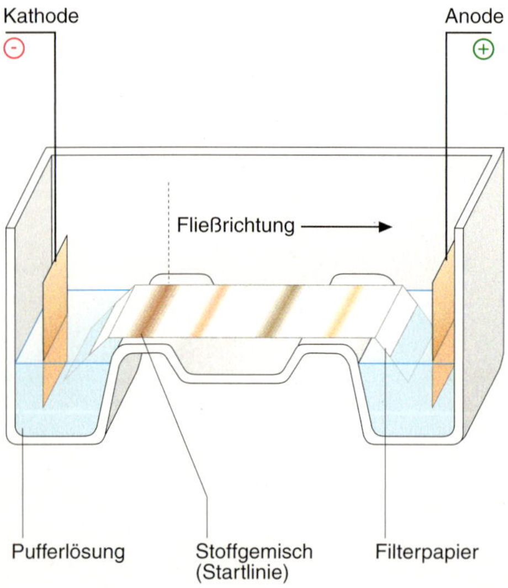

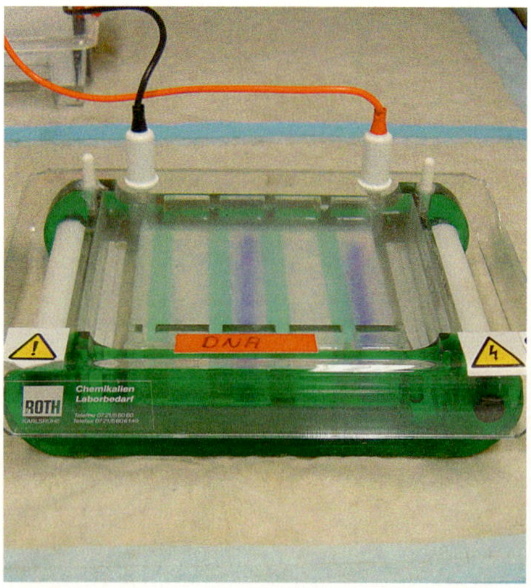

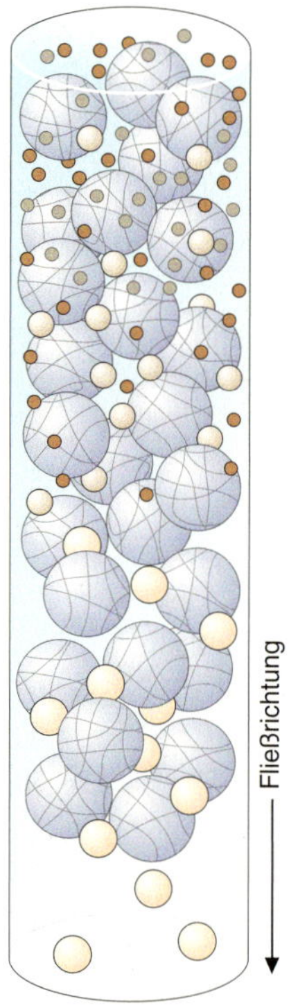

Nachweisreaktionen

a) Fehling'sche Probe

Material und Geräte:
- Fehling-Lösung I ($CuSO_4$) und Fehling-Lösung II (NaOH + Tartrat) [C]
- Reagenzglas und Klammer
- Brenner oder kochendes Wasserbad
- Schutzbrille

Durchführung:
- Etwas Lösung Fehling I (blau) zu der Probenlösung geben, dann so viel Lösung Fehling II, bis sich der hellblaue Niederschlag auflöst und die Lösung dunkelblau färbt.
- Das Gemisch vorsichtig erwärmen, nicht kochen! Vorsicht, heiße Lauge, Siedeverzug möglich!
- Das Reagenzglas während des Erwärmens ständig schütteln (Schutzbrille!).

Ergebnis:
Die Fehling-Probe testet die Oxidierbarkeit von Substanzen. Bei einem positiven Nachweis entsteht ein roter Niederschlag aus Kupfer(I)oxid (Cu_2O, geringe Mengen Cu_2O ergeben nur eine gelbgrüne Trübung).

b) Biuret-Probe

Material und Geräte:
- $CuSO_4$-Lösung (ca. 1 %)
- verd. NaOH-Lösung (ca. 10 %) [C]
- Reagenzglas

Durchführung:
Zur Probenlösung wird die halbe Menge NaOH-Lösung gegeben. Dann tropft man wenig $CuSO_4$-Lösung hinzu und schüttelt.

Ergebnis:
Bei einem positiven Nachweis erhält man eine violett gefärbte Lösung.

c) Xanthoprotein-Reaktion

Material und Geräte:
- Salpetersäure, Natronlauge (verd.) [C]
- Reagenzglas und Halter

Durchführung:
Zur Probenlösung wird etwas Salpetersäure getropft und erwärmt. Anschließend wird Natronlauge im Überschuss dazu gegeben. (Schutzbrille verwenden!)

Ergebnis:
Proteine verfärben sich gelb; nach Zugabe der Natronlauge erhält man eine orange Farbe.

Aufgaben

① Führen Sie die Fehling-Probe mit folgenden Testsubstanzen durch: Glucose, Fructose, Sorbit, Maltose, Saccharose, Lactose, Stärke. Untersuchen Sie ebenfalls die Reaktion der Substanzen mit Iodlösung (Lugol'scher Lösung).

② Kochen Sie Stärke für längere Zeit (ca. 30 min) in Wasser. Führen Sie anschließend die Fehling'sche Probe durch.
Stellen Sie eine Proteinlösung (Gelatine, Albumin o. ä.) her. Mit dieser Lösung führen Sie folgende Versuche durch:

③ Führen Sie die Biuret-Probe und die Xanthoprotein-Reaktion mit der Proteinlösung und anschließend mit einem Kohlenhydrat durch. Vergleichen Sie die Ergebnisse.

④ Kochen Sie etwas Proteinlösung auf. Geben Sie anschließend etwas Wasser hinzu.

⑤ Geben Sie zu 2 ml Proteinlösung so viel festes Ammoniumsulfat, dass trotz Umrühren ein kleiner ungelöster Rest bleibt. Geben Sie anschließend Wasser hinzu.

⑥ Geben Sie zu 2 ml Proteinlösung tropfenweise Salpetersäure [C] und anschließend Wasser hinzu. Zu einem zweiten Ansatz geben Sie statt Wasser tropfenweise NaOH-Lösung hinzu. Erklären Sie die Beobachtungen.

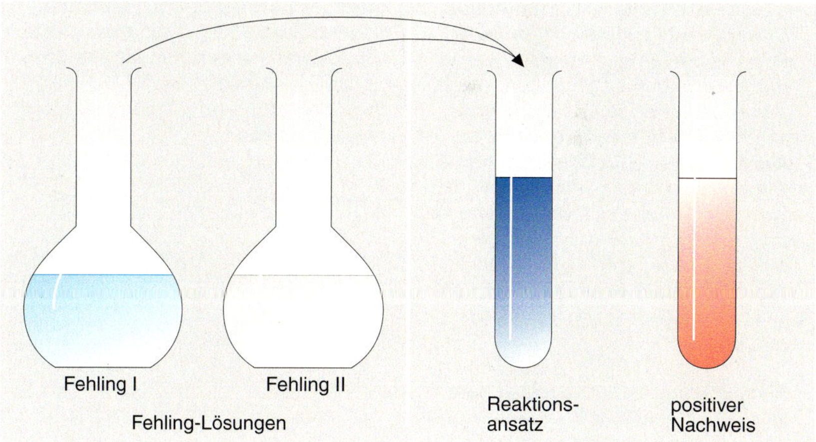

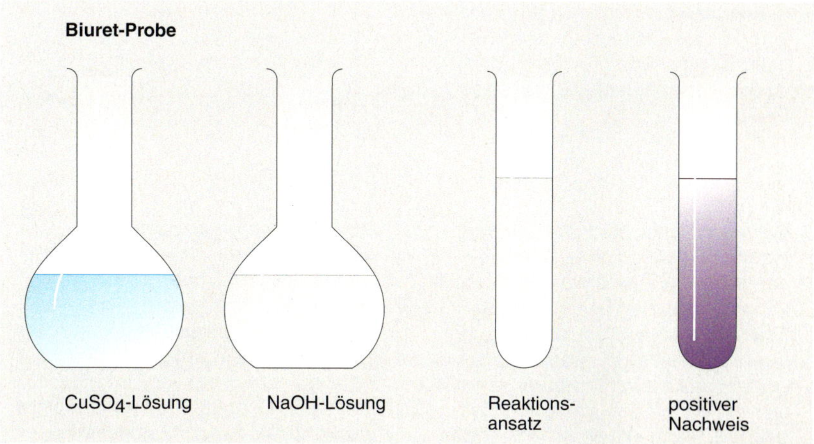

Lexikon

Energieträger Elektron

In Atomen sind Elektronen mehr oder weniger fest gebunden. Je lockerer sie gebunden sind, desto energiereicher, je fester sie gebunden sind, desto energieärmer sind sie. Werden Elektronen von einem Atom auf ein anderes übertragen, in dem sie fester gebunden werden, wird Energie frei.

Das Redoxpotential

Ein Maß für die Festigkeit der Bindung ist das *Redoxpotential* eines Stoffes. Es wird in Volt angegeben. Je weiter es im Negativen liegt, desto lockerer sind die Elektronen gebunden, je positiver es ist, umso fester. Die Redoxpotentiale der Stoffe zeigen also an, in welche Richtung Elektronen übertragen werden können, nämlich von dem Stoff mit stärker negativem zu dem mit stärker positivem Potential. Je mehr sich die Redoxpotentiale unterscheiden, desto mehr Energie kann bei der Elektronenübertragung freigesetzt werden.

Gibt ein Molekül Elektronen ab, wird es *oxidiert*, nimmt es Elektronen auf, wird es *reduziert*. Der Sauerstoff nimmt z. B. leicht Elektronen auf und reagiert dabei mit Wasser zu Hydroxidionen. Er ist deshalb ein gutes Oxidationsmittel. Entsprechend positiv ist das Redoxpotential E_0 für diese Reaktion

$O_2 + 2\,H_2O + 4\,e^- \rightarrow 4\,OH^-$
$E_0 = +0{,}82\,V$

Die organischen Nährstoffe haben niedrige Redoxpotentiale und geben daher Elektronen gut ab. Diese können dann zum Beispiel auf den Sauerstoff unter Energiefreisetzung übertragen werden. Allerdings geschieht das nie in nur einem Schritt. Das hat den Vorteil, dass die freigesetzte Energie in mehreren Schritten nutzbar gemacht und zur Bildung von mehreren ATP-Molekülen verwendet werden kann.

Hydroxidionen bzw. Wasser haben ihre Elektronen relativ fest gebunden. Geben sie dennoch Elektronen ab, z. B. wenn in der Fotosynthese Sauerstoff aus ihnen entsteht, so erfordert dies viel Energie. In der Fotosynthese kann das nur über mehrere Zwischenstufen und mehrmalige Lichtenergieaufnahme erreicht werden.

Bei organischen Molekülen ist es wichtig zu wissen, welches die oxidierte und welches die reduzierte Form ist. Als Faustregel gilt: Von zwei Molekülen ist das wasserstoffreichere bzw. das sauerstoffärmere die reduzierte Form und umgekehrt.

Elektronenüberträger: NAD^+, $NADP^+$ und FAD

In lebenden Zellen laufen viele Redoxreaktionen nebeneinander ab. So wie das ATP-ADP-System ihr universelles Energieübertragungssystem darstellt, haben Zellen auch chemische Systeme zur Übertragung von Elektronen zur Verfügung. Die wichtigsten dieser Redoxsysteme beruhen auf den Stoffen NAD^+, $NADP^+$ und FAD. Sie können Elektronen aufnehmen und später wieder abgeben.

oxidierte Form	reduzierte Form
$NAD^+ + 2H^+ + 2e^-$	$NADH + H^+$
$NADP^+ + 2H^+ + 2e^-$	$NADPH + H^+$
$FAD + 2H^+ + 2e^-$	$FADH_2$

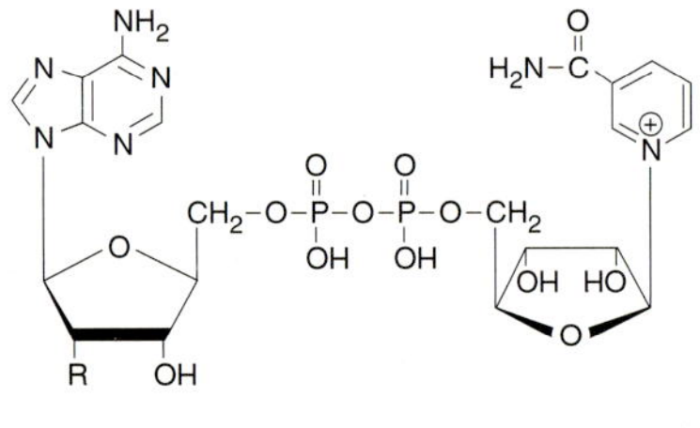

R = OH: NAD^+
R = PO_4: $NADP^+$

Das Redoxpotential von $NADP^+$/$NADPH + H^+$ ist mit −0,32 V recht niedrig. Die Elektronen sind in der reduzierten Form $NADPH + H^+$ also nicht sehr fest gebunden und können leicht übertragen werden, z. B. über Zwischenstufen bei der Atmung auf Sauerstoff oder auch auf andere organische Stoffe bei der Fotosynthese.

Andererseits können NAD^+ und $NADP^+$ auch noch relativ gut Elektronen aufnehmen, z. B. von anderen organischen Molekülen beim Glucoseabbau oder mithilfe von Lichtenergie auch aus dem Wasser bei der Fotosynthese. NAD^+, $NADP^+$ oder FAD arbeiten dabei immer mit Enzymen zusammen. Man bezeichnet sie deshalb häufig als *Coenzyme*. Weil sie aber bei der Reaktion im Gegensatz zu den eigentlichen Katalysatoren chemisch verändert werden und damit selbst Reaktionsteilnehmer sind, werden sie treffender *Cosubstrate* genannt.

E_0 (Volt)	Substanz
-0,43	Ferredoxin
-0,32	$NADH + H^+$/NAD^+
-0,21	Riboflavin-Ⓟ · H_2/ Riboflavin-Ⓟ
0,00	Flavoprotein (Ubichinon-Reduktase)
+0,10	Ubihydrochinon/ Ubichinon
+0,12	Cytochrom *b*
+0,26	Cytochrom *c*
+0,55	Cytochrom *a*

Das NAD^+- und das FAD-System spielen vor allem bei Abbauprozessen in Zellen, wie z. B. der Oxidation der Nährstoffe zur Energiefreisetzung, eine Rolle. Das $NADP^+$-System ist dagegen vor allem bei Aufbauprozessen von Bedeutung, so bei der Baustoffsynthese in der Zelle oder bei der Fotosynthese.

Deutlich wird die Rolle des NAD^+ bzw. $NADP^+$ am Beispiel der Reaktion von Phosphoglycerinaldehyd (PGA) zu Phosphoglycerinsäure (PGS). Die oxidierte, sauerstoffreichere Form ist PGS, die reduzierte PGA. Beim Glucoseabbau wird PGA zu PGS oxidiert, bei der Fotosynthese PGS zu PGA reduziert. Das System PGA/PGS hat ein stärker negatives Redoxpotential als NAD^+ bzw. $NADP^+$. Daher kann PGA beim Nährstoffabbau 2 Elektronen zusammen mit 2 Protonen unter Energiefreisetzung auf NAD^+ übertragen. Die umgekehrte Reaktion bei der Fotosynthese ist nur unter Energieaufwand, also ATP-Spaltung möglich.

Oxidation:

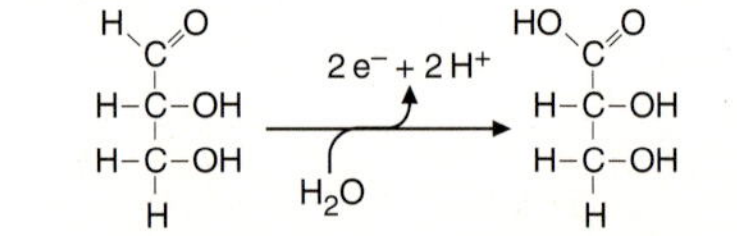

Glycerinaldehyd → Glycerinsäure

Leben braucht Energie

Nach dem Tod eines Lebewesens zerfällt sein Körper mit allen komplexen Strukturen und vielen der körpereigenen Stoffe. Dabei wird Energie frei, da die instabilen Substanzen des Körpers Energie in chemisch gebundener Form enthalten.

Freiwillig ablaufende Prozesse, bei denen Energie freigesetzt wird, nennt man *exergonisch*. Lebewesen müssen dem spontanen Zerfall der körpereigenen Substanzen während ihres Lebens entgegenarbeiten, indem sie diese immer wieder neu aufbauen.

Der Aufbau besteht meist aus Reaktionen, bei denen die beim Zerfall verloren gehende Energie zugeführt werden muss. Diese *endergonisch* genannten Prozesse laufen nicht freiwillig ab. Der exergonische Prozess, der die Energie liefert, muss also mehr Energie bereitstellen, als vom endergonischen Prozess gespeichert werden kann, da ein Teil der zugeführten Energie als Wärme abgegeben wird: *Die Kopplung beider Prozesse zu einem Gesamtprozess ist immer exergonisch!*

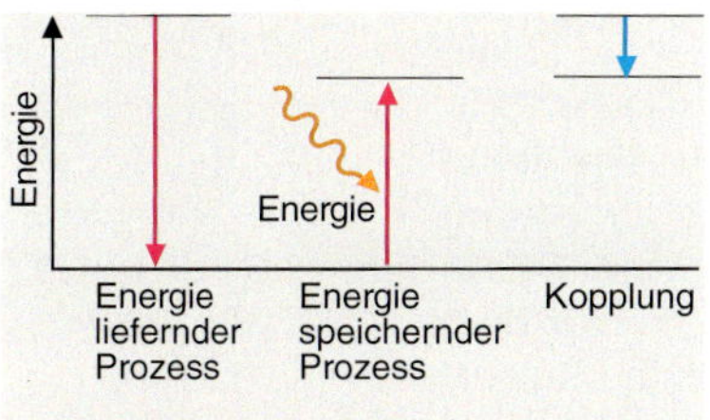

andere Darstellung:

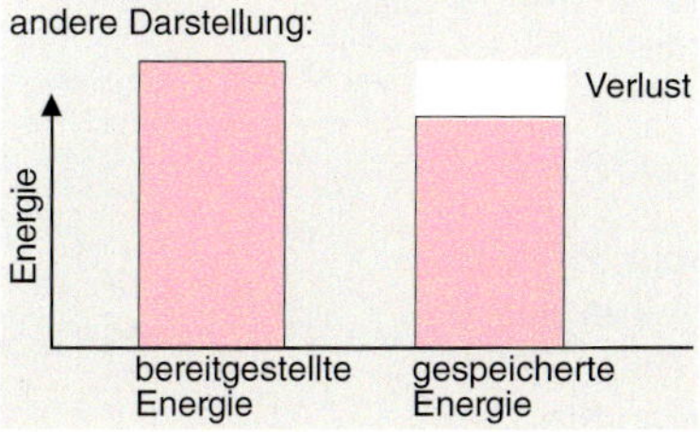

Für die aufbauenden, Energie verbrauchenden Prozesse werden also diejenigen energiereichen Substanzen aufgenommen, die ein Organismus zur Wiederherstellung bzw. Aufrechterhaltung seiner Struktur benötigt. Auf diese Weise gleicht er einen ständigen Verlust wieder aus. Es herrscht daher ein dauerndes Fließgleichgewicht zwischen aufbauenden und abbauenden Prozessen.

Tiere z. B. erhalten ihre Energie aus der Nahrung. Diese besteht aus anderen Lebewesen oder Teilen davon und die darin enthaltene Energie kann vom Tier für sich nutzbar gemacht werden. Pflanzen dagegen nutzen vor allem die im Sonnenlicht enthaltene Energie.

Ein weiterer Teil der Energie steckt in den verschiedensten Konzentrationsunterschieden, die von einer Seite einer Membran zur anderen gegeben sind. Dass darin tatsächlich Energie gespeichert ist, kann man sich folgendermaßen einsichtig machen: Könnte man die trennende Membran entfernen, so würden sich die Unterschiede durch Diffusion ausgleichen. Dieser Vorgang läuft spontan und freiwillig ab. Wollte man dagegen ein Konzentrationsgefälle neu schaffen, so ist dies nur unter Energieaufwand zu erreichen. Konzentrationsunterschiede enthalten daher Energie. Diese ist sichtbar in dem Ausmaß der Zerstreuung oder Unordnung der Teilchen *(Entropie)* und stellt eine zweite Energieform neben der Wärmeenergie *(Enthalpie)* dar. Sind die Teilchen stärker geordnet (z. B. sortiert oder auf einer Seite konzentriert), so ist dieser Zustand energiereicher als bei gleichmäßiger Verteilung.

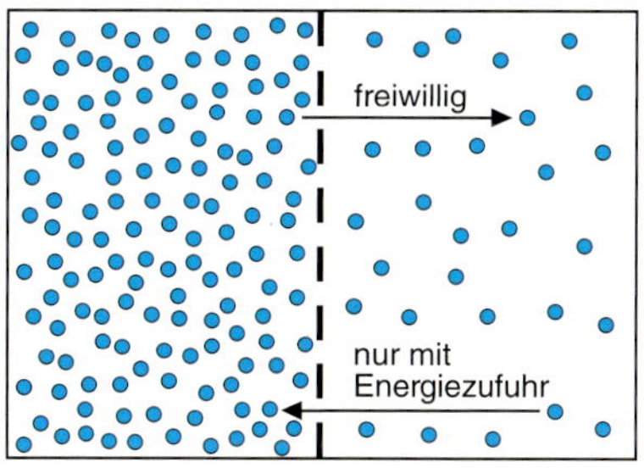

Ordnungsprozesse in Lebewesen sind Aufbauprozesse: Aus einfachen Molekülen werden komplexere, hochgeordnete Stoffe gebildet: Solche Vorgänge sind in der Regel endergonisch. Damit sie trotzdem möglich werden, müssen sie mit einem stärker exergonischen Vorgang gekoppelt werden, der sie energetisch „finanziert".

ATP — ein Energiespeicher

An den meisten biochemischen Reaktionen, die Zufuhr von Energie benötigen, ist *Adenosintriphosphat (ATP)* beteiligt. Bei der Abspaltung einer Phosphatgruppe (P) entsteht *Adenosindiphosphat (ADP)* und es wird Energie (30,5 kJ/mol) frei; diese Reaktion ist also exergonisch:

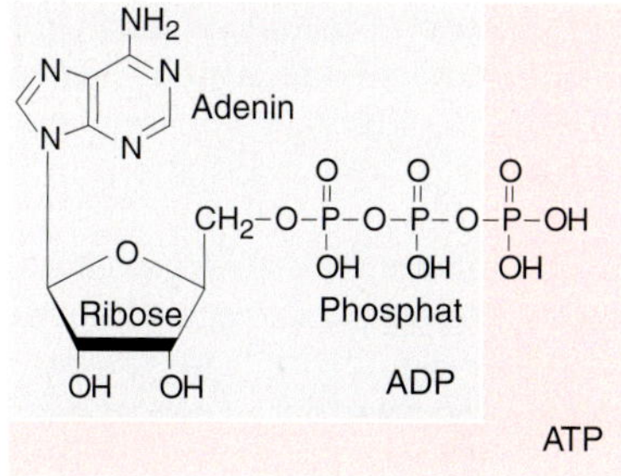

$ATP + H_2O \rightarrow ADP + Ⓟ + 30{,}5\,kJ/mol$

Die Spaltung des ATP wird durch Enzyme (ATPasen) katalysiert. Sein Aufbau kann durch ATP-Synthasen beschleunigt werden.

Der gesamte Körper eines Menschen enthält ca. 80 g ATP, eine recht kleine Menge. Daraus wird deutlich, dass ATP sofort nach der Spaltung wieder aufgebaut werden muss, um dann wieder genügend Energie liefern zu können.

In den Mitochondrien und Chloroplasten der Zellen wird die chemische bzw. die Lichtenergie in Form unterschiedlicher Stoffkonzentrationen gespeichert. Ein kontrollierter Konzentrationsausgleich setzt die darin gespeicherte Energie frei, eine ATP-Synthase baut damit ATP aus ADP und Phosphat auf. Pro Tag wird das gesamte ATP in unserem Körper ca. 1000-mal auf- und abgebaut.

ATP wird in Zellen universell eingesetzt, wo immer Energie aufnehmende Prozesse stattfinden:

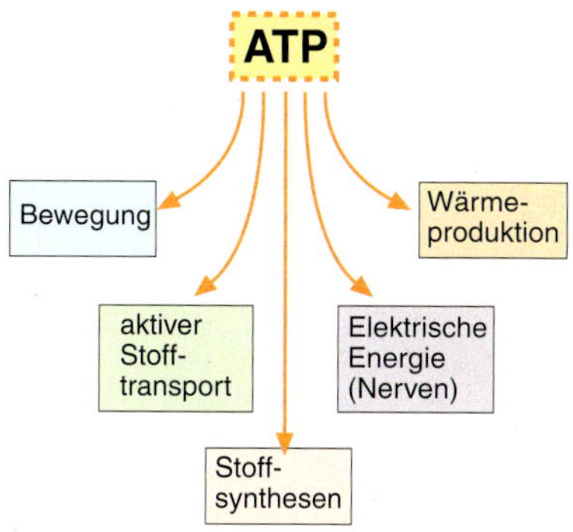

Enzyme sind Biokatalysatoren

Stärke als wichtiger Bestandteil unserer Nahrung ist zum Beispiel in Getreideprodukten enthalten (s. Seite 38). Die schwer löslichen Makromoleküle der Stärke können von unserem Körper nur dann genutzt werden, wenn sie durch Spaltung in leicht lösliche Di- und Monosaccharide zerlegt werden. Denn der Dünndarm kann in der Regel nur gelöste Stoffe in die Blutbahn abgeben.

Obwohl Stärke eine energiereiche Verbindung ist, zerfällt sie von alleine nur sehr langsam in ihre Bausteine. Stärke wäre deshalb also kaum verwertbar, wenn in den Verdauungssäften nicht Substanzen enthalten wären, welche die Spaltung von energiereichen Verbindungen unterstützen würden. Gibt man zu einer mit Iod-Kaliumiodid blau angefärbten Stärkeaufschwemmung etwas Speichel, so entfärbt sich das Gemisch schon nach kurzer Zeit. Das lässt die Schlussfolgerung zu, dass der Speichel einen Stoff enthält, der die Stärkespaltung fördert.

Die Wirkung von Biokatalysatoren

Durch die Analyse von Speichel, z. B. mithilfe der *Elektrophorese* (s. Seite 44), kann man ein Protein identifizieren, das für die enorme Reaktionsbeschleunigung verantwortlich ist: die *Amylase.* Proteine, die im Organismus wie die Amylase als Reaktionsbeschleuniger fungieren, nennt man allgemein *Enzyme* (Abb. 1). Sie wirken als *Biokatalysatoren.*

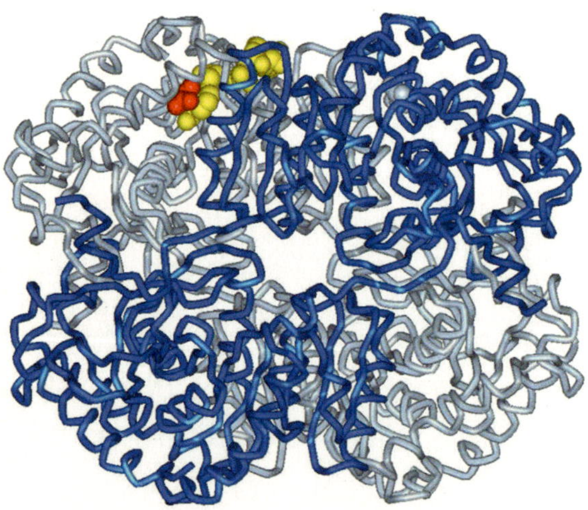

1 Strukturmodell eines Enzyms

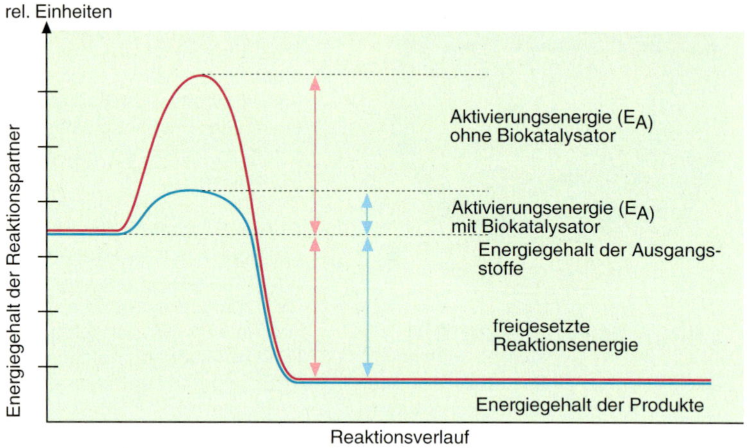

2 Ablauf einer enzymkatalysierten Reaktion

Zur Aktivierung der Stärkespaltung – ohne Katalysator – muss zunächst ein bestimmter Energiebetrag aufgewendet werden (Abb. 2), die *Aktivierungsenergie* (E_A). Erst dann kann die Reaktion ablaufen, die bei der Stärkespaltung die Reaktionsenergie freisetzt. Das hängt damit zusammen, dass zunächst einmal unter Energiezufuhr Bindungen aufgebrochen werden müssen, bevor an den entstehenden Enden neue Bindungen unter Freisetzung von Energie gebildet werden. Die Freisetzung von Reaktionsenergie wird in einem Energiediagramm (Abb. 2) dadurch veranschaulicht, dass der Ausgangsstoff Stärke einen größeren Energiegehalt zugeordnet bekommt als die Spaltprodukte *(Ordinate).* Die Verbindung zwischen dem Energiegehalt von *Edukten* (Ausgangsstoffen) und *Produkten* (Endstoffen) stellt den Reaktionsverlauf dar *(Abszisse).*

Enzyme wie die Amylase sind in der Lage, die Aktivierungsenergie so weit zu senken, dass oft schon bei Körperwärme genügend Teilchen darüber verfügen und dann die Reaktion schnell genug abläuft. Die Herabsetzung der Aktivierungsenergie ist auf eine Wechselwirkung zwischen dem Enzym und dem umzusetzenden Stoff *(Substrat)* zurückzuführen. Dadurch kommt es zu einer Lockerung der zu spaltenden Bindungen.

Substrat- und Wirkungsspezifität

Die Struktur des Enzymmoleküls ist Voraussetzung für die Wechselwirkung zwischen Enzym und Substrat. Am Beispiel des *Chymotrypsins,* eines proteinspaltenden

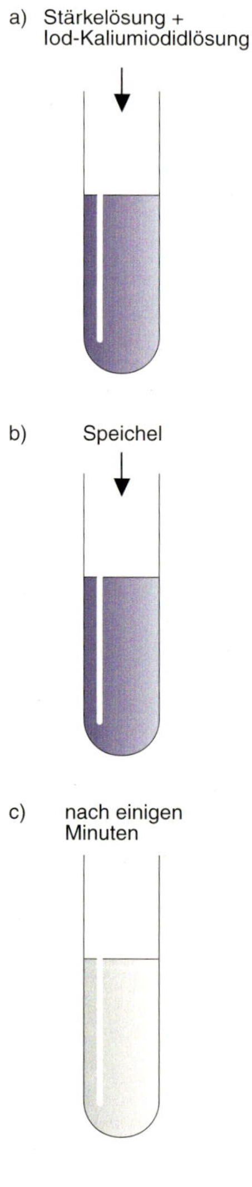

Enzyms des Bauchspeichelsaftes, soll dies erläutert werden. Chymotrypsin besteht, wie alle Enzyme, aus einem Proteinmolekül und besitzt aufgrund seiner Eiweißnatur eine ganz bestimmte räumliche Gestalt *(Tertiärstruktur)*. Die Moleküloberfläche besitzt in einem Bereich eine Oberflächenstruktur, in die das Substrat ganz genau wie ein Schlüssel ins Schloss hineinpasst *(Schlüssel-Schloss-Prinzip)*. Enzymmoleküle sind in der Regel wesentlich größer als ihre Substratmoleküle. Das Substrat besteht in diesem Fall aus einem Eiweißbruchstück. Die wie eine Passform konstruierte Bindungsstelle im Enzymmolekül *(Bindungszentrum)* enthält das *aktive* oder *katalytische Zentrum*. Das ist der eigentliche Ort für die katalysierte Reaktion. Andere Moleküle können in der Regel nicht gebunden und in der entsprechenden Weise umgesetzt werden. Nach der Umsetzung wird das Enzym wieder frei und steht erneut für eine Reaktion zur Verfügung (→ 136/137).

Enzyme für die Umsetzung anderer Stoffe reagieren in gleicher Weise wie das Chymotrypsin. Enzyme sind also spezifisch für ein ganz bestimmtes Substrat *(Substratspezifität)*. Aufgrund der Eigenschaften des aktiven Zentrums katalysiert ein Enzym zudem nur eine von mehreren möglichen Reaktionen des Substrats, d. h. es entstehen nur ganz bestimmte Produkte. Enzyme besitzen also außerdem die Eigenschaft der *Wirkungsspezifität*. Eine Enzymreaktion kann mit folgendem Schema beschrieben werden:

$$E + S \rightarrow [ES] \rightarrow E + P$$

E = Enzym, S = Substrat
[ES] = Enzym-Substrat-Komplex
P = Produkt(e)

Von der Art der chemischen Reaktion hängt es unter anderem ab, mit welcher Geschwindigkeit Enzyme ihre Substrate umsetzen. Die *Wechselzahl* ist ein Maß dafür. Mit der Wechselzahl gibt man die Anzahl an Substratmolekülen an, die pro Sekunde von einem Enzymmolekül umgesetzt werden. Sie liegt etwa zwischen 1000 und 1 000 000 pro Sekunde. Ein besonders schnell arbeitendes Enzym ist z. B. die *Peroxidase* (Wechselzahl ca. 10^6/s), welche die Spaltung von Wasserstoffperoxid in Sauerstoff und Wasser katalysiert. Das bei bestimmten Stoffwechselprozessen entstehende, für die Zelle aber giftige Wasserstoffperoxid wird auf diese Weise unschädlich gemacht.

Systematik von Enzymen

Die meisten Enzyme sind reine Proteine, andere bestehen aus einem Komplex von Protein und einer besonderen Wirkgruppe. Das Protein wird dann als *Apoenzym* bezeichnet. Zusammen bilden Apoenzym und Wirkgruppe das *Holoenzym*. Man unterscheidet zwei Typen von Holoenzymen. Ist die Wirkgruppe fest mit dem Apoenzym verbunden, so wird die Wirkgruppe als *prosthetische Gruppe* bezeichnet. Kann sich die Wirkgruppe vom Apoenzym lösen und in einer weiteren Reaktion mit einem anderen Apoenzym binden, nennt man die Wirkgruppe *Coenzym* oder aber *Cosubstrat*, da es durch die Enzymreaktion selbst verändert wird.

Die Benennung von Enzymen erfolgt in der Regel so, dass der erste Teil des Namens aus dem jeweils umgesetzten Substrat besteht. Der zweite Teil des Namens gibt über die Wirkung des Enzyms Auskunft. Die Bezeichnung kann sich auf eine Enzymgruppe oder auch ein bestimmtes Enzym beziehen. Vielfach sind auch noch Trivialnamen in Gebrauch. So bezeichnet *Ptyalin* die Mundspeichelamylase und *Chymotrypsin* eine Proteinhydrolase des Bauchspeichels. Der Name Proteinhydrolase bedeutet, dass erstens ein Protein umgesetzt wird und zweitens das Protein unter Wasseranlagerung gespalten wird *(Hydrolyse)*. Bezieht man sich nur auf das Substrat, so nennt man es *Protease*. Außer den Hydrolasen gibt es u. a. *Oxidoreduktasen*, die Redoxreaktionen katalysieren. Die Katalyse der Spaltung von Wasserstoffperoxid durch Katalase (H_2O_2-Oxidoreduktase) ist eine solche Reaktion.

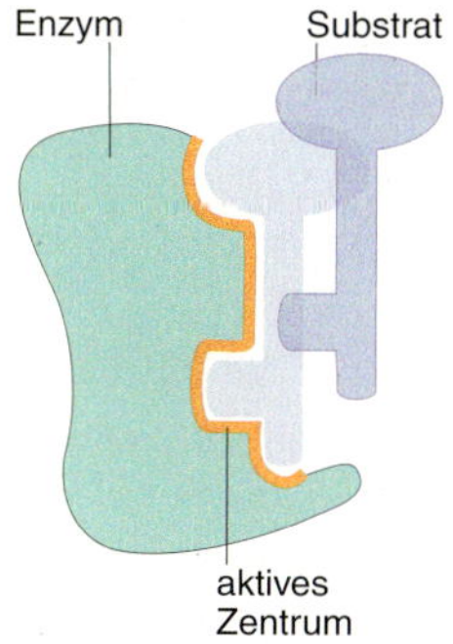

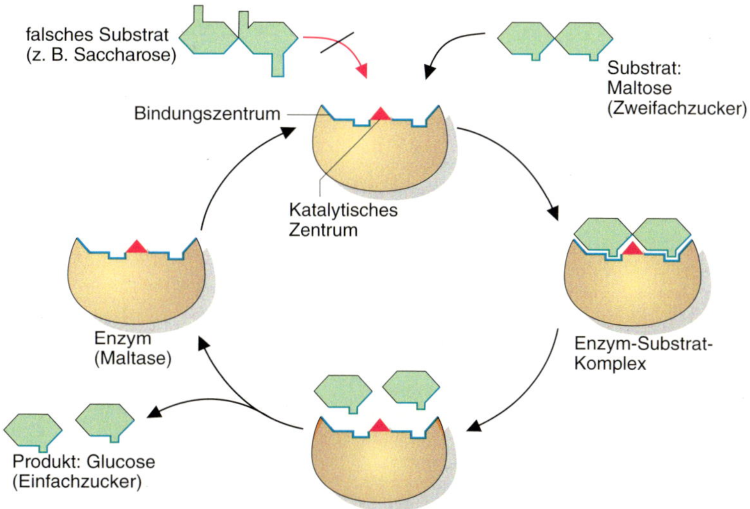

1 Schema zur Substrat- und Wirkungsspezifität

Enzyme

Eigenschaften von Enzymen

Benötigte Materialien:
Reagenzgläser mit Ständer, Sand, Reibschale mit Pistill, Kartoffel oder Leber, H_2O_2-Lösung (3 %), [C], Braunsteinpulver (MnO_2) [Xn], verd. Salzsäure [C], verd. Natronlauge [Xi], Bleinitratlösung [Xn], Holzspan, Schutzbrille.

Zu Beginn wird die Kartoffel bzw. die Leber in der Reibschale mit etwas Sand zerrieben. Das Homogenat stellt das Katalasepräparat für die Versuche dar.

1. Versuch
In drei Reagenzgläser werden je 2 ml H_2O_2-Lösung gegeben. Geben Sie dann in das erste etwas Sand, in das zweite etwas Braunstein und in das dritte etwas Katalasepräparat. Halten Sie einen glimmenden Holzspan in die Reagenzgläser.

2. Versuch
In zwei Reagenzgläser wird etwas Katalasepräparat gegeben. In das erste wird anschließend 1 ml Salzsäure gegeben, in das zweite 1 ml Natronlauge. Lassen Sie die Lösungen 5 min einwirken und geben Sie dann je 2 ml H_2O_2-Lösung hinzu.

3. Versuch
In ein Reagenzglas wird etwas Katalasepräparat gegeben. Anschließend werden wenige Tropfen Bleinitratlösung hinzugegeben. Lassen Sie das Reagenzglas 5 min stehen und geben Sie dann 2 ml H_2O_2-Lösung dazu. Deuten Sie die Ergebnisse der Versuche.

Versuche mit Amylase

Benötigte Materialien:
Reagenzgläser, Ständer, Wasserbäder, Reibschale, Gerstenkörner, Stärkelösung, Iod-Kaliumiodidlösung.

Die benötigte Amylaselösung stellt man sich auf folgende Weise her: Etwa 100 Gerstenkörner werden zwei Tage vor dem Versuchstag in einer Petrischale auf einem feuchten Filterpapier ausgebreitet. Am Tag des Versuchs werden die Gerstenkörner in der Reibschale mit etwas Sand und 50 ml Wasser zerrieben. Der erhaltene Extrakt wird 10 min zentrifugiert. Der Überstand wird 1 : 20 verdünnt und stellt die Amylaselösung dar. (kühl aufbewahren!)

Die Stärkelösung wird vorsichtig mit so vielen Tropfen Iod-Kaliumiodidlösung versetzt, bis eine deutliche Blaufärbung zu sehen ist. Zu viel Iod behindert den Versuch!

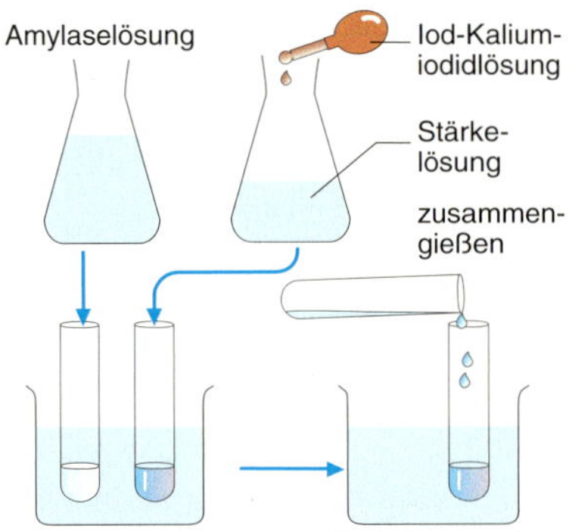

Versuchsablauf:
In den Versuchen wird die Zeit (t) bis zur Entfärbung bei verschiedenen Temperaturen (T) bestimmt.
Die vorhandenen Wasserbäder werden auf verschiedene Temperaturen im Bereich von 10 °C bis 60 °C eingestellt. In jedes Wasserbad werden zur Temperaturangleichung zwei Reagenzgläser mit folgendem Inhalt gestellt:
1) 2 ml (blaue) Stärkelösung
2) 1 ml Amylaselösung
Nach Angleichung der Temperaturen (ca. 5 min) wird der Versuch gestartet und die Entfärbungszeit ermittelt.

Auswertung:
Tragen Sie die Entfärbungszeit (t) gegen die Temperatur (T) auf. Erklären Sie, wie man aus der Entfärbungszeit (t) auf die Reaktionsgeschwindigkeit (v) schließen könnte.

Versuche mit Urease

Benötigte Materialien:
Reagenzgläser mit Ständer, Tropfpipetten, Ureaselösung (10 mg in 10 ml Wasser), Harnstofflösung (20 mg in 100 ml Wasser), Thioharnstofflösung (1 mg in 10 ml Wasser) [Xn], Indikatorlösung Bromthymolblau, Messpipetten und Pipettierhilfe.

Achtung: Nie mit dem Mund pipettieren! Stets mit einer Pipettierhilfe arbeiten. Ohne Pipettierhilfe besteht Verätzungs- und Vergiftungsgefahr!

1. Versuch

Zu 5 ml Harnstofflösung wird 1 Tropfen Indikator gegeben. Dann wird 1 ml Urease hinzugegeben.

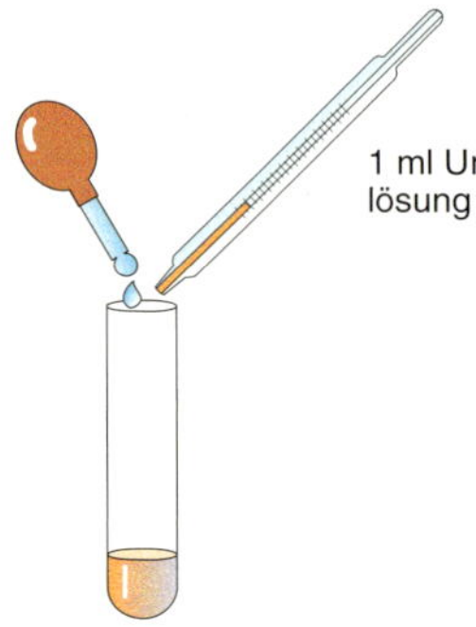

2. Versuch

Vier Reagenzgläser werden wie folgt gefüllt:

Stoff (ml)	Reagenzglas Nr.			
	1	2	3	4
Harnstoff	5,0	1,0	0,5	0,1
Wasser	0,0	4,0	4,5	4,9

Anschließend werden die vier Versuchsansätze möglichst gleichzeitig durch Hinzugabe von je 1 ml Ureaselösung gestartet.

3. Versuch

Drei Reagenzgläser werden wie folgt gefüllt:

Stoff (ml)	Reagenzglas-Nr.		
	1	2	3
Harnstoff	4,0	4,0	4,0
Thioharnstoff	0,0	0,1	1,0
Wasser	1,0	0,9	0,0

Nach Zugabe von 2 Tropfen Indikatorlösung und Schütteln werden die Versuchsansätze möglichst gleichzeitig mit je 1 ml Ureaselösung gestartet. Protokollieren Sie die Ergebnisse und deuten Sie sie.

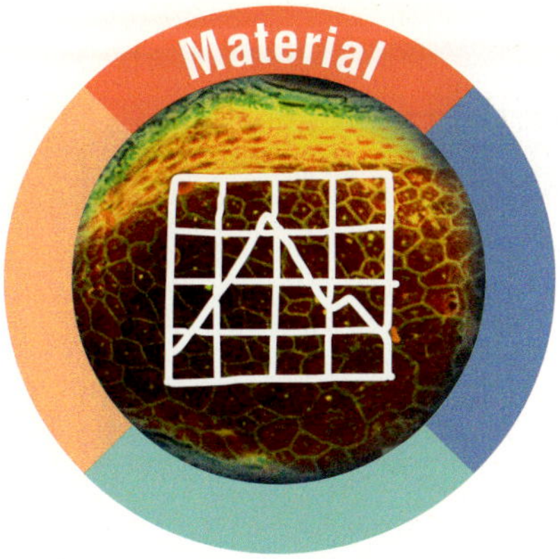

Aufbau von Enzymen

Enzyme sind unabhängig von der Zelle funktionsfähig: Bereits 1892 hatten Experimente ergeben, dass Hefeextrakte Glucose zu Kohlenstoffdioxid und Ethanol umwandeln. Auf dieser Grundlage führten HARDEN und YOUNG im Jahre 1905 folgende Experimente durch:

a) Hefezellen wurden zermörsert und
b) die größeren Zellbestandteile vom Zellsaft durch Filtration getrennt (Filtrat 0).
c) Ein Teil des so gewonnenen Filtrates wurde 24 Stunden dialysiert, d. h. es wurde in einen Schlauch mit einer Membran gegeben, die für kleinere Moleküle durchlässig ist, aber nicht für größere.
d) Danach wurden aus dem Außenmedium (1) und dem Dialyseschlauch (2) Proben entnommen. Diese wurden wie das Filtrat (0) nach Zugabe von Glucoselösung auf Kohlenstoffdioxidentwicklung untersucht (Versuchsreihe 1) oder wie in Versuchsreihe 2 weiterbehandelt.

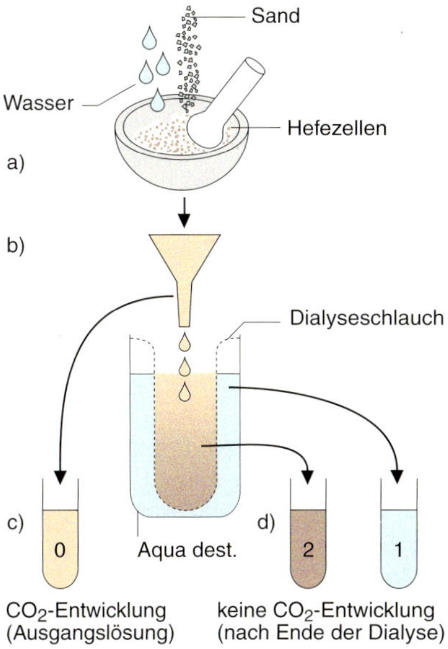

Versuchsreihe 1

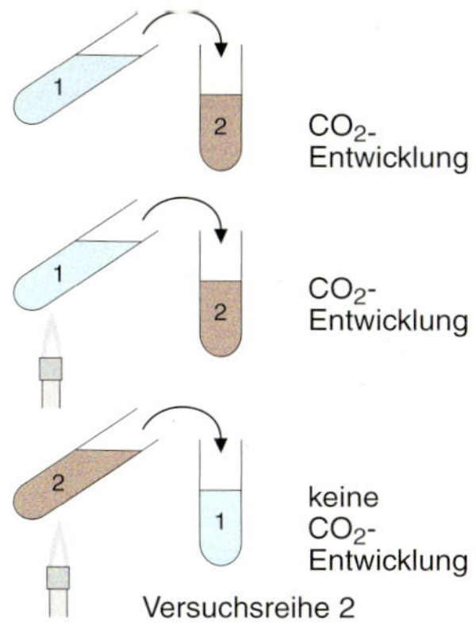

Versuchsreihe 2

Aufgabe

① Welche Rückschlüsse sind auf den Aufbau und die Wirkung des hier eine Rolle spielenden Enzyms möglich? Begründen Sie Ihre Schlussfolgerungen konkret anhand der einzelnen Experimente.

Die Wirkung der Katalase

Katalase ist ein Enzym, welches Wasserstoffperoxid (H_2O_2) zu O_2 und H_2O zersetzt. Man hat die Aktivität der Katalase in Abhängigkeit von der H_2O_2-Konzentration untersucht und dabei die nachfolgenden Ergebnisse erhalten:

g H_2O_2 pro 100 ml Reaktionslsg.	ml O_2-Entwicklung in 5 min
1	3,1
2	4,9
3	6,0
4	6,8
5	7,3
6	7,8
7	8,1
8	8,2
9	8,2

Aufgaben

② Setzen Sie die Werte der Tabelle in eine Grafik um. Achten Sie dabei auf eine sinnvolle Achsenwahl und die Beschriftung.

③ Erläutern Sie den Kurvenverlauf. Welche verallgemeinerbaren Rückschlüsse sind auf die Wirkungsweise von Enzymen möglich? Gehen Sie dabei auch auf die einzuhaltenden Versuchsbedingungen ein.

Temperatur und Ureasewirkung

Urease spaltet Harnstoff hydrolytisch in Kohlenstoffdioxid und Ammoniak. CO_2 und NH_3 reagieren mit Wasser in einer Säure-Base-Reaktion, bei der Ionen entstehen. In einer wässrigen Lösung leiten sie im Gegensatz zum ungeladenen Harnstoff den elektrischen Strom. Setzt man Harnstofflösung mit Urease um, so kann man die Änderung der Leitfähigkeit pro Zeiteinheit als relatives Maß für die Aktivität der Urease benutzen. Für eine solche Messung benutzt man die in der Abbildung dargestellte Apparatur. Nacheinander werden bei verschiedenen Temperaturen (5°, 15°, 35°, 50° und 75 °C) jeweils 40 ml Harnstofflösung und 10 ml Enzymlösung zusammengegeben und die Änderung der Leitfähigkeit über einen Zeitraum von 10 Minuten gemessen. Dabei werden in Abständen von 20 Sekunden die Leitfähigkeitswerte abgelesen. Das Ergebnis dieses Versuchs zeigt die untere Grafik.

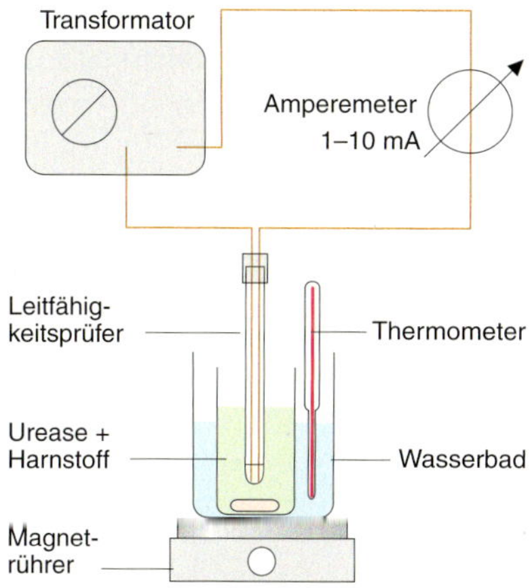

Abhängigkeit der Enzymaktivität von der Temperatur

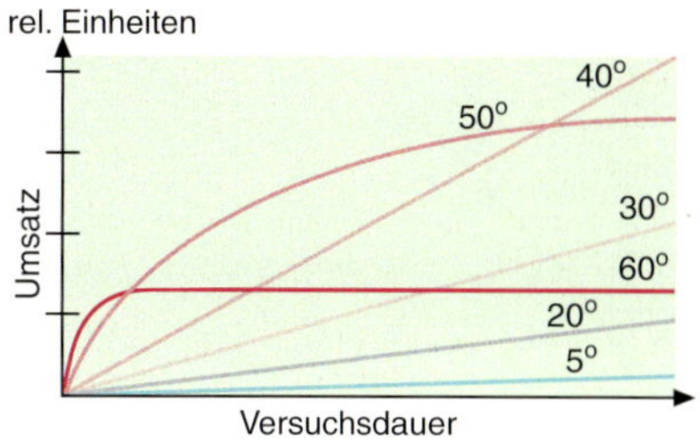

Aufgaben

④ Begründen Sie, weshalb bei allen Versuchen mit jeweils derselben Menge Harnstoff- und Ureaselösung gearbeitet wird.

⑤ Erläutern Sie anhand der Grafik die Ergebnisse der Versuche einzeln und im Vergleich.

Die Reaktionsbedingungen bestimmen die Enzymaktivität

Substratkonzentration

Bei niedrigen Substratkonzentrationen ist die Geschwindigkeit der Substratumsetzung gering. Diese lässt sich durch Erhöhung der Konzentration steigern, bis schließlich weitere Erhöhungen der Substratkonzentration zu keiner weiteren Steigerung der Geschwindigkeit führen (Abb. 1). Jedes Enzym hat daher einen Maximalwert (v_{max}) bei der Geschwindigkeit der Substratumsetzung. Da sich die Sättigungskonzentration des Substrates zur Maximalgeschwindigkeit aus der Kurve schlecht ablesen lässt, ermittelt man, bei welcher Substratkonzentration die halbmaximale Geschwindigkeit ($^1/_2\, v_{max}$) erreicht wird. Die Substratkonzentration bei halbmaximaler Reaktionsgeschwindigkeit bezeichnet man als *Michaelis-Menten-Konstante* (K_m).

Bei niedrigen Substratkonzentrationen sind nicht alle Enzyme mit einem Substratteilchen beladen, weil die Wahrscheinlichkeit, dass Enzym und Substrat sich treffen, gering ist. Mit zunehmender Anzahl der Substratteilchen steigt die Wahrscheinlichkeit, auf das Enzym zu treffen; daher steigt die Reaktionsgeschwindigkeit. Bei hohen Konzentrationen ist die Wahrscheinlichkeit des Zusammentreffens zwar sehr hoch, jedoch können die Substratmoleküle das aktive Zentrum nicht besetzen, da sich dort das Produkt der vorigen Reaktion erst langsam vom Enzym trennt. In lebenden Zellen wird der Maximalwert nie erreicht, da andere Stoffe die Reaktion behindern.

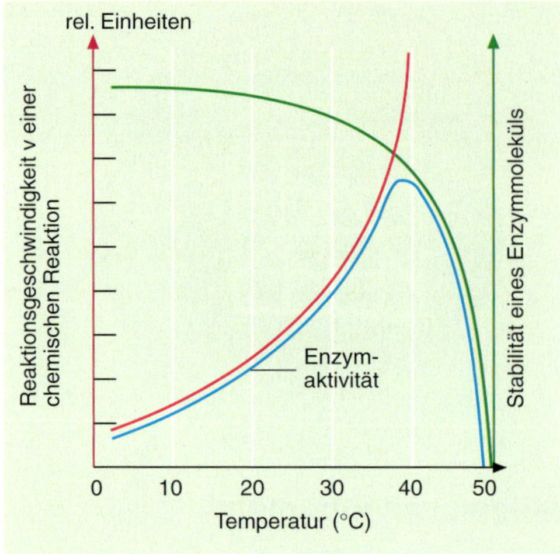

2 RGT-Regel und Enzymaktivität

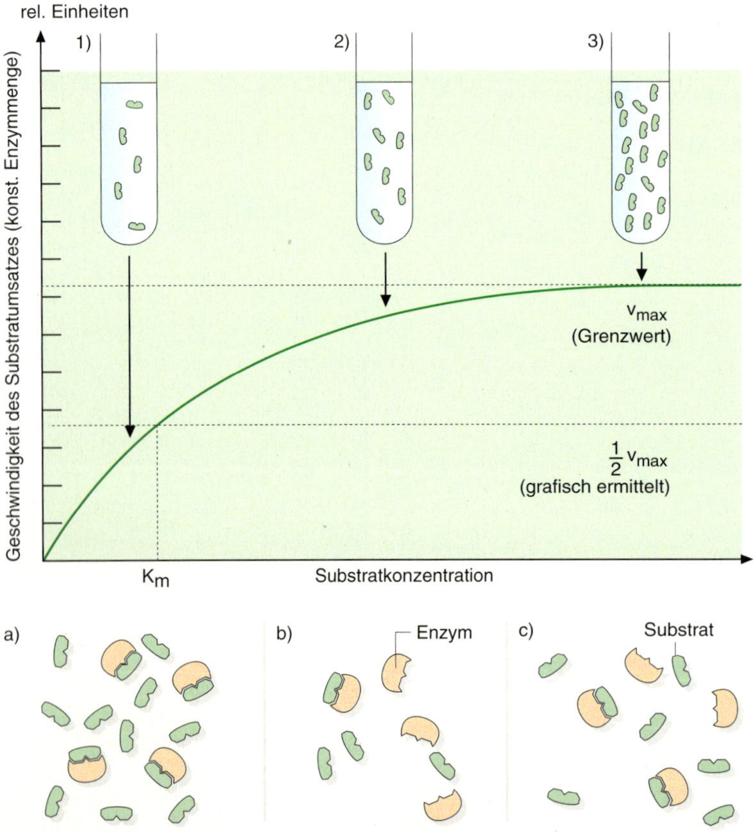

1 Reaktionsgeschwindigkeit und Substratkonzentration

Der Einfluss der Temperatur

Gleichwarme Tierarten haben eine konstante Körpertemperatur, egal ob sie in der Wüste oder der Antarktis leben. Wechselwarme Tiere, wie Amphibien oder Insekten, bewegen sich bei tiefen Temperaturen in der Regel träge bzw. fallen in eine Kältestarre. Erst bei höheren Temperaturen werden sie wieder aktiv. Die chemischen Reaktionen des Stoffwechsels in einem Organismus sind temperaturabhängig. Diese Zusammenhänge zeigen sich auch bei isoliert ablaufenden enzymatischen Reaktionen.

Untersucht man die Aktivität eines Enzyms experimentell, so stellt man zunächst bei steigenden Temperaturen eine exponentielle Erhöhung der Reaktionsgeschwindigkeit fest (Abb. 2). Bei einer bestimmten Temperatur wird schließlich ein Maximum erreicht. Dieses liegt bei vielen Enzymen zwischen 30 °C und 50 °C. Danach nimmt die Geschwindigkeit der enzymkatalysierten Reaktion sehr schnell ab, bis schließlich überhaupt keine Wirkung des Enzyms mehr

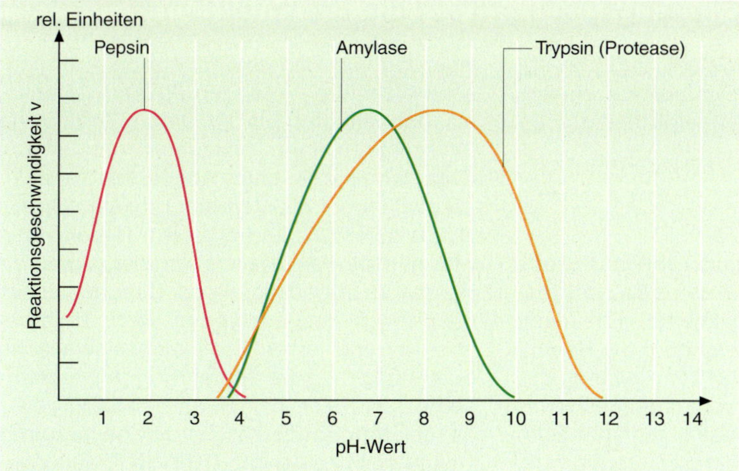

1 Abhängigkeit der Enzymaktivität vom pH-Wert

erkennbar ist. Höhere Temperaturen bewirken eine stärkere Teilchenbewegung, sodass Enzym und Substrat mit einer größeren Wahrscheinlichkeit aufeinander treffen. Zudem werden die Bindungen zwischen Atomen reaktiver. Die Folge ist ein höherer Stoffumsatz. Bei enzymkatalysierten Reaktionen erhöht sich die Reaktionsgeschwindigkeit bei einer Temperaturerhöhung um 10 °C exponentiell um das 2- bis 4fache. Dieser Zusammenhang wird als ***R**eaktions**g**eschwindigkeits-**T**emperatur-Regel,* kurz *RGT-Regel,* bezeichnet.

Bei Eiweißen, und damit auch bei Enzymen, haben hohe Temperaturen noch eine andere Wirkung: Sie verändern und zerstören schließlich die *Tertiärstruktur,* d. h. die räumliche Anordnung der Aminosäurekette wird irreversibel verändert. Diesen Vorgang bezeichnet man als *Denaturierung.* Da die Funktion des Enzyms von der Tertiärstruktur abhängt – sie ist verantwortlich für die Passform – wird die Abnahme der Enzymaktivität ab einer bestimmten Temperatur verständlich. Enzyme sind meist nur bis zu Temperaturen von 50 °C / 60 °C stabil (Abb. 52.2). Höhere Temperaturen liefern so viel Energie, dass die meist geringen Bindungskräfte, welche die räumliche Faltung des Proteinmoleküls aufrechterhalten, überwunden werden. Die Passform des Enzymmoleküls für das Substrat geht verloren, das Enzym ist inaktiv. Nur wenige Enzyme werden erst bei höheren Temperaturen denaturiert. Zu diesen gehören die Enzyme von Bakterien, die in heißen Quellen leben. Deren Enzyme sind an diese extremen Lebensbedingungen angepasst, indem bei ihnen die Passform

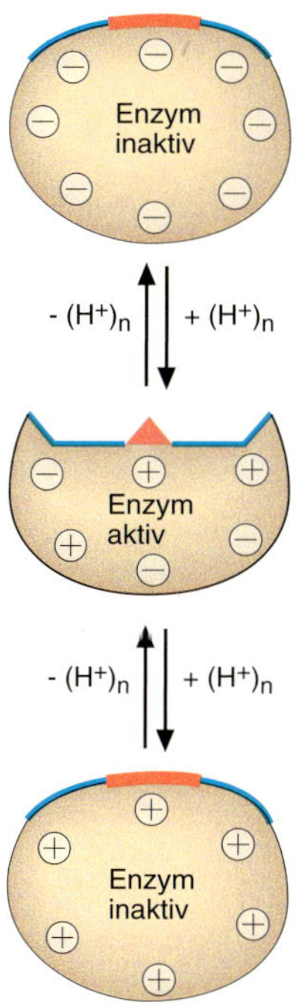

Einfluss des pH-Wertes auf die Enzymaktivität

im Wesentlichen durch Disulfidbrücken aufrecht erhalten wird, die stabiler sind als Wasserstoffbrückenbindungen und ionische Anziehungskräfte.

Der Einfluss des pH-Wertes

Am Beispiel der Verdauungsenzyme des Menschen wird der Einfluss eines weiteren Faktors, des *pH-Wertes,* auf die Enzymaktivität sichtbar. Der Mundspeichel hat einen fast neutralen pH-Wert. Die in ihm enthaltene Amylase spaltet Stärke und entfaltet unter diesen Bedingungen ihre größte Aktivität. Gelangt der eingespeichelte Nahrungsbrocken mit dem Schluckvorgang in den Magen, wird die Stärkespaltung infolge Inaktivierung der Speichelamylase eingestellt. Ursache hierfür ist der saure Magensaft, dessen pH-Wert aufgrund der Salzsäure zwischen 1,5 und 2,5 liegt. In diesem sauren Milieu ist statt dessen ein anderes Enzym, das *Pepsin,* aktiv. Es katalysiert die Spaltung von Proteinen in größere Peptidabschnitte. Gelangt der Speisebrei weiter in den Zwölffinger- und dann in den Dünndarm, dessen Verdauungssaft leicht alkalisch ist, stellt das Pepsin seine Funktion ein und andere Enzyme sorgen dann für die weitere und vollständige Verdauung.

Untersucht man die Enzymaktivität in Abhängigkeit vom pH-Wert experimentell, so ergibt sich eine Optimumkurve (Abb. 1). Jedes Enzym hat sein spezifisches pH-Optimum. Bei vielen Enzymen liegt es im mittleren pH-Bereich. Bei deutlich höheren oder niedrigeren Werten sinkt die Aktivität stark ab, bis schließlich der Nullwert erreicht wird. Ursache ist, wie bei hohen Temperaturen, eine Denaturierung des Enzyms, da durch Säuren bzw. Basen an bestimmte Reste der einzelnen Aminosäurebausteine H^+-Ionen angelagert oder von ihnen abgespalten werden können. So wird die für die Passform wichtige Ladungsverteilung im Enzymmolekül verändert, sodass die spezifische Molekülfaltung verloren geht (Abb. Mittelspalte).

Aufgaben

① Ordnen Sie die modellhaften Darstellungen (a, b, c) in Abbildung 52.2 den Stellen 1, 2, 3 der Kurve zu. Begründen Sie.

② Nähert sich die Körpertemperatur bei hohem Fieber dem Wert von 42 °C, besteht für den Menschen Lebensgefahr. Erläutern Sie mögliche Gründe dafür mit Bezug zu den genannten Eigenschaften von Enzymen.

Der Einfluss des Bindungspartners auf die Enzymaktivität

Nucleinsäure
aus C_5-Zucker, Phosphorsäure und N-haltige Base bestehendes Makromolekül, das als DNA oder RNA Erbinformation speichert und überträgt

Wenn außer dem eigentlichen Substrat andere Stoffe an das Enzymmolekül binden, kann die Enzymaktivität beeinträchtigt werden.

Kompetitive Hemmung

Konkurrieren zwei chemisch ähnliche Stoffe um das Bindungszentrum eines Enzyms, beeinflusst dies die Enzymaktivität, wenn einer das Substrat ist und der andere als Hemmstoff wirkt. Der Hemmstoff kann zwar an das Enzym gebunden, aber nicht umgesetzt werden. Er verdrängt somit das eigentliche Substrat *(Verdrängungshemmung* oder *kompetitive Hemmung,* Abb. 1). Die Wirkung solcher Hemmstoffe ist umso größer, je höher die Konzentration im Vergleich zum eigentlichen Substrat ist.

Ein Beispiel dafür ist die Anwendung des Medikaments *Allopurinol* gegen *Gicht*. Diese Krankheit äußert sich – infolge der Einlagerung von Harnsäurekristallen – in einer schmerzhaften Veränderung der Gelenke, die unbehandelt bis zu deren Zerstörung fortschreiten kann. Harnsäure entsteht im Organismus z. B. beim Abbau von *Nucleinsäuren*, wobei die Verbindung *Hypoxanthin* als Zwischenprodukt entsteht. Hypoxanthin wird mithilfe des Enzyms *Xanthinoxidase* zu Harnsäure abgebaut, die bei Gesunden über die Nieren ausgeschieden wird. Entsteht aber infolge einer Stoffwechselschwäche oder infolge von Fehlernährung zu viel Harnsäure, so wird sie nicht mehr vollständig ausgeschieden, sondern lagert sich bevorzugt in Gelenken in kristalliner Form ab. Eine mögliche medikamentöse Behandlung ist die Verabreichung von Allopurinol, das dem Hypoxanthin chemisch sehr ähnlich ist, aber von der Xanthinoxidase nicht umgesetzt werden kann. Die dadurch bedingte Hemmung des Enzyms, die zur Verminderung der Harnsäureeinlagerung in die Gelenke führt, ist abhängig von der Menge des eingenommenen Medikaments. Diese Hemmung endet nach dem Absetzen des Medikaments. Sie ist reversibel. (→ 136/137)

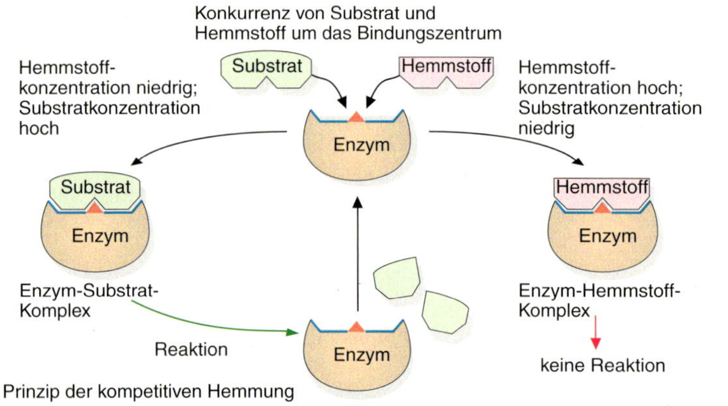

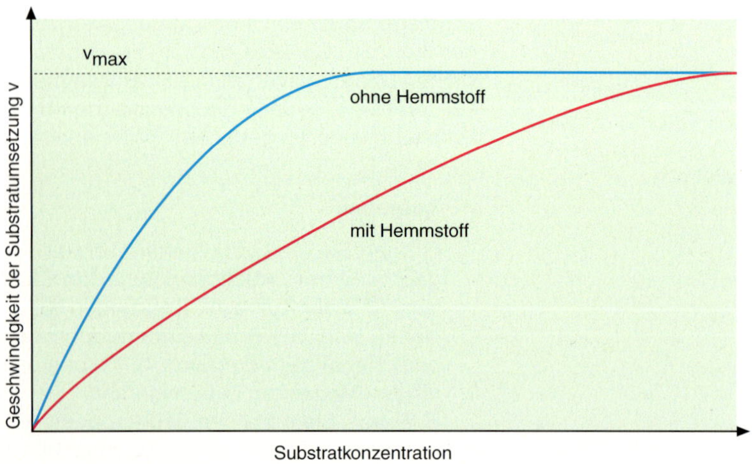

1 Kompetitive Hemmung

Allosterische Effekte

Bestimmte Enzyme haben nicht nur eine Bindungsstelle für das umzusetzende Substrat, sondern eine weitere Bindungsstelle, an der ein ganz anders aufgebautes Molekül binden kann. Die Passform eines solchen Enzyms hängt davon ab, ob an dieser Stelle ein Hemmstoff gebunden ist oder nicht. Dadurch kann das Enzym zwei verschiedene räumliche Strukturen annehmen. In der einen Form kann es das Substrat binden und umsetzen. In der anderen Form, also mit Hemmstoff, ist das Bindungszentrum für das Substrat so verändert, dass es nicht mehr gebunden werden kann. Diese durch die Veränderung der räumlichen Struktur bedingte Hemmung nennt man *allosterische Hemmung* (Abb. 55.1). Sie spielt bei der Regulation vieler Stoffwechselprozesse eine wichtige Rolle.

Allosterische Effekte sind aber nicht in jedem Fall hemmend. Manche Enzyme erreichen erst durch allosterische Veränderungen ihre volle katalytische Wirkung, sie werden *allosterisch aktiviert.* Bei zu hohem Blutzuckerspiegel z. B. wird durch aktivierte Glucose ein Enzym allosterisch aktiviert, das den Aufbau des Speicherstoffs Glykogen aus Glucose bewirkt.

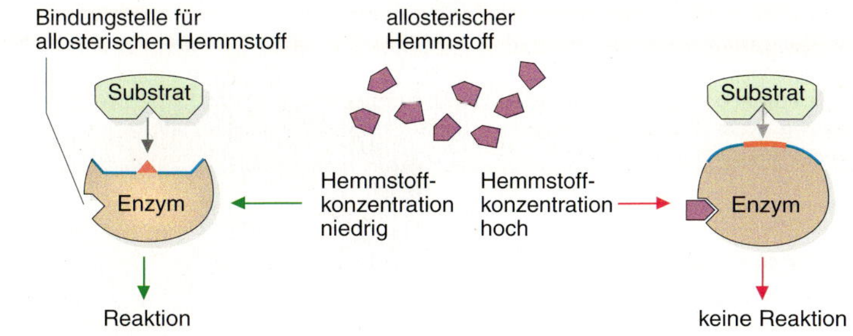

Prinzip der allosterischen Hemmung

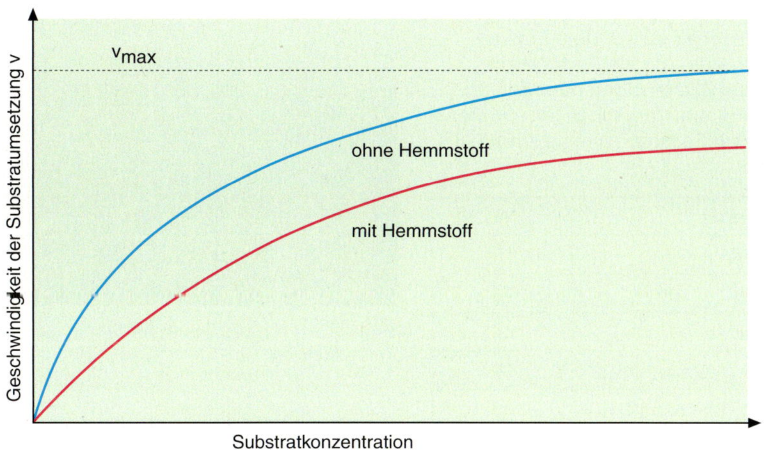

1 Allosterische Hemmung

Irreversible Hemmung

Die Giftigkeit bestimmter Metalle beruht darauf, dass sie bei Enzymen Veränderungen ihrer Passform bewirken, die nicht rückgängig zu machen sind. Die Hemmung ist irreversibel. Besonders giftig für den Menschen sind die *Schwermetalle* Quecksilber und Blei. Sie zerstören die Disulfidbrücken von Enzymen, da sie mit Schwefel eine äußerst stabile Verbindung bilden.

Einige Organismen lassen sich als Bioindikatoren einsetzen, da sie Enzyme besitzen, die auf Schwermetalle sehr empfindlich reagieren. So wird die Gäraktivität von Hefezellen bereits von geringen Schwermetallmengen deutlich gehemmt. Hefezellen vergären Zucker u.a. zu Kohlenstoffdioxid. Bringt man in eine Versuchsapparatur eine bestimmte Menge der Probe, z.B. von belastetem Boden zusammen mit Zucker und Hefeaufschwemmung, so kann die Kohlenstoffdioxidontwicklung im Vorgloich zu oinor Kontrollprobe ohne Schwermetalle bestimmt werden. Je geringer die Gasentwicklung, desto belasteter ist die Probe. Nach einem solchen Vortest gibt eine chemische Analyse genauen Aufschluss über Art und Menge der Schwermetalle.

Zettelkasten

Vitamine: Cofaktoren von Enzymen

Zahlreiche Enzyme bestehen aus einem Proteinanteil und aus einem *Cofaktor*. Dabei handelt es sich um ein Hilfsmolekül, das für sich alleine keine Katalysatorfunktion hat. Der Cofaktor kann aus bestimmten Metallionen, wie Fe^{2+}, Mn^{2+} bestehen oder aus größeren Molekülen. Die Cofaktoren verleihen den Enzymen besondere katalytische Fähigkeiten und können leicht von ihnen getrennt werden. Ein besonders wichtiger Cofaktor ist das NAD^+ *(Nicotinamid-Adenin-Dinucleotid)*, das bei der enzymatischen Elektronenübertragung von einer Substanz auf eine andere eine entscheidende Rolle spielt. Viele Cofaktoren können vom Körper des Menschen nicht selbst synthetisiert werden. Sie müssen vollständig oder als halbfertige Vorstufe mit der Nahrung aufgenommen werden und sind als Vitamine von großer Bedeutung.

Thiamin (Vitamin B_1)
Thiamin ist eine Vorstufe von Thiaminpyrophosphat, das für den Körper als Cofaktor wichtig ist. Es bindet und aktiviert kleine Molekülbausteine, sodass diese von Enzymen übertragen oder verändert werden können (Abb. 1).

Pantothensäure
Pantothensäure ist Bestandteil und damit gleichzeitig Vorstufe von Coenzym A. Dieses wiederum besitzt eine wichtige Funktion bei der Zellatmung und den Reaktionen des Fettstoffwechsels (Abb. 2).

Pyridoxin (Vitamin B_6)
Pyridoxin bindet und aktiviert Aminosäuren. Es ist ein wichtiger Cofaktor von Enzymen des Aminosäurestoffwechsels und an vielen biochemischen Reaktionen beteiligt (Abb. 3).

Biotin (Vitamin H)
Biotin dient in vielen Enzymen als Überträger von Carboxylgruppen. Es ist über eine Atombindung fest mit dem Enzym verbunden (Abb. 4).

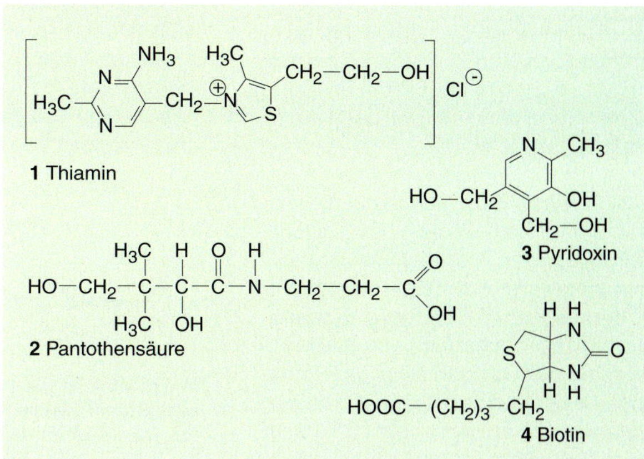

1 Thiamin
2 Pantothensäure
3 Pyridoxin
4 Biotin

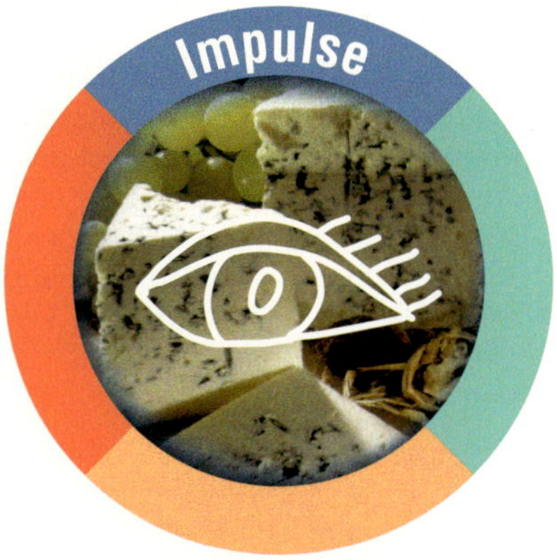

Enzyme in Haushalt, Industrie und Medizin

Man kennt heute über 2000 verschiedene Enzyme. Ein Teil von ihnen wird großtechnisch hergestellt und findet im Haushalt, in Industrie und Medizin Verwendung. In den letzten Jahrzehnten hat sich die Enzymproduktion zu einem wichtigen Zweig der Biotechnologie entwickelt.

Saubere Wäsche

Die Qualität von Waschmitteln wird am schonenden Umgang mit den Textilien, dem Reinigungseffekt und der Belastung des Wassers gemessen. Heute sind nur noch wenige Waschmittel auf dem Markt, die keine Enzyme enthalten. Enzymhaltige Waschmittel lösen auch hartnäckigen Schmutz.

Möglich wurde die Herstellung dieser Waschmittel erst, als es gelang, ausreichende Mengen Proteasen großtechnisch zu gewinnen. Im Forschungslabor der dänischen Carlsberg-Brauerei fanden Wissenschaftler heraus, dass Bakterien der Gattung *Bacillus* Proteasen in das Kulturmedium ausscheiden. Heute werden pro Jahr ca. 500 Tonnen dieser Proteasen für die Waschmittelherstellung benötigt.

Unter welchen Reaktionsbedingungen müssen die Waschmittel-Proteasen wirksam sein?
Mit welchem Experiment könnte man die Reinigungswirkung eines Waschmittels mit Protease gegenüber einem enzymfreien Mittel überprüfen?

Von der Stärke zum Flüssigzucker

Wohl in keinem Haushalt darf Zucker fehlen. Als weißer oder brauner Kristallzucker, als Würfel- oder Kandiszucker gehört er einfach zu unserem Alltag. Der im Haushalt verwendete Zucker, die *Saccharose*, ist ein Disaccharid. Er wird aus Zuckerrüben oder Zuckerrohr gewonnen. Verglichen mit anderen Zuckern hat Saccharose eine starke Süßkraft.

Saccharose	100
Fructose	173
Glucose	74
Invertzucker	130
Maltose (Malzzucker)	32
Lactose (Milchzucker)	16

Relative Süßkraft verschiedener Zucker

Und dennoch – die *Fructose* übertrifft die Saccharose an Süßkraft deutlich. Verschiedene Zweige der Lebensmittelindustrie, vor allem die Getränke-, Back- und Süßwarenherstellung, benötigen große Mengen an Zucker. In flüssiger Form lässt er sich dabei in der Regel besser verarbeiten als in kristalliner und süßer ist Flüssigzucker auch.

Flüssigzucker erhält man durch Stärkeverzuckerung unter Verwendung der Enzyme *Amylase* und *Glucoamylase*. Durch Amylase wird das Polysaccharid Stärke zunächst in Bruchstücke, nachfolgend durch Glucoamylase in das Monosaccharid Glucose zerlegt. Um die Süßkraft des so erhaltenen Sirups noch zu steigern, kann durch den Einsatz eines weiteren Enzyms, der *Glucoisomerase*, ein Teil der Glucose in Fructose umgewandelt werden.

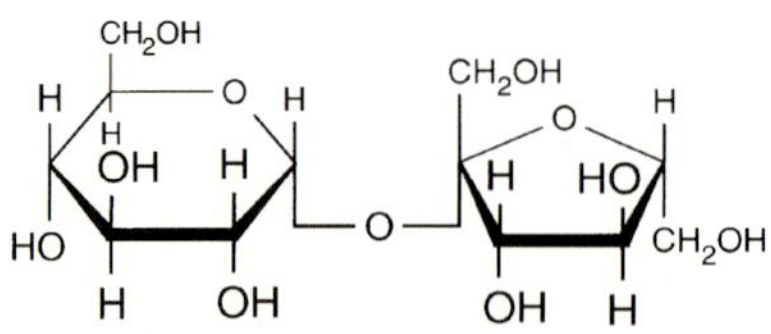

In den USA ist die Verwendung von Flüssigzucker weit verbreitet. In der Bundesrepublik macht er nur einen sehr kleinen Anteil am Zuckerverbrauch aus. Welche Gründe könnten dafür verantwortlich sein?

Zuckerrübenernte

Mais ist der Hauptlieferant für Stärke zur Verzuckerung.

Biosensoren

Messgeräte sind oftmals mit Fühlern ausgestattet. Sie nehmen Signale auf und leiten sie an den *Transduktor* weiter. Dieser wandelt das Signal in eine messbare, physikalische Größe wie Strom, Wärme oder Licht um. Techniker konstruieren Messfühler mit Enzymen als biologische Komponente. Man bezeichnet sie als *Biosensoren* bzw. *Enzymelektroden*. Derart ausgestattete Messgeräte werden zur Kontrolle biotechnologischer Verfahrensabläufe eingesetzt. So kann der pH-Wert in einem Kulturmedium mithilfe des Enzyms Penicillin-Acyclase im Biosensor bestimmt werden.

Welche Vorteile besitzen Biosensoren gegenüber traditionellen Messfühlern?

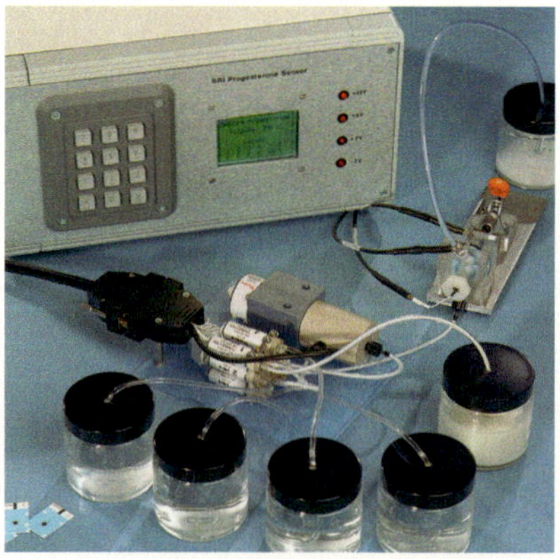

Damit der Käse gelingt

Ein Blick in die Käsetheke einer Verkaufsstelle offenbart die Produktvielfalt. Was der Käufer meist nicht weiß: Bei der Käseherstellung ist der Einsatz von Enzymen zur Gerinnung der Milch unverzichtbar. Traditionell wird dazu das *Labferment* aus Kälbermägen als Schlachtnebenprodukt genutzt. Hinzugekommen sind in den letzten Jahrzehnten biotechnologisch erzeugte Enzyme aus Mikroorganismen. Nur mit deren Hilfe kann der gestiegene Bedarf gedeckt werden.

Welche Zusammensetzung hat Milch? Erklären Sie die Wirkungsweise der zur Milchgerinnung eingesetzten Enzyme und die Ursache der Gerinnung.

Wenn der Magen drückt

Bei Stoffwechselstörungen können Enzyme als Medikamente eingesetzt werden. Bestimmte Magen-Darm-Erkrankungen oder eine Leistungsschwäche des *Pankreas* (Bauchspeicheldrüse) führen zu einer mangelhaften Verdauung der Nahrung. Sie können mit darmwirksamen Enzympräparaten behandelt werden (siehe nebenstehenden Auszug aus einem Beipackzettel). Manche enthalten ein Pulver aus Schweinepankreas und damit Lipasen, Proteasen und Amylasen.

Die Enzyme sind in eine magensaftresistente Hülle eingeschlossen. Warum?

Recherchieren Sie, wie viel Bauchspeichel das Pankreas eines Erwachsenen pro Tag produziert.

Welche Funktionen erfüllen die zwei wichtigsten Proteasen Trypsinogen und Chymotrypsinogen, die Amylase und die Lipase im Bauchspeichel? In welchem Teil des Verdauungstraktes wirken die Enzyme?

Kreon ® 25 000 Kapseln
Wirkstoff: Pankreatin

Der arzneilich wirksame Bestandteil ist Pankreatin. 1 Kapsel mit magensaftresistenten Mikropellets enthält 300 mg Pankreatin aus Schweinepankreas, entsprechend 25 000 Lipase-, 18 000 Amylase- und 1 000 Protease-Einheiten nach PH.Eur.

Die sonstigen Bestandteile sind:
Dibutylphthalat, Dimeticon 1000, Gelatine, Macrogol 4 000, Methylhydroxypropylcellulosephthalat, dünnflüssiges Paraffin, Farbstoffe E 171, E 172.

Stoffgruppe:
Verdauungsenzyme der Bauchspeicheldrüse (Pankreasenzyme)

Darreichungsform und Inhalt:
Kreon® 25 000 Kapseln sind in folgenden Originalverpackungen erhältlich:
- 50 Kapseln (N1)
- 100 Kapseln (N2)
- 200 Kapseln (N3)

Was ist Kreon® 25 000 und wofür wird es angewendet?
Kreon® 25 000 ist ein Arzneimittel zum Ersatz von Verdauungsenzymen.

Der Diabetes-Teststreifen

Mit einem einfachen Test kann jedermann überprüfen, ob sein *Blutzuckerspiegel* stimmt oder ob ein Verdacht auf Zuckerkrankheit *(Diabetes mellitus)* besteht. Dabei nutzt man aus, dass Personen mit zu hohem Blutzuckerspiegel Zucker mit dem Urin ausscheiden. Teststreifen, die Enzyme enthalten, machen es möglich.
Die käuflichen Streifen enthalten *Glucoseoxidase* und *Peroxidase*, dazu einen Stoff, der durch Wasserstoffperoxid von einer farblosen in die Farbform umgewandelt wird. Wird ein solcher Teststreifen in glucosehaltigen Urin der Testperson gehalten, so oxidieren die Enzyme den Zucker und bilden gleichzeitig Wasserstoffperoxid. Letzterer führt zur Färbung des Teststreifens.

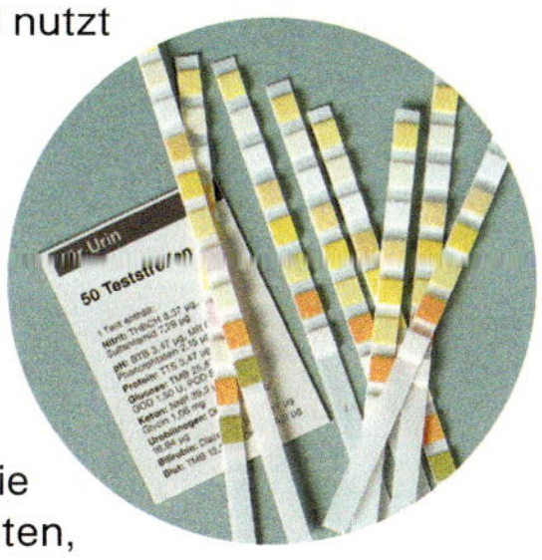

Diabetes tritt nicht nur im Alter auf. Was wissen Sie über den Typ I-Diabetes bei Kindern und Jugendlichen? Welche organischen Ursachen hat die Krankheit? Überprüfen Sie doch einmal Ihren Urin. Sicherheit beruhigt. Teststreifen gibt es in jeder Apotheke.

Von der Tierhaut zum Schuh

Seit alters nutzt der Mensch Felle und Tierhäute als Kleidung und zur Herstellung von Gebrauchsgegenständen. Mit der Behandlung und Zubereitung des Rohmaterials entwickelte sich die Gerberei als Industriezweig. Beim Gerben kommt es darauf an, die weichen Eiweißschichten der Häute zu entfernen. Bei der Ledergerberei sollen auch die Haare verschwinden. Von Bakterien *(Bacillus-Arten)* und mikroskopischen Pilzen *(Aspergillus-Arten)* in Fermentoren produzierte Proteasen ermöglichen oder beschleunigen diese Prozesse. Inzwischen haben die biotechnologisch erzeugten Enzyme die meisten der alten Gerbzusätze, wie Extrakte aus Schlachtabfällen oder Kot, abgelöst.

Warum eignen sich Mikroorganismen besonders gut zur großtechnischen Enzymproduktion?

Procyte

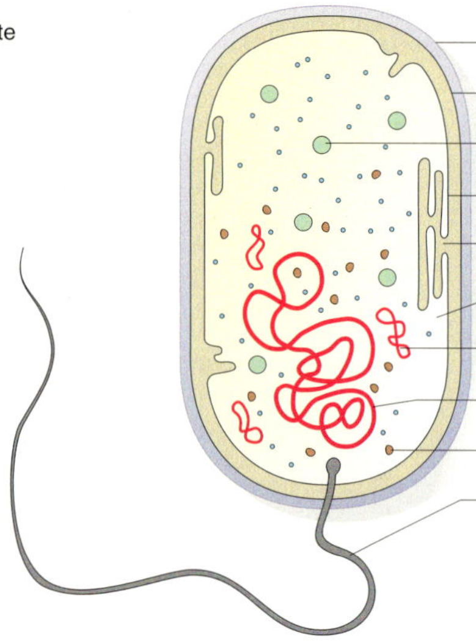

Eucyte
a) Pflanzenzelle

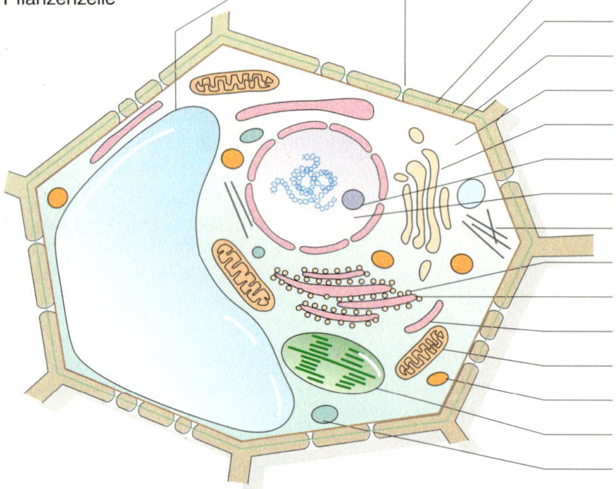

b) Tierzelle

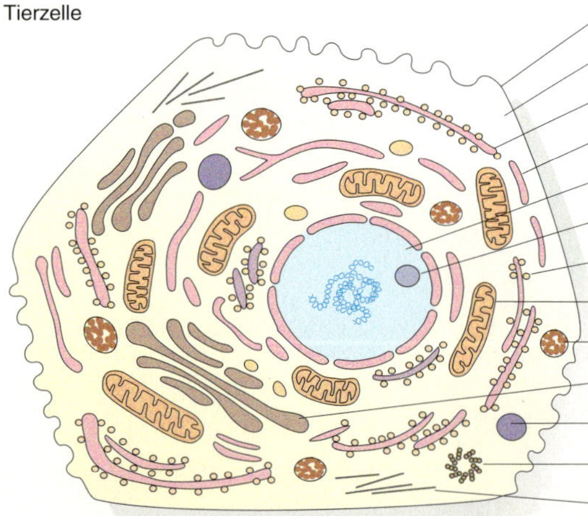

1 Eucyte und Procyte im Vergleich

Die Zelle – Grundbaustein des Lebens

Der Grundbaustein aller eukaryotischen Lebewesen (z. B. Pilze, Pflanzen, Tiere) ist die *Eucyte* (Abb. 1). Trotz aller Unterschiede und Besonderheiten weisen Zellen dieses Grundtyps weitgehend übereinstimmende Strukturen auf. Der Träger aller Lebensstrukturen ist der Zellleib *(Protoplast)*. Er besteht aus dem Zellplasma *(Cytoplasma)* mit den darin eingebetteten verschiedenen Zellbestandteilen, den *Organellen*. Das gewöhnlich größte Organell ist der Zellkern *(Nucleus)* mit Kernkörperchen *(Nucleolus)*, Kernplasma *(Karyoplasma)* und dem DNA-haltigen Chromatingerüst (Abb. 59.1).

Vom Zellplasma umgeben finden sich in der Eucyte die für den Energiestoffwechsel unentbehrlichen Mitochondrien und ein ausgeprägtes Endomembransystem. Die Eucyte ist reich kompartimentiert, wodurch in sich geschlossene und dennoch mit der Umgebung in Verbindung stehende Reaktionsräume gebildet werden. Die Ribosomen als Orte der Proteinsynthese sind in der Eucyte vom 80 S-Typ (s. Seite 69). Die Pflanzenzelle unterscheidet sich von der tierischen Zelle durch den Besitz einer stabilen Zellwand, von Chloroplasten und Zellsaftvakuolen.

Vom Grundtyp der Eucyte weicht der Bau der Bakterienzelle als *Procyte* deutlich ab (Abb. 1). Die Procyte ist von einer Zellwand umgeben, die aus verschiedenen Kohlenhydraten, u. a. aus *Murein*, besteht. In der Procyte sind auf den ersten Blick nur wenige Organellen zu erkennen. Die Erbsubstanz liegt frei im Cytoplasma als ringförmiges Molekül vor. Man spricht deshalb vom *Kernäquivalent*. Vielfach kommen kleine, zusätzliche DNA-Ringe, die *Plasmide*, vor. Man findet außerdem 70 S-Ribosomen, die etwas kleiner als die 80 S-Ribosomen sind. Die Procyte ist kaum kompartimentiert. Zahlreiche kleine, von einer Membran umgebene Bläschen oder Vesikel durchsetzen das Cytoplasma. In ihnen finden lebenswichtige Stoffwechselreaktionen statt. An einigen Stellen bildet die Zellmembran Falten ins Cytoplasma hinein. Auf deren Oberfläche läuft die Zellatmung ab. Bei den Cyanobakterien gibt es zusätzliche Einfaltungen der Zellmembran. Die dadurch entstehenden *Thylakoide* enthalten Chlorophyll und sind die Orte der Fotosynthese. (→ 132/133).

Der Zellkern

Das elektronenmikroskopische Bild eines Zellkerns, das durch Schneiden von kontrastierten Zellen gewonnen wurde (Abb. 1 oben), lässt die zweischichtige Kernhülle erkennen. Zwei *Membranen* verlaufen dicht nebeneinander und schließen einen *Membranzwischenraum* ein. Diese Hülle ist an einigen Stellen unterbrochen; hier stehen Cytoplasma und Kernplasma miteinander in Verbindung. Der Kern ist die wichtigste Kommandozentrale der Zelle und gleichzeitig das funktionelle Zentrum in ihr. Vor einer Kern- und Zellteilung verdoppelt sich die Nucleinsäure *(DNA)* im Kern *(Replikation)*. Damit wird die Weitergabe identischen Erbgutes gesichert. Die DNA steuert auch das Stoffwechselgeschehen innerhalb der Zelle, indem die genetische Information noch im Kern in RNA-Moleküle umgeschrieben wird *(Transkription)* und anschließend diese RNA im Zellplasma während der Proteinbiosynthese in Proteine (z. B. Enzyme) übersetzt wird *(Translation)*.

Abbildung 1 unten zeigt das Bild eines Zellkerns, das durch Gefrierätztechnik gewonnen wurde. Dieses Bild zeigt die räumlichen Strukturen wie in schräg einfallendem Licht.

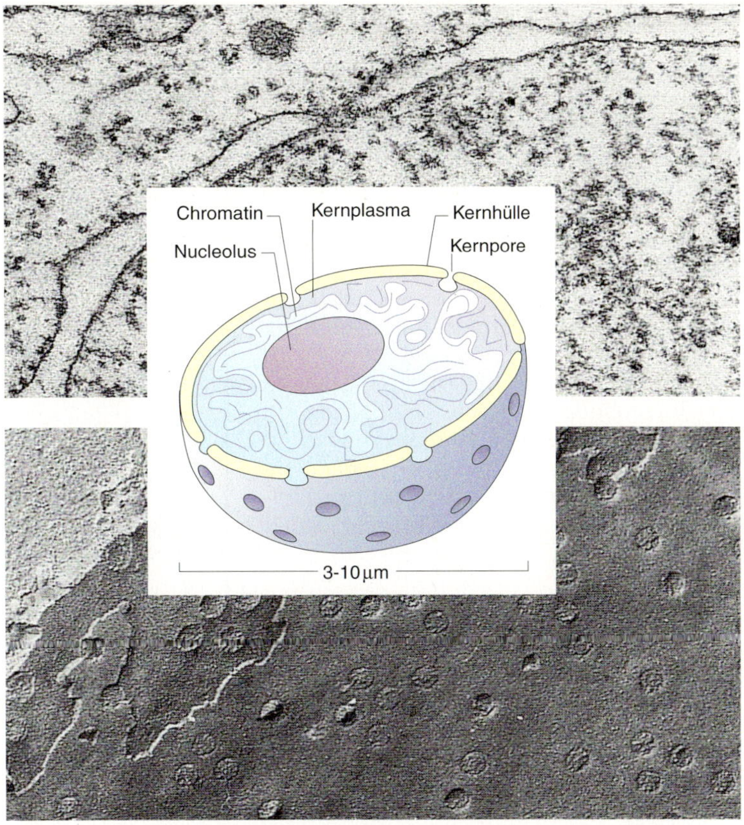

1 Darstellung des Zellkerns mit elektronenmikroskopischen Verfahren

Zettelkasten

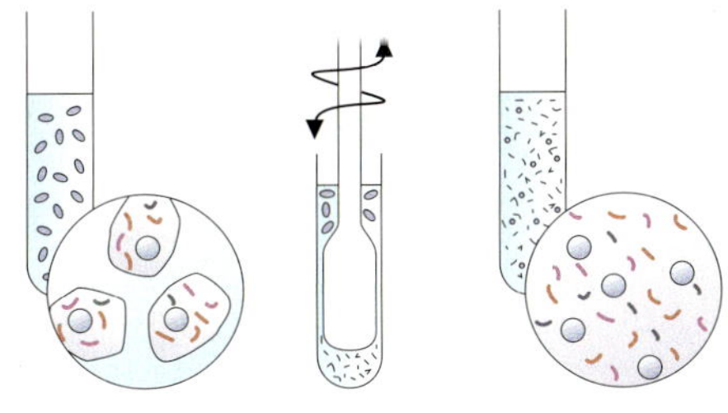

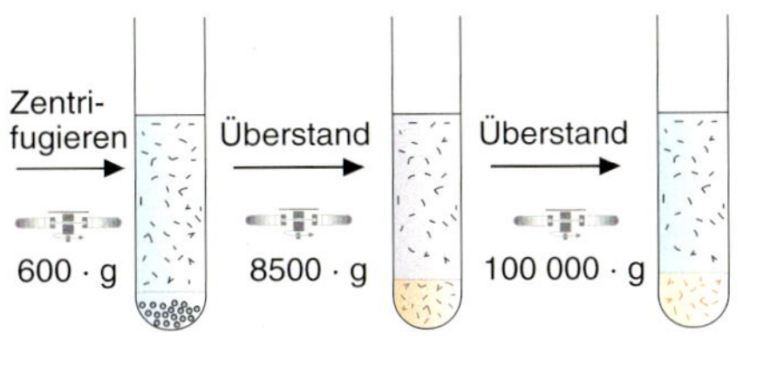

Die Trennung von Zellbestandteilen

Für die Untersuchung von Zellorganellen kann es von Vorteil sein, sie in großer Zahl anzureichern und von anderen Organellen abzutrennen. Solche *Fraktionen* von Kernen oder Chloroplasten lassen sich mithilfe der *Zentrifugation* gewinnen. Dazu werden die Zellen zunächst mechanisch „aufgebrochen", zum Beispiel mit einem *Homogenisator* oder durch Zerreiben mit feinem Quarzsand. Das auf diese Weise entstandene *Zellhomogenat* wird zentrifugiert. Die schweren Zellkerne setzen sich schneller als *Sediment* am Grund des Zentrifugenröhrchens ab als leichtere Organellen. Gießt man den Überstand ab *(Dekantieren)*, so bleibt eine fast reine Zellkernfraktion zurück.

Bei der *Differential-Zentrifugation* wird der dekantierte Rest des Homogenats nacheinander bei verschiedenen Umdrehungen zentrifugiert und weiter fraktioniert. Das geschieht in einer Ultrazentrifuge, die mehr als 1000 Umdrehungen pro Sekunde erreicht. Die dabei auftretenden Kräfte sind größer als das Hunderttausenfache der Erdbeschleunigung ($g = 9{,}81\ m/s^2$).

Mithilfe der Ultrazentrifugation lässt sich der *Sedimentationskoeffizient* von Zellorganellen bestimmen. Dieser „S-Wert" ist abhängig von der Größe und der Dichte der Partikel. So hat man beispielsweise zwei verschiedene Ribosomentypen mit Werten von 70 S bzw. 80 S entdeckt. Alle Ribosomen bestehen aus zwei Untereinheiten. Für die 80 S-Ribosomen betragen die S-Werte der Teile 40 S bzw. 60 S. Für die 70 S-Ribosomen sind es 30 S und 50 S, d. h. die Werte lassen sich nicht durch Addition der Teilwerte errechnen.

Bau und Funktion von Zellorganellen

Jahrzehntelange Forschungsarbeit hat neben einer genauen Vorstellung über die Struktur der Zellorganellen auch zur vertieften Kenntnis über die Funktion der Zellorganellen geführt.

In der Zelle tritt als wiederkehrendes Bauelement die Membran auf. Das Zellinnere wird durch Membranen in eine Vielzahl abgegrenzter Räume, so genannte *Kompartimente*, unterteilt. Oft bewirken Membranen durch Faltung oder Stapelung eine starke Vergrößerung der inneren Oberflächen, an denen membrangebundene biochemische Prozesse ablaufen. Immer aber trennen sie eine plasmatische von einer nicht plasmatischen Phase *(Kompartimentierungsregel)*.

Mikrotubuli sind röhrenförmige Strukturen mit einem Durchmesser von 25 nm. Ihre Länge ist sehr unterschiedlich und kann zum Teil über einen Millimeter hinausgehen. Sie sind aus einem einzigen, kugeligen Proteinbaustein, dem *Tubulin*, zusammengesetzt. Wie die Ribosomen besitzen sie keine Membran und entstehen durch Selbstaufbau.

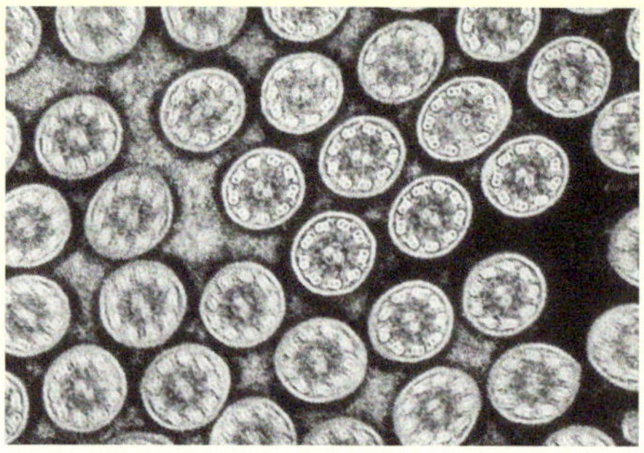

Den Mikrotubuli werden verschiedene Aufgaben zugeschrieben. So sind sie zum Beispiel Bestandteil des intrazellulären Stützsystems, des *Cytoskeletts*. In großer Zahl treten Mikrotubuli bei der Zellteilung auf. Sie sind an den Bewegungen der Chromosomen bei der Kernteilung beteiligt.

Centriolen kommen fast nur in tierischen Zellen vor. Ihr wichtigstes Bauelement sind Mikrotubuli. In jeder Zelle ist nur ein Paar von Centriolen zu finden, und zwar in der Nähe des Zellkerns. Die beiden Centriolen sind am Aufbau des Spindelapparates beteiligt. Sie verdoppeln sich vor der Zellteilung.

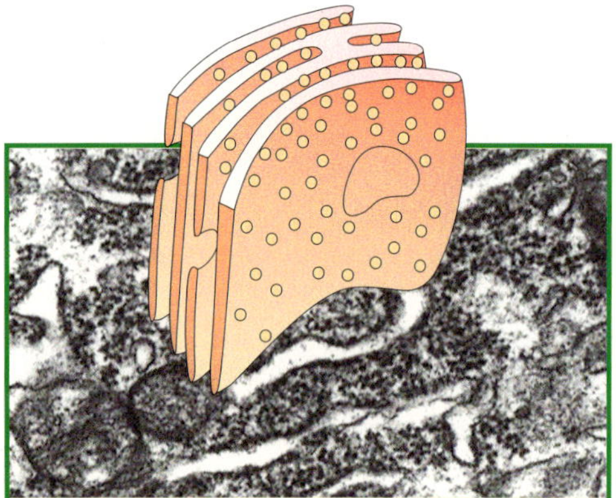

Endoplasmatisches Retikulum,
Vergr. 20 000 x

Das **endoplasmatische Retikulum** (ER) ist ein Membransystem. Es durchzieht als flächiges Netzwerk das gesamte Cytoplasma. Die Membranen umschließen lamellen- oder röhrenförmige Innenräume, die *Zisternen*. Das ER kann mit anderen Membranen in Verbindung stehen, z. B. mit der Kernhülle. Es ist der Syntheseort von Membran- und Reservelipiden. An den Membranflächen befinden sich zum Teil dicht nebeneinander *Ribosomen*, wodurch das ER ein raues Aussehen erhält. Andere Bereiche sind frei von Ribosomen. Deshalb unterscheidet man zwischen *rauem* und *glattem ER*. Weitere Funktionen des ER sind die membrangebundene Proteinsynthese und der Stofftransport innerhalb der Zelle. Manchmal schnüren sich von den Membranen Bläschen *(Vesikel)* ab, in denen Stoffe transportiert werden. Drüsenzellen sind besonders stark vom ER durchzogen. In den Zisternen werden viele Stoffe gebildet, umgewandelt oder gespeichert.

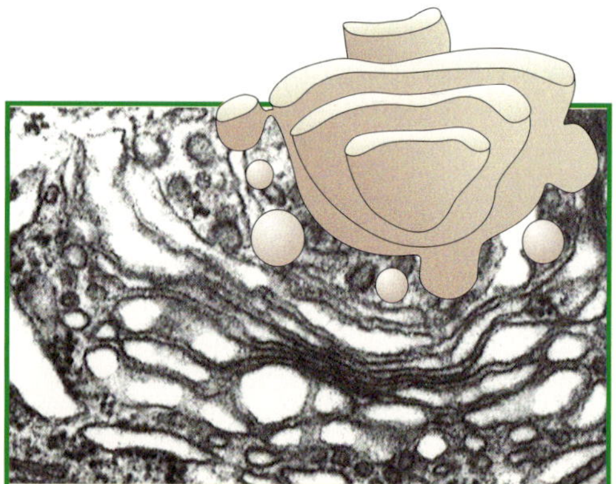

Dictyosomen (Golgi-Apparat),
Vergr. 32 000 x

Dictyosomen sind flache Membranzisternen, die in Drüsenzellen in großer Zahl vorkommen. Nach ihrem Entdecker wird die Gesamtheit der Dictyosomen in einer Zelle auch *Golgi-Apparat* genannt. Im Inneren der Membranzisternen befinden sich vor allem Proteine, bei pflanzlichen Zellen auch Baustoffe für die Zellwand. Sie werden zwar im ER gebildet, aber hier konzentriert und gelagert oder weitertransportiert. Am Rande der Membranstapel können sich – ähnlich dem ER – Bläschen *(Golgi-Vesikel)* abschnüren.

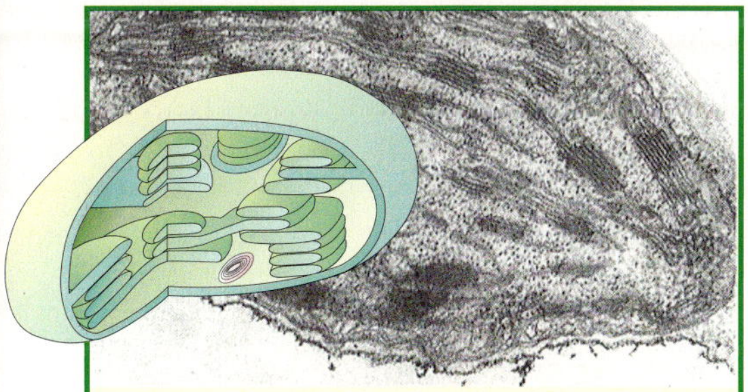

Chloroplast, Vergr. 20 000 x

Chloroplasten sind von zwei Membranen umhüllt und besitzen so zwei Kompartimente. Die innere Membran umschließt einen Matrixraum, das *Stroma*. Darin befinden sich flächige, lamellenförmige Einstülpungen der inneren Membran, die *Thylakoide*. Diese sind zum Teil wie Geldrollen sehr dicht gestapelt. Ein Stapel heißt *Granum* (Mehrzahl: *Grana*). Wie die Mitochondrien besitzen die Chloroplasten eine eigene DNA sowie 70 S-Ribosomen. Die Thylakoidmembran enthält u. a. Chlorophylle und Carotinoide. Die Chloroplasten sind die Organellen der Fotosynthese. Sie entstehen nur durch Teilung vorhandener Chloroplasten.

Mikrofilamente kommen als fadenförmige Strukturen in Zellen vor. Sie bestehen vorwiegend oder ausschließlich aus Proteinen. In Eucyten sind Aktin- und Myosinfilamente allgemein verbreitet. In Muskelzellen wirken diese Filamente bei der Kontraktion zusammen.

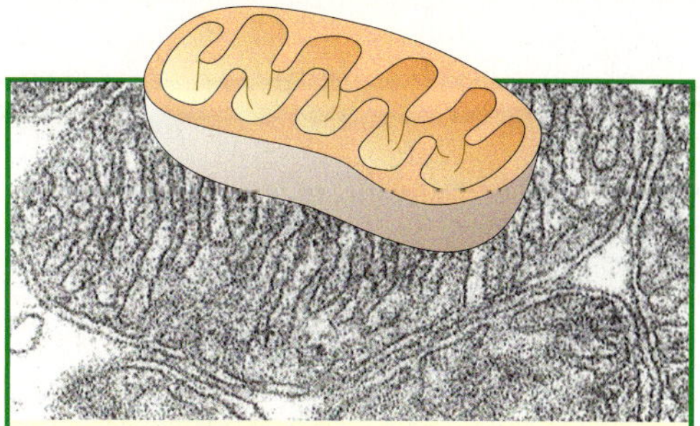

Mitochondrium, Cristae-Typ, Vergr. 50 000 x

Mitochondrien sind von einer Hülle aus zwei Membranen umgeben. Sie bilden zwei Kompartimente: Eines liegt zwischen der äußeren und der inneren Hüllmembran, das andere, die plasmatische Matrix, wird von der inneren, stark gefalteten Membran umgeben. Durch die lamellenförmigen Einstülpungen, die *Cristae*, entstehen große Oberflächen. In der Matrix befinden sich u. a. eine eigene DNA sowie 70 S-Ribosomen. Neben dem *Cristae-Typ* gibt es den *Tubuli-Typ* mit röhrenförmiger und den *saccularen Typ* mit säckchenförmiger Innenstruktur.

Mitochondrien kommen gehäuft in Zellen mit hohem Energiebedarf vor, z. B. in Muskelzellen. Die Mitochondrien sind die Orte der Zellatmung. Bei Oxidationsprozessen wird Energie aus Nährstoffen zum ATP-Aufbau eingesetzt. Mitochondrien kann man als „Kraftwerke" der Zelle bezeichnen. Mitochondrien vermehren sich durch Teilung.

Lysosomen besitzen, wie der Golgi-Apparat und das ER, eine einfache Membran. Die bläschenförmigen Lysosomen haben unterschiedliche Größe, häufig werden sie mitochondriengroß. Sie enthalten vor allem Verdauungsenzyme, die überflüssiges Zellmaterial abbauen.

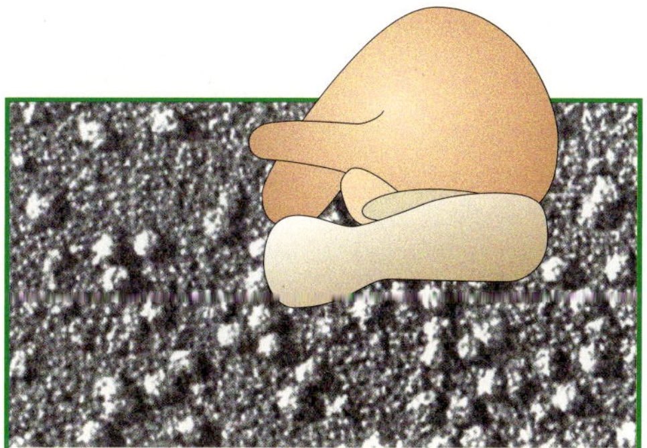

Ribosomen, Vergr. 175 000 x

Ribosomen besitzen keine Membran. Diese kleinen Organellen (Größe 15 – 30 nm) werden aus zwei Untereinheiten gebildet, die zu 40 % aus Nucleinsäuren *(Ribonucleinsäuren, r-RNA)* und zu 60 % aus Proteinen bestehen. Ribosomen sind die Bildungsstätten der Proteine. Sie können zu mehreren perlschnurartig im Cytoplasma liegen *(Polysomen)* oder auch an Membranen angelagert sein.

Es gibt zwei Typen von Ribosomen, die sich in ihrer Größe und im Sedimentationsverhalten unterscheiden. Für große Ribosomen, die nur im Cytoplasma und am rauen ER von Eucyten auftreten, ist der Sedimentationskoeffizient 80 *Svedberg* (= S), für kleine, in Bakterien vorkommende 70 S.

Die **Zellwand** aus Zellulose ist eine typische Struktur der Pflanzenzelle. Ihr Aussehen ändert sich mit dem Differenzierungsgrad der Zelle. Nach einer Zellteilung entsteht zunächst zwischen den Zellmembranen der Tochterzellen eine *Mittellamelle* aus vorwiegend pektinhaltigem Material. *Pektin* ist eine gelartige Substanz von kohlenhydratähnlichem Bau. Darauf bildet sich beim Wachstum eine *Primärwand*, die zusätzlich etwa 10 % Zellulosemikrofibrillen enthält. Diese sind unregelmäßig angeordnet *(Streutextur)*. Stellt die Zelle ihr Wachstum ein, so wird eine *Sekundärwand* aufgelagert, die zu mehr als 90 % aus Zellulose besteht. Die Mikrofibrillen liegen dabei parallel in mehreren Schichten übereinander *(Paralleltextur)*. Aussparungen in der Zellwand *(Tüpfel)* ermöglichen die Verbindung des Plasmas von Zelle zu Zelle.

Formgebende Zellwände umhüllen auch Pilz- und Bakterienzellen. Bei Pilzen bestehen sie vorwiegend aus Chitin, bei Bakterien aus einem Netzwerk von Peptidoglykan (Polymer aus Zuckerabkömmlingen und Peptiden).

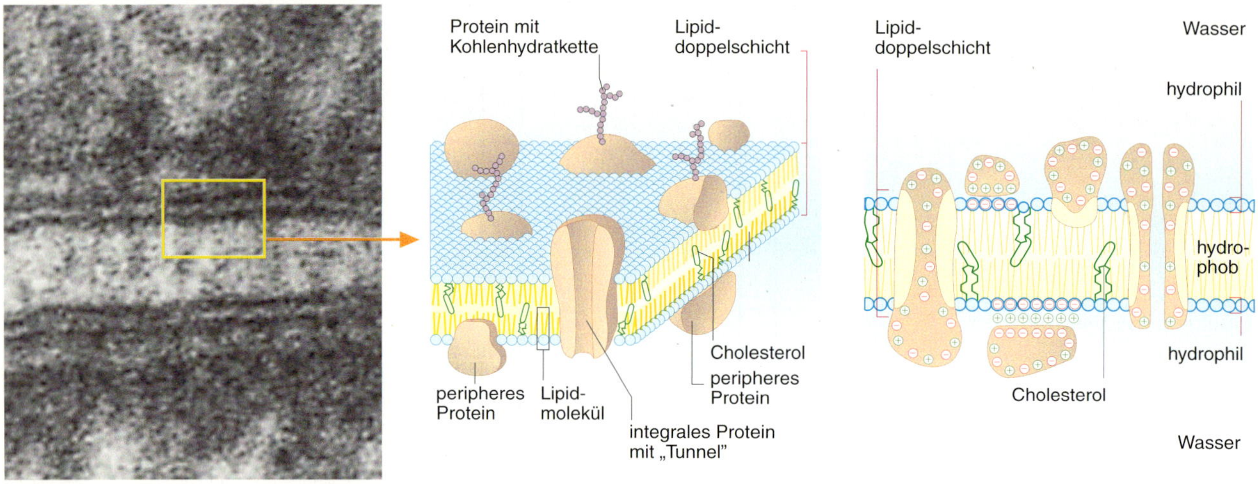

1 Elektronenmikroskopisches Bild und Schema der Biomembran

Aufbau der Biomembranen

Biomembran
Grundtyp der biologischen Membran (= Elementarmembran)

Zellmembran
Biomembran, die das Zellplasma gegen die Umgebung abgrenzt

Das Elektronenmikroskop gibt einen ersten Eindruck vom Aufbau der Biomembran. Bei starker Vergrößerung sind drei Schichten sichtbar: Eine mittlere helle Schicht (ca. 3 nm) wird von zwei dunkleren Schichten (jeweils 2,5 nm) umgeben. Alle Membranen besitzen diese Grundstruktur. Deshalb spricht man auch von der *Elementarmembran* (Abb. 1).

Membranen bestehen zu einem großen Teil aus Lipidmolekülen, vor allem *Phospholipiden,* wie z. B. *Lecithin.* Diese Moleküle haben sowohl einen hydrophoben Bereich, verursacht durch die beiden Fettsäuren, als auch einen hydrophilen Bereich, bedingt durch die Phosphatgruppe (s. Seite 39). *Glykolipide,* in denen statt der Phosphatgruppe Zuckermoleküle gebunden sind, und Cholesterol sind weitere Bestandteile. Die hydrophoben Enden der Lipide befinden sich im mittleren Teil, der im Bild hell erscheint. Die Lipidmoleküle sind in zwei Lagen parallel angeordnet. In dieser *Lipiddoppelschicht* zeigen die hydrophilen Anteile zur wässrigen Phase, also zum Cytoplasma und zur Zellumgebung. Unter dem Mikroskop erscheinen sie aufgrund des hydrophilen Kontrastmittels dunkel. Die hydrophoben Anteile sind zur Membranmitte gerichtet. Die Lipiddoppelschicht bildet die Grundstruktur der Membran und bestimmt Eigenschaften wie Stabilität, Flexibilität und Undurchlässigkeit für hydrophile Teilchen.

Neben Lipiden sind globuläre Proteinmoleküle mit hydrophoben und hydrophilen Abschnitten am Membranaufbau beteiligt. Sie sind unregelmäßig verteilt, lagern der Lipidschicht auf oder durchdringen sie teilweise oder ganz. Mit ihren hydrophoben Abschnitten sind sie in der Lipidschicht verankert.

Die Membran ist unregelmäßig strukturiert und befindet sich in ständigem Auf- und Umbau. So sind Wachstum und Formänderungen der Zelle möglich. Die Lipidmoleküle tauschen ständig infolge der Wärmebewegung ihre Plätze mit Nachbarmolekülen. Dieses dynamische Modell der Membran wird als *„fluid-mosaic-Modell"* bezeichnet. Die Proteine verhalten sich in der Lipidschicht wie schwimmende Eisberge. Die integralen Membranproteine ermöglichen einen kontrollierten Stoffaustausch.

Die intrazellulären Membranen der Zellorganellen dienen der Abgrenzung verschiedener Reaktionsräume *(Kompartimente)* mit unterschiedlichen Reaktionsbedingungen (→ 132/133). Nur so ist ein geordneter Ablauf unterschiedlicher Stoffwechselvorgänge zur gleichen Zeit in einer Zelle möglich. Je nach Aufgabe zeigen Membranen charakteristische Eigenschaften. Entsprechend findet man bei verschiedenen Membrantypen erhebliche Unterschiede im Anteil und der Zusammensetzung der Membranproteine und anderer Makromoleküle.

Aufgabe

① Wie viele Biomembranen müssten übereinander gelegt werden, um die Dicke einer Buchseite (0,08 mm) zu ergeben?

Ein Modell entwickelt sich

Die Anordnung der verschiedenen Membrankomponenten wurde zu unterschiedlichen Zeiten erforscht und führte zu immer genaueren Modellvorstellungen.

1917: Langmuir
Langmuir vermutete aufgrund von Experimenten, dass die Lipide als Einzelschicht auf der Wasseroberfläche schwimmen, wobei sie sich so anordnen, dass sich die polaren Lipidenden in der wässrigen Phase befinden und die unpolaren Kohlenwasserstoffketten die Fettsäuren vertikal aus dem Wasser herausragen.

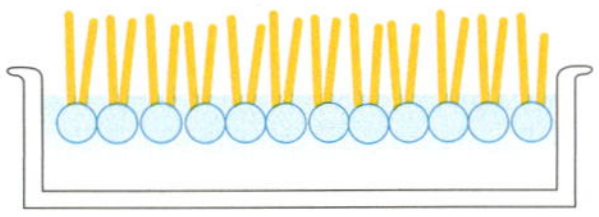

1 Lipideinzelschicht ohne Proteine

1935: Gorter und Grendel
Die beiden extrahierten mit unpolaren Lösungsmitteln die Lipide aus der Zellmembran von Erythrocyten und brachten diese auf eine Wasseroberfläche auf. Sie wiesen nach, dass diese Lipidfläche doppelt so groß war wie die errechnete Oberfläche aller Erythrocytenmembranen. Messwert: 0,92 μm^2, berechneter Wert: 0,47 μm^2. Daraus folgerten sie, dass es sich nicht um eine Einzelschicht, sondern um eine *Lipiddoppelschicht* handeln muss. Spätere Untersuchungen am Elektronenmikroskop bestätigten diese Vermutung: zwei dunkle, elektronendichte Linien, die einen hellen Zwischenraum einschließen.

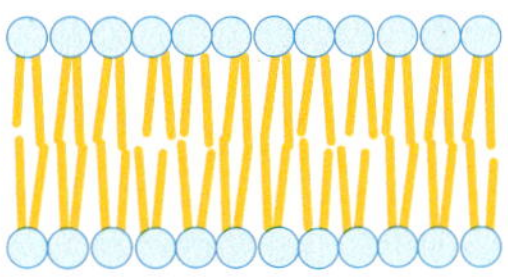

2 Lipiddoppelschicht

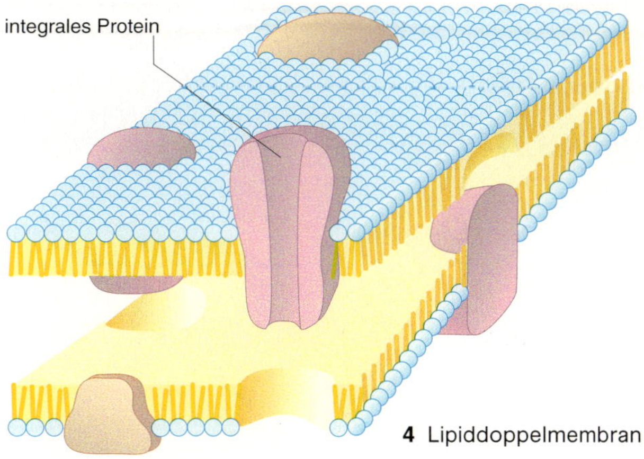

4 Lipiddoppelmembran mit Proteinen

1935: Danielli und Davson
Sie veröffentlichten das erste allgemein anerkannte Membranmodell. Sie fanden heraus, dass aus Membranen isolierte Lipide Proteine adsorbieren können. Daraus folgerten sie, dass die Lipiddoppelschicht beidseitig mit Proteinen bedeckt ist.

1972: Singer und Nicolson
Aufgrund verfeinerter elektronenmikroskopischer Methoden (z. B. Gefrierätztechnik) konnte ein in Grundzügen heute noch gültiges Membranmodell entworfen werden. Tiefgefrorene Biomembranen trennen sich entlang der

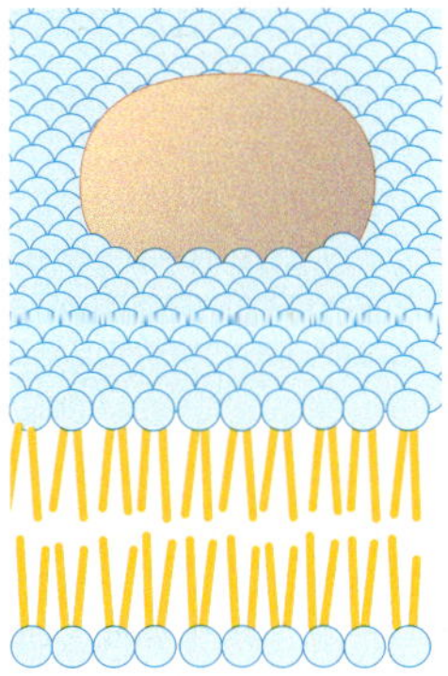

3 Doppelmembran mit Proteinen darauf

Lipidschichten besonders leicht voneinander. Die beiden komplementären Lipidschichten waren jedoch nicht glatt, sondern strukturiert. Auf der einen Hälfte waren Erhebungen zu erkennen, auf der komplementären Hälfte Vertiefungen. Diese Abbildungen wurden so gedeutet, dass der Bruch um ein Proteinmolekül herumläuft. Dies bedeutet aber, dass die Proteinmoleküle durch die Membran hindurchgehen *(integrale Proteine)*. Zusätzliche chemische Untersuchungen zeigten, dass 20 % der Proteine sich leicht von der Membran ablösen lassen, die restlichen fest in der Membran verankert sind. Hieraus folgerte man, dass die leicht ablösbaren Proteine auf der Membran liegen, die anderen durch sie hindurchgehen.

1972: Frye und Edidin
Zur gleichen Zeit wurden Versuche mit Proteinen durchgeführt, die mit Farbstoffen markiert waren. Auf zwei Zellen wurden mit farbigen Antikörpern jeweils bestimmte Membranproteine markiert. Die beiden verschiedenfarbig markierten Zellen wurden vereinigt. Die zunächst getrennt vorliegenden Farbbereiche vermischten sich. Hieraus folgerten Frye und Edidin, dass die Membran nicht statisch sein kann, sondern ständig in Bewegung ist. Die Proteine schwimmen „wie Eisberge in der See" *(fluid-mosaic-Modell)*.

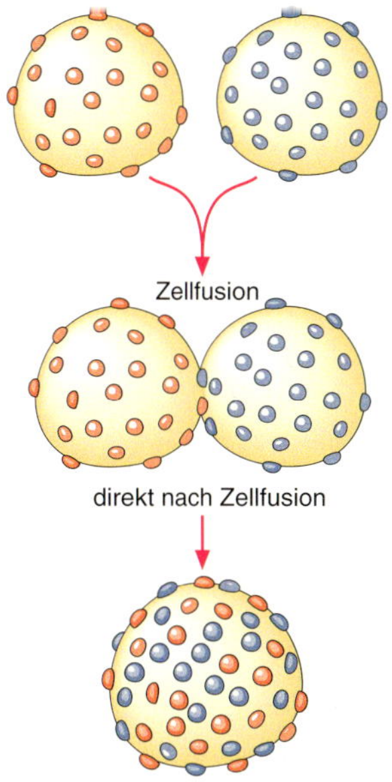

5 Zellfusion

1 Trüffelschwein bei der Suche

2 Kaliumpermanganat verteilt sich in Wasser

Diffusion und Osmose

Trüffeln gehören zu den begehrtesten Pilzen. Manche Sauen (sog. *Trüffelschweine*) können sie noch 60 cm unter der Erdoberfläche riechen. Die Pilze enthalten einen Stoff, der in seiner Struktur dem Duftstoff von Ebern sehr ähnlich ist. Die Moleküle des Duftstoffes verteilen sich im Boden und in der darüber befindlichen Luft. Auch in Flüssigkeiten lässt sich dieser Vorgang der Verteilung der Moleküle beobachten (Abb. 2). Moleküle in der Luft oder in einer Flüssigkeit sind in ständiger Bewegung. Diesen Vorgang, bei dem Moleküle sich aufgrund ihrer zufälligen Bewegung miteinander vermischen, nennt man *Diffusion*.

Die ständige Bewegung der Teilchen beobachtete 1827 der Botaniker Robert Brown, als er Pollen auf einem Wassertropfen unter dem Mikroskop betrachtete. Die Pollen bewegten sich zufällig mit einer Zitterbewegung in alle Richtungen. Diese *Brown'sche Molekularbewegung*, sichtbar gemacht durch Pollen, wird ausgelöst durch die ständige Bewegung der Wasserteilchen, welche die Pollen zufällig von allen Seiten anstoßen. Die Geschwindigkeit der Teilchen ist von ihrer Größe, dem umgebenden Medium, z. B. Luft oder Wasser und der Temperatur abhängig. Sie kommen jedoch nur sehr langsam voran, weil sie bereits nach kurzer Zeit mit anderen Teilchen zusammenstoßen und dabei die Richtung ändern. Durch viele zufällige Bewegungen und Zusammenstöße kommt es allmählich zu einer gleichmäßigen Verteilung, einem Konzentrationsausgleich (Abb. 2).

Behindert wird die Diffusion, wenn verschiedene Lösungen durch eine Membran getrennt sind. Salz- oder Zuckerteilchen z. B. können die Zellmembranen nicht passieren, wohl aber die Wasserteilchen. Solche Membranen, die nicht für alle Teilchen durchlässig sind, nennt man *semipermeable Membranen*.

Sind Wasser und eine Zuckerlösung in einem Gefäß durch eine semipermeable Membran getrennt, liegt in dem einen Volumen eine höhere Zuckerkonzentration als im anderen vor. Die Wasserkonzentration hingegen ist in der Zuckerlösung geringer, da hier ein Teil des Volumens von den Zuckerteilchen eingenommen wird. Zusätzlich wird durch die um die Zuckermoleküle liegende Hydrathülle ein Teil des Wassers gebunden und liegt nicht frei beweglich vor.

Von beiden Seiten stoßen Teilchen gegen die Membran. Da die Zuckermoleküle sie nicht durchqueren können, sind ihre Stöße gegen Poren wirkungslos, während die Wasserteilchen durch die semipermeable Membran diffundieren (Abb. 65. 1). Diese Diffusion des Wassers durch eine semipermeable Membran nennt man *Osmose*. Sie führt zu einer steigenden Anzahl von Wasserteilchen in der Zuckerlösung und zu einer Abnahme der Anzahl von Wasserteilchen auf der Wasserseite. Dadurch nimmt das Volumen auf der Seite der Zuckerlösung zu, auf der Wasserseite ab. In einem geschlossenen System, in dem sich das Volumen nicht verändern kann, verändert sich der *osmotische Druck*.

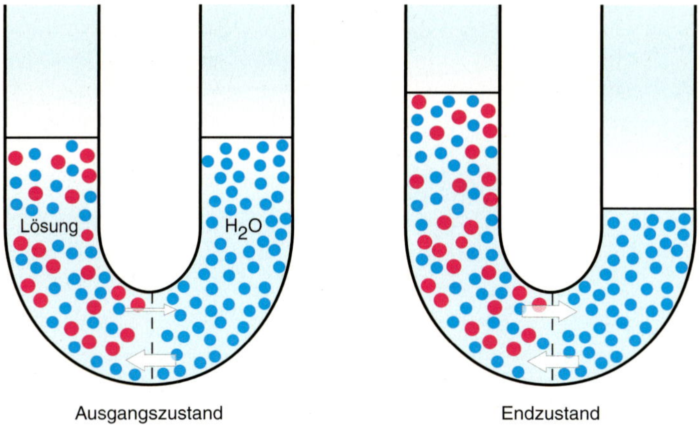

1 Osmose: Ausgangszustand und Endzustand

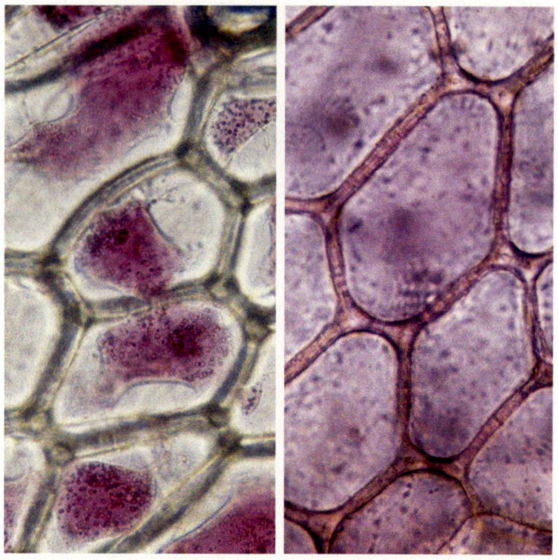
2 Plasmolyse, Deplasmolyse bei Rotkohlzellen

Plasmolyse — Deplasmolyse

Die Vorgänge der Osmose findet man auch in Lebewesen. Die Zellmembran stellt hierbei die semipermeable Membran dar. Jeder kennt das Phänomen bei frisch zubereitetem Salat. Nach kurzer Zeit sehen die Blätter welk und zusammengefallen aus, während die nicht verwendeten Blätter sich nicht verändert haben. Ursache sind Zucker und Salz in der Salatsoße. Außerhalb der Zellen der Salatblätter ist die Zuckerkonzentration höher als in den Blattzellen. Die Lösung ist *hypertonisch* gegenüber dem Zellsaft. Da die Salz- und Zuckerteilchen zwar die Zellwand, aber nicht die semipermeable Zellmembran passieren können, findet ein Wasserausstrom aus den Zellen statt. Untersucht man unter dem Mikroskop Zellen des Rotkohls, bei dem die *Vakuolen* (s. Seite 58) intensiv rot gefärbt sind, kann man den Vorgang des Wasserverlustes beobachten (Abb. 2). Umgibt die Zellen eine konzentrierte Zucker- oder Salzlösung, schrumpft die Vakuole und die Zellmembran löst sich leicht von der Zellwand. Die Vakuole wird immer kleiner, die Zellwand löst sich schließlich vollständig von der Zellwand. Diesen Vorgang nennt man *Plasmolyse*. Der Wasserverlust führt beim Rotkohl zur Intensivierung der Rotfärbung des Zellsaftes.

Ersetzt man die Zuckerlösung durch destilliertes Wasser, läuft der Vorgang bei intakten Zellen wieder in die andere Richtung. Das Außenmedium ist *hypotonisch.* Wasser diffundiert in die Zelle, der Protoplast vergrößert sich und legt sich wieder an die Zellwand an *(Deplasmolyse)*. Lösungen mit gleicher osmotisch wirksamer Konzentration nennt man *isotonisch*.

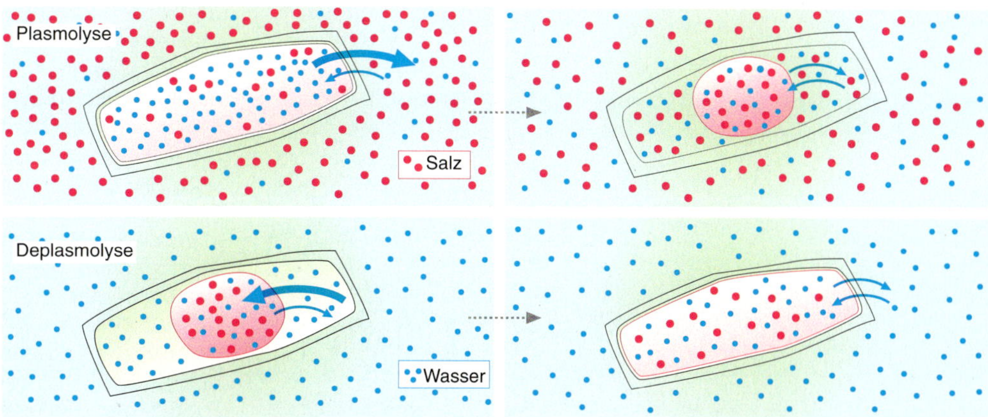

3 Plasmolyse und Deplasmolyse (Schema): a = Ausgangssituation, b = Endzustand

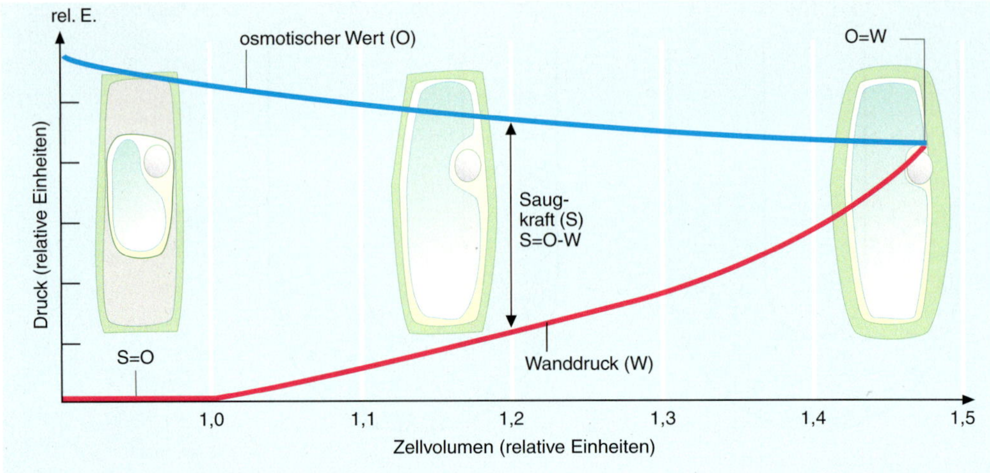

1 Osmotisches Zustandsdiagramm der Pflanzenzelle

Die osmotische Zustandsgleichung

Eine Zelle ist darauf angewiesen, sich ständig mit Wasser zu versorgen und ihren Wassergehalt trotz aller Verluste einigermaßen konstant zu halten. Wasseraufnahmevermögen und Druckverhältnisse in der Zelle stehen bei dem osmotischen Aufnahmevorgang in engem Zusammenhang und lassen sich an Pflanzenzellen besonders gut verdeutlichen.

Als Modell für diese osmotischen Vorgänge dient das *Osmometer* (Abb. 2). Durch den Konzentrationsunterschied bezüglich der gelösten Zuckerteilchen auf beiden Seiten der semipermeablen Membran entsteht ein osmotischer Druck. In einem offenen System wie dem Osmometer strömt Wasser in den Tonzylinder. Durch die Höhe der Wassersäule entsteht ein Gegendruck, der *hydrostatische Druck*.

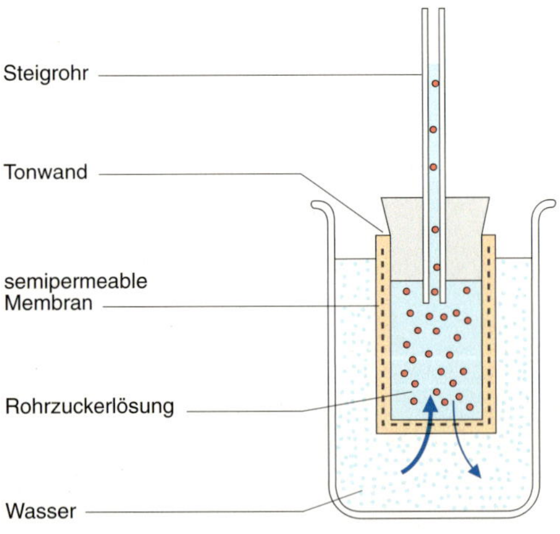

2 Osmometer

Die Wasseraufnahme und damit das Steigen der Wassersäule kommen zum Stillstand, wenn der hydrostatische Druck gleich dem Druck des Wassereinstroms ist. Dieser hydrostatische Druck entspricht dann dem osmotischen Wert der Lösung.

In einer lebenden Zelle wird durch das einströmende Wasser die Zellmembran gegen die Zellwand gepresst. Den entstehenden Innendruck bezeichnet man als *Turgor*. Er nimmt so lange zu, bis der Gegendruck der gedehnten Zellwand ebenso groß ist (Abb. 1); die Pflanze ist *turgeszent*. Weiteres Wasser kann sie nicht aufnehmen, ihre Saugkraft ist null.

Stellt man sich demgegenüber eine vollkommen entspannte Zelle vor, deren Wanddruck vernachlässigbar ist, dann wird die Saugkraft ausschließlich durch den osmotischen Druck bestimmt. Eine zunehmende Wasseraufnahme führt zu einer Volumenzunahme der Zelle und lässt dadurch einerseits den *Wanddruck* (W) steigen und andererseits aufgrund einer leichten Verdünnung des Cytoplasmas den *osmotischen Wert* (O) etwas abfallen. Von diesen beiden Größen hängt die *Saugkraft* (S) der Zelle ab. Diese lässt sich durch die osmotische Zustandsgleichung beschreiben: $S = O - W$. In einem Zellverband muss zudem der Einfluss der Nachbarzellen berücksichtigt werden.

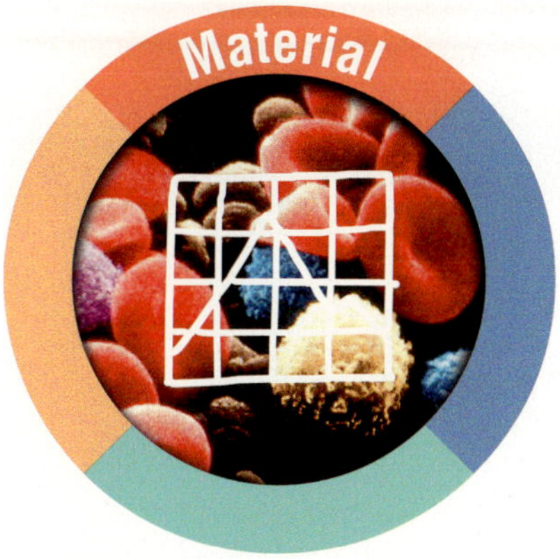

Osmoregulation

Erythrocyten im Blut

Die Salzkonzentration unseres Blutes wird durch die Funktion der Niere auf einem gleich bleibenden Niveau gehalten. Eine Erhöhung oder Senkung der Salzkonzentration würde zu Formveränderungen der roten Blutzellen *(Erythrocyten)* führen. Diese können dann nicht ungehindert durch die Kapillaren transportiert werden. Als Folge können Durchblutungsstörungen und Fehlfunktionen einzelner Organe auftreten.

Bei Blutverlusten ist es daher wichtig, eine so genannte physiologische Lösung zuzuführen, deren osmotischer Wert dem des Blutes entspricht.

Aufgabe

① Ordnen Sie die Erythrocyten in Abb. 2 (a, b, c) den verschiedenen Salzkonzentrationen zu und begründen Sie Ihre Entscheidung unter Verwendung der Fachbegriffe hypotonisch, hypertonisch und isotonisch.

Salzwiesen

Salzwiesen sind die Grünlandflächen am Meer vor dem Deich, die von Salzwasser überspült werden. Die Pflanzen auf diesen Flächen besitzen Schutzmechanismen, die verhindern, dass sie vertrocknen und absterben.

1 Salzwiese

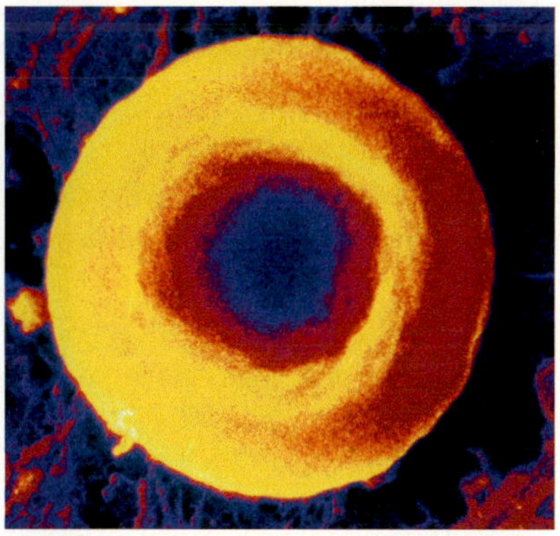

a

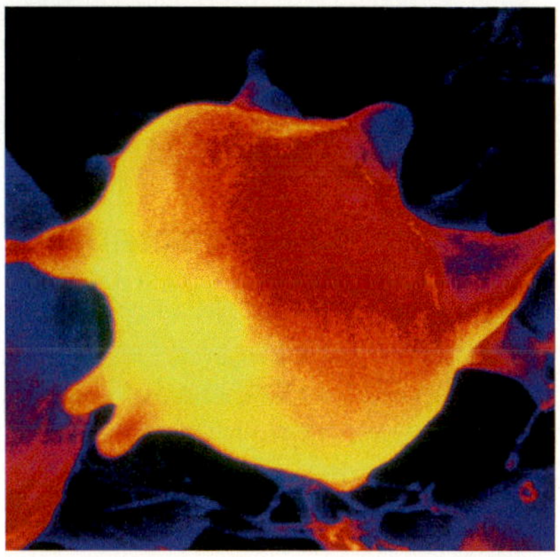

b

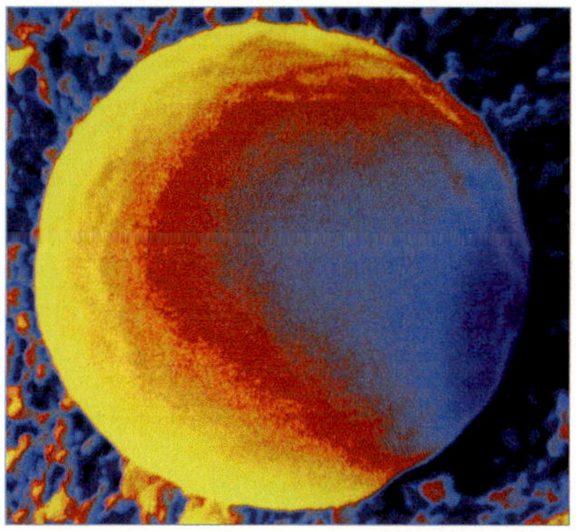

2c Erythrocyten in unterschiedlichen Lösungen

3 Salzmelde

Auf der Blattoberfläche der *Salzmelde*, einer charakteristischen Salzwiesenpflanze, befinden sich kleine gestielte Blasenhaare, in die Pflanzen aktiv Salz aus ihren Zellen ausscheiden. Die Blasenhaare sterben bei hoher Salzkonzentration ab und werden vom Regen oder Wind abgetragen.

Aufgabe

② Beschreiben Sie die Funktion der Blasenhaare und erläutern Sie, inwiefern es sich hierbei um Osmoregulation handelt.

Pantoffeltierchen (Paramecium)

Ist die *pulsierende Vakuole* der Einzeller ein *osmoregulatorisches Organ*? Um diese Frage zu klären, wurden Pantoffeltierchen bei verschiedenen Salzkonzentrationen gehalten. Die Förderleistung der Vakuole hat man in µl pro Minute gemessen. Bei einer Salzkonzentration von 20 mOsm betrug die Fördermenge 2,2 µl; bei 40 mOsm 1,8 µl; bei 50 mOsm 1,0 µl; bei 100 mOsm 0,8 µl. (Osm = Osmolarität: Je niedriger der Wert, desto geringer die Salzkonzentration). Die abgegebene Flüssigkeit besteht fast nur aus Wasser, das kaum gelöste Ionen enthält.

Aufgaben

③ Beschreiben Sie die Funktion der pulsierenden Vakuole (Abb. 4).
④ Übertragen Sie die Messwerte (s. o.) in ein Koordinatensystem.
⑤ Erläutern Sie das Ergebnis und begründen Sie, warum die pulsierende Vakuole eine osmoregulatorische Funktion hat.

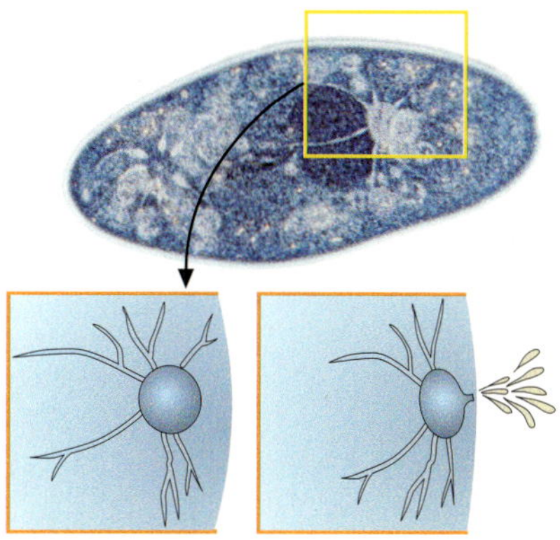

4 pulsierende Vakuole

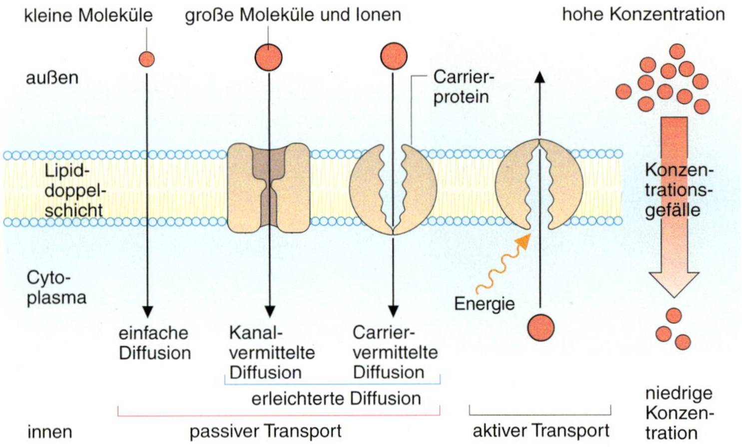

1 Schematische Darstellung der Transportmechanismen

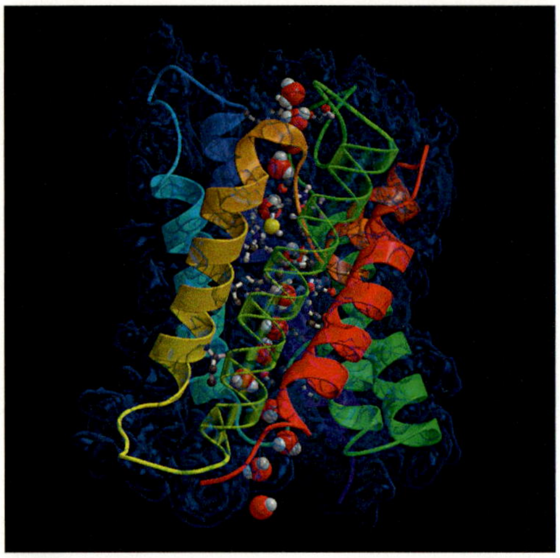

2 Aquaporin

Stofftransport durch Biomembranen

Carrier
Trägermolekül in Membranen, das einen Transport spezifischer Substanzen durch die Biomembran ermöglicht

Biomembranen haben keinen Rand, sie sind immer in sich geschlossen und begrenzen einen Raum. Stoffe, die zwischen Zellen oder Organellen ausgetauscht werden, müssen daher die Membran überwinden. Biomembranen sind jedoch selektiv permeabel, d.h. nicht alle Stoffe können passieren.

Der Durchtritt durch Biomembranen erfolgt durch passive oder aktive Transportmechanismen. Unpolare Moleküle wie Sauerstoff können sie leicht durchdringen. Auch kleine polare Wassermoleküle gelangen hindurch. Der Austausch von größeren Molekülen oder von Ionen, die von einer Hydrathülle umgeben sind, setzt jedoch integrale Membranproteine voraus, die als Kanäle, Translokatoren *(Carrier)* oder Pumpen fungieren. Der Transport in Richtung des Konzentrationsgefälles ist energieunabhängig, während beim Transport gegen das Konzentrationsgefälle Energie aufgewendet werden muss.

Passiver Transport

Kanäle sind integrale Tunnelproteine, sie können ständig geöffnet sein oder sie werden durch elektrische oder chemische Signale geöffnet bzw. geschlossen. Durch elektrische Felder, spezielle Überträgerstoffe *(Transmitter)* oder auch durch Hormone kann das Öffnen von Ionenkanälen ausgelöst

Zettelkasten

Endo- und Exocytose

Größere Bestandteile können nicht durch die Zellmembran aufgenommen werden. Die Zellmembran umfließt die festen oder flüssigen Partikel, sodass schließlich Membran umschlossene Vesikel mit den aufgenommenen Substanzen nach innen in das Cytoplasma abgeschnürt werden. Man spricht von *Endocytose*. Man nennt die Aufnahme von Flüssigkeiten *Pinocytose*, die von festen Partikeln *Phagocytose* (s. Seite 8) Beide spielen z.B. bei der Nahrungsaufnahme durch Amöben eine wichtige Rolle. Bakterien werden von den Fresszellen des Immunsystems, den *Phagocyten,* aufgenommen.

Bei der *Exocytose* werden Flüssigkeitstropfen oder feste Partikel aus dem Cytoplasma nach außen geschleust. Bestimmte Drüsenzellen erfüllen ihre Funktion auf diese Weise. Die Hauptzellen der Magenschleimhaut sondern z.B. auf diese Weise das Enzym Pepsinogen ab.

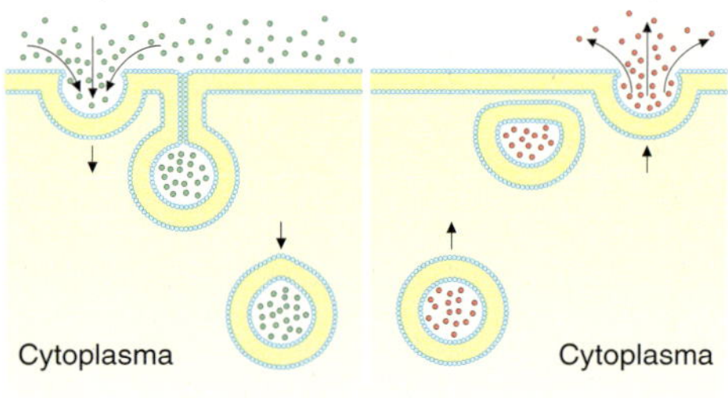

werden. Ein Beispiel für einen passiven Transport über Carrier ist die Glucoseaufnahme aus dem Blutplasma in die Erythrocyten. Im Blut ist die Glucosekonzentration höher als in den Erythrocyten. Glucosemoleküle werden an den Carrier in der Erythrocytenmembran gebunden und in Richtung des Konzentrationsgradienten ins Zellinnere transportiert. Man spricht hier von einer *erleichterten Diffusion* durch die Biomembran. Der Glucoseeinstrom erfolgt nur solange, bis die Glucosekonzentrationen angeglichen sind.

Aquaporine sind integrale Proteinkanäle, die selektiv für Wassermoleküle durchlässig sind (Abb. 68.2). Sie ermöglichen einen schnellen Wassertransport in Richtung des Konzentrationsgefälles. Beim Menschen regulieren sie den Wasserhaushalt in der Niere, der Augenlinse und im Gehirn. Bei Pflanzen sind sie wichtig bei der hohen Wasseraufnahme während der Keimung und dem Wassertransport im Gewebe außerhalb der Leitungsbahnen. Obwohl diese Kanäle sehr feinporig sind, erreichen sie eine hohe Wasserleitfähigkeit von bis zu drei Milliarden Wassermolekülen pro Sekunde und Kanal.

Aktiver Transport

Beim aktiven Transport gibt es zwei Varianten: primär aktiv und sekundär aktiv. Der *primär aktive Transport* ist direkt verbunden mit energetischen Vorgängen. Die benötigte Energie stammt entweder aus dem energiereichen ATP-Molekül, aus Redoxreaktionen oder aus der Lichtenergie. Ein Beispiel für einen ATP getriebenen Carriertransport sind die Natrium-Kaliumpumpen in den Nervenzellen. Unter Verbrauch von ATP werden Natriumionen aus der Nervenzelle in die Umgebung abgegeben, während gleichzeitig Kaliumionen ins Zellinnere gelangen. Durch diesen Mechanismus wird eine ungleiche Verteilung von Ionen aufrechterhalten, die zur Funktion der Nervenzelle notwendig ist (s. Seite 8). Ein Beispiel für die Lichtenergie getriebenen Carrier sind die in Salzseen lebenden Halobakterien. Durch die einfallende Lichtenergie werden Protonen aus dem Innenraum des Bakteriums in das Außenmedium gepumpt. Der entstehende Protonengradient ist die Grundlage für den Energiestoffwechsel der Zelle.

Beim *sekundär aktiven Transport* wird das zu transportierende Molekül zusammen mit einem anderen Molekül in die gleiche Richtung *(Symport)* oder in die entgegengesetzte Richtung transportiert *(Antiport)*. Das zu transportierende Molekül wird gegen das Konzentrationsgefälle transportiert, der zweite Stoff jedoch immer in die Richtung des Konzentrationsgefälles. Hierzu wird das Molekül an eine spezifische Stelle des Carriers gebunden. Durch diese Bindung ändert sich die Konformation des Proteins. Hierdurch gelangt das gebundene Molekül auf die andere Seite der Membran.

Um einen Antiport handelt es sich z.B. bei der in allen tierischen Zellen vorkommenden Na^+-K^+-ATPase. Dieses Enzym transportiert drei Natriumionen unter ATP-Verbrauch im Austausch gegen zwei Kaliumionen aus der Zelle.

Ein Beispiel für einen Symport: Die Konzentration der bei der Verdauung angefallenen Glucose ist im Darminhalt niedriger als in den Darmzellen. Ein Transport kann über die Carrier nur erfolgen, weil Natriumionen im Darminhalt in sehr viel höherer Konzentration als in den Darmzellen vorkommen. Bei dem „freiwilligen“ Konzentrationsausgleich der Natriumionen werden die Glucosemoleküle „huckepack“ mittransportiert. Um den Konzentrationsgradienten für die Natriumionen aufrecht zu erhalten, sind jedoch ATP-abhängige Natriumpumpen in den Darmzellen notwendig (s. Seite 8).

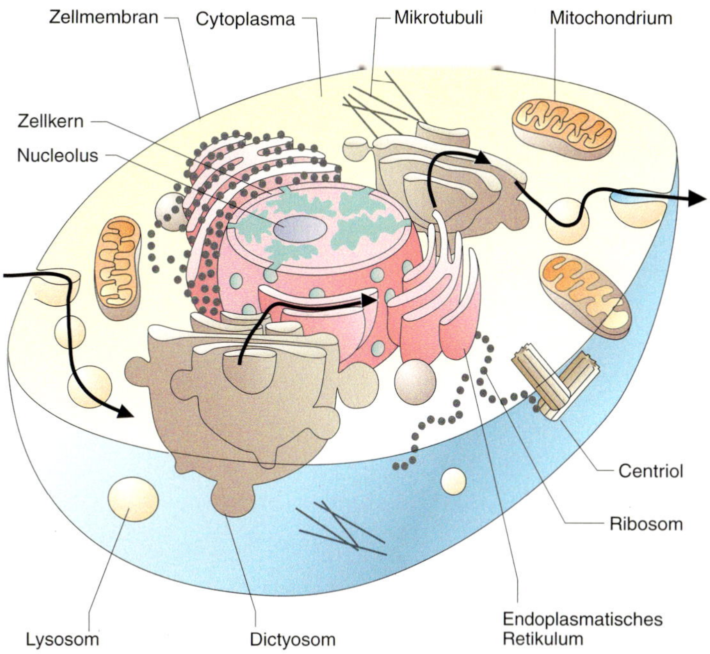

1 Membranfluss

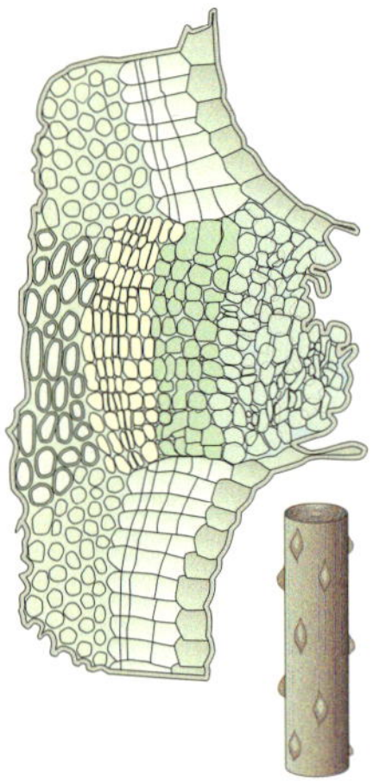

Lentizellen in der Pflanzenborke

Von der äußeren Atmung zur Zellatmung

Von der Haut oder den Atemorganen gelangt der lebenswichtige Sauerstoff ins Blut. Dieser Prozess wird als *äußere Atmung* bezeichnet. In den Atemorganen wird der Sauerstoff aber nicht chemisch gebunden und damit verbraucht, sondern nur in den Körper aufgenommen. Danach wird er in kleinen Organismen durch Diffusion, in größeren mithilfe von Transportsystemen an alle Zellen verteilt.

An Zellkulturen von Mikroorganismen wie Hefe konnte gezeigt werden, dass jede einzelne Zelle Sauerstoff aufnimmt und CO_2 abgibt, wenn Nährstoffe wie Glucose zur Verfügung stehen. Verbraucht wird Sauerstoff also in den Zellen durch die Oxidation energiereicher organischer Stoffe in der inneren oder Zellatmung. Dabei handelt es sich um eine Kette biochemischer Reaktionen, in denen die Kohlenstoffgerüste der organischen Nährstoffe zu CO_2 umgewandelt werden. Der enthaltene Wasserstoff wird auf den Sauerstoff übertragen, daraus entsteht Wasser. Wichtigster Nährstoff ist Glucose, aber auch Fette und Proteine können zur Energiegewinnung oxidiert werden.

In technischen Geräten, wie z. B. Motoren, werden die energiereichen Stoffe in einem Schritt oxidiert. Die dabei erzeugte Hitze führt zu einer starken Druckerhöhung. Je höher dabei Verbrennungstemperatur und Druckanstieg sind, desto besser ist auch die Ausbeute an Bewegungsenergie im Verhältnis zur Abwärme. Im Gegensatz zu technischen Geräten können lebende Systeme nur kleine Temperatur- und Druckerhöhungen ertragen. Daher haben die Zellen Stoffwechselmechanismen zur stufenweisen Umwandlung von chemisch gebundener Energie mithilfe einer Reihe von Einzelreaktionen entwickelt. Schritt für Schritt entstehen energieärmere Zwischenprodukte. Die Energie wird teils in Form von Wärme freigesetzt, teils zum Aufbau von energiereichem *Adenosintriphosphat (ATP)* aus Adenosindiphosphat und Phosphat verwendet. ATP ist die Energiequelle für alle Energie verbrauchenden Prozesse in der Zelle (s. Seite 47).

Auch Pflanzen gewinnen in ihren nicht grünen Teilen bzw. bei Dunkelheit Energie durch Atmung. In die Blätter gelangt der Sauerstoff durch die Spaltöffnungen, in Zweige oder Stämme durch winzige Öffnungen in der Rinde, die *Lentizellen*. Pflanzen, die in sehr sauerstoffarmem Schlamm wurzeln, haben sogar Luftleitungsgewebe zur Versorgung der unterirdischen Teile.

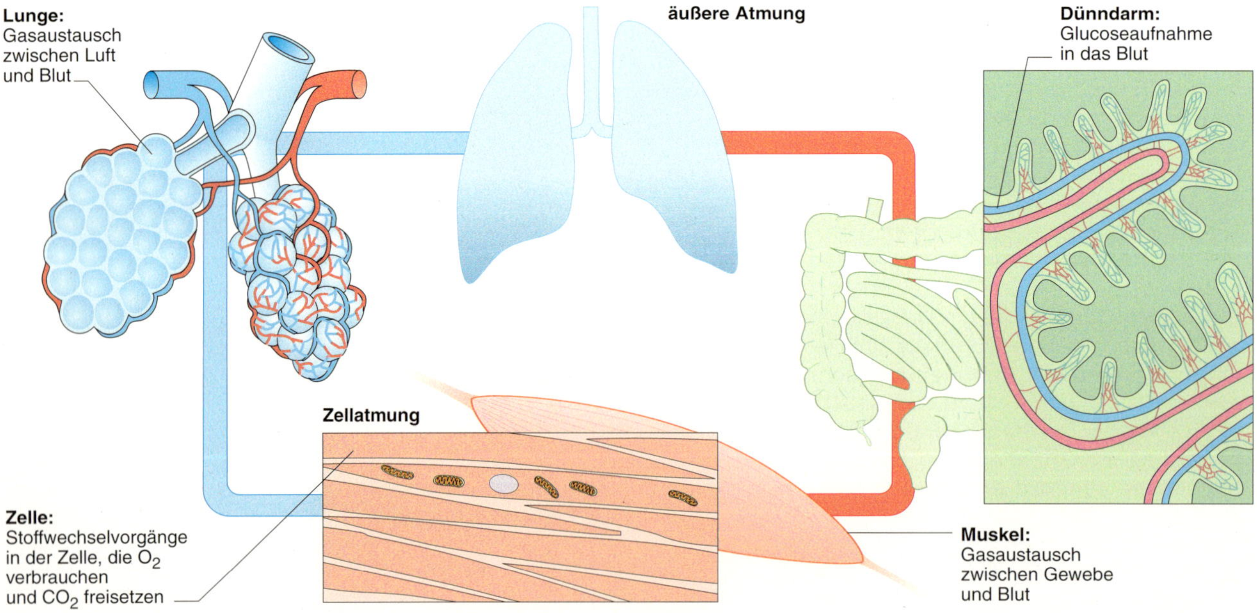

1 Der Weg der Atemgase und Nährstoffe

Auch Pflanzen atmen

Kresse atmet beim Keimen

Material:
1 Tag lang vorgekeimte Kressesamen oder 2 Tage lang vorgekeimte Weizenkörner, 4 Waschflaschen, kurze Schläuche, Wasserstrahlpumpe, Kalkwasser, Kalilauge [C].

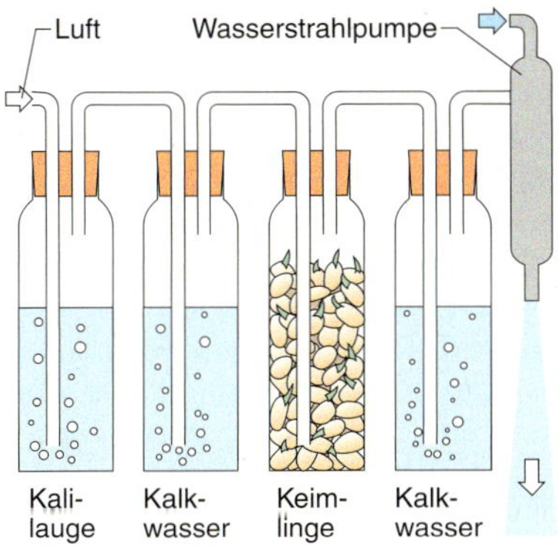

Durchführung:
a) Die Versuchsanordnung wird aufgebaut wie in der Abbildung gezeigt.
b) In die dritte Waschflasche wird locker feuchte Watte mit etwa 20 g leicht vorgekeimten Kressesamen eingebracht.
c) Die Waschflaschen werden miteinander verbunden und mit der Wasserstrahlpumpe wird langsam Luft durchgesaugt.

Aufgaben

① Beschreiben Sie die Veränderungen während des Versuchs.
② Welche Funktion haben die verschiedenen Waschflaschen?
③ Formulieren Sie die chemischen Reaktionsgleichungen für die Waschflaschen 1, 3 und 4.
④ Formulieren Sie das Versuchsergebnis.

Keimlinge erzeugen Wärme

Material:
Je ein Päckchen ungekeimte und 3 Tage vorgekeimte Erbsensamen, 2 kleine Thermosflaschen, 2 Thermometer, Styroporstopfen, Wärmeschrank

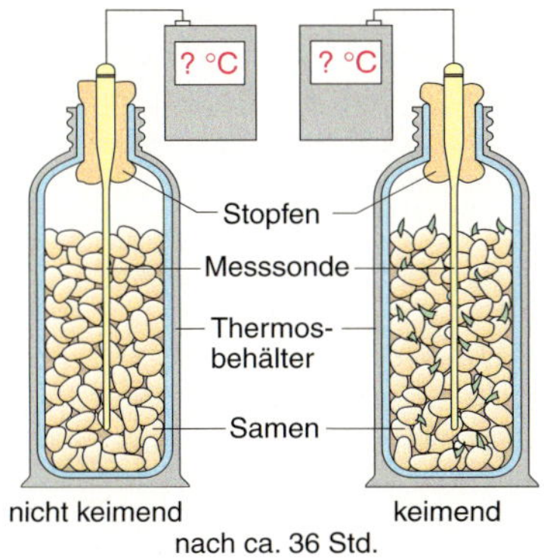

Durchführung:
a) Die Thermosflaschen, die gekeimten und ungekeimten Samen werden im Wärmeschrank auf ca. 35 °C vortemperiert.
b) In die eine Thermosflasche werden die trockenen, in die andere die vorgekeimten Samen gefüllt. Jede Flasche wird mit einem Thermometer versehen und mit einem Styroporstopfen verschlossen.
c) Die Temperatur wird zunächst alle 15 min, später in größeren Zeitintervallen bis zu 2 Tagen abgelesen und protokolliert.

Aufgabe

⑤ Vergleichen und erklären Sie die Temperaturverläufe in den Versuchsansätzen.

Bestimmung des RQ-Wertes

Material:
1 Tag vorgekeimte Kressesamen oder 2 Tage lang vorgekeimte Weizenkörner, 20%ige Kalilauge [C], Schlifffett, Weithals-Erlenmeyerkolben (250 ml), kleiner Porzellantiegel, 2 doppelt durchbohrte Stopfen, 2 Manometer, 2 Sperrhähne, Faltenfilter, Wärmeschrank, Stativ.

Durchführung:
a) Jeder Kolben wird mit feuchtem Filterpapier ausgelegt, darauf gibt man 20 g Keimlinge.
b) In einen der beiden Kolben wird ein Porzellantiegel mit ca. 10 ml Kalilauge gestellt. Er wird mit einem Faltenfilter versehen, damit eine große Absorptionsoberfläche entsteht.
c) Die Kolben werden im Wärmeschrank offen auf ca. 30 °C vortemperiert.
d) Die Stopfen werden aufgesetzt, Wasser in die Manometer pipettiert, die Sperrhähne verschlossen und die Kolben in den Wärmeschrank zurück gestellt.
e) Nach ca. 30 Minuten wird der Wasserstand an den Manometern abgelesen.

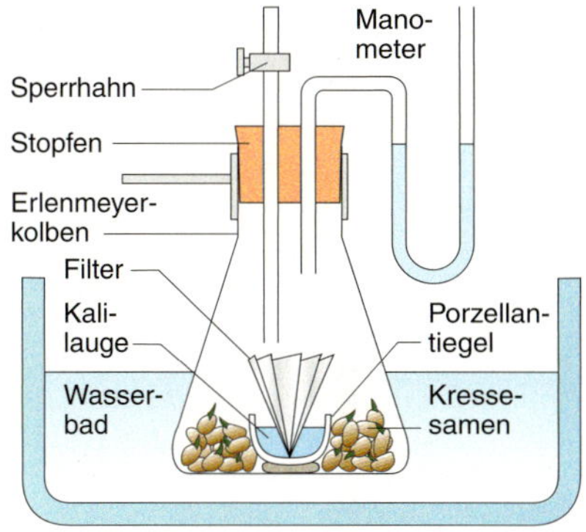

Aufgaben

⑥ Berechnen Sie aus den gemessenen Wasserständen und der Querschnittsfläche der Manometerröhrchen die Volumenänderung in jedem der beiden Kolben.
⑦ Vergleichen Sie die Volumenveränderungen. Bei welchem Kolben ist sie größer? Begründen Sie.
⑧ Welcher der beiden Versuchsansätze liefert das Volumen des verbrauchten Sauerstoffs, welcher zusätzlich das des erzeugten CO_2?
⑨ Berechnen Sie aus den Volumenveränderungen die Volumina des verbrauchten Sauerstoffs und des produzierten Kohlenstoffdioxids.
⑩ Berechnen Sie den RQ-Wert (s. Seite 31) der Samen beim Keimen.
⑪ Welche Reservestoffe dürften nach den Ergebnissen in den Samen veratmet werden?
⑫ Eine Versuchsreihe wurde durchgeführt (s. Tabelle) und erbrachte die aufgeführten Ergebnisse. Deuten Sie die gemessenen Volumenänderungen.

Kolben mit feuchtem Papier	1	2	3	4
KOH/Tiegel/Faltenfilter	ja	nein	ja	nein
Kresse	20 g	20 g	–	–
Volumenänderung	-1,2 ml	-0,1 ml	-0,01 ml	0,00 ml

Mitochondrien: Atmungsorganellen

Angegeben ist das Mitochondrienvolumen in % am Zellvolumen bei verschiedenen Zellen einer Maus

Leber	16,9
Hypophyse	7,5
Herzmuskel (Kammer)	47,7
Herzmuskel (Vorhof)	34,9
Blutzellen (weiß)	3,6

Mitochondrien sind die Zellorganellen, die im Wesentlichen an der inneren Atmung von ATP beteiligt sind. Sie werden daher auch „Kraftwerke" der Zelle genannt (s. Seite 61).

Betrachtet man Zellen verschiedener Gewebe mit dem Elektronenmikroskop, findet man unterschiedlich viele Mitochondrien (s. Tabelle). Ihre Anzahl schwankt von Gewebetyp zu Gewebetyp, ist aber in einer bestimmten Zellart konstant. Zum Beispiel enthalten die Herzmuskelzellen einer Ratte sehr viele Mitochondrien, während in den Muskelzellen ihres Zwerchfells wesentlich weniger zu finden sind (Abb. 1, 2). Da der Energiebedarf dieser Gewebe sehr unterschiedlich ist, kann man vermuten, dass die Mitochondrienanzahl mit dem Energiehaushalt in Verbindung steht.

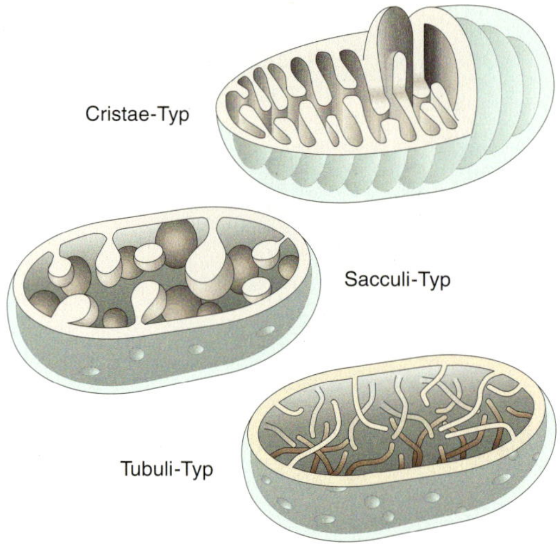

3 Mitochondrientypen

1 Herzmuskelgewebe einer Ratte

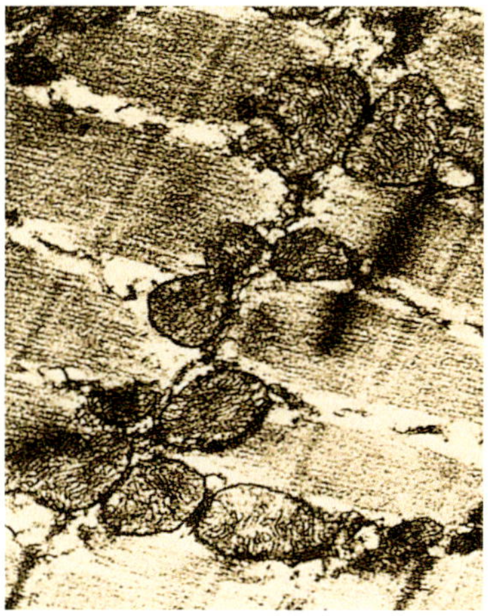

2 Zwerchfellgewebe einer Ratte

Die Untersuchung der Stoffwechselvorgänge in den Mitochondrien oder anderen Teilen der Zelle setzt Messmethoden voraus, mit denen die Glucose oder deren Abbauweg im Stoffwechsel verfolgt werden kann. Die Schwierigkeit besteht darin, geringste Mengen dieser Substanzen wiederzufinden. Die am häufigsten angewandte Methode ist die Markierung der zu untersuchenden Substanzen mithilfe *radioaktiver Atome*. So fand man zwei wesentliche Ergebnisse:

1. Glucose wird nicht in einem Reaktionsschritt abgebaut, sondern mithilfe von Zwischenreaktionen: *Glykolyse*, *Tricarbonsäurezyklus* und *Endoxidation*
2. Nicht alle Teilreaktionen laufen in den Mitochondrien ab.

Zettelkasten

Forscher verfolgen die Glucose: Radioisotopenmethode

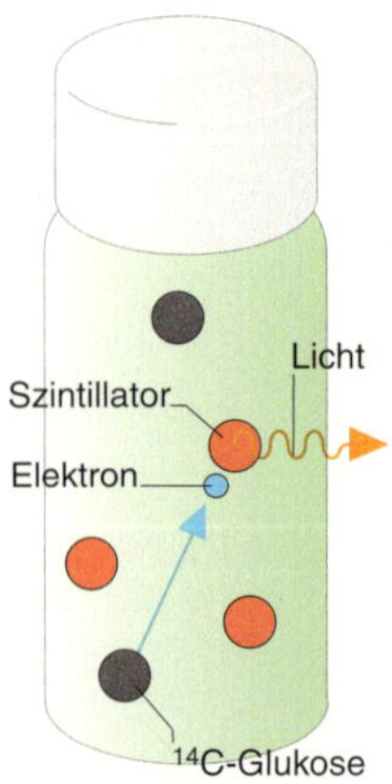

Beim Element Kohlenstoff kommen Atome mit einer unterschiedlichen Neutronenzahl im Atomkern vor, die man *Kohlenstoffisotope* nennt. Sie unterscheiden sich nicht in der Protonen- und Elektronenzahl und haben daher gleiche chemische Eigenschaften. Das Isotop mit der Atommasse 14 u (^{14}C) hat einen instabilen Atomkern, der beim Zerfall radioaktive Strahlung aussendet. Radioisotope dieser Art strahlen Elektronen ab. Sie können anstelle der stabilen ^{12}C-Atome in größere Moleküle, z. B. Glucose, eingebaut werden.

Gibt man zu isolierten Zellen oder Zellorganellen diese ^{14}C markierte Glucose, so können auch geringste Mengen der Abbaustufen, die ja ebenfalls die ^{14}C Atome enthalten, nachgewiesen und quantitativ bestimmt werden. Auch von anderen Elementen gibt es Radioisotope (z. B. Wasserstoff). Der Nachweis dieser Stoffe erfolgt in den meisten Fällen mithilfe der *Flüssig-Szintillationsmessung.*

Die mit dem radioaktiven Kohlenstoff oder Wasserstoff markierten Substanzen werden hierzu mit einem flüssigen Leuchtstoff *(Szintillator)* vermischt, der aufleuchtet, wenn er von einem Elektron aus einem radioaktiven Zerfall eines der beiden Elemente getroffen wird. Das Leuchten wird von einer Fotozelle in einer völlig verdunkelten Messkammer registriert. Aus der Anzahl der Impulse kann man auf die Konzentration der Stoffe schließen.

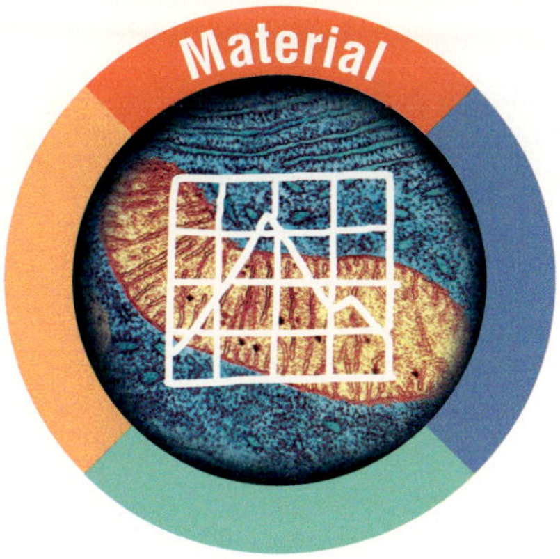

Befunde zum Ort der Zellatmung

Mitochondrien sind der Ort der Zellatmung. Sind aber diese Organellen allein an der Zellatmung beteiligt oder spielen andere Zellbestandteile auch eine Rolle?

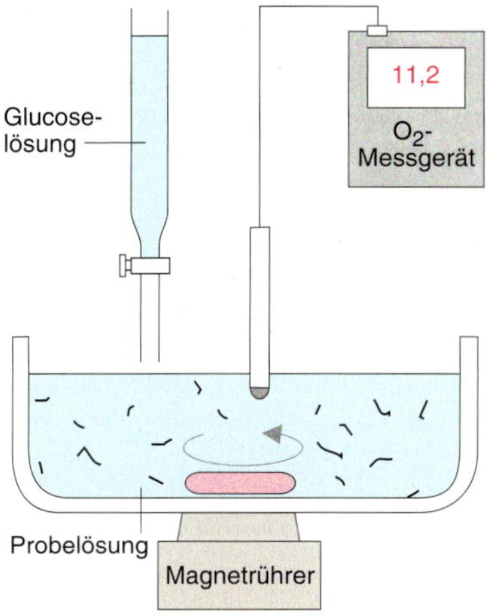

Experiment 1

Zerkleinert man Leberzellen so schonend, dass die Organellen intakt bleiben, erhält man eine homogene Suspension. Aus dieser können die verschiedenen Zellbestandteile isoliert werden. Sie dienen als Grundlage für verschiedene Probelösungen. Die Probelösungen werden in ein offenes Becherglas gegeben. Dazu wird Glucoselösung gegeben. Der Sauerstoffgehalt der Lösung wird gemessen.

Aufgabe

① Deuten Sie die Ergebnisse und formulieren Sie möglichst verschiedene Hypothesen zum Ablauf der Zellatmung.

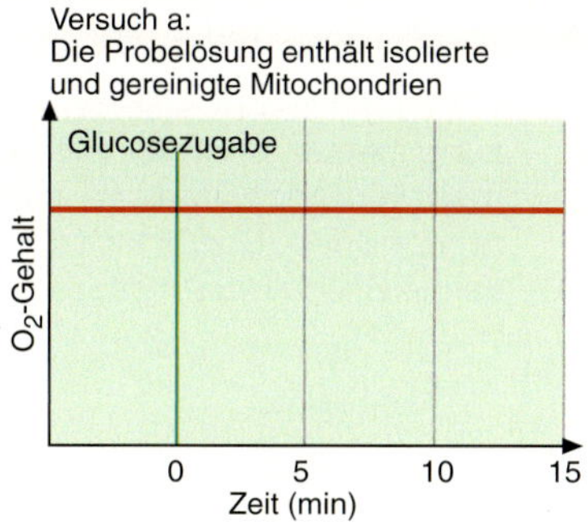

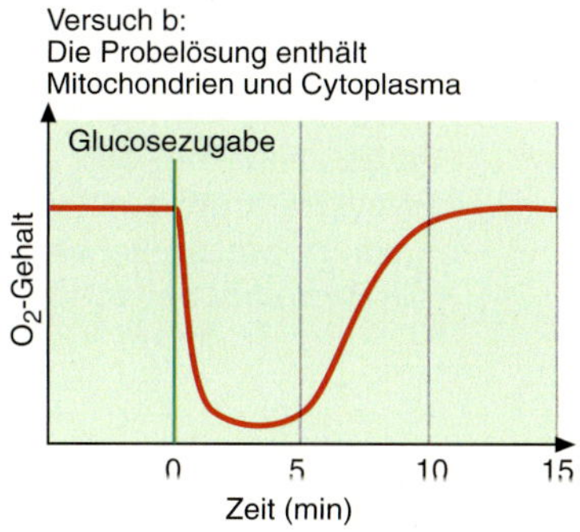

Experiment 2

a) Eine wässrige Probelösung enthält mit ^{14}C markierte Glucose sowie isolierte, gereinigte Mitochondrien. Nach 10 min Inkubationszeit wird diese Lösung in ein Zentrifugenröhrchen pipettiert, das eine konzentrierte Salzlösung und darüber in einer gesonderten Phase Silikonöl enthält (Silikonöl mischt sich nicht mit wässrigen Lösungen und löst auch keine Glucose). Dieses Röhrchen mit den drei Phasen wird nun so lange zentrifugiert, bis sich die Mitochondrien in der unteren Salzlösung befinden. Anschließend wird die Radioaktivität der drei Phasen gemessen.

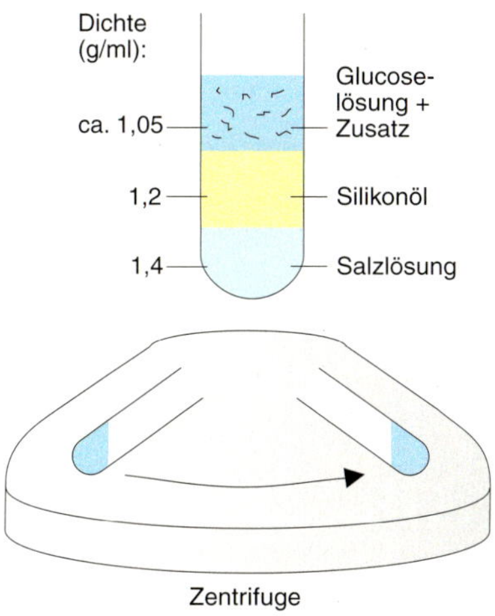

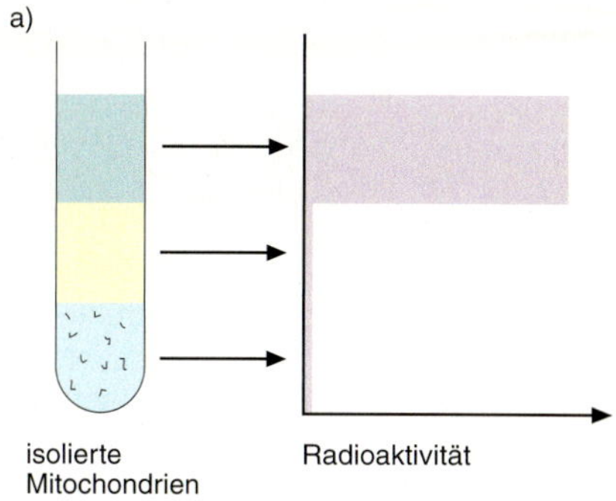

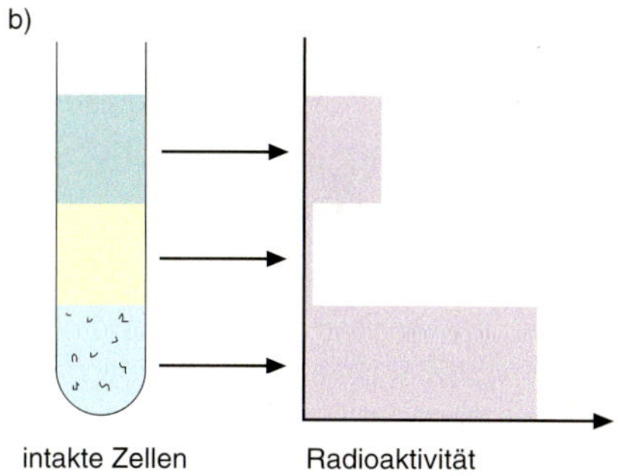

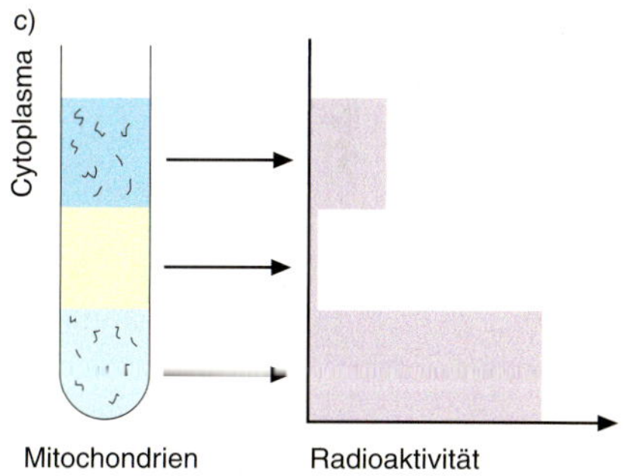

b) Statt der Mitochondrien werden nun ganze, intakte Zellen verwendet.

c) Der Versuchsaufbau entspricht dem von Experiment 2a. Die Probelösung enthält hier jedoch Cytoplasma, Mitochondrien sowie mit ^{14}C markierte Glucose. Zwei Minuten nach dem Ansetzen dieser Suspension (Inkubationszeit) wird sie auf das Silikonöl pipettiert und anschließend so zentrifugiert, dass sich nur die Mitochondrien in der unteren Salzlösung ansammeln.

Aufgaben

② Deuten Sie die Ergebnisse.

③ Wo erfolgt demnach der Glucoseabbau durch die Zellatmung?

④ Wo erfolgen die ersten, wo die späteren Abbauschritte?

Glucose wird zerlegt: Glykolyse

Glucose ist ein energiereicher Stoff. Die Zellen können die darin chemisch gebundene Energie für den Organismus verfügbar machen, indem sie die Glucose stufenweise zu den energiearmen Stoffen Kohlenstoffdioxid und Wasser verarbeiten. Mithilfe der freigesetzten Energie wird energiereiches ATP aufgebaut. Die ersten Abbauschritte finden im Zellplasma statt, die folgenden in den Mitochondrien. EMBDEN und MEYERHOF gelang es 1940, die im Cytoplasma ablaufenden Reaktionsschritte aufzuklären. Sie werden als *Glykolyse* zusammengefasst.

Glucose wird aktiviert und gespalten

Glucose ist ein energiereiches, aber reaktionsträges Molekül. Daher wird es zunächst durch Übertragung einer Phosphatgruppe von einem ATP-Molekül aktiviert, ADP bleibt übrig. Am Anfang der Reaktionsabfolge wird dem Molekül also Energie zugeführt. Glucose-6-phosphat ist im Unterschied zur Glucose negativ geladen. Es kann daher nicht mehr durch Zellmembranen transportiert werden, sein Abbau in der Zelle ist damit festgelegt. Das Glucose-6-phosphat wird zu Fructose-6-phosphat umgelagert und erhält unter nochmaliger ATP-Spaltung eine zweite Phosphatgruppe (zweite Aktivierung). Es entsteht das energiereiche, reaktionsfähige Fructose-1,6-bisphosphat, das in zwei C_3-Körper *Phosphoglycerinaldehyd (PGA)* gespalten wird. Alle folgenden Schritte müssen in einer Abbaubilanz daher zweifach berücksichtigt werden.

Oxidation zu Brenztraubensäure

Von PGA werden im nächsten Schritt 2 Wasserstoffatome auf NAD^+ übertragen, es entstehen $NADH + H^+$ und Phosphoglycerinsäure (s. Seite 46). Der Vorgang liefert so viel Energie, dass damit ADP und Phosphat zu ATP reagieren können. Es wird also erstmals in der Reaktionsfolge Energie für Lebensprozesse nutzbar gemacht. Über Zwischenstufen wird die energiereiche *Phosphoenolbrenztraubensäure (PEP)* gebildet, die ihre Phosphatgruppe auf ADP übertragen kann. Endprodukt ist *Brenztraubensäure (BTS)*.

Der Abbau von Glucose zu Brenztraubensäure setzt nur 197 kJ/mol Glucose frei. Allerdings ist daran auch kein Sauerstoff beteiligt, die Reaktion ist völlig anaerob. Bei aerober Oxidation der Glucose könnten 2872 kJ/mol gebildet werden. Weitere Reaktionsschritte ermöglichen der Zelle die Nutzung dieser Energie. Sie laufen aber nicht mehr im Cytoplasma ab, sondern in den Mitochondrien. Dorthin wird nach der Glykolyse die Brenztraubensäure transportiert.

Aufgaben

① Stellen Sie eine chemische Gesamtgleichung der Glykolyse mit allen Ausgangs- und Endstoffen sowie eine ATP-Bilanz auf.

② Der Fettbestandteil Glycerin wird zum Abbau zunächst durch Anlagerung einer Phosphatgruppe aktiviert, dann zu PGA oxidiert. Stellen Sie eine Abbaubilanz bis zur Brenztraubensäure auf.

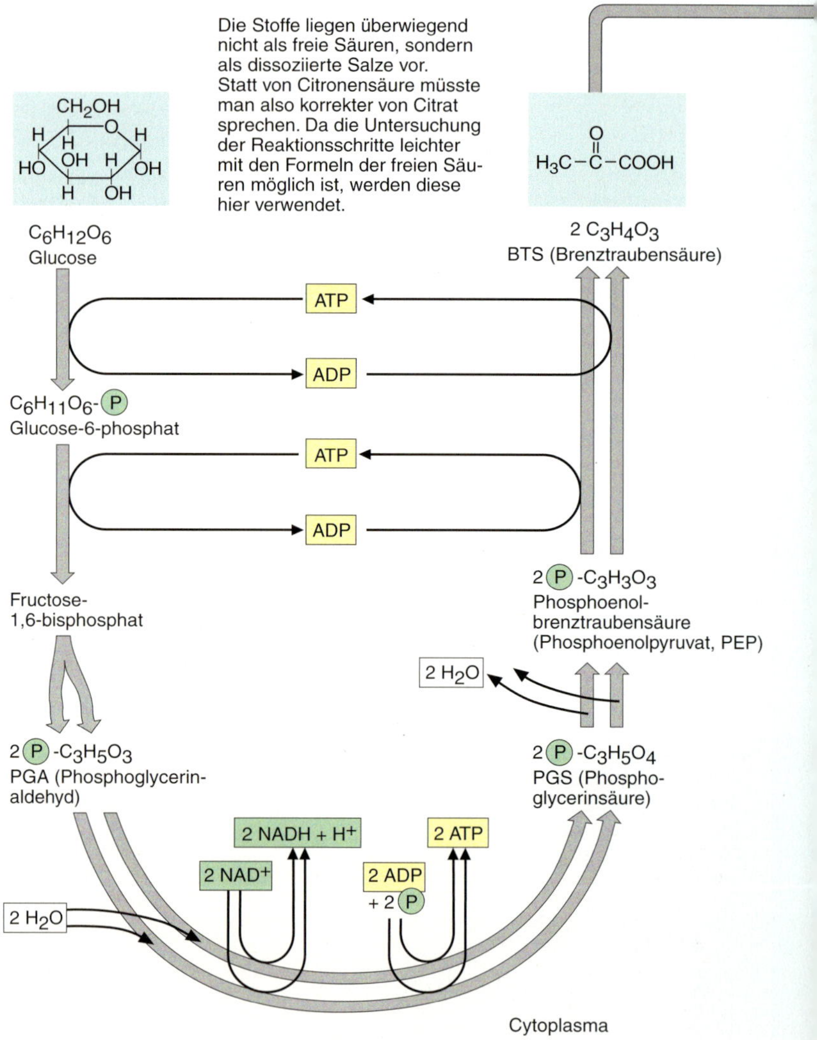

1 Schema von Glykolyse und Tricarbonsäurezyklus

Der Tricarbonsäurezyklus

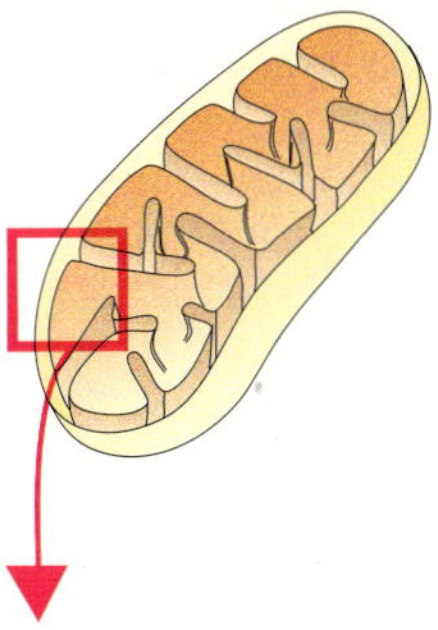

In der Mitochondrienmatrix wird die Brenztraubensäure (BTS) zunächst an einen *Multienzymkomplex* aus mehreren Enzymmolekülen angelagert. Dieser katalysiert mehrere Reaktionen. Zuerst erfolgt die Abspaltung eines CO_2 von der BTS *(Decarboxylierung)*. Das verbleibende Molekülbruchstück wird dann von einem anderen Enzym des Komplexes übernommen und oxidiert. Dabei wird Wasserstoff auf den Wasserstoffakzeptor NAD^+ übertragen. Insgesamt wird der Prozess als *oxidative Decarboxylierung* zusammengefasst. BTS wird dabei zu einem C_2-Körper abgebaut, der mit dem Coenzym A zu Acetyl-CoA *(aktivierter Essigsäure)* gekoppelt und dadurch aktiviert wird. Pro Glucosemolekül werden oxidative Decarboxylierung und auch Tricarbonsäurezyklus zweimal durchlaufen.

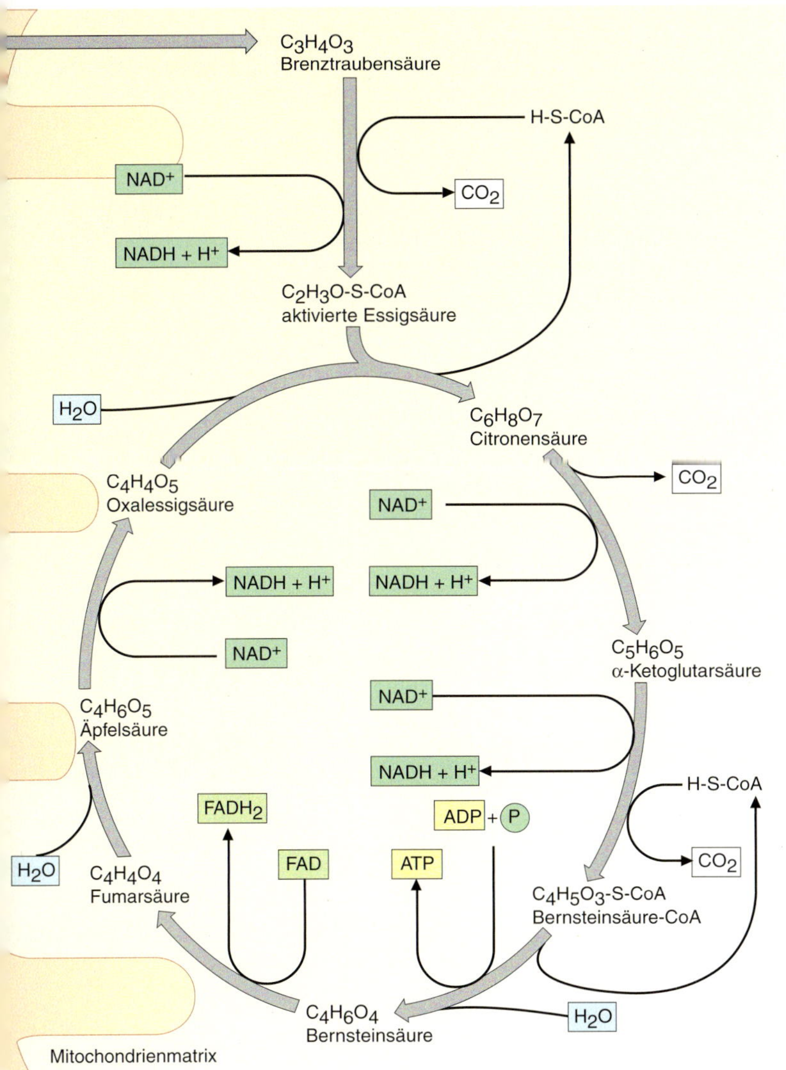

Der folgende Reaktionszyklus wurde von Sir HANS KREBS im Jahr 1937 aufgeklärt *(Krebszyklus)*. Er beobachtete bei Zugabe bestimmter organischer Säuren wie Citronensäure eine erhöhte Abbaurate und Energiefreisetzung in den Mitochondrien. Daher wird der Tricarbonsäurezyklus manchmal auch *Citronensäurezyklus* genannt. Durch Ordnung der beteiligten Moleküle nach ihrer Struktur erkannte er die Reaktionsabfolge.

Oxidation und CO_2-Abspaltung

Das *Acetyl-CoA* wird mit der C_4-Verbindung *Oxalessigsäure* verbunden, es entsteht der C_6-Körper *Citronensäure*. Unter zweimaliger Oxidation – dabei wird je ein $NADH + H^+$ gebildet – und zweimaliger CO_2-Abspaltung entsteht daraus der C_4-Körper *Bernsteinsäure-CoA*.

Regeneration des Acetyl-CoA-Rezeptors

Die Abspaltung des Coenzyms A liefert die Energie zum Aufbau eines ATP-Moleküls. Der C_4-Körper *Bernsteinsäure* wird noch zweimal oxidiert, dabei entstehen ein $FADH_2$ und ein weiteres $NADH + H^+$ (s. Seite 46). Es resultiert Oxalessigsäure, die als Akzeptormolekül einen neuen Zyklus beginnen kann. Durch Glykolyse, oxidative Decarboxylierung und Tricarbonsäurezyklus sind nun alle C-Atome des eingesetzten Glucosemoleküls zu CO_2 verarbeitet.

Die Vielfalt der beteiligten Moleküle kann auch zur Synthese verschiedenster Baustoffe (z. B. Aminosäuren oder Fettsäuren) verwendet werden. Umgekehrt wird das Kohlenstoffgerüst vieler Aminosäuren nach Abspaltung der Aminogruppe im Tricarbonsäurezyklus abgebaut. Daher wird er auch oft als „Drehscheibe des Zellstoffwechsels" bezeichnet. (→ 134/135)

Aufgabe

① Stellen Sie chemische Gesamtgleichungen auf für
- die oxidative Decarboxylierung
- den Tricarbonsäurezyklus
- den Abbau der Glucose durch Glykolyse, oxidative Decarboxylierung und Tricarbonsäurezyklus zusammen.

Die Endoxidation

Weg der Elektronen in der Atmungskette:

	E^0 (V)
NADH + H^+	− 0,32
↓	
FMN	− 0,10
↓	
Cytochrom b	+ 0,12
↓	
Cytochrom c	+ 0,26
↓	
Cytochrom a	+ 0,55
↓	
Sauerstoff	+ 0,82

Ubichinon
eine niedermolekulare Komponente im Elektronentransport der Atmungskette

In der Glykolyse, der oxidativen Decarboxylierung und im Tricarbonsäurezyklus wurde das Kohlenstoffgerüst der Glucose vollständig abgebaut. Die Ausbeute an verwertbarer Energie ist aber klein: Pro mol Glucose wurden nur 4 mol ATP gewonnen. Andererseits steht in den ebenfalls gewonnenen 10 mol NADH + H^+ und 2 $FADH_2$ eine große Anzahl von Wasserstoffatomen zur Verfügung, die in einer exergonischen Reaktion mit Sauerstoff reagieren und Wasser bilden können. In mehreren Schritten wird dabei ATP aufgebaut.

Durch die Oxidation von NADH + H^+ und $FADH_2$ werden die Elektronenakzeptoren NAD^+ und FAD regeneriert. Sonst käme der Glucoseabbau zum Erliegen, bei dem diese Cosubstrate benötigt werden.

Die Reaktionsschritte der *oxidativen Phosphorylierung*, auch Atmungskette genannt, erfolgen an der inneren Mitochondrienmembran. Diese ist aus zwei Gründen wichtig: Zum einen sind in sie eine große Zahl verschiedener *Redox-Cosubstrate* eingelagert, die wie an einem Fließband Elektronen aufeinander und schließlich auf Sauerstoff übertragen. Zum anderen gliedert sie das Mitochondrium in zwei Räume: den *Matrixraum* und den *Intermembranraum*. (→ 132/133)

Das niedrigste Redoxpotential hat das NADH + H^+. Es kann daher in einer exergonischen Reaktion Elektronen an das benachbarte FMN-Redoxsystem abgeben, das ein etwas höheres Redoxpotential aufweist. Bei dieser Reaktion gibt das NADH + H^+ auch H^+-Ionen (Protonen) ab, und zwar in den Intermembranraum. Dort lagern sie sich an Wassermoleküle. Der pH-Wert im Intermembranraum sinkt.

Wenn das *Ubichinon-System* Elektronen aufnimmt, nimmt es gleichzeitig H^+-Ionen auf (Abb. 1). Sie stammen aus dem Matrixraum, der damit an Protonen verarmt. Bei der Weitergabe der Elektronen an die verschiedenen *Cytochrome* (Redoxsysteme mit einem Häm, in dem das Eisenion zwischen Fe^{2+} und Fe^{3+} wechseln kann) gibt das Ubichinon auch die H^+-Ionen wieder ab, ebenfalls in den Intermembranraum. Im letzten Redoxschritt werden die Elektronen auf Sauerstoff übertragen, dabei entsteht zusammen mit den H^+-Ionen Wasser.

Der Elektronentransport ist also immer mit einem H^+-Ionentransport aus dem Matrix- in den Intermembranraum gekoppelt. Dadurch entsteht ein Konzentrationsunterschied, der *Protonengradient*. Er kann bis zu 2 pH-Einheiten ausmachen.

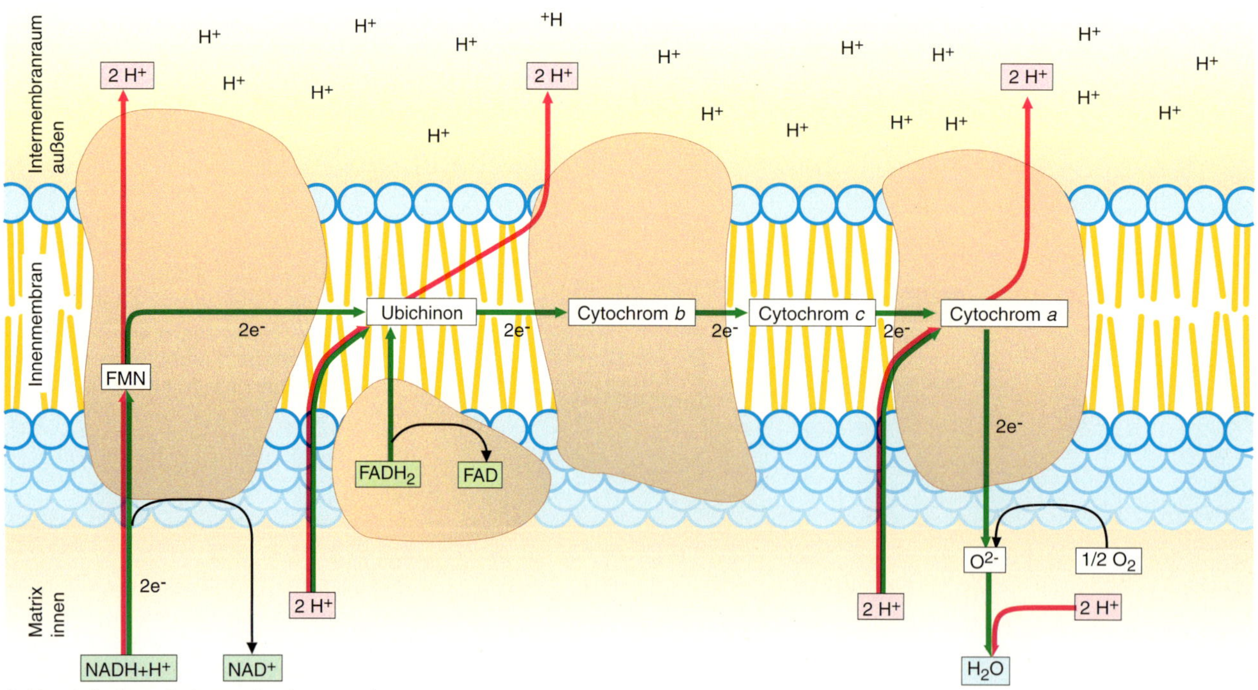

1 Vereinfachtes Schema der Atmungskette

Chemiosmose: Im Konzentrationsgefälle steckt Energie

Messungen zeigen, dass der Abbau von 1 mol Glucose den Aufbau von ca. 38 mol ATP ermöglicht. Von der Glykolyse bis zum Tricarbonsäurezyklus werden aber nur 4 mol gebildet. Die Atmungskette erbringt also mit 34 mol ATP pro mol Glucose den Hauptteil der Energieausbeute. Die Redoxreaktionen zwischen NADH + H^+ und Sauerstoff setzen genug Energie frei, um 3 mol ATP pro mol NADH + H^+ und 2 ml ATP pro mol $FADH_2$ zu erzeugen. Das macht die Lage der Redoxpotentiale deutlich (s. Randspalte Seite 76).

Die Übertragung der Elektronen erfolgt stets von einer Zwischenstufe mit niedrigerem zu einer mit höherem Redoxpotential, ist also immer exergonisch. Da die Unterschiede in den Redoxpotentialen der bei der Elektronenübertragung freigesetzten Energie direkt proportional ist, kann man die Energien berechnen. Sie betragen für die Oxidation von NADH + H^+ -221 kJ/mol, für die von $FADH_2$ -182 kJ/mol, also genug für den Aufbau von 3 bzw. 2 mol ATP. Die nicht in ATP gespeicherte Energie wird bei den Reaktionen direkt als Wärme frei. Die berechneten Werte zeigen aber nur, dass ATP gebildet werden kann, nicht aber wie. Erst der Biologe PETER MITCHELL stellte 1960 eine Theorie auf, die das erklären konnte.

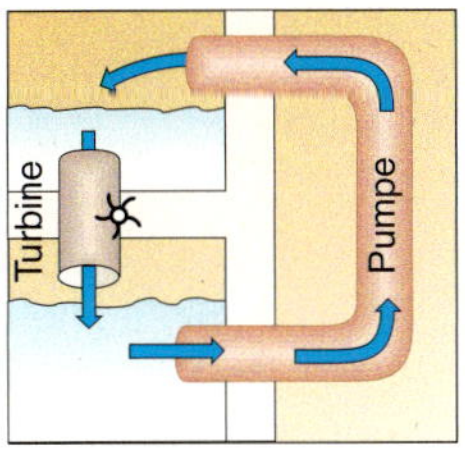

Modell Wasserkraftwerk

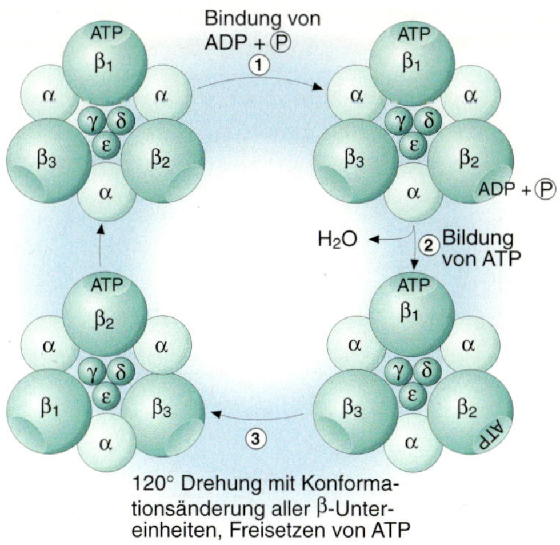

2 Modell der ATP-Synthase (Aufsicht)

Die *chemiosmotische Theorie* MITCHELLS besagt, dass alleine der Unterschied in den Protonenkonzentrationen zwischen Intermembran- und Matrixraum, der *Protonengradient*, Ursache für die ATP-Produktion ist.

Wie in einem Stausee das höhere Niveau des Wassers, so speichert im Mitochondrium die höhere Protonenkonzentration im Intermembranraum potentielle Energie. Wie der Wasserstrom durch eine Turbine die Energie des Wassers nutzbar machen kann, so kann auch der Rückstrom der Protonen die potentielle Energie freisetzen. Die „Turbine" in der inneren Mitochondrienmembran ist ein Enzymkomplex, die *ATP-Synthase*.

Inzwischen wurde ihre Struktur aufgeklärt und es wurden Modelle zur Wirkungsweise entwickelt. Dabei arbeiten immer drei Proteinkomplexe in einem ATP-Synthase-Köpfchen zusammen. Die ATP-Synthese erfolgt dabei in drei Schritten, die jeder Proteinkomplex zeitlich versetzt durchläuft. Nach jedem Schritt dreht sich der gesamte Komplex um 120° (Abb. 2):

1. Eine Bindungsstelle nimmt ADP und Phosphat auf.
2. Durch die Anlagerung von Protonen wird sie verformt und bringt ATP und Phosphat so nahe zusammen, dass sich beide zu ATP verbinden.
3. Eine weitere Drehung, die durch den Protonenstrom ermöglicht wird, setzt das ATP frei.

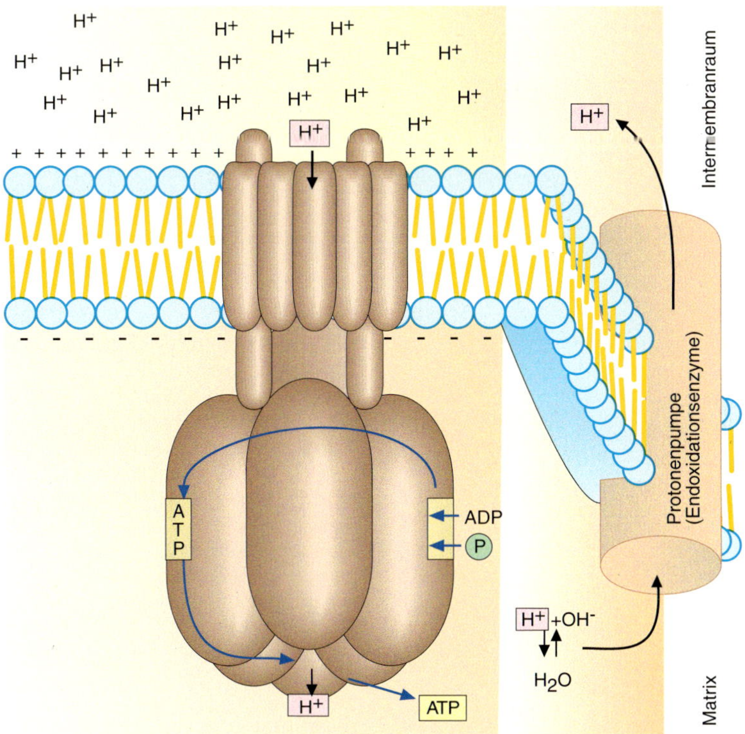

1 ATP-Produktion durch die ATP-Synthase

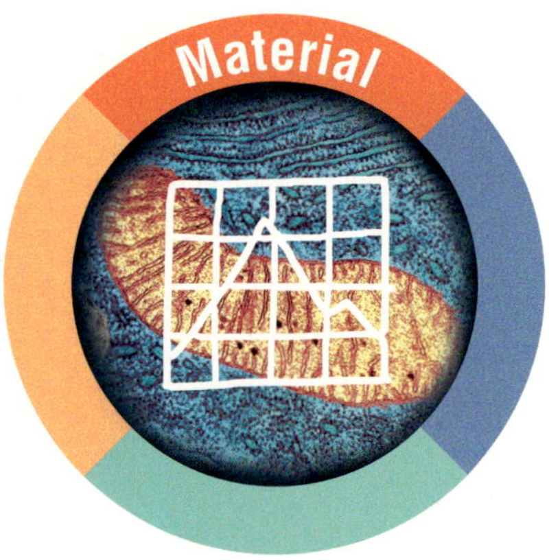

Chemiosmose

Wie der Elektronentransport in den Mitochondrien erfolgt, wurde schon relativ früh aufgeklärt: Bereits 1925 fand OTTO WARBURG das erste eisenhaltige Enzym, das die Übertragung von Wasserstoff auf Sauerstoff katalysiert, ein *Cytochrom*.

Wie in den Mitochondrien ATP aufgebaut wird, blieb aber lange Zeit unklar. Mithilfe von Forschungen an künstlichen Membranen und Teilen der Mitochondrienmembran konnten die Grundzüge aufgeklärt werden.

Protonenpumpe und pH-Wert

In der Mitochondrien-Innenmembran wurden vier Enzymkomplexe gefunden und jeweils in künstliche Membranen eingebaut. Stellt man ihnen ein Reduktions- und ein Oxidationsmittel zur Verfügung, übertragen sie Elektronen zwischen beiden. Misst man an künstlichen Membranen mit je einem der Komplexe den pH-Wert, so erhält man folgende Ergebnisse:

Aufgaben

① Welche der Komplexe tragen zur ATP-Bildung bei ? Begründen Sie.
② Atmende Bakterienzellen besitzen ähnliche Komplexe in ihrer Außenmembran. Welche Aussagen können Sie über den pH-Wert im Inneren atmender Bakterienzellen machen?

Enzymkomplex	aufgebaut als	pH (innen)	pH (außen)
I	FMN^+ (Eisen-Schwefel-Zentren)	7,5	6,9
II	FAD^+ (Eisen-Schwefel-Zentren)	7,0	7,0
III	Cytochrom b, c^+ (Eisen-Schwefel-Zentren)	7,3	6,9
IV	Cytochrom a, $a_3{}^+$ (Kupfer-Zentrum)	7,7	6,8

Durch Ultraschall kann man die innere Mitochondrienmembran aufbrechen. Sie schließt sich zu Kügelchen. Außen- und Innenseite kann man elektronenmikroskopisch anhand der relativ großen Köpfchen der ATP-Synthase erkennen. Bietet man solchen Membrankügelchen ein Reduktions- und ein Oxidationsmittel, so kann man eine Veränderung des pH-Werts in ihrem Inneren feststellen.

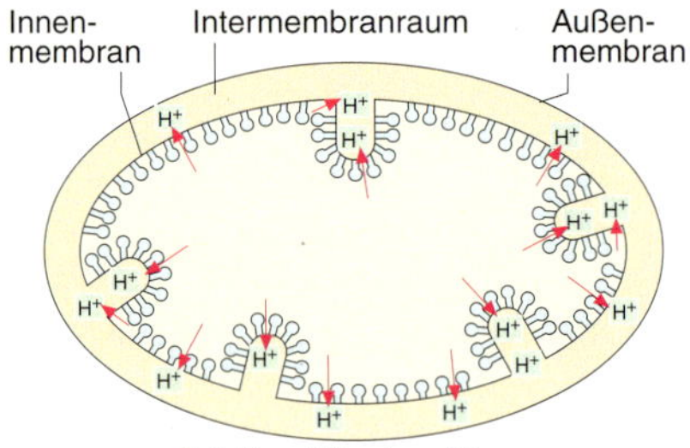

Intaktes Mitochondrium

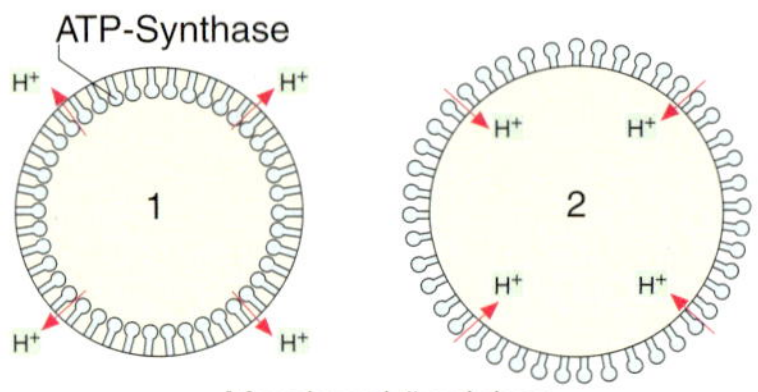

Membrankügelchen

Aufgabe

③ Wie dürfte sich der pH-Wert bei Kügelchen der Sorte 1, wie bei Kügelchen der Sorte 2 verändern? Begründen Sie.

ATP-Bildung

An den Membrankügelchen kann man auch die ATP-Bildung demonstrieren und so die chemiosmotische Theorie bestätigen. Im Experiment werden Kügelchen des Typs 2 einmal in ein leicht saures, einmal in ein leicht alkalisches Medium gebracht.

Aufgaben

④ Gibt man ADP und Phosphat zu, lässt sich in einem der Fälle die Produktion von ATP nachweisen. In welchem? Begründen Sie.

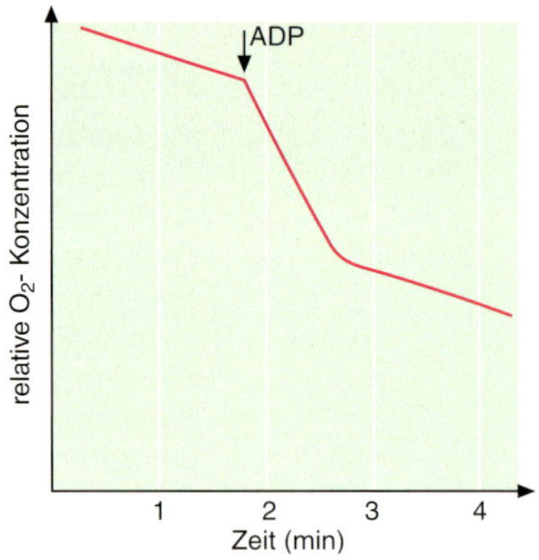

⑤ Der Sauerstoffverbrauch von Mitochondrien ist der Konzentration von ADP direkt, der von ATP indirekt proportional. Wieso ist eine solche Regulation der Mitochondrientätigkeit biologisch sinnvoll?

Giftwirkung auf Mitochondrien

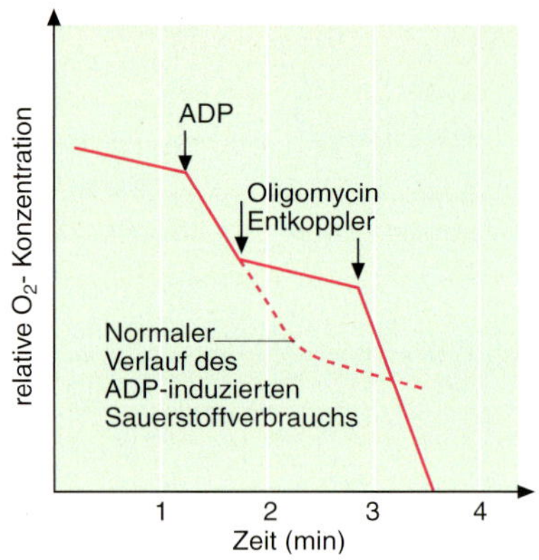

Die Abbildung zeigt die Wirkung von ADP, Oligomycin sowie dem Entkoppler DNP (Dinitrophenol) auf den Sauerstoffgehalt einer Mitochondriensuspension.

Aufgaben

⑥ Beschreiben und begründen Sie die Wirkung von ADP.
⑦ Beschreiben und begründen Sie die Wirkung von Oligomycin.
⑧ Man bezeichnet DNP als einen Entkoppler. Welche Reaktionen in den Mitochondrien werden entkoppelt? Begründen Sie.
⑨ Entkoppler sind Stoffe, die sich in biologische Membranen einlagern und sie durchlässig machen. Begründen Sie daraus ihre Wirkung.
⑩ Die Außenmembran der Mitochondrien ist für viele Stoffe durchlässig, die der Innenmembran nicht. Begründen Sie den biologischen Sinn dieses Unterschieds.

Bilanz der Zellatmung

Im Verlauf der Zellatmung werden pro Glucosemolekül 38 Moleküle ATP gebildet. Der größte Teil davon (34 Moleküle) entsteht durch die Oxidation von Wasserstoff in der Endoxidation. Während die *Glykolyse* nur 4 Wasserstoffatome pro eingesetztem Glucosemolekül liefert, werden in der *oxidativen Decarboxylierung* und vor allem im Tricarbonsäurezyklus insgesamt 20 Wasserstoffatome an Cosubstrate gebunden. Zwölf davon stammen aus dem Wasser, der Rest aus der Glucose. Insgesamt werden also in der Zellatmung 24 Wasserstoffatome an Cosubstrate gebunden. Deren Oxidation liefert 12 Moleküle Wasser. Insgesamt ergibt sich also das erweiterte Reaktionsschema:

$$C_6H_{12}O_6 + 6\,H_2O + 6\,O_2 \rightarrow 6\,CO_2 + 12\,H_2O$$

Die *Endoxidation* an der Mitochondrienmembran baut einen Gradienten der Protonenkonzentration auf. Wenn diese Protonen durch den Kanal der ATP-Synthase fließen, wird Energie frei, die zur ATP-Synthese genutzt wird. Pro NADH + H^+ reicht sie zum Aufbau von 3 ATP-Molekülen, pro $FADH_2$ nur für 2 ATP-Moleküle. Insgesamt entstehen bei der Endoxidation also 34 Moleküle ATP pro Glucosemolekül. Pro mol ATP sind ca. 30,5 kJ verwertbare Energie gebunden. Die aus 1 mol Glucose gewonnenen 38 mol ATP speichern also eine Energie von 1159 kJ. Die chemische Oxidation der Glucose liefert pro mol 2836 kJ. Der Wirkungsgrad der Zellatmung beträgt damit ca. 40 %. Der Rest der Energie wird als Wärme frei.

Abbau von Fetten und Proteinen

Auch Fette dienen der Energiegewinnung. Sie werden dabei zuerst in Glycerin und Fettsäuren gespalten. Das Glycerin wird in der Glykolyse und den Folgereaktionen abgebaut. Die Fettsäuren werden in Bruchstücke mit 2 C-Atomen (Acetyl-CoA) gespalten und so in den Tricarbonsäurezyklus eingeschleust. Proteine werden im Darm in die einzelnen Aminosäuren gespalten, diese in die Zellen transportiert. Sie dienen in erster Linie als Baustoffe für körpereigene Proteine, können aber auch abgebaut werden. Dies geschieht nach Umbaureaktionen in den bestehenden Stoffwechselwegen. Die stickstoffhaltigen Aminogruppen werden dabei abgespalten und in Harnstoff oder Harnsäure gebunden. Der Tricarbonsäurezyklus ist an allen Nährstoffabbauprozessen beteiligt und stellt Stoffe für Synthesewege bereit. (→ 134/135)

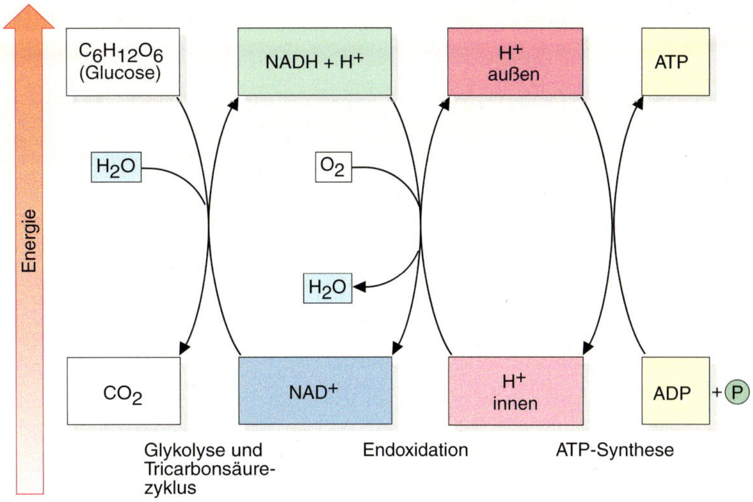

1 Energiefluss in der Zellatmung

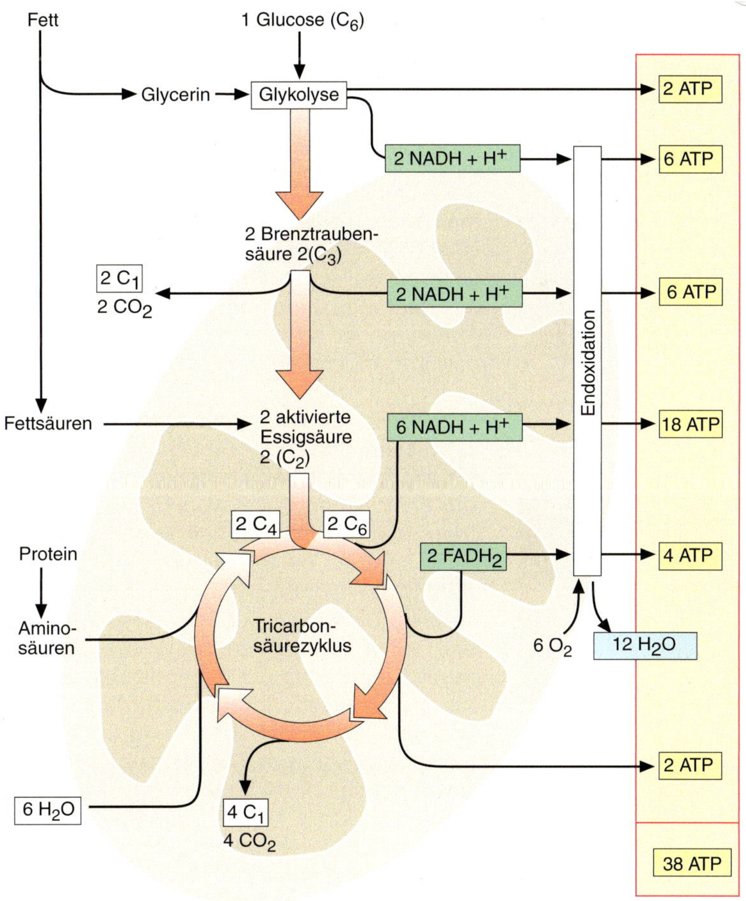

Bisheriges vorläufiges Reaktionsschema:

$$C_6H_{12}O_6 + 6\,O_2 \longrightarrow 6\,CO_2 + 6\,H_2O$$

Neues, erweitertes Reaktionsschema:

$$C_6H_{12}O_6 + 6\,H_2O + 6\,O_2 \longrightarrow 6\,CO_2 + 12\,H_2O$$

2 Schema zur Zellatmung

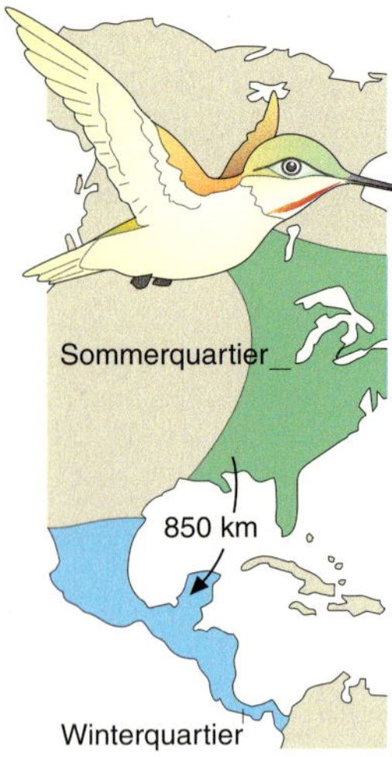

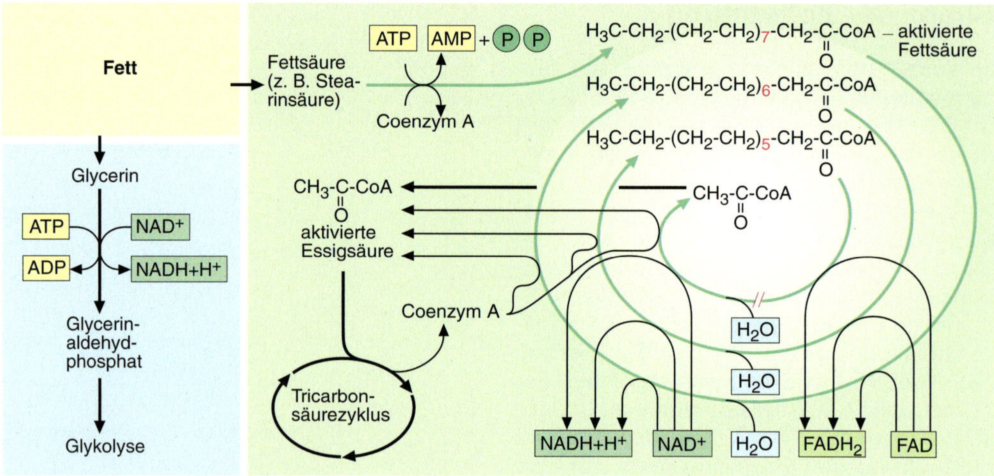

1 ATP-Synthese aus Fetten

Fette — Stoffe voller kompakter Energie

Küstenseeschwalbe

Küstenseeschwalben fliegen 20000 km in jedem Jahr zwischen Brutplatz und Winterquartier — das ist die Hälfte des Erdumfangs. Als Fischfresser können sie auf ihrer Reise immer wieder Nahrung zu sich nehmen. Nicht so der winzige *Rubinkehl-Kolibri*: Über 850 km legen Vögel dieser Art über den Golf von Mexiko zurück, ohne Möglichkeiten der Nahrungsaufnahme zu haben. Vor dem Abflug wiegen sie ca. 6,5 g, 8 Stunden später bei ihrer Ankunft noch ca. 4,5 g.

Müsste für diesen Nonstoppflug Glucose (bzw. seine Speicherform Glykogen, s. Seite 38) als Energielieferant dienen, würde dessen Energiemenge bei weitem nicht ausreichen , diese Strecke zu bewältigen. Die Zugvögel schaffen diese Leistung, da sie Fette statt Kohlenhydrate als Energiespeicher verwenden. Die Möglichkeit der ATP-Synthese aus Fetten übertrifft diejenige aus Glucose deutlich. Das zeigt die folgende Bilanz: Das aus der Fettspaltung entstehende Glycerin wird nach der Phosphorylierung in die Glykolyse eingeschleust. Die verbleibende, sehr reaktionsträge Fettsäure wird unter ATP-Verbrauch durch Anlagerung von Coenzym A aktiviert. Bei der Aktivierung der Fettsäure werden praktisch 2 ATP investiert, da die Regeneration des AMP zu ATP zwei Phosphorylierungen benötigt. Von dieser aktivierten Fettsäure wird nun Schritt für Schritt ein C_2-Körper mithilfe von Coenzym A abgespalten und als aktivierte Essigsäure in den Tricarbonsäurezyklus eingeschleust. Diese Abspaltung erfolgt jeweils nach Oxidationsschritten, bei denen je ein Molekül $FADH_2$ und $NADH + H^+$ entstehen. Für jede C_2-Abspaltung muss der verbleibende C-Körper mit Coenzym A aktiviert werden (Abb. 1).

Rubinkehl-Kolibri

AMP
Adenosin-**m**ono-**p**hosphat

Bis zum vollständigen Abbau einer C_{18}-Fettsäure muss dieser Zyklus 8-mal durchlaufen werden. Übrig bleibt dann noch ein Molekül aktivierte Essigsäure. Insgesamt entstehen bei diesem Abbauprozess der Fettsäure 146 ATP. Hinzu kommen 22 ATP, die aus dem Abbau von Glycerin gewonnen werden. Insgesamt werden also beim Abbau eines Fettmoleküls 460 ATP-Moleküle synthetisiert (Abb. 1).

Aufgaben

① Belegen Sie im Einzelnen, dass durch den Abbau eines Fettmoleküls (aus Glycerin und Stearinsäureeinheiten) 460 ATP-Moleküle aufgebaut werden.

② Ein Fettmolekül (wie oben) hat eine Molmasse von 893 g.
   a) Berechnen Sie die ATP-Produktion pro 1 g Fett.
   b) Berechnen Sie den entsprechenden Wert für Glucose (Molmasse: 180 g) und vergleichen Sie.
   c) Vergleichen Sie diese Werte mit den Brennwerten von Glucose und Fetten.
   d) Der Rubinkehl-Kolibri verbraucht während seines Zuges über den Golf von Mexiko ca. 2 g Fett. Berechnen Sie die Menge an Glucose, die der Kolibri statt Fett für den Zug speichern müsste.

Zellatmung — der Weg zur Erkenntnisgewinnung

Die *Zellatmung* ist heute ein bis ins Detail bekannter Prozess, der aus einer Vielzahl von Teilabschnitten besteht. Das täuscht leicht darüber hinweg, dass der Weg zum heutigen Wissensstand von vielen Irrtümern markiert ist. An der Entschlüsselung dieses Vorgangs kann man daher modellhaft die Entstehung einer naturwissenschaftlichen Theorie nachvollziehen.

Ausgangspunkt neuer Erkenntnisse sind stets eine oder mehrere Beobachtungen. So erkannte man früh, dass alle tierischen Organismen Sauerstoff aufnehmen, ihn im Körper verteilen und umgekehrt Kohlenstoffdioxid wieder an die Umgebung abgeben. Wird dieser Weg unterbrochen, steht den Lebewesen keine Energie mehr zur Verfügung, es stirbt.

Aufgrund dieser Beobachtungen wurde die *Hypothese der Zellatmung* aufgestellt: Jede Zelle atmet, nimmt Sauerstoff auf, gibt Kohlenstoffdioxid ab und bezieht aus der Umwandlung ihre Lebensenergie. Die Zellen sind also der eigentliche Ort des Stoffwechsels. Als *Deduktion* folgt daraus: Auch an einzelnen Zellen sollte sich der Gasaustausch messen lassen. WARBURG konnte das im *Experiment* bestätigen. Beobachtung – Verallgemeinerung in Form einer Hypothese *(Induktion)* – Schlussfolgerungen aus dieser Hypothese *(Deduktion)* und Überprüfung der Deduktion im Experiment: Diese Abfolge ist charakteristisch für die naturwissenschaftlichen Erkenntnisprozesse.

Die Prozesse der Zellatmung laufen nur ab, wenn ausreichend Glucose zur Verfügung steht. Aus dieser Beobachtung könnte gefolgert werden, dass Glucose mit dem Sauerstoff CO_2 und H_2O bildet. Die Hypothese kann man in der chemischen Gleichung fassen:

$$C_6H_{12}O_6 + 6\,O_2 \rightarrow 6\,CO_2 + 6\,H_2O$$

Die Richtigkeit dieser Gleichung muss nun bestätigt oder widerlegt *(falsifiziert)* werden. Zur Überprüfung kann man Hefezellen mit schwerem Sauerstoff ^{18}O begasen. Der schwere Sauerstoff findet sich aber nicht im entstehenden CO_2 wieder, sondern nur im Wasser. Zur Bindung von 6 Sauerstoffmolekülen müssen aber 12 Wassermoleküle entstehen, nicht 6. Die Hypothese ist also durch das Experiment widerlegt und muss verworfen oder modifiziert werden. Dies führt zur erweiterten Atmungsgleichung:

$$C_6H_{12}O_6 + 6\,H_2O + 6\,O_2 \rightarrow 6\,CO_2 + 12\,H_2O$$

Widersprüche dazu haben sich im Experiment nie ergeben. Durch genauere Untersuchungen wird sie sogar gestützt. Eine vielseitig bewährte Hypothese, zu der es nach dem gegenwärtigen Erkenntnisstand keine Alternative gibt, erhält den Rang einer *Theorie*. Sie ist so lange gültig, wie sie nicht durch Experimente widerlegt wird.

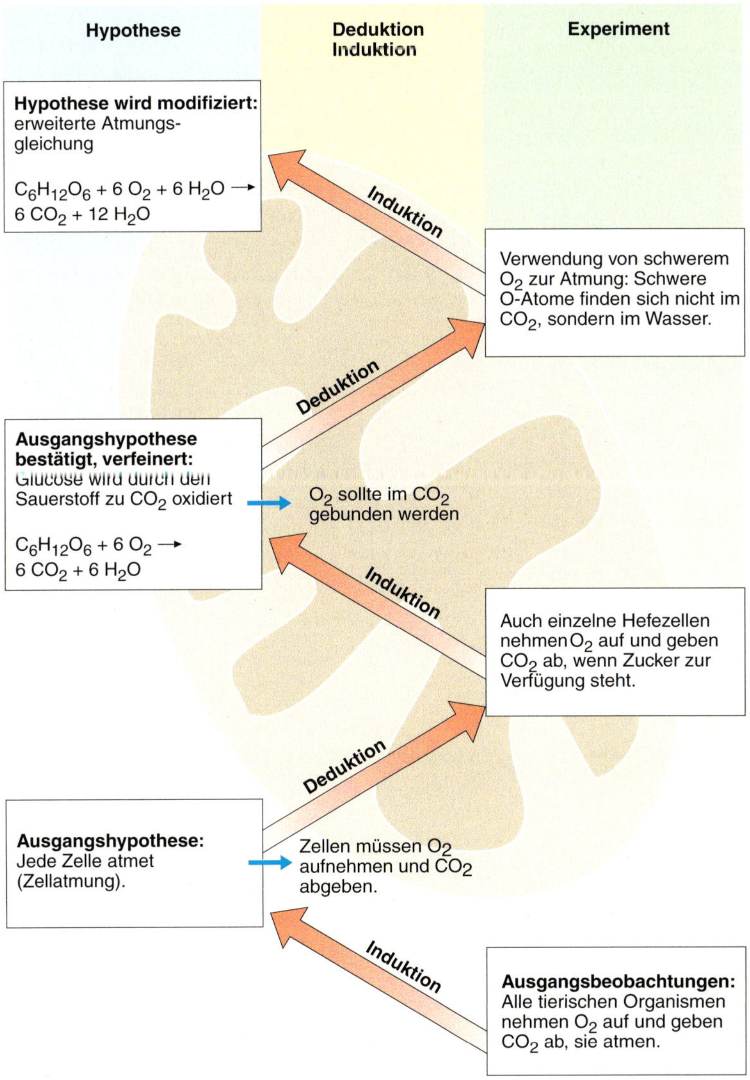

1 Naturwissenschaftliche Erkenntnisgewinnung

Aufgabe

① Die chemiosmotische Hypothese steht im Rang einer Theorie. Fassen Sie die Experimente zusammen, die das belegen.

Gärung: Es geht auch ohne Sauerstoff

Gärung
anaerober Stoffwechsel

Atmung
aerober Stoffwechsel

Sprossende Hefezelle

Will man Jogurt aus Milch bereiten, impft man diese mit einer Bakterienkultur und verschließt die Milch luftdicht. Ein Hundertmeterläufer atmet auf der gesamten Strecke höchstens ein- bis zweimal. Milchsäurebakterien und der Kurzstreckenläufer haben eines gemeinsam: Der Sauerstoffvorrat ist für ihre Stoffwechselaktivität viel zu gering. Die Bakterien haben praktisch keinen Sauerstoff zur Verfügung. Der Läufer hat aufgrund seiner enorm hohen Stoffwechselaktivität einen zu hohen Sauerstoffbedarf. Doch sowohl die Bakterien als auch der Läufer sind in der Lage, ohne Sauerstoff ATP zu gewinnen. Diese anaerobe Art der Dissimilation nennt man *Gärung*. Viele Organismen können bei Bedarf *(fakultativ)* gären, für andere wie die Milchsäurebakterien ist es der einzige *(obligate)* Stoffwechselweg energiereiches ATP zu gewinnen.

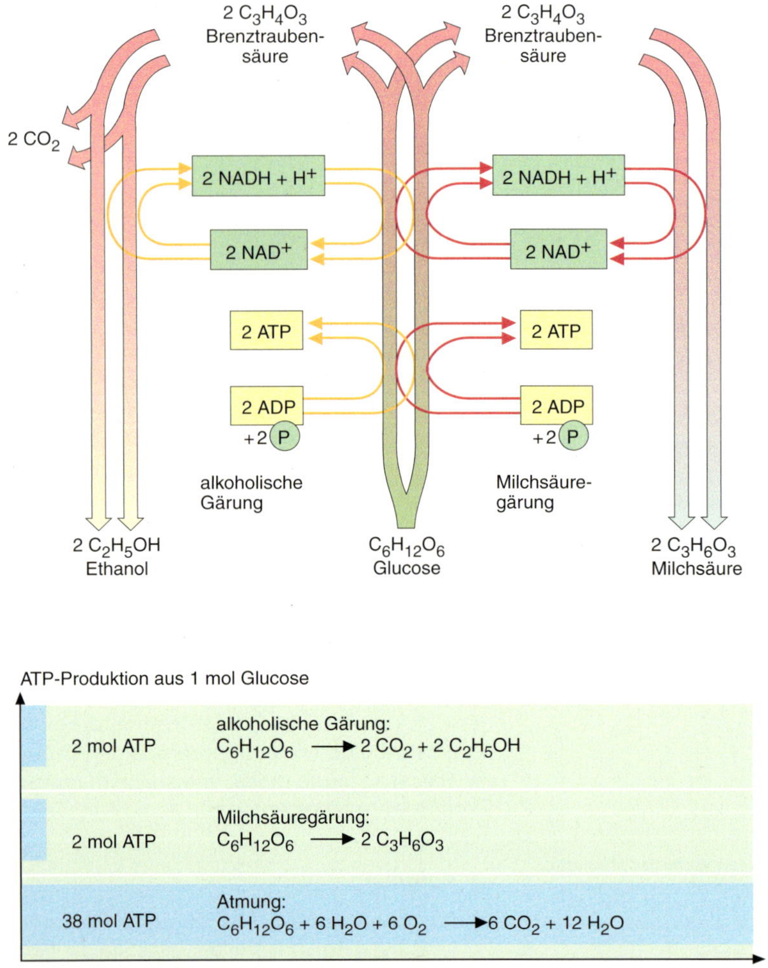

1 Schematische Darstellung der Gärung

Ist der Sauerstoff in den Mitochondrien aufgebraucht, so können $NADH + H^+$ und $FADH_2$ nicht zurück zu NAD^+ und FAD oxidiert werden. Diese Cosubstrate stehen dann in der Glykolyse und den Folgeprozessen nicht mehr zur Verfügung, die Reaktionen kommen deshalb zum Erliegen. Nun ist aber $NADH + H^+$ aufgrund seines Redoxpotentials in der Lage, Elektronen (und Wasserstoff) direkt auf Brenztraubensäure zu übertragen. Viele Organismen haben ein Enzym, um diese Reaktion zu katalysieren. Dann steht wieder NAD^+ für die Glykolyse bereit, es kann damit wieder ATP erzeugt werden, wenn auch nur ca. $^1/_{20}$ des ATP-Gewinns wie bei der Atmung. Daneben entsteht aus der recht stark giftigen Brenztraubensäure die ungefährlichere Milchsäure. Daher heißt der Vorgang auch *Milchsäuregärung*. Die meisten Mikroorganismen können eine zu saure Umgebung nicht ertragen und sterben ab. Deshalb wird die Milchsäuregärung vom Menschen u. a. als Konservierungsmethode genutzt (Silofutter, Sauerkraut).

Nach dem gleichen Prinzip arbeiten Hefepilze der Gattung *Saccharomyces* bei der *alkoholischen Gärung*. Sie spalten aber mithilfe eines Enzyms zunächst CO_2 aus der Brenztraubensäure ab, bevor der entstehende C_2-Körper Ethanal durch $NADH + H^+$ zu Ethanol reduziert wird. Auch dabei wird wieder NAD^+ regeneriert. Hefen werden zur Erzeugung von Ethanol in der Getränkezubereitung (Bier, Wein) eingesetzt. Beim Backen wird ihre Produktion von CO_2 ausgenutzt: die Gasbläschen lassen den Teig aufgehen. Der Alkohol verdampft beim Backprozess. Beim Sauerteig sind neben den Hefen auch Milchsäurebakterien aktiv und verleihen dem Teig und dem Brot seinen typischen Geschmack.

Hefen sind *fakultative Anaerobier*: Sie können in Gegenwart von Sauerstoff auch atmen und schalten nur unter sauerstoffarmen Bedingungen auf Gärung um. Die Fähigkeit der Hefen, sowohl unter aeroben als auch unter anaeroben Bedingungen leben zu können, macht man sich bei biotechnischen Verfahren zunutze. Andere Mikroorganismen und Wirbellose wie Wattwürmer, Tubifex-Larven oder manche Muschelarten finden als Schlammbewohner häufig sauerstoffarme Bedingungen vor und stellen durch Gärung Energie bereit. Hier ist die Möglichkeit der Gärung eine Angepasstheit an den zeitweise sehr sauerstoffarmen Lebensraum.

Der Pasteur-Effekt

Der französische Biologe und Chemiker LOUIS PASTEUR beobachtete 1861, dass der Glucoseverbrauch von Bäckerhefe bei Sauerstoffzufuhr deutlich geringer ist als unter anaeroben Bedingungen. Daneben war zu beobachten, dass die Hefe unter aeroben Bedingungen erheblich mehr Wärme produziert als in Abwesenheit von Sauerstoff. Die hohe Wärmeproduktion bei niedrigerem Zuckerverbrauch kann dadurch erklärt werden, dass die Hefe in der Lage ist, bei Anwesenheit von Sauerstoff von alkoholischer Gärung auf Atmung umzuschalten. Diesen Vorgang bezeichnet man nach dem Entdecker als *Pasteur-Effekt* (Abb. 1). Heute ist bekannt, dass auch viele andere Lebewesen diese Möglichkeit nutzen. Wirbeltiere wechseln bei Sauerstoffmangel in den Muskeln zu Milchsäuregärung. So sind wechselwarme Tiere wie Eidechsen durchaus zu schnellen Bewegungen fähig, obwohl ihre Muskeln aufgrund ihrer einfachen Lungen und Kreislaufsysteme recht schlecht mit Sauerstoff versorgt werden. Die nötige Menge ATP kann nur durch Milchsäuregärung bereitgestellt werden.

Aufgaben

① Hefe wird in gut belüfteten Behältern vermehrt, arbeitet aber im Teig oder beim Bierbrauen unter Luftabschluss. Begründen Sie.

② Gefäße für Sauerkraut müssen zur Bereitung völlig sauber und dabei völlig luftdicht abgeschlossen sein. Was würde sonst geschehen?

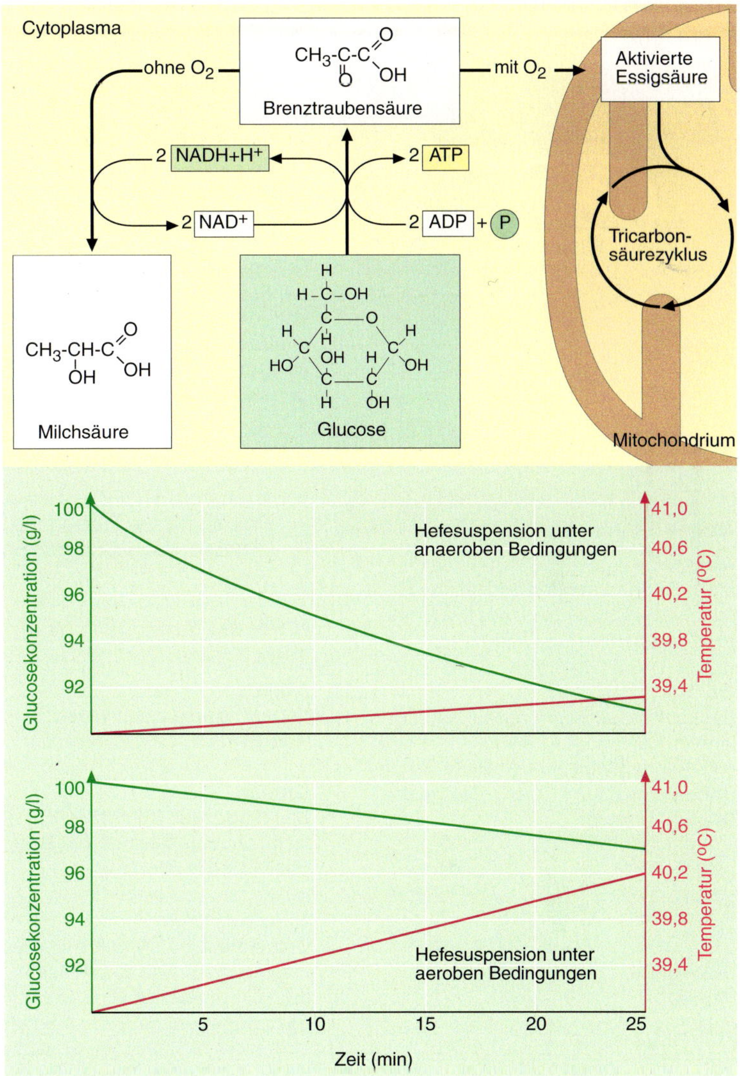

1 Verarbeitungsmöglichkeiten der Glucose und Pasteur-Effekt

Zettelkasten

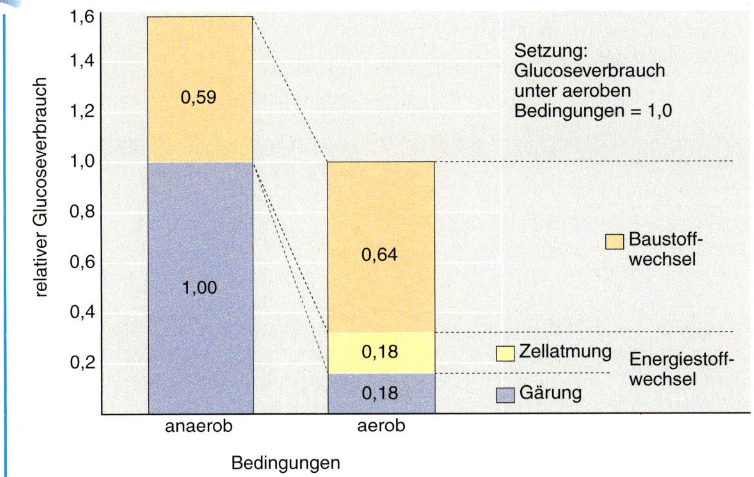

Quantitative Beziehungen von Atmung und Gärung

Der Chemiker C. LYNEN verglich im Jahre 1958 die Anteile der Glucose, die von Hefe unter anaeroben und aeroben Bedingungen veratmet bzw. vergärt werden und untersuchte ihren Verbleib. Dabei wurde deutlich, dass die Hefe auch unter aeroben Bedingungen in bestimmtem Maße alkoholische Gärung betreibt.

Aufgabe

① Bestimmen Sie mithilfe der nebenstehenden Abbildung, wie viel ATP (als prozentualer Anteil) unter aeroben Bedingungen durch Zellatmung und wie viel durch Gärung gewonnen wird.

Versuche zur Gärung

Untersuchung von Sauerteig

Material:
300 g Roggenmehl oder käufliche Backmischung Roggenbrot, dest. Wasser, pH-Teststreifen, Glaswolle

Geräte:
Backschüssel, Becherglas (1 Liter), kleiner Teller zum Abdecken, kl. Löffel, 3 kl. Reagenzgläser, 1 gr. Reagenzglas, Becherglas 500 ml (hoch), Drahtnetz, Dreifuß, Brenner

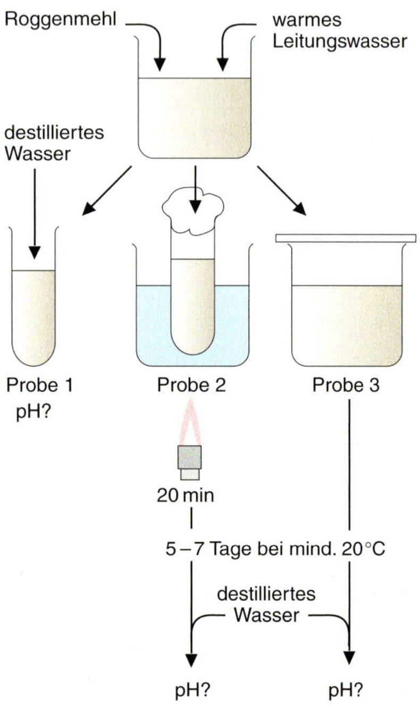

Durchführung:
300 g Roggenmehl (möglichst frisch und nicht zu fein gemahlen) werden in der Backschüssel mit so viel Leitungswasser (ca. 300 ml) bei ca. 30 °C gründlich vermischt, sodass der Teig gerade noch fließfähig ist.

Zwei kleine Proben von ca. 10 g werden abgenommen. Probe 1 wird mit ca. 10 ml Wasser aufgeschwemmt. Man lässt den Teig sich absetzen und misst den pH-Wert.

Probe 2 wird im großen, mit Glaswolle verschlossenen Reagenzglas ca. 20 min im kochenden Wasserbad erhitzt.

Der restliche Teig wird in ein hohes Becherglas gefüllt, mit einem Teller abgedeckt und etwa eine Woche lang an einem dunkeln warmen Ort (nicht unter 20 °C) zusammen mit Probe 2 stehen gelassen.

Aufgabe

① Nach Ablauf der Zeit wird in beiden Proben wie bei Probe 1 der pH-Wert ermittelt. Deuten Sie das Ergebnis.

Backen eines Sauerteigbrotes

Material:
Versuchsansatz aus Versuch 1, 300 g Roggenmehl, 12 g Speisesalz

Geräte:
Backschüssel, Rührlöffel, Kastenbackform, sauberes Handtuch, Backofen oder Trockenschrank

Durchführung:
Dem Teig aus Versuch 1 werden das Roggenmehl, Salz und Wasser zugegeben. Unter Rühren wird so viel Wasser dazu gegeben, dass der Teig klebrig, aber nicht fließfähig ist. Er wird in der mit einem Tuch abgedeckten Backschüssel ca. einen Tag an einem warmen Ort aufbewahrt.

Danach wird der Teig in die Backform gefüllt und nochmals mit einem Tuch abgedeckt ca. eine Stunde gehen gelassen. Dann wird der Teig bei ca. 180 °C ca. eine Stunde lang gebacken.

Alkoholische Gärung

Material:
Backhefe, Glucose, Calciumhydroxidlösung, Spülmittel

Geräte:
2 Wasserbäder (40 °C), 2 große Reagenzgläser, 3 Gaswaschflaschen, Sprudelsteine, Gummischläuche, Aquarienpumpen, Destillierapparatur oder doppelt durchbohrter Gummistopfen mit breitem Steigrohr (ca. 60 cm hoch), Thermometer

Durchführung:
Für einen Hefeansatz werden 40 g Glucose in 200 ml Wasser gelöst. Dazu kommen 20 g Bäckerhefe oder ein Beutel Trockenhefe. Der Ansatz wird im Wasserbad vorgewärmt, gut geschüttelt und gleichmäßig auf 2 Reagenzgläser verteilt. Die beiden Versuchsansätze werden gemäß der Abbildung aufgebaut. Nur einer wird mittels Aquarienpumpe belüftet.

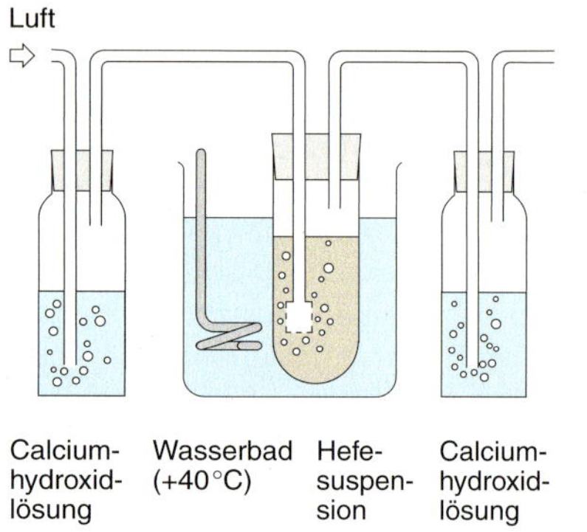

Aufgaben

② Beobachten Sie die Lösungen in den Waschflaschen und deuten Sie Ihre Beobachtungen.
③ Lassen Sie die Ansätze (ohne weitere Heizung) einen weiteren Tag stehen. Destillieren Sie dann (getrennt) den Inhalt der beiden Reagenzgläser. Vergleichen Sie dabei die Siedetemperaturen. Begründen Sie den Unterschied.
④ Versuchen Sie, die ersten 10 Tropfen des Destillats zu entzünden. Begründen Sie Unterschiede zwischen den beiden Ansätzen.

Alternative (einfachere) Durchführung:
– Geben Sie in jedes Reagenzglas je einen Tropfen Spülmittel, um zu starkes Schäumen zu verhindern.
– Verschließen Sie jedes Reagenzglas nach Befüllen wie oben mit einem doppelt durchbohrten Stopfen.
– Setzen Sie in die eine Öffnung des Stopfens ein Thermometer, in die andere ein ca. 50 cm langes Steigrohr (ca. 1 cm Ø).

Aufgaben

⑤ Erhitzen Sie und vergleichen Sie die Siedetemperaturen.
⑥ Wenn Dampf aus dem Steigrohr strömt, versuchen Sie (mehrmals), ihn zu entzünden. Welchen Stoff weisen Sie damit nach?
⑦ Vergleichen Sie beide Ansätze in Bezug auf Siedetemperatur und Brennbarkeit. Begründen Sie.

Regulation von Atmung und Gärung

Organismen haben die Möglichkeit, je nach Sauerstoffangebot ihren Energiestoffwechsel zu regulieren. Damit sind zwei Vorgänge verbunden: Zum einen muss der Glucoseverbrauch zum ATP-Bedarf angepasst werden *(Pasteur-Effekt)*, zum anderen müssen die Folgereaktionen von Brenztraubensäure (BTS) verändert werden: In der alkoholischen Gärung wird dieses Substrat mithilfe des Enzyms BTS-Decarboxylase in Ethanal und schließlich in Ethanol umgesetzt. In der Zellatmung wird Brenztraubensäure durch BTS-Dehydrogenase oxidiert und decarboxyliert (Abb. 1).

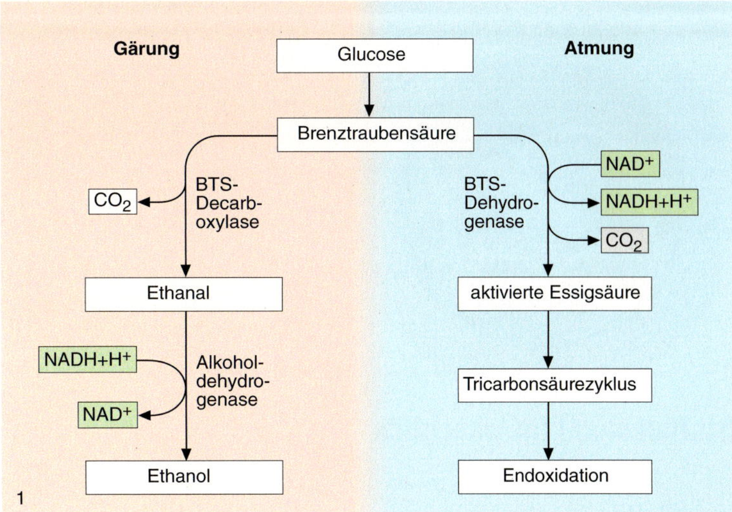

1

Die Steuerung der BTS-Folgereaktionen

Wie bei vielen Enzymen ist die Enzymaktivität von BTS-Dehydrogenase stark von bestimmten Cofaktoren (hier $NADH + H^+$) abhängig: Diese Cosubstanz hemmt durch allosterische Effekte die Aktivität des Enzyms ganz entscheidend. Bei einem Überschuss an $NADH + H^+$, wie er bei Sauerstoffmangel auftritt, wird Brenztraubensäure also kaum noch zu aktivierter Essigsäure umgewandelt. Auf diese Weise wird der gesamte Tricarbonsäurezyklus blockiert, es kommt zu einer Anreicherung von Brenztraubensäure im Cytoplasma. Das Enzym BTS-Decarboxylase benötigt für eine signifikante Enzymaktivität eine hohe Substratkonzentration. Nur unter diesen Bedingungen reicht die Konzentration von Brenztraubensäure für die Reaktion von Ethanal aus.

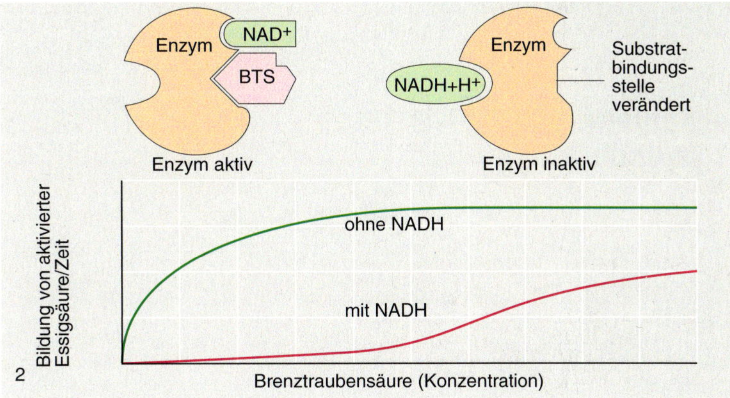

2

Die Rolle der Phosphofructokinase

Experimente von Lynen, bei denen die Endoxidation durch Zusatz von Giften wie Cyanid blockiert wurde, zeigen die Abhängigkeit des Glucoseumsatzes von aeroben bzw. anaeroben Bedingungen (Abb. 3). Dem Enzym Phosphofructokinase kommt dabei eine Schlüsselstellung zu: Die Phosphorylierung von Glucose-6-phosphat zu Fructose-1,6-bisphosphat verläuft über das Zwischenprodukt Fructose-6-phosphat. Die Phosphorylierung dieses Stoffes wird durch Phosphofructokinase katalysiert (Abb. 4). Je höher dessen Enzymaktivität ist, desto mehr Glucose wird verbraucht.

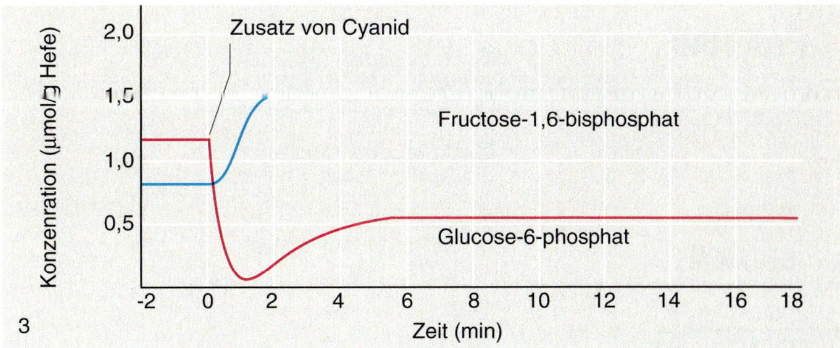

3

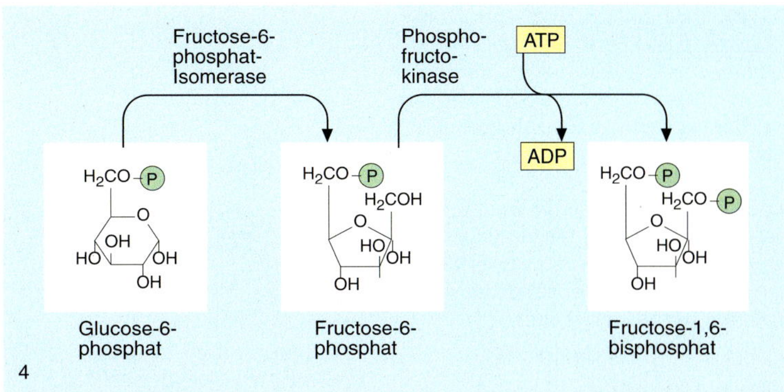

4

Aufgabe

① Deuten Sie die Versuchsergebnisse von Lynen (Abb. 3).

Stoffwechsel im Überblick

Fette

Kohlenhydrate

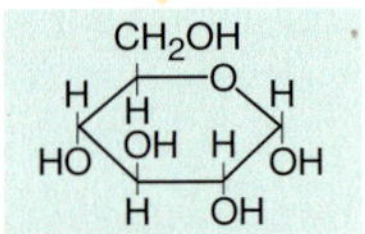

$C_6H_{12}O_6$
Glucose

Proteine

Aminosäuren

Fettspaltung

Fette sind Ester aus Glycerin und Fettsäuren. Bereits bei der Verdauung im Darm werden sie in diese beiden Bausteine gespalten, ebenso wenn sie als Transport- oder Speicherfette in die Zellen gelangen und dort zur Energiegewinnung weiter verarbeitet werden. Das Glycerin (C_3-Körper) wird phosphoryliert, Wasserstoff auf NAD übertragen. Produkt ist PGA, das in der Glykolyse weiter verarbeitet wird.

Die ß-Oxidation der Fettsäuren

Fettsäuren werden im Cytoplasma durch das Anhängen von Coenzym A aktiviert und dann in die Mitochondrien eingeschleust. Unter Bildung von je einem $NADH + H^+$ und $FADH_2$ werden sie schrittweise am zweiten C-Atom soweit oxidiert, dass der C_2-Körper aktivierte Essigsäure *(Acetyl-CoA)* abgespalten werden kann. Er wird im *Tricarbonsäurezyklus* weiter verarbeitet. Der Rest der Fettsäure geht in einen weiteren β-Oxidationsprozess ein.

$G_3H_8O_3$
Glycerin

+

$C_{15}H_{30}COOH$
Fettsäure (z. B. Stearinsäure)

$-CO_2$
Malonsäure-CoA
$HOOC\text{-}CH_2\text{-}COCoA$

Fructose-1,6-bisphosphat

2 (P) $-C_3H_5O_3$
PGA (Phosphoglycerinaldehyd)

2 (P) $-C_3H_5O_4$
PGS (Phosphoglycerinsäure)

2 (P) $-C_3H_3O_3$
Phosphoenolbrenztraubensäure (Phosphoenolpyruvat, PEP)

$C_6H_{11}O_6$ (P)
Glucose-6-phosphat

Die Glykolyse

Alle Kohlenhydrate werden zu *Glucose-6-phosphat* oder *Fructose-1,6-bisphosphat* umgebaut. Dieses wird gespalten und so das Kohlenstoffgerüst auf die Hälfte verkleinert. Durch die *oxidative Decarboxylierung* im Mitochondrium wird das C-Gerüst weiter abgebaut.

Beispiele für Aminosäuren

C_2 Grundgerüst: Glycin

C_4 Asparagin, Asparaginsäure

C_5 Grundgerüst: Histidin, Prolin, Arginin, Glutamin, Glutaminsäure

C_4 Grundgerüst: Isoleucin, Valin, Methionin, Tryptophan

Gluconeogenese

Umgekehrt kann auch Glucose wieder aufgebaut werden, z. B. aus Fett. Das ist dann nötig, wenn Zucker als Baustoffe gebildet werden sollen oder der Kohlenhydratvorrat der Leber erschöpft ist. Ausgangsstoff sind z. B. Milchsäure oder Oxalessigsäure, die aus Fett oder Aminosäuren entstehen können.

Nährstoffe

Die wichtigsten Nährstoffe sind Kohlenhydrate und Fette für den *Energiestoffwechsel* sowie Proteine für den *Baustoffwechsel*. Letztere werden nur bei Überschuss zur Energiegewinnung herangezogen.

Nucleotide spielen nur im Baustoffwechsel eine große Rolle. Sie sind nur unter großem Energieaufwand zu synthetisieren und werden daher selten abgebaut, sondern wieder verwendet.

Abbauraktionen

Aufbauraktionen

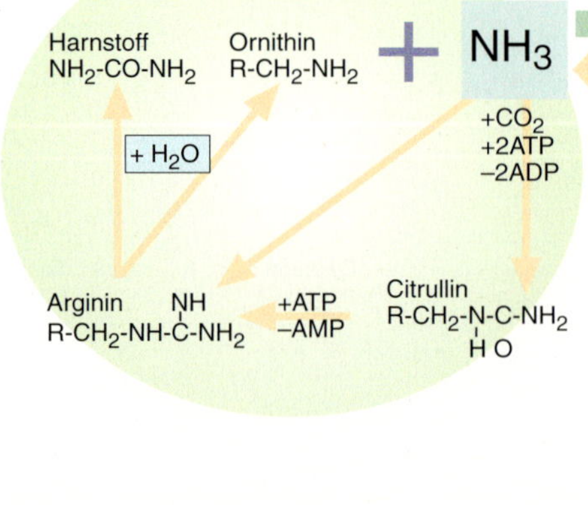

Harnstoffzyklus

Ammoniak ist giftig. Er wird daher mit dem Abfallstoff CO_2 zum ungefährlichen Harnstoff synthetisiert. Zunächst wird unter ATP-Spaltung Ammoniak mit CO_2 an die Zwischenstufe *Ornithin* gebunden. Daraus wird *Citrullin* gebildet. Dieses nimmt unter ATP-Spaltung ein weiteres Molekül Ammoniak auf und reagiert zum *Arginin*. Unter der Abspaltung von Harnstoff wird das Ornithin zurückgebildet.

Die Synthese der Fettsäuren

Fettsäuren können z. B. in der Leber auch synthetisiert werden. Da Fett der Speicherstoff mit dem größten Energiegehalt pro Gramm ist, wird ein Überschuss anderer Nährstoffe wie Kohlenhydrate oder Aminosäuren in Fett umgebaut. Grundstoff zur *Fettsäuresynthese* ist die aktivierte Essigsäure. Sie wird mit CO_2 und dem Coenzym A zu *Malonsäure-CoA*. Unter Wiederabspaltung des CO_2 wird eine C_2-Einheit nach der anderen angebaut und mithilfe von $NADPH + H^+$ reduziert.

Die Synthese der Aminosäuren

Aminosäuren werden in vielen Fällen aus einer organischen Säure aufgebaut, an die Ammoniak oder eine Aminogruppe angelagert wird *(Aminierung)*. Diese Gruppe stammt oft aus der *Glutaminsäure*, die dadurch zur α-Ketoglutarsäure wird. Umgekehrt kann diese aber auch aus anderen Verbindungen eine Aminogruppe übernehmen und zur Glutaminsäure reagieren. Dieses System stellt also ein Schlüsselsystem für den Um- und Aufbau von Aminosäuren dar.

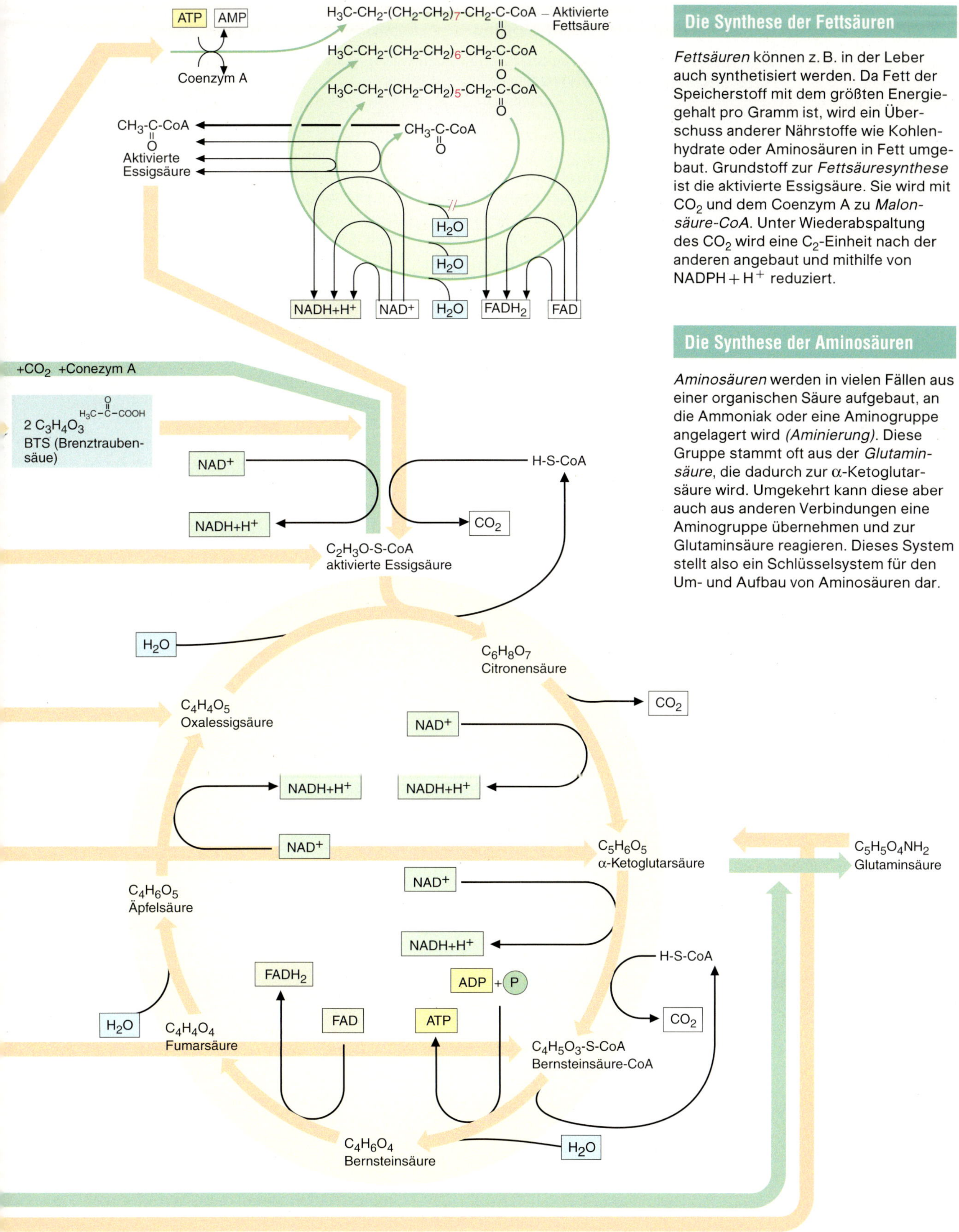

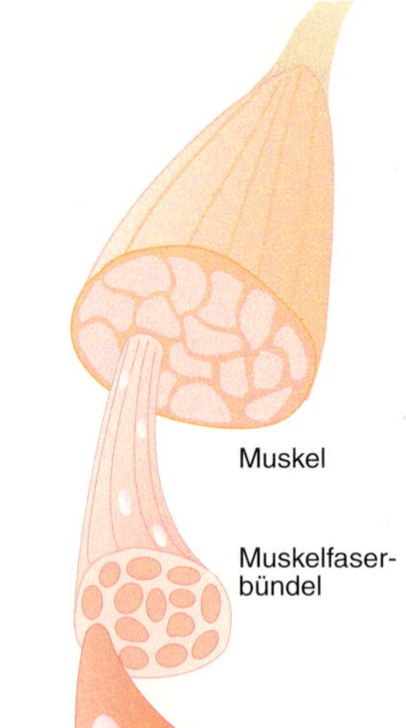

Die Muskelkontraktion

ATP ist die universelle „Energiewährung“ der Zelle und wird für die verschiedensten Lebensprozesse benötigt, auch für Bewegungen, die auf der Kontraktion der Muskeln beruhen. Bei all diesen Prozessen wird chemische Energie in mechanische Arbeit umgewandelt.

Bau des Muskels

Muskeln sind deutlich sichtbar in einzelne *Muskelbündel* gegliedert. Sie wiederum sind aus vielen bindegewebsumhüllten *Muskelfaserbündeln* aufgebaut, die auch Nerven und Blutgefäße enthalten. Jedes dieser Bündel enthält auch eine größere Zahl von ca. 50 µm dicken parallel geordneten *Muskelfasern*. Es sind ungewöhnlich große Zellgebilde aus vielen miteinander verschmolzenen Einzelzellen. Jede Muskelfaser enthält mehrere Zellkerne und zahlreiche Mitochondrien am Rand, wo sie Bewegungen nicht behindern. Die Fasern der Skelettmuskeln erscheinen im Mikroskop quergestreift. Im Inneren jeder Muskelfaser sind nämlich viele 1 bis 2 µm dicke *Myofibrillen* exakt parallel gelagert. Jede besteht aus einer Vielzahl von hintereinander liegenden *Sarkomeren* von gleichartigem Aufbau: Jedes Sarkomer wird von 2 quer gelagerten Z-Scheiben begrenzt. Darin fest verankert ist eine große Zahl paralleler *Aktinfilamente*. Zwischen sie sind regelmäßig die dickeren *Myosinfilamente* (ca. 0,01 µm Durchmesser) eingelagert.

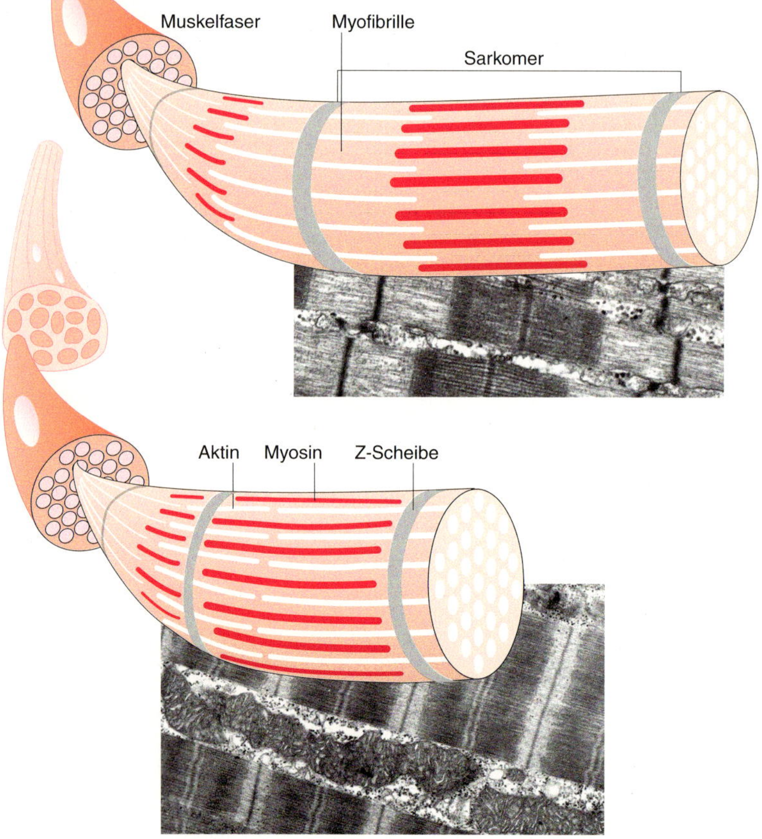

Gleitfilamenttheorie der Kontraktion

Muskeln verkürzen und verdicken sich bei der Kontraktion. Das Gleiche gilt für jedes einzelne Sarkomer. Aktin- und Myosinfilamente schieben sich ineinander und ziehen so die Z-Scheiben aufeinander zu.

Die Myosinköpfe eines Myosinmoleküls binden je ein ATP. Sie bilden in dieser Form mit ihren Hälsen einen Winkel von 90°. Bei hoher intrazellulärer Ca^{2+}-Konzentration verbinden sich die Myosinköpfe mit dem Aktin. Aktin aktiviert dabei die *ATPase* des Myosinkopfes, sodass das an ihn gebundene ATP gespalten wird ($ATP \rightarrow ADP + P_i$). Es entsteht also ein Komplex A-M-ADP-P_i. Löst sich P_i (anorganisches Phosphat) aus diesem Komplex, „kippen“ die Myosinköpfe aus ihrer 90°-Stellung in eine 50°-Stellung, was dazu führt, dass die Aktin- und Myosinfilamennte aneinander vorbeigleiten. Die Abgabe von ADP bringt schließlich die Myosinköpfe in ihre Endstellung (45°), was das Gleiten beendet. Der übrig gebliebene A-M-Komplex ist stabil und kann nur durch erneute Bindung von ATP an die Myosinköpfe wieder gelöst werden. Dieser Vorgang kann immer von Neuem erfolgen, solange der Muskel durch Nervenimpulse aktiviert ist. Entsprechend werden die Sarkomere und damit die Muskelfaser immer stärker verkürzt, bis im Extremfall das Myosin an die Z-Scheiben stößt.

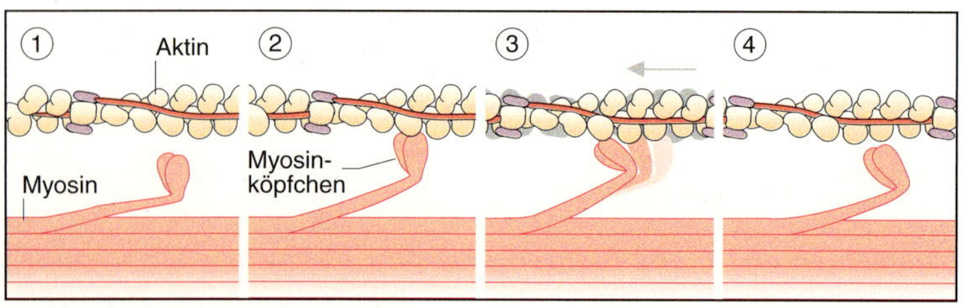

1 Ablauf der Muskelkontraktion

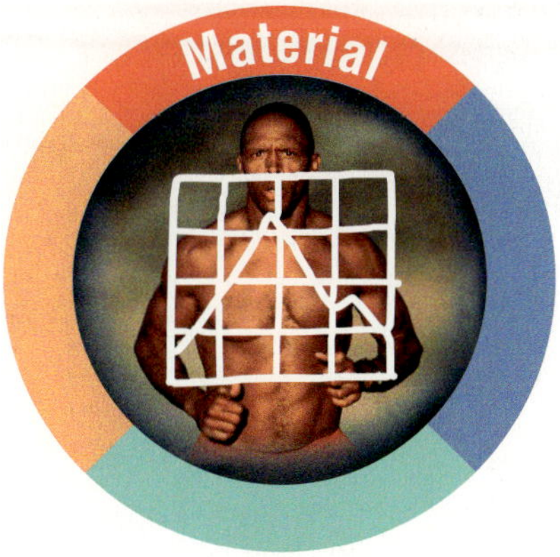

Die Rolle des ATP bei der Muskelkontraktion

Eine Vielzahl von Einzelbefunden ermöglichte es, eine Theorie zu den molekularen Mechanismen bei der Muskelkontraktion aufzustellen:

1) In Muskelzellen findet man eine besondere Form des Endoplasmatischen Retikulums (ER), die als Ca^{2+}-Speicher dient. In der Membran dieses ER befinden sich spezielle Ionenpumpen, die Ca^{2+} in das ER transportieren.

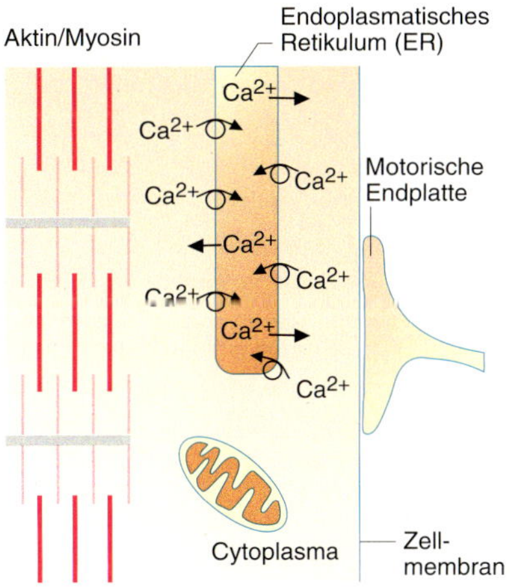

2) Gelangen Nervenimpulse an die *Motorische Endplatte* (die Nervenendigung an der Membran), erhöht sich schlagartig die Permeabilität der Membran des Muskelzellen-ERs für Calciumionen. Darauf erhöht sich die Ca^{2+}-Konzentration im Cytoplasma der Muskelzelle um ca. das 1000fache.
3) Das Myosinmolekül weist flexible Teile auf, die Änderungen seiner räumlichen Struktur ermöglichen. Nur in einer dieser räumlichen Strukturen hat der Myosinkopf Kontakt mit Aktin.
4) ENGELHARDT und seine Mitarbeiter stellten schon 1939 fest, dass der Myosinkopf ATP-Bindungsstellen aufweist. ADP und Phosphat dagegen werden vom Myosinkopf nicht gebunden.
5) Der Myosinkopf kann bei Anwesenheit von Aktin ATP schnell zu ADP und Phosphat spalten. Der Myosinkopf wirkt also wie eine ATPase.

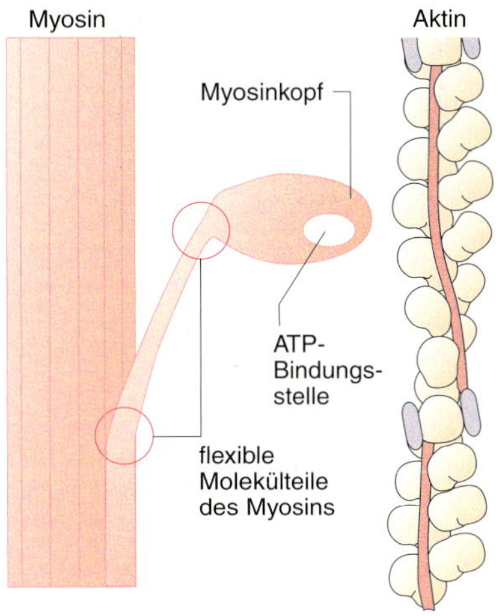

6) Eine Änderung der räumlichen Struktur von Myosin erfolgt unter verschiedenen Bedingungen:
   a) Hohe Ca^{2+}-Konzentrationen verändern die Struktur von Myosin und Aktin so, dass das Myosin in Kontakt mit Aktin tritt.
   b) Die Anlagerung von ATP an die ATP-Bindungsstelle des Myosinkopfes führt zu einer 90°-Einstellung des Myosinkopfes zum Myosinstiel. Diese räumliche Struktur des Myosins bleibt nur bestehen, so lange ATP gebunden ist.
   c) Bei niedriger Ca^{2+}-Konzentration binden zwei weitere Proteine so an Aktin, dass sie den Zugang für das Myosinköpfchen blockieren. Bei höheren Ca^{2+}-Konzentrationen verändern diese beiden Proteine ihre Lage geringfügig, sodass Myosin an Aktin binden kann und die Kontraktion erfolgt.

Aufgaben

① Ermitteln Sie mithilfe der obigen Versuchsergebnisse die richtige Reihenfolge der Schemata in der nebenstehenden Abbildung.

② Stirbt ein Wirbeltier, so tritt nach einigen Stunden Totenstarre ein: Alle Muskeln werden starr und hart. Gehetztes Wild zeigt nach dem Tode eine extrem kurze Zeit bis zum Einsetzen der Totenstarre. Erklären Sie diese Phänomene; überlegen Sie, in welcher Phase der unten stehenden Abbildung sich ein Muskel in Totenstarre befindet.

③ Die Zugabe von ATP auf einen frisch isolierten Muskel führt nicht, wie man zuerst vermuten könnte, zu einer Kontraktion. Überlegen Sie, wie man tatsächlich eine Kontraktion auslösen könnte.

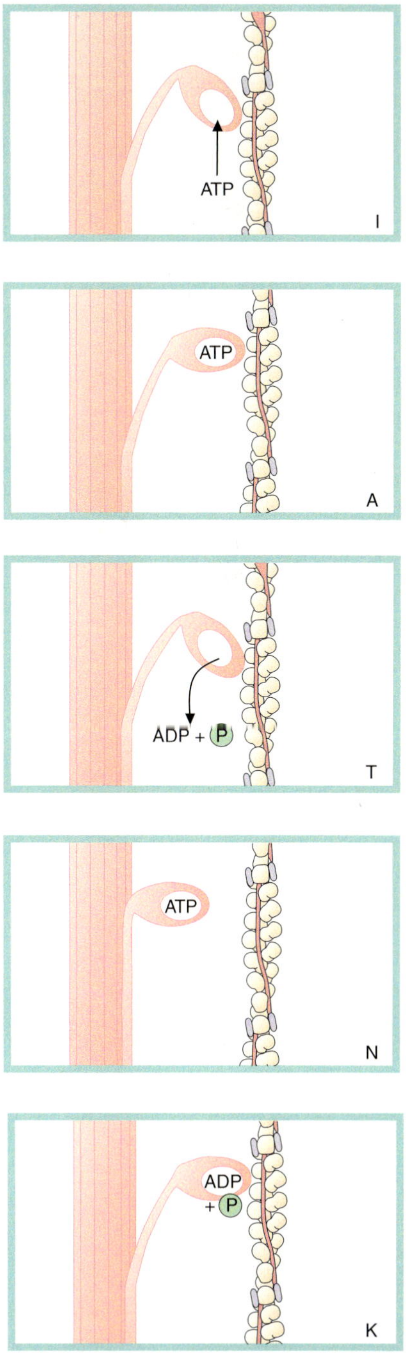

1 Fechten: Dynamik und Körperbeherrschung

2 Marathonlauf

Sport — Spaß und Gesundheit

FT-Fasern
(*fast twitch* — schnell reagierende, aber schnell ermüdende Fasern)
gewinnen Energie vor allem aus Kreatinphosphat, ATP und Milchsäuregärung

ST-Fasern
(*slow twitch* — langsam reagierende Fasern für Dauerbelastungen)
gewinnen Energie vor allem aus der Zellatmung

Sportliches Training macht Spaß, es fördert gleichzeitig die Leistungsfähigkeit. Viele Trainingsregeln werden heute aus den wissenschaftlichen Grundlagen der Stoffwechselphysiologie abgeleitet. Das Training kann so optimal an die geforderten Belastungen angepasst werden.

100-Meter-Strecke oder Marathon?

Sport ist nicht gleich Sport. Die Anforderungen an die Muskeln und inneren Organe können grundverschieden sein. Auf der Kurzstrecke kommt es vor allem auf möglichst schnelle Kraftentfaltung und gute Koordination an, auf der Langstrecke auf optimale Versorgung der Muskulatur mit Sauerstoff.

Selbst die beanspruchten Muskelfasern unterscheiden sich: Schnelle hellrote *FT-Fasern* können kurzfristig große Kräfte entfalten. Sie zeichnen sich durch große Reserven an energiereichen Stoffen aus: *ATP, Kreatinphosphat* und *Glykogen.* Kreatinphosphat kann leicht Phosphat auf ADP übertragen, Glykogen kann gut zu Glucose abgebaut werden. Die Fasern sind reich an Enzymen der *Glykolyse*, sodass anaerob schnell Energie bereitgestellt wird. Dagegen gewinnen die langsamen dunkelroten *ST-Fasern* ihre Energie vor allem durch Zellatmung: Sie enthalten viel *Myoglobin* als Sauerstoffspeicher und viele *Mitochondrien.* Sie werden auch durch ein dichtes *Blutkapillarnetz* besser mit Sauerstoff versorgt. Der Anteil von ST- und FT-Fasern ist durch Training kaum zu beeinflussen, er ist genetisch festgelegt.

Training — was bewirkt es?

Sportliches Training wirkt auf mehrere Organe ein. Zum einen wird die zentralnervöse Koordination in den Bewegungszentren des Gehirns verbessert. Viele Reaktionen in den dynamischen Sportarten werden eingeübt, automatisiert und dadurch präziser. Bei Ausdauersportarten wird der Bewegungsablauf effektiver und ökonomischer. Mit weniger Energieaufwand kann mehr erreicht werden. So setzt z. B. ein ungeübter Schwimmer nur ca. 2 % der aufgewandten Stoffwechselenergie in Bewegungsenergie um, ein trainierter etwa das Vierfache. Außerdem kann der Trainierte vor und während der Anstrengung seinen Kraftaufwand so einteilen, dass nicht sinnlos Energie verschwendet wird. Zudem erholen sich Sportler in der Regel schneller als Untrainierte.

Durch *Krafttraining* kann die Muskelmasse zunehmen. Die Maximalkraft der Muskeln wird durch die Vergrößerung des Muskelquerschnitts gesteigert. Die Myofibrillen werden vermehrt, die Muskelfasern werden dicker. Durch *isometrisches Krafttraining*, z. B. beim Bodybuilding, kann schon mit relativ wenigen kurzzeitigen Trainingseinheiten pro Woche ein erheblicher Muskelzuwachs erreicht werden. Die Dauerleistung wird aber nicht gesteigert, weil die vergrößerten Fasern nicht besser mit Blutkapillaren versorgt werden. Umgekehrt werden nicht belastete Muskeln aber auch abgebaut *(Atrophie).* Astronauten wirken dem bei längerem Aufenthalt in der Schwerelosigkeit durch regelmäßiges Training entgegen.

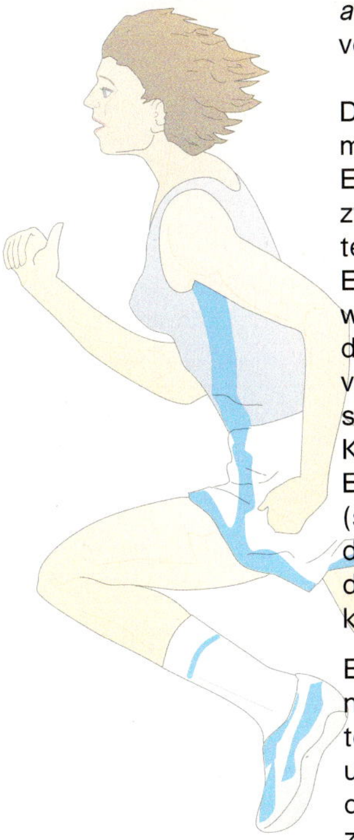

Ausdauertraining — aerob oder anaerob?

Die Art eines Trainings richtet sich nach den Anforderungen der jeweiligen Sportart. In Sprintsportarten arbeitet man oft mit dem *anaeroben Intervalltraining*, dem Wechsel von Belastung und Erholung.

Die Übungen werden mit 60 bis 90% der maximalen Leistungsfähigkeit durchgeführt. Ein Maß dafür ist die *Pulsfrequenz*. Sie sollte zwischen 140 und 170 Schlägen pro Minute liegen. Die Übungen werden mit kurzen Erholungspausen je nach Belastungsgrad wiederholt. In den Belastungsphasen werden ATP, Kreatinphosphat und Glykogen verbraucht und Milchsäure produziert, die später aerob abgebaut wird. Damit geht der Körper eine *Sauerstoffschuld* ein, die in den Erholungsphasen wieder ausgeglichen wird (s. Seite 85). Trainiert werden anaerobe Ausdauer durch Vermehrung der Reserven und der Glykolyse-Enzyme, Muskelkraft und lokale Muskelausdauer.

Beim *Ausdauertraining* wird kontinuierlich nur im aeroben Bereich gearbeitet oder im extensiven Intervalltraining abwechselnd stark und gering belastet. Es nehmen nicht nur die Kraft und der Querschnitt der Muskeln zu, sondern auch die Glykogenreserven sowie die Zahl und Größe der Mitochondrien. Die Sauerstoffversorgung der Muskeln und des gesamten Körpers wird verbessert, u. a. durch Vergrößerung des Herzschlagvolumens, Vergrößerung der Herzmuskeln und Verbesserung der Versorgung des Herzmuskels mit Herzkranzgefäßen, stärkere Kapillarenbildung in den Muskeln sowie höhere Erythrocytenzahl im Blut.

Trainieren bis zum Umfallen?

In den Belastungsphasen werden die Energiereserven des Körpers abgebaut. Die Leistungsfähigkeit wird dadurch vermindert. Erst nach einer Erholungspause von einigen Stunden kann der Körper wieder Leistung erbringen, dann aber eine gewisse Zeit lang sogar mehr als vor der Belastung *(Superkompensationsphase)*. Wird in einer solchen Phase wieder trainiert, ergibt sich ein positiver Trainingseffekt *(Superkompensationseffekt)*, die Leistungsfähigkeit kann durch Ausnutzung der Superkompensationsphasen auf Dauer gesteigert werden. Sie wird sich aber im Endeffekt auf dem im Durchschnitt geforderten Belastungsniveau einpendeln.

Aufgaben

① Normalpersonen haben im Durchschnitt ein Herzvolumen von ca. 780 ml. Bei Sportlern wurden gemessen: 790, 880, 920, 1000 ml. Welche dieser Werte würden Sie einem Radrennfahrer (Profi), Fußballspieler, Turner, Skilangläufer, Fechter, Langstreckenschwimmer, Mehrkämpfer zuordnen?

② Würden Sie Höhentraining einem Ausdauersportler empfehlen? Begründen Sie.

③ Ein Leichtathletik-Trainer empfiehlt als Training zum 400-m-Lauf, die Strecke nicht mehrmals durchzulaufen, sondern mehrere 100-m-Einheiten mit dazwischen liegenden Erholungspausen. Welche Auswirkungen haben die beiden Trainingsmethoden auf den Körper?

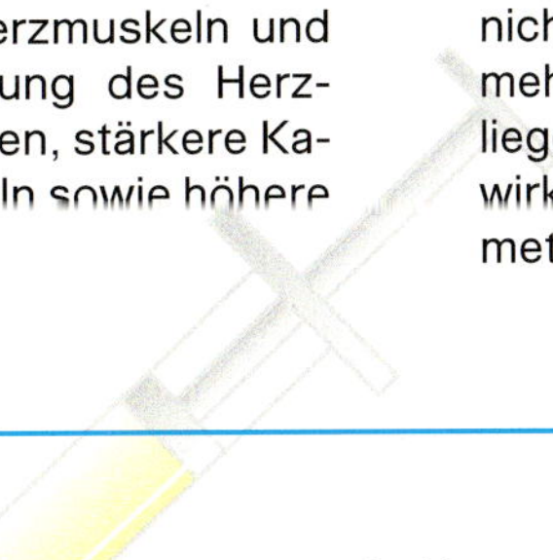

Zettelkasten

Doping

Medikamente können sportliche Leistungen steigern. Dann spricht man von *Doping*. Medizinisch unbedenklich sind die Mittel aber keinesfalls und können sogar tödlich wirken.

Anabolika sind mit den männlichen Sexualhormonen verwandt, aber meist so abgewandelt, dass sie bei Frauen eine möglichst geringe Vermännlichung bewirken. Sie steigern den Protein-Aufbaustoffwechsel und bewirken ein schnelleres und stärkeres Muskelwachstum. Sie werden illegal beim Bodybuilding oder bei Kraftsportarten eingesetzt. Allerdings halten Sehnen und Bänder mit dem übersteigerten Muskelwachstum nicht Schritt, die Gefahr von Überdehnungen und Rissen ist sehr hoch.

Amphetamine steigern kurzfristig Wachheit, Konzentration und Stoffwechselrate. Sie wirken auf das Gehirn und können als Suchtmittel missbraucht werden *(Ecstasy)*. Gefahren sind eine zu starke Verausgabung bis hin zur völligen Erschöpfung und ein unter Umständen nicht rechtzeitig wahrgenommener tödlich hoher Flüssigkeitsverlust.

EPO (Erythropoietin) ist ein Wachstumsfaktor der Niere, der die Produktion von Erythrocyten anregt. Es wird gentechnisch gewonnen und ist für Nierenkranke ein wichtiges Medikament. Als Dopingmittel eingesetzt verbessert es den Sauerstofftransport im Blut und damit die Ausdauerleistung. Allerdings wird dadurch das Blut dickflüssiger, Übersteigerung des Blutdrucks und totaler Zusammenbruch sind die Folge. Todesfälle sind belegt.

Zur Fairness im Sport und zum Schutz der Sportler ist Doping verboten und wird bestraft. Die meisten Dopingmittel sind inzwischen nachweisbar. Die Einnahme solcher Stoffe kann jedoch auch medizinisch begründet sein.

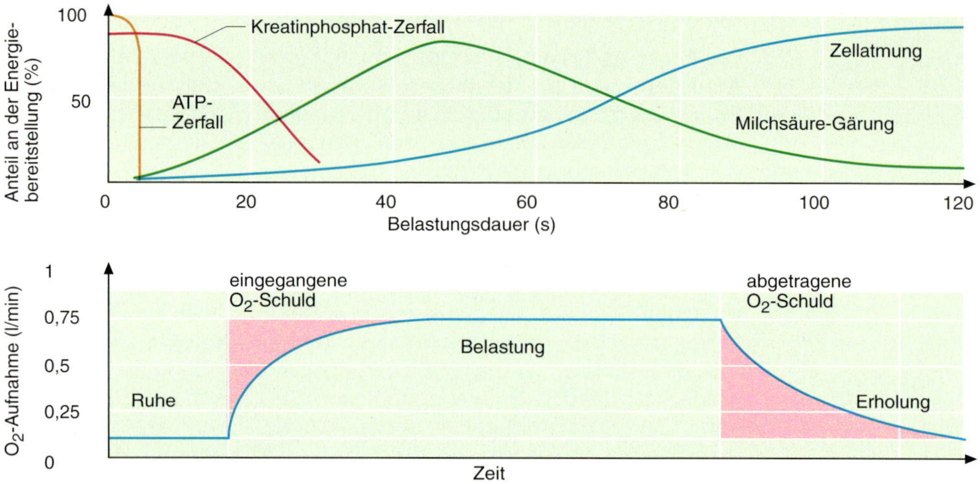

1 Energiereserven der Muskeln und O_2-Aufnahme während eines 800-m-Laufs

Energieumwandlung im Muskel

Trainingsplan für Nichtprofis:

Dreimal 30 min Dauerlauf pro Woche reichen für einen positiven Effekt auf die Gesundheit aus.

Man sollte in nicht zu hohem Tempo mit einer Laufzeit von ca. 15 min beginnen, unterbrochen von einigen kurzen Pausen. Der Puls sollte 135 Schläge/min nicht überschreiten.

Dann wird langsam auf 30 min Laufzeit ohne Pausen gesteigert.

Die 400-m-Strecke gilt in der Leichtathletik als eine der schwersten Strecken überhaupt. Die Geschwindigkeit ist fast so hoch wie bei einem 100-m-Lauf, die Belastung dauert aber ungleich länger.

Die *ATP-Vorräte* im Muskel sind nicht hoch und reichen nur für ca. 2 Sekunden aus. Kurzfristig kann aber Phosphat aus dem energiereichen *Kreatinphosphat* auf ADP übertragen werden, doch reicht dieser Kurzzeitspeicher für Energie auch nur für ca. 15 Sekunden. Aus der *Zellatmung* lässt sich der hohe Energiebedarf zunächst nicht decken, weil die Kapazität der Mitochondrien dafür nicht ausreicht und ihre Sauerstoffversorgung so kurzfristig nicht an den hohen Verbrauch angeglichen werden kann (letzte Phase des 400-m-Laufs). Daher stammt die Energie bei längeren Distanzen zum großen Teil aus der Milchsäuregärung. Dazu muss Glucose aus Glykogen mobilisiert werden. Entsprechende Enzyme werden durch die Ausschüttung der Calciumionen aktiviert, die auch die Muskelkontraktion auslösen.

Innerhalb von 60 bis 90 Sekunden erhöht sich der Puls auf bis zu 180 Schläge pro Minute und die Sauerstoffaufnahme auf das 8- bis 10fache. Damit kann ATP bis zum Ende des Laufs überwiegend durch *Zellatmung* bereitgestellt werden.

Zettelkasten

Muskelkater – halb so schlimm

Jeder weiß aus eigener schmerzhafter Erfahrung: Muskelkater ist am 2. Tag am heftigsten. Lange vermutete man eine Übersäuerung der Muskeln als Ursache. Sie produzieren zwar unter Sauerstoffarmut Milchsäure durch Gärung, doch die wird bereits nach wenigen Stunden in der Leber und im Herzmuskel wieder abgebaut. Muskelkater hat also andere Ursachen.

Das langsame Abklingen der Schmerzen lässt auf Entzündungsreaktionen schließen. Dafür ist nicht Übersäuerung die Ursache, sondern winzige, mikroskopisch kleine Verletzungen der Myofibrillen. Ursache ist das Abfangen ungewohnter äußerer Belastungen, wie z. B. das Abfedern von Sprüngen oder Schritten.

Die motorischen Zentren des Gehirns können sie bei ungeübten Personen nur ungenau vorausplanen. Sie aktivieren dann zu wenige Muskelfasern dafür, diese halten den Überlastungen nicht Stand und bekommen winzige Risse, die Ursache der Entzündungen.

Training verbessert die zentralnervöse Koordination und Kontrolle dieser Abfangbewegungen und verhindert so das Auftreten der winzigen Verletzungen.

Massage, Einreiben und leichtes Weitertrainieren verbessern die Durchblutung der Muskeln, beschleunigen den Heilungsprozess und helfen beim Abklingen der Beschwerden.

Tauchende Säugetiere

Wale sind die besseren Taucher

Pottwale tauchen auf ihren Beutezügen bis zu 1100 m tief. Die Dauer eines Tauchgangs kann bis zu einer Stunde betragen. Wie können diese lungenatmenden Säuger so lange Zeiten ohne Atmung auskommen? Eine Reihe von Forschungsergebnissen ermöglicht die Beantwortung dieser Frage.

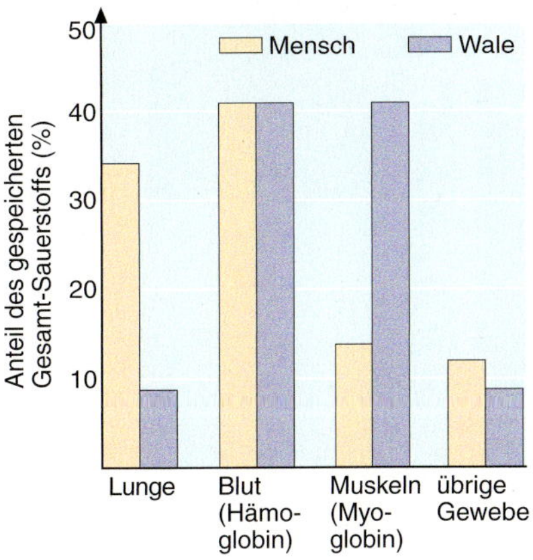

Aufgaben

① Welche Sauerstoffspeicher nutzt der Mensch beim Tauchen, welche der Wal?

② Aus welchen Gründen nehmen die Wale nicht ein größeres Luftvolumen in der Lunge als Sauerstoffvorrat mit nach unten?

③ Taucher können nach längeren Tauchgängen nur langsam mit mehreren Pausen auftauchen, um die Taucherkrankheit zu umgehen: Bei dem starken Druck in der Tiefe löst sich eine große Menge der Luft in der Blutflüssigkeit, die bei zu schnellem Druckabfall als Bläschen ausperlt und durch Verstopfung der Kapillaren zum Tode führt. Leiten Sie aus der Grafik mehrere Gründe ab, warum die Taucherkrankheit bei Walen nicht auftritt.

Stoffwechsel der Weddell-Robbe

Die Weddell-Robbe im antarktischen Eismeer jagt ihre Beute in bis zu 600 m Tiefe. Ein durchschnittlicher Tauchgang dauert etwa eine Viertelstunde. Die Grafiken unten zeigen die Verhältnisse bei einigen wichtigen Stoffwechselgrößen, die im Blut und der Atemluft der Robben gemessen wurden.

Aufgaben

④ Beschreiben Sie die Veränderungen der Konzentrationen von O_2, CO_2 und Milchsäure während eines Tauchganges anhand der Grafiken.

⑤ Aus welchen Stoffwechselvorgängen gewinnt die Robbe demnach beim Tauchen das benötigte ATP? Begründen Sie.

⑥ Die Abbildung 92.1 zeigt die Prozesse zur Energiegewinnung eines Läufers während eines 800-m-Laufs. Zeichnen Sie ein gleichartiges Diagramm für eine Robbe während eines Tauchganges.

⑦ Erklären Sie die starken Unterschiede der Atmung vor und nach dem Tauchen.

⑧ Welche Bedeutung hat die starke Veränderung der Pulsfrequenz?

⑨ Wieso leiden die Muskeln trotz dieser Abnahme nicht unter Versorgungsproblemen?

⑩ Während des Tauchens werden die Arterien zum Darm und zum Genitalsystem stark verengt, die zum Herz und Gehirn bleiben weit geöffnet. Welche Bedeutung hat das?

⑪ Zum Beginn des Tauchganges atmet die Robbe vollständig aus. Welche Vorteile bietet dieses Verhalten beim Tauchen?

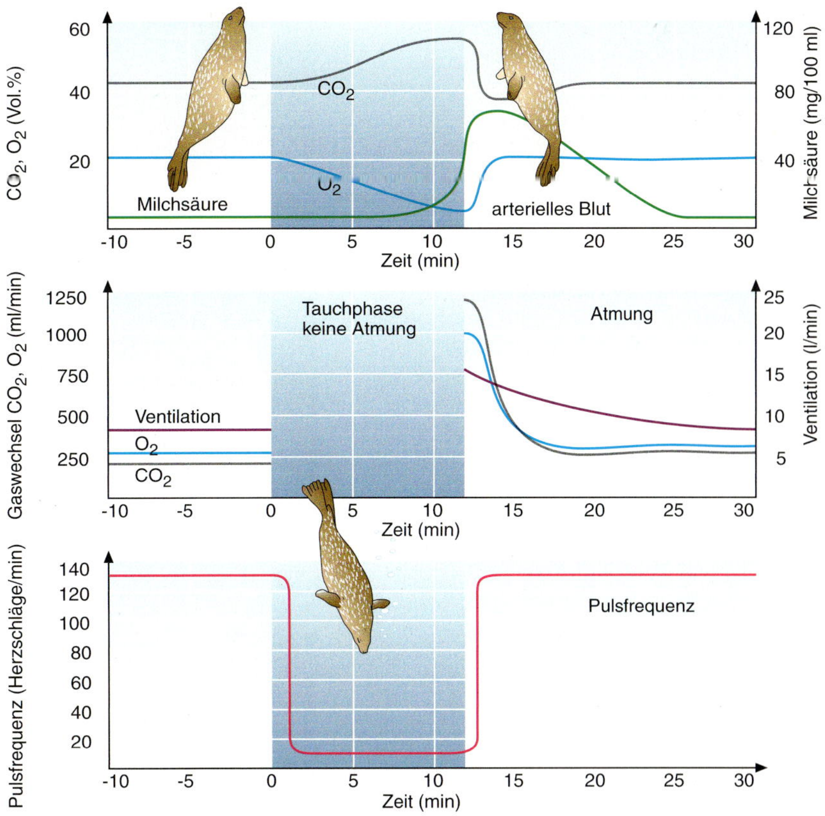

Pflanzen leben autotroph

So wie die Tiere nehmen auch Pflanzen aus ihrer Umgebung Stoffe auf und wandeln diese durch ihren *Stoffwechsel* zu körpereigenen Verbindungen um. Benötigt werden diese zur Erhaltung der Organismen, für Wachstum und Entwicklung. Genau wie Tiere geben auch Pflanzen Stoffe wieder ab.

Der *Energiehaushalt* der Pflanzen entspricht in den Grundprinzipien denen anderer Lebewesen. Aus der Umwelt wird Energie aufgenommen. Mit ihr werden die Lebensvorgänge aufrechterhalten, die körpereigenen Stoffe produziert und im Organismus transportiert. Vom Tier unterscheidet sich die grüne Pflanze dadurch, dass sie in der Lage ist, für die zur Synthese organischer Stoffe notwendige Energie das Sonnenlicht als Energiequelle zu nutzen. Im Gegensatz zum Tier und zu den Pilzen lebt die Pflanze *fotoautotroph*.

Pflanzen nehmen keine energiereichen organischen Nährstoffe, sondern einfache anorganische chemische Verbindungen auf. Sie sind auf mineralische Verbindungen aus dem Boden, Kohlenstoffdioxid aus der Luft und auf Wasser angewiesen.

Auf die von den autotrophen Pflanzen hergestellten organischen Stoffe und auf den von ihnen produzierten Sauerstoff sind fast alle anderen Lebewesen angewiesen. Ohne Übertreibung kann man behaupten, dass alles Leben auf der Erde von den grünen Pflanzen abhängt.

Die grünen Pflanzen produzieren im Rahmen der *Fotosynthese* mithilfe des Sonnenlichtes aus den chemischen Verbindungen Kohlenstoffdioxid und Wasser zunächst Einfachzucker und Sauerstoff. Die Zucker sind die Ausgangsstoffe für viele weitere körpereigene organische Verbindungen und Ausgangsstoffe für ihren Energiestoffwechsel. Werden Pflanzen und Tiere gefressen oder von Mikroorganismen zerstört, gehen die energiereichen Verbindungen auf diese Organismen über. Durch deren Stoffwechsel werden körpereigene Verbindungen hergestellt. Bei der Atmung werden die energiereichen Verbindungen verbraucht und Kohlenstoffdioxid sowie Wasser freigesetzt. Auch anaerobe Mikroorganismen nutzen die von Pflanzen produzierten Stoffe zur Energiefreisetzung beim Prozess der Gärung.

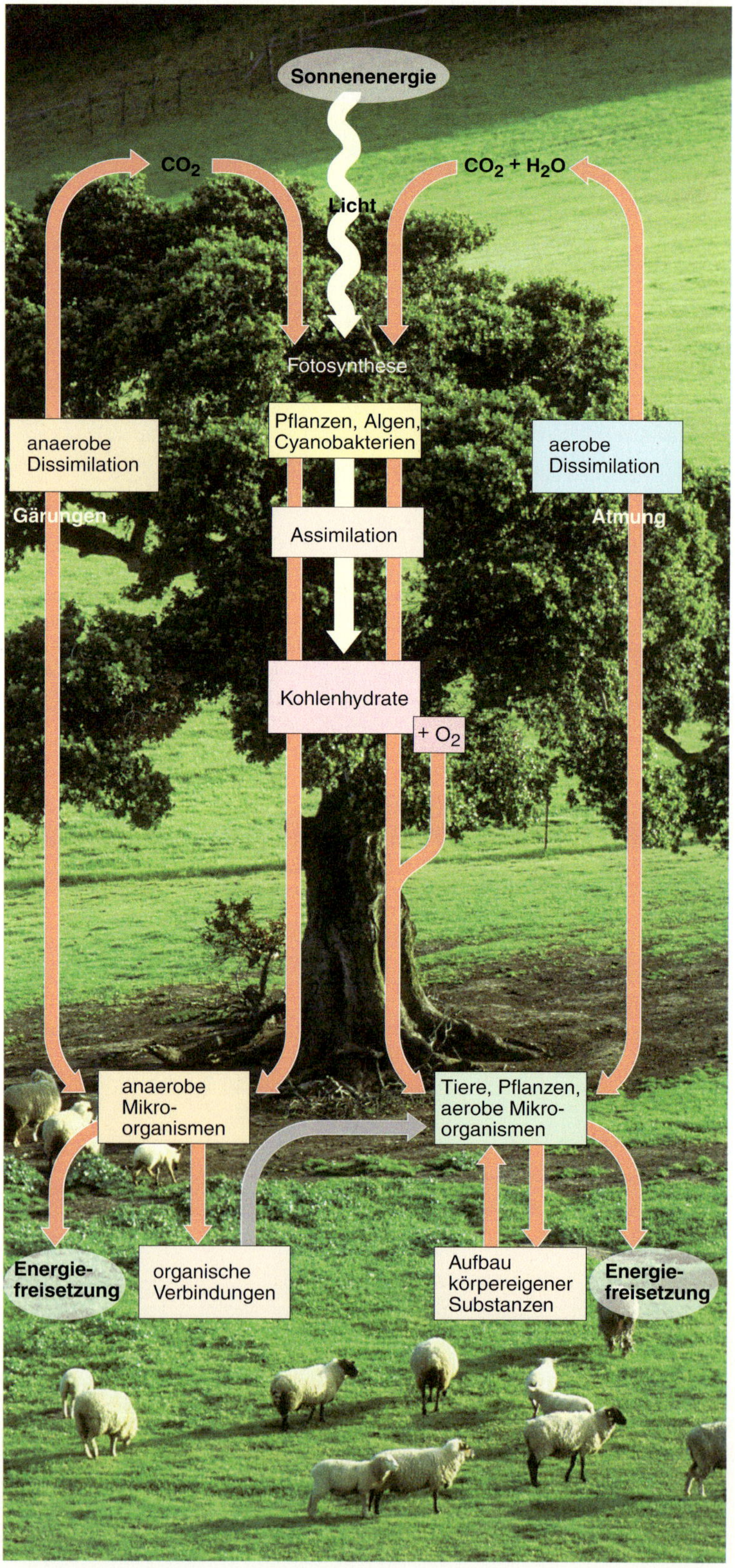

1 Energie bereitstellende Stoffwechselprozesse

Wassertransport der Pflanze

Mammutbäume haben Stammhöhen von 100m oder mehr. Das Wasser muss aus dem Boden in die Blätter in 100m Höhe gelangen. Haupttriebkraft der enormen Transportleistung ist die Verdunstung der Wassermoleküle an der Blattoberfläche, die *Transpiration*. Die Wärmestrahlung der Sonne senkt die relative Luftfeuchte und vergrößert so das Konzentrationsgefälle des Wassers zwischen der Luft und dem Blattinnern, die Transpiration nimmt zu. In den Blättern entsteht ein Wasserdefizit, das durch Wasser aus den Blattzellen und den feinen Blattadern ausgeglichen wird. Dies bewirkt einen *Transpirationssog.*

Aufgrund der Dipoleigenschaften des Wassers halten Wasserfäden von den Blattadern über die Blattstiele und die *Leitungsbahnen* bis in die Wurzelspitzen fest zusammen. In den Leitungsbahnen der Laubbäume strömt das Wasser mit Geschwindigkeiten von 4 bis 44 m/h, in Lianen sogar mit 150 m/h. Misst man bei großen Bäumen die Wasserbewegung, so ist sie nachts nicht nachweisbar. Am Morgen beginnt die Wasserbewegung in der Krone und setzt sich über den Stamm bis zur Wurzel fort. In der Mittagszeit kann der Transpirationssog so groß werden, dass nicht genügend Wasser nachgeliefert werden kann und im Baumstamm ein Unterdruck entsteht. Daher sind einige Baumstämme zur Mittagszeit messbar schlanker als nachts. Durch spiralige Leisten sind die Zellwände der Leitungsbahnen ähnlich wie bei einem Staubsaugerschlauch versteift, sodass diese nicht durch den Unterdruck kollabieren können.

An Wurzelstümpfen frisch gefällter Bäume oder verletzten Baumstämmen tritt Flüssigkeit aus. Dies ist eine Folge des *Wurzeldruckes.* Er ist mit 5 000 hPa im Vergleich zum Transpirationssog von 930 000 hPa minimal und würde nur bis zu einer Baumhöhe von 10 m reichen. Er scheint dadurch zustande zu kommen, dass aus dem Cytoplasma stoffwechselaktiver Zellen osmotisch wirksame Substanzen ausgeschieden werden, denen das Wasser folgen muss. Das herausdiffundierende Wasser erzeugt den Wurzeldruck. Dieser erfordert den Aufwand von Stoffwechselenergie. Die biologische Bedeutung des Wurzeldrucks liegt darin, dass er selbst bei einer Luftfeuchtigkeit von fast 100 % einen Wassertransport gewährleisten kann. Im tropischen Regenwald ist er besonders entscheidend.

Im Gewebe des Blattes verlaufen Leitbündel. Äußerlich sind sie als Blattadern erkennbar. Sie dienen der Festigkeit und Stabilität der Blätter und ihrer Versorgung mit Wasser und Mineralien. Die Wassermoleküle haben nur noch eine geringe Diffusionsstrecke zu den fotosynthetisch aktiven Zellen zurückzulegen. Außerdem gelangt der Wasserdampf auch leicht zu den Spaltöffnungen und kann dort verdunsten.

1 Blatt mit Leitbündeln

Im Spross der Pflanze befinden sich die Leitgefäße. Sie bestehen aus zwei Teilen. Im *Xylem* strömt das Wasser von der Wurzel in die Sprossachse und die Blätter. Das *Phloem* transportiert die Fotosyntheseprodukte aus den Blättern und verteilt sie in der Pflanze. Die Röhrensysteme des Xylems sind aus Zellen entstanden, die abgestorben und deren Querwände aufgelöst sind. Die Röhren erreichen eine durchschnittliche Länge von bis zu 10 cm.

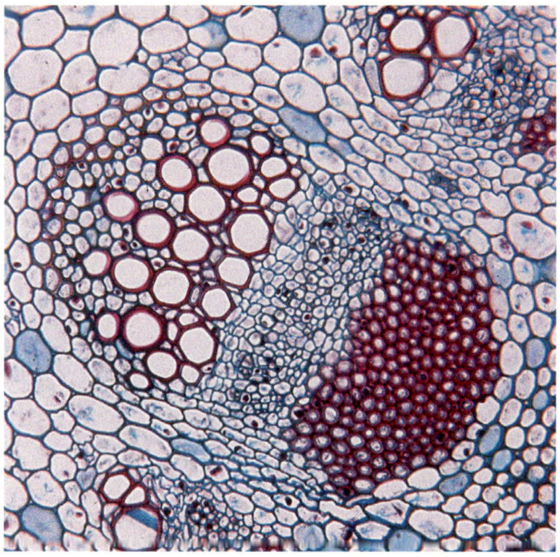

2 Leitgewebe

Die Wurzeln dringen mit ihren Wurzelhaaren in die mit Wasser gefüllten Hohlräume des Bodens. Wasser wird auf osmotischem Wege direkt in das Cytoplasma der Zellen aufgenommen oder es diffundiert in die Zellwände der Wurzelhaare. Auf dem Weg des Wassers von der Rinde in den Zentralzylinder liegt der *Caspary'sche Streifen*, eine wasserundurchlässige Einlagerung in den Zellwänden. Hier gelangt das Wasser aktiv aus den Zellwänden ins Cytoplasma.

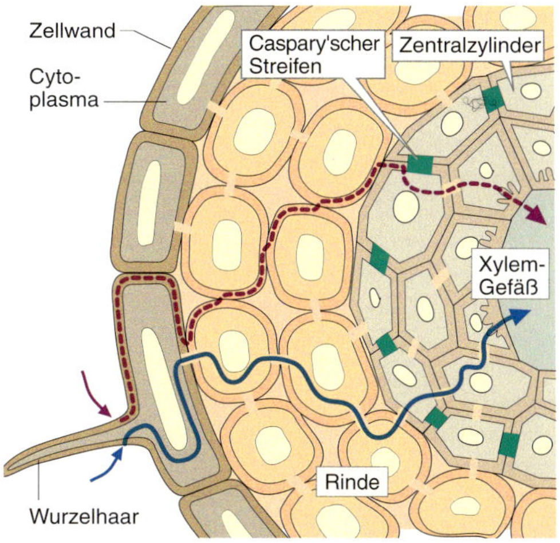

3 Weg des Wassers in der Wurzel

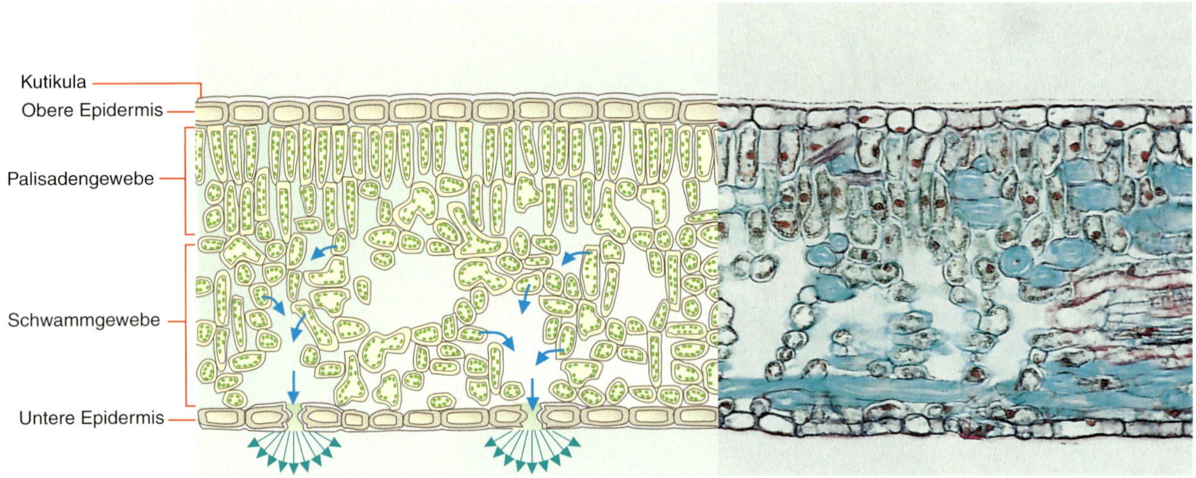

1 Zeichnung und mikroskopische Aufnahme eines Blattquerschnittes

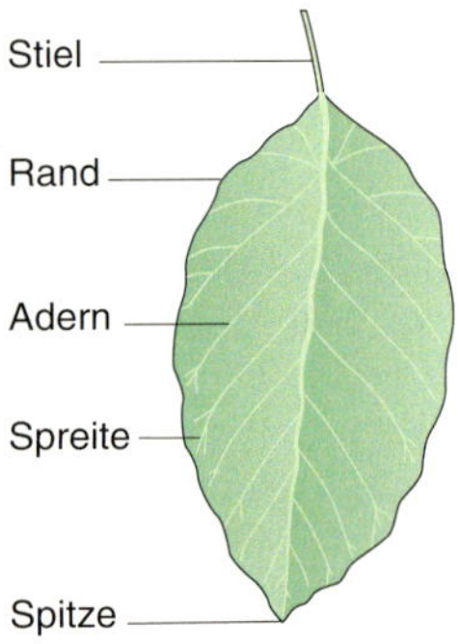

Das Laubblatt – Fotosynthese- und Transpirationsorgan

Zwei Funktionen sind es, die die Morphologie des Laubblattes prägen: *Transpiration* und *Fotosynthese*. Für den Vorgang der Fotosynthese sind Kohlenstoffdioxid, Wasser und Licht erforderlich. Er findet nur in jenen Zellen, die Chloroplasten tragen, statt. Die Wasserdampfabgabe in Form der Transpiration erfolgt über das Abschlussgewebe des Blattes, die *obere* und *untere Epidermis*. Eine Epidermis besteht in der Regel aus einer einlagigen Zellschicht. Sie ist frei von *Chloroplasten* und enthält somit kein *Chlorophyll*. Die äußeren Zellwände der Epidermis sind verdickt und schließen lückenlos aneinander. Auf die Zellen aufgelagert ist die *Kutikula*, eine für Wasser und Gase schwer durchlässige Wachsschicht. In der Regel auf der Blattunterseite erkennt man die *Spaltöffnungen* (Stomata). Sind sie geöffnet, so können Gase wie Sauerstoff, Kohlenstoffdioxid und Wasserdampf durch sie diffundieren.

Im mikroskopischen Bild eines Blattquerschnittes fallen besonders die großen, senkrecht zur Blattoberseite stehenden, zylindrischen Zellen auf. Sie stehen dicht gedrängt. Lediglich feine Spalten durchziehen dieses Gewebe. Diese Zellschicht wird als *Palisadengewebe* bezeichnet, da die Zellen im Schnitt wie Pfähle einer *Palisadenwand* aufgereiht sind. Das Palisadengewebe kann ein- oder mehrschichtig sein, es enthält etwa 80 % der Chloroplasten eines Blattes und erscheint im mikroskopischen Querschnittsbild daher meist intensiv grün gefärbt. Die Palisadenzellen sind der Hauptort der Fotosynthese.

Unter der Palisadenschicht liegt das Schwammparenchym, dessen Zellen sehr unterschiedliche und unregelmäßige Formen und wenige Chloroplasten besitzen. Man erkennt zahlreiche Zwischenräume, die so genannten *Interzellularen*, die untereinander in Verbindung stehen und mit den in der unteren Epidermis liegenden Spaltöffnungen und den feinen Spalten zwischen manchen Palisadenzellen Kontakt haben. Aufgrund des weit verzweigten Interzellularsystems ist die innere Zelloberfläche 100-mal so groß wie die Blattoberfläche. Hierdurch wird ein intensiver Stoffaustausch ermöglicht.

Eingebettet in Palisaden- und Schwammgewebe liegen die *Blattleitbündel*, die wie Adern das Blatt durchziehen. Über sie werden alle Teile des Blattes mit Wasser und Nährsalzen versorgt. Fotosyntheseprodukte, die nicht im Blatt gespeichert werden, gelangen über die Blattleitbündel in die Sprossachse und die Wurzel.

Aufgaben

① Ordnen Sie den vier in der Abbildung 1 genannten Geweben und zusätzlich dem Leitbündel (s. Seite 95) folgende Funktionen zu: mechanische Festigung, Fotosynthese, Gasaustausch, Lichtabsorption, Mineralstofftransport, Wasserdampfabgabe, Verdunstungsschutz.

② Beweisen Sie die Richtigkeit der Behauptung: Das Blatt ist das wichtigste Austausch- und Synthesezentrum der Pflanze.

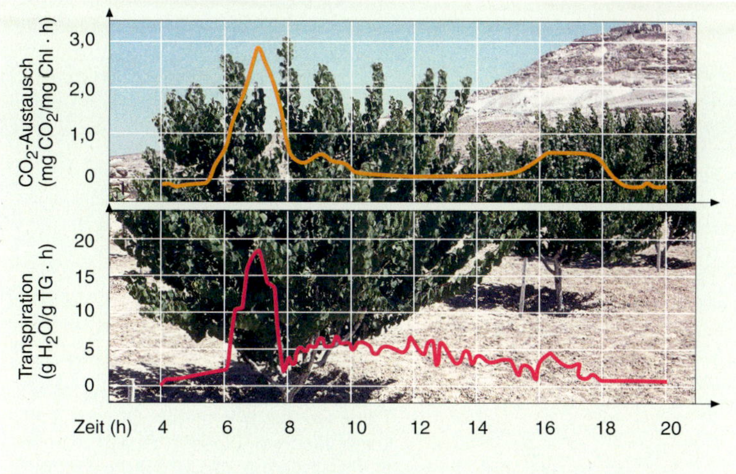

1 Transpirationsrate und Gasaustausch im Tagesverlauf

Pflanzen machen Mittagspause

Pflanzen können die Öffnungsweite ihrer *Spaltöffnungen (Stomata)* verändern. Mit zunehmender Lichtintensität im Laufe des Vormittags vergrößert sie sich, dagegen schließen sich in trockenen Lebensräumen die Spaltöffnungen zur Mittagszeit. Erst am späten Nachmittag öffnen sie sich erneut.

Parallel zu diesen Bewegungsvorgängen verändert sich die *Transpirationsrate*, was vermuten lässt, dass der Wasserdampf fast ausschließlich über die Spaltöffnungen *(stomatäre Transpiration)* entweicht. Messungen bei geschlossenen Stomata belegen, dass die Transpiration durch die Kutikula *(kutikuläre Transpiration)* sehr gering ist.

Die meisten Blätter besitzen zahlreiche Stomata. Die Summe aller Öffnungen beträgt jedoch nur 0,5 bis 2% der Blattfläche. Trotzdem verdunstet ein Blatt mittels stomatärer Transpiration bis zu 60% der Wasserdampfmenge, die eine gleich große, unbedeckte Wasseroberfläche abgibt.

Die von der offenen Fläche verdunstenden Moleküle diffundieren in die gleiche Richtung und behindern sich gegenseitig. Demgegenüber können über eine Vielzahl kleiner Poren, die zusammen die gleiche Fläche ergeben, in der gleichen Zeit wesentlich mehr Wassermoleküle austreten. Dies liegt daran, dass sich über jeder Pore eine halbkugelförmige Wasserdampfkuppe bildet und die Wassermoleküle ohne gegenseitige Störungen auch nach den Seiten diffundieren können *(Randeffekt)*.

Alle Poren sind umgeben von zwei meist bohnenförmigen *Schließzellen*, die in ihrer Mitte einen Spalt freilassen und sich an ihren Enden berühren. Ihre unmittelbaren Nachbarzellen werden als *Nebenzellen* bezeichnet. Sie gehören ebenfalls zum Spaltöffnungsapparat. Die Schließzellen enthalten als einzige Zellen der Epidermis Chloroplasten, sie können also Fotosynthese betreiben. Eine weitere Besonderheit ist die unterschiedliche Verdickung der Zellwände. Die Außen- und Innenwände sind besonders massiv gebaut. Damit sind sie relativ starr und formstabil. Demgegenüber sind die an die Nebenzellen grenzenden Zellwände unverdickt und folglich elastisch. Auch die dem Spalt zugewandte Seite der Schließzellen besitzt einen dünnen, elastischen Bereich. Erhöht sich der Innendruck *(Turgor)* der Schließzellen, so dehnen sich die elastischen Rückenwände. Die Zellen wölben sich in die Nebenzellen hinein. Da die Außen- und Innenwände relativ starr sind, wird die etwas elastische Bauchseite durch die Bewegung der Rückenseite nachgezogen. Die Gestalt der Schließzellen wird stärker bohnenförmig, der Spalt öffnet sich.

Die Öffnungsweite des Spaltes hängt ausschließlich vom Turgor der Schließzellen ab. Da bei Wassermangel auch in diesen Zellen der Turgor abnimmt, wird verständlich, dass sich die Stomata unter diesen Bedingungen schließen. Der Spaltenschluss schränkt die Transpiration ein.

Abbildung 1 zeigt, dass die Öffnungsweite der Schließzellen indirekt von der Lichtintensität beeinflusst wird. Begast man das Interzellularsystem mit kohlenstoffdioxidfreier Luft, so öffnen sich die Spaltöffnungen auch im Dunkeln. Daraus folgt, dass die Lichtintensität die Öffnungsweite der Stomata nur indirekt über die Konzentration des Gases CO_2 steuert.

Aufgrund der unterschiedlichen wissenschaftlichen Befunde versteht man heute die Bewegung der Spaltöffnungen als ein kompliziertes physiologisches Geschehen. Die unmittelbare Ursache der Spaltöffnungsbewegung ist die Differenz zwischen dem Turgor in den Schließzellen und dem in den angrenzenden Nebenzellen. Die Turgorschwankungen aber werden von mehreren miteinander in Wechselwirkung stehenden Regelkreisen kontrolliert, bei denen Lichtintensität, Kohlenstoffdioxidkonzentration und die Umverteilung von Kaliumionen zwischen den Zellen wichtige Größen sind.

Transpiration

Blätter verdunsten Wasser

Material: Beblätterte Zweige von Flieder, Bohnenpflanzen o. ä., 6 Messzylinder (100ml), Vaseline und Paraffinöl

Durchführung: Schneiden Sie 5 gleich große Zweige mit jeweils derselben Anzahl von etwa gleich großen Blättern ab. Stellen Sie die Zweige in die mit Wasser gleich hoch gefüllten Gefäße:

Gefäß-Nr.
1 Kontrollprobe ohne Zweig
2 Zweig, von dem die Blätter abgetrennt wurden
3 Zweig mit Blättern (unbehandelt)
4 Zweig mit Blättern, deren Unterseiten dünn mit Vaseline bestrichen wurden
5 Zweig mit Blättern, deren Oberseiten mit Vaseline dünn bestrichen wurden
6 Zweig mit Blättern, deren Ober- und Unterseiten dünn mit Vaseline bestrichen wurden.

Gießen Sie zum Schluss auf die Wasseroberfläche eine dünne Schicht Paraffinöl (Abb. unten). Messen Sie alle 24 Stunden die Wasserstandshöhe in den Gefäßen. Bilden Sie die Differenzen zum jeweiligen Ausgangswert.

Aufgaben

① Stellen Sie diese Ergebnisse grafisch dar und deuten Sie die Befunde.

Blattoberseite und -unterseite

Material: Blätter einer Tulpe oder von Tradescantia, Mikroskop, Objektträger, Deckgläschen, Wasser, Pipette, Pinzette, Rasierklinge, 10%ige Natriumchloridlösung

Durchführung: Legen Sie ein Blatt mit der Unter- bzw. Oberseite nach oben über einen Bleistift und ritzen Sie es mit der Rasierklinge etwas ein (s. Abb.). Erfassen Sie mit der Pinzette die Schnittkante und ziehen Sie ein Stück der äußeren Gewebeschicht (Epidermis) vorsichtig ab.

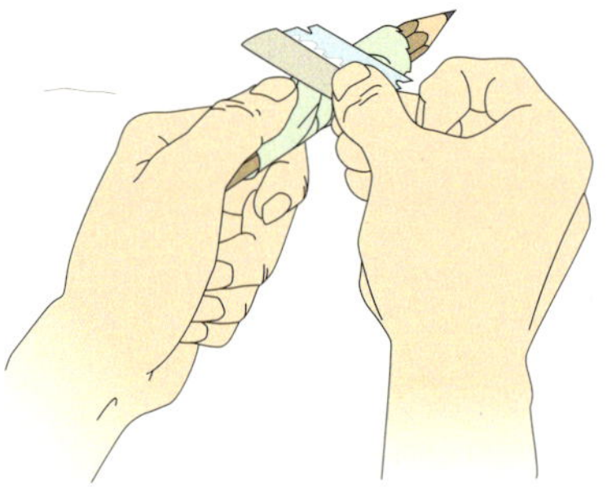

② Mikroskopieren Sie je ein kleines Gewebestück der Ober- und Unterseite des Blattes. Fertigen Sie Ausschnittskizzen an. Zeichnen Sie insbesondere die Strukturen genau, über die eine Wasserabgabe erfolgen könnte.
Ermitteln Sie die Anzahl der Epidermiszellen im Sehfeld. Wie groß ist der prozentuale Anteil der Zellen, die die Spaltöffnungen umschließen?

③ Geben Sie anschließend zu dem Gewebestück der Blattunterseite einige Tropfen Natriumchloridlösung. Beobachten Sie unter dem Mikroskop und deuten Sie.

Anfärben einer Schließzelle

Material: Trandescantia-Blatt, dickwandiges Glas mit durchbohrtem Stopfen und Schlauchanschluss, wässrige Neutralrotlösung 1 : 10 000, Wasserstrahlpumpe

Durchführung: Legen Sie das Blatt in die Neutralrotlösung und infiltrieren Sie die Farblösung einige Minuten im Vakuum. Ziehen Sie Stückchen der oberen und der unteren Epidermis ab und vergleichen Sie.

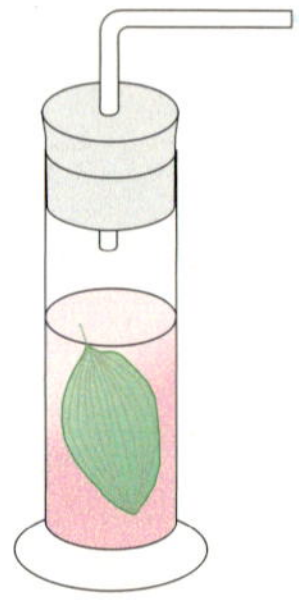

Porusgröße und Blattfläche

Material: Blätter einer Tulpe, Iris oder Tradescantia, Mikroskop, Objektträger, Deckgläschen, Wasser, Pipette, Pinzette, Rasierklinge, Okularmikrometer und Objektmikrometer.

Durchführung: Präparieren Sie wie oben angegeben ein Gewebestück der Blattunterseite. Eichen Sie das Okularmikrometer.

④ Zählen Sie die Spaltöffnungen auf 1 mm². Messen Sie mithilfe des Okularmikrometers die Länge und Breite von 10 Spaltöffnungen und bestimmen Sie die Mittelwerte. Nehmen Sie stark vereinfacht an, dass Spaltöffnungen rechteckig seien. Berechnen Sie die Fläche eines Porus, die Fläche aller Pori pro mm² Blattfläche und ihren prozentualen Anteil.

Der Randeffekt

Material: 5 Petrischalen, Filterpapier, Korkbohrer (siehe Tab.), Stecknadel, Wasser, Pipette, Waage (10mg-Skala).

Durchführung: Legen Sie die Böden der Petrischalen mit zwei Lagen Filterpapier aus. Pipettieren Sie 6 ml Wasser darauf. Stanzen Sie, den Angaben in der Tabelle entsprechend, Löcher in die Alufolie, mit der Sie die Petrischalen abdecken.

Petrischale	Durchmesser	Anzahl
1	ganz geschlossen	
2	14 mm	1
3	7 mm	4
4	5 mm	8
5	0,5 mm	784

Wiegen Sie die Petrischalen sofort und nach jeweils 30 min.

⑤ Berechnen Sie jeweils die Gesamtfläche und den Umfang der Löcher und die Gewichtsdifferenzen. Deuten Sie das Ergebnis und beziehen Sie Ihre Ergebnisse auf die Transpiration bei Pflanzen.

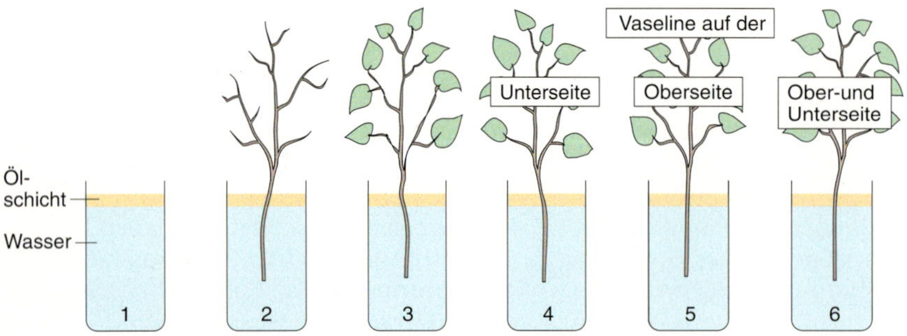

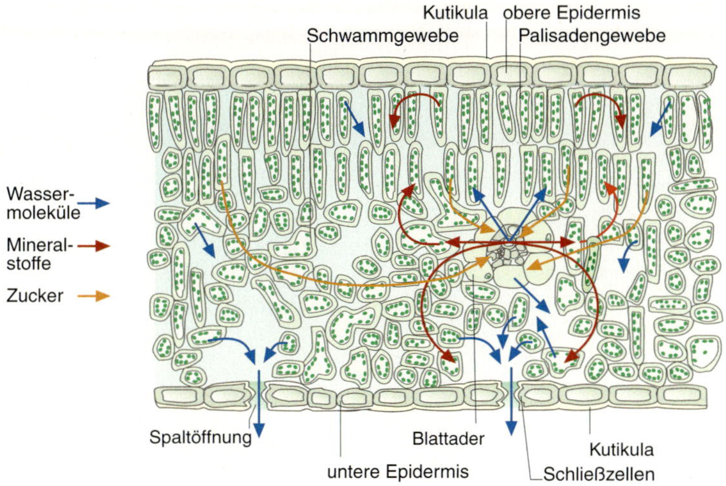

1 Blattquerschnitt mit Transportwegen

Wasser als Transportmittel

Adhäsion
Zusammenhaltevermögen der Teilchen eines Stoffes

Kohäsion
Anhaftevermögen der Teilchen unterschiedlicher Stoffe

Ein heißer Sommertag führt auch bei Pflanzen zu außergewöhnlichen Belastungen. Eine Sonnenblume mit ihren 15 bis 20 Blättern verdunstet etwa 1 Liter Wasser pro Tag. Eine ausgewachsene Birke mit ca. 200 000 Blättern und einer Gesamtblattfläche von etwa 300 m^2 gibt bis zu 400 Liter Wasser an die Atmosphäre ab. Sollen die Pflanzen nicht welken, muss die abgegebene Wassermenge ständig über die Wurzeln nachgeliefert werden.

Das Wasser erfüllt dabei zumindest vier Transportfunktionen. Es sind dies:
- die Aufnahme von Wasser und der in ihm gelösten Mineralstoffe
- die Aufwärtsbewegung des Xylemsaftes
- die Abgabe des Wassers in Dampfform bei der Transpiration
- der Abwärtstransport von organischen Nährstoffen.

Das Wasser mit den darin enthaltenen Stoffen bewegt sich dabei nicht nur von Zelle zu Zelle. Hinzu kommen ein Kurzstreckentransport von Gewebe zu Gewebe oder Organ zu Organ und schließlich der Weg über lange Strecken im gesamten Organismus. Dafür reicht allerdings ein Wassertransport auf osmotischem Weg nicht aus.

Die Doppelfunktion der Leitbündel

Das von der Wurzel über die Achsen bis in die Blätter reichende Leitbündelsystem besteht aus lang gestreckten, toten Zellen, dem *Xylem*, und aus lebenden Siebröhren und Geleitzellen, dem *Phloem*. Aufgabe des Xylems ist es, Wasser und die in ihm gelösten anorganischen Ionen aus dem Bereich der Wurzeln in die oberirdischen Pflanzenteile zu transportieren und dort zu verteilen. Das meiste Wasser wird über die *Stomata* der Blätter wieder abgegeben. Nur ein geringer Teil des Wassers und die Mehrheit der Nährstoffionen bleiben in den Zellen (Abb. 1).

Der Transport der anorganischen Ionen

Grundsätzlich kann die Pflanze Mineralstoffe nur in gelöster, d. h. in Ionenform aufnehmen. Die Ionen müssen die Zellmembran passieren. Durch aktive und passive Transportmechanismen (s. Seite 68) wird sowohl über die Art als auch die Menge der aufzunehmenden Ionen entschieden.

Sind die Ionen in die Epidermiszellen der Wurzel gelangt, werden sie von dort aus mit dem Wasserstrom durch die Rindenzellen, ihre innerste Schicht, die *Endodermis*, zum *Zentralzylinder* geleitet. In ihm verlaufen die Leitbündel. Das Xylem nimmt das Wasser mit den darin gelösten Ionen auf. Wurzeldruck und Transpirationssog sorgen dafür, dass der Xylemsaft nach oben getrieben wird. Wichtigste Voraussetzung dafür, dass sich in den Gefäßen der Sprossachsen kapillare Wasserfäden ausbilden können, sind die Adhäsions- und Kohäsionskräfte des Wassers. Sie sorgen dafür, dass die Wasserfäden über große Strecken nicht abreißen. An den Endstationen des Wassertransportes werden die Mineralstoffionen im Gewebe verteilt. Der Großteil des Wassers transpiriert über die Blätter.

Zuckertransport im Phloem

Der Transportstrom im Phloem ist dem im Xylem entgegen gerichtet. Über das Phloem wird Zucker meist in Form von Saccharose von den Orten der Fotosynthese, wir nennen sie *source* (Quelle), zu den Orten des Bedarfs, *sink* genannt, transportiert. Die Abgabe des Zuckers in das Phloemgewebe hinein erfolgt durch aktiven Transport. Dabei erreichen Protonenpumpen die Anreicherung des Zuckers in den Siebröhren mit hoher Konzentration. Diese ist die Ursache dafür, dass auf osmotischem Wege Wasser in die Zellen einströmt. So baut sich ein Druck auf, der den Phloemsaft vom Ort der hohen Zuckerkonzentration im *source*-Bereich zu den *sink*-Organen treibt. Diese Erscheinung bezeichnet man als den *Massen-* oder *Druckstrom* des Phloemsaftes.

Mineralstoffhaushalt der Pflanze

Den größten Teil des *Frischgewichtes* lebender Pflanzen macht das Wasser aus. Daher ist der Wasserhaushalt ein zentrales Problem der Stoffwechselvorgänge in der Pflanze. Den Wassergehalt ermittelt man, indem die Pflanzen oder Pflanzenteile so lange bei 105 °C getrocknet werden, bis das Gewicht konstant bleibt. Erhitzt man diese Trockensubstanz unter Luftzufuhr auf hohe Temperaturen, so entweicht ein Teil der Elemente als Verbrennungsgas (CO_2 oder SO_2), während zahlreiche andere Elemente in der Asche zurückbleiben. In dieser Asche befinden sich alle mineralischen Bestandteile, die von der Pflanze aufgenommen werden.

1 Magnesiummangel bei Getreide

	Element		aufgenommen als	Hauptfunktionen im Stoffwechsel
Makroelemente	C	Kohlenstoff	CO_2	Hauptbestandteil organischer Verbindungen
	O	Sauerstoff	CO_2, O_2, H_2O	
	H	Wasserstoff	H_2O	
	N	Stickstoff	NO_3^-, NH_4^+	Bestandteil von Aminosäuren, Proteinen, Nucleinsäuren
	S	Schwefel	SO_4^{2-}	Bestandteil von Aminosäuren, Proteinen, Coenzymen
	P	Phosphor	$H_2PO_4^-$, HPO_4^{2-}	Bestandteil von Nucleinsäuren, Phospholipiden, ATP
	K	Kalium	K^+	Regulierung des Wasserhaushaltes und des pH-Wertes
	Ca	Calcium	Ca^{2+}	Mitwirkung am Zellwandaufbau, Stabilisierung von Membranstrukturen
	Mg	Magnesium	Mg^{2+}	Bestandteil des Chlorophylls, Aktivierung von Enzymen
	Fe	Eisen	Fe^{3+}, Fe^{2+}	Bestandteil von Cytochromen, Aktivierung von Enzymen
Mikroelemente	Mn	Mangan	Mn^{2+}	Aktivierung von Enzymen
	B	Bor	$H_2BO_3^-$	Cofaktor bei der Chlorophyllsynthese
	Cu	Kupfer	Cu^+, Cu^{2+}	Bestandteil von Redoxsystemen
	Zn	Zink	Zn^{2+}	Aktivierung von Enzymen, Beteiligung an der Chlorophyllsynthese
	Mo	Molybdän	MoO_4^{2-}	Mitwirkung im Stickstoff-Stoffwechsel
	Cl	Chlor	Cl^-	Mitwirkung bei der Fotolyse des Wassers, Regulierung des Wasserhaushaltes
	Ni	Nickel	Ni^{2+}	Cofaktor im Stickstoff-Stoffwechsel

2 Essenzielle Elemente und ihre Funktion im pflanzlichen Stoffwechsel

Aus den *Aschenanalysen* allein kann jedoch nicht geklärt werden, ob diese Elemente für die Pflanze lebensnotwendig, d. h. *essenziell* sind, oder ob sie aus dem Boden nur zufällig als Ballaststoffe aufgenommen und in der Pflanze abgelagert werden.

Genaue Aufschlüsse darüber, welche Elemente essenziell sind, erhält man durch Wasserkulturen. Hierbei kultiviert man Pflanzen in Nährlösungen mit genau festgelegten Konzentrationen der einzelnen Elemente und deren Verbindungen. Fehlt ein Element, kann man *Mangelerscheinungen* beobachten. Diese zeigen sich im Vergilben der Blätter, am kümmerlichen Wachstum oder am Absterben von Pflanzenteilen.

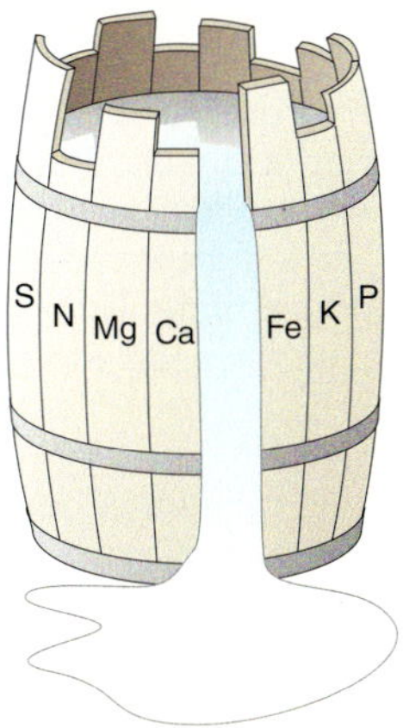

Gesetz des Minimums von LIEBIG

Aus solchen und ähnlichen Experimenten konnte man eine Liste der essenziellen Elemente ermitteln. Nach der Menge des Bedarfs unterscheidet man Makro- oder Mengenelemente und Mikro- und Spurenelemente. *Makroelemente* sind Elemente, die in größeren Mengen gebraucht werden. Hierzu gehören: C, H, O, N, S, P, K, Ca, Mg, Fe. *Mikroelemente* sind nur in kleinsten Mengen erforderlich, aber unentbehrlich: Mn, B, Cu, Zn, Mo, Cl, Ni. Von den meisten der genannten Elemente kennt man auch ihre Funktionen im Stoffwechsel (Abb. 100. 2).

So unterschiedlich die Aufgaben der Mineralstoffe im pflanzlichen Stoffwechsel auch sein mögen, generell lassen sich *spezifische* von *unspezifischen Funktionen* unterscheiden. Spezifische Funktionen erfüllt ein Mineralstoff dann, wenn er für die Synthese eines bestimmten Naturstoffes oder eine enzymatische Reaktion unentbehrlich ist. Ohne Stickstoff ist die Biosynthese von Proteinen und Nucleinsäuren undenkbar, ohne Magnesium kann die Pflanzenzelle keine Chlorophyllmoleküle aufbauen. Stickstoff und Magnesium erfüllen damit spezifische Funktionen.

Als unspezifisch sind Wirkungen allgemein physiologischer Natur anzusehen, etwa die Beeinflussung der osmotischen Verhältnisse in einer Zelle, Veränderungen des pH-Wertes und der elektrischen Potentiale an Membranen.

Der Bedarf an Mineralstoffen hängt sowohl von der Pflanzenart als auch dem individuellen Entwicklungszustand einer Pflanze ab. Verständlicherweise wird das Element Stickstoff von großblättrigen Pflanzen im Jugendstadium, während der Phase intensiver Proteinsynthese, in besonders großen Mengen gebraucht. Der Bedarf an Phosphor ist groß, wenn die Pflanze in das generative Stadium übertritt, d. h. Früchte und Samen bildet.

Neben Wasser entscheidet die Verfügbarkeit der Nährstoffe darüber, wie groß eine Pflanze wird und welche Masse sie produziert. Somit bestimmt die mineralische Ernährung der Pflanzen über den Ertrag. Der Chemiker JUSTUS VON LIEBIG stellte fest, dass sich die Ertragshöhe nach jedem Nährstoff richtet, der im Minimum vorhanden ist. Er begrenzt Wachstum und Ertrag.

Landpflanzen nehmen Mineralstoffe mit der Wurzel aus dem Boden auf, Wasserpflanzen mit den Wurzeln und Blättern aus dem Wasser. In der Regel erfolgt die Aufnahme in Ionenform. Wasser ist sowohl für die Aufnahme als auch für den Transport in der Pflanze unabdingbar (s. Seite 99).

Aufgaben

① Die Anzahl der für die Pflanze essenziellen Elemente wird in der Literatur in unterschiedlicher Anzahl angegeben. Sie schwankt von 16 bis 23. Finden Sie eine Erklärung für die Unterschiede.

② Welche Auswirkungen hat Wassermangel auf den Mineralstoffhaushalt einer Pflanze?

1 Pflanzen im Nährstoffmangelversuch

Boden und Düngung

Für Landpflanzen ist der *Boden* das natürliche Nährsubstrat. Er stellt den Lebensraum der Wurzel dar und steht mit ihr in enger Wechselbeziehung. Die Wurzeln absorbieren aus dem Boden Wasser und Mineralstoffe. Sie nehmen Sauerstoff zur Atmung auf und scheiden Kohlenstoffdioxid, bestimmte Ionen und in geringen Mengen auch organische Säuren aus. Der wurzelnahe Raum, die *Rhizosphäre*, wird von unzähligen Mikroorganismen besiedelt.

Ein jeder Boden besteht aus festen Bestandteilen unterschiedlicher Größe (s. Mittelspalte), aus einer flüssigen Phase (Bodenlösung) und Luft. Die Mineralien sind in oder an die festen Bodenpartikel gebunden und in gelöster Form frei in der Bodenlösung vorhanden. Sie können zwischen den beiden Phasen wechseln, stehen aber grundsätzlich nur als locker gebundene oder freie Ionen zur Verfügung.

Es ist erstaunlich, dass der Gehalt an Mineralstoffen im Wurzelgewebe das Mehrfache, oft bis zu 1000fache der Konzentration in der Bodenlösung erreichen kann. Das spricht einerseits dafür, dass die Wurzel mineralische Nährstoffe nicht nur durch Diffusion aufzunehmen vermag, andererseits beweist es ein Speichervermögen der Pflanze für Mineralien gegenüber dem Boden. Neben dem Speichervermögen besitzt die Wurzel aber auch ein Auswahlvermögen gegenüber mineralischen Nährstoffen, denn die Mineralien werden nicht in den Mengenverhältnissen aufgenommen, in denen sie in der Bodenlösung vorliegen. Dieses Wahlvermögen aber ist begrenzt und unvollständig. Das drückt sich darin aus, dass Pflanzen sich eines Ionenüberschusses nicht erwehren und sie schädliche oder physiologisch wertlose Mineralstoffe nicht ausschließen können.

Pflanze	N	P	K	Mg
Roggen	90	26	83	15
Winterweizen	130	26	115	18
Sommerweizen	110	20	83	15
Wintergerste	120	20	115	27
Sommergerste	100	20	100	13
Hafer	110	30	130	12
Winterraps	130	26	170	27
Zuckerrüben	300	44	400	45
Kartoffel	140	33	200	9
Pflückerbsen	240	30	160	18
Weiß-Klee	250	40	300	45

1 Nährstoffentzug von Pflanzen pro Jahr (kg/ha)

Korngröße der festen Bodenbestandteile
(Durchmesser)
über 20 mm: Steine
20 bis 2 mm: Kies
2 bis 0,02 mm: Sand
unter 0,02 mm: Schluff und Ton

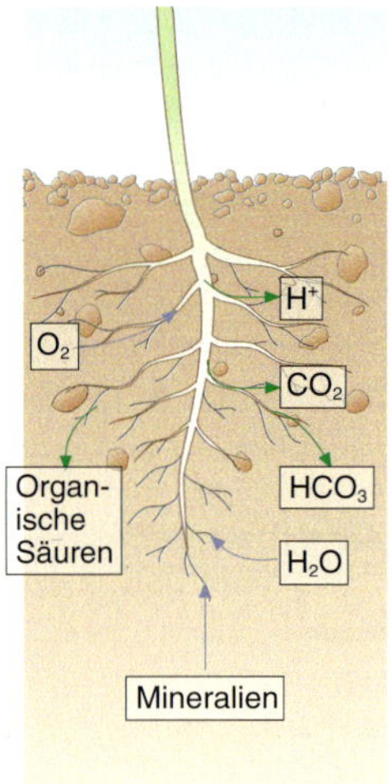

Auf landwirtschaftlich nicht genutzten Böden kehren mit dem Absterben und der Zersetzung der Pflanzen die aufgenommenen Elemente wieder in den Boden zurück. Destruenten sorgen dafür, dass die natürlichen Stoffkreisläufe geschlossen werden. Werden Acker- oder Wiesenflächen aber abgeerntet, wird den Stoffkreisläufen durch das Erntegut eine große Menge an Pflanzennährstoffen entzogen. Dadurch verarmt der Boden an bestimmten Ionen. Mangel besteht häufig an Stickstoff, Phosphor und Kalium. Der Landwirt wird durch Düngung dem Boden die fehlenden Elemente wieder zufügen, um über Jahre einen ergiebigen Ertrag zu sichern.

Organische Dünger und Düngersalze

Als Düngemittel können organische Stoffe, wie Stalldung, Kompost und Gülle, oder Düngesalze verwendet werden. Organische Dünger bringen neben den Nährstoffen auch den für die Bodenstruktur wichtigen Humus ein. Die Anzahl der Kleinlebewesen steigt dadurch beachtlich an.

Düngesalze, wie Kali, Thomasphosphat oder Salpeter, ersetzen die fehlenden Nährstoffe und stehen den Pflanzen rasch zur Verfügung. Auf sachgerechten Einsatz, die geeignete Menge und Düngeform und den richtigen Zeitpunkt der Ausbringung muss dabei der Landwirt besonders achten. Bei der Aufnahme eines Nährions unterscheidet die Pflanze nicht, ob es aus organischem Material oder einem Düngesalz frei gesetzt worden ist.

Aufgaben

① Mineralischen Düngemitteln sagt man eine Kurzzeit-, organischen Düngestoffen eine Langzeitwirkung nach. Worauf beruhen diese Wirkzeitunterschiede?

② Der Landwirt teilt Kulturen bezüglich des Mineralstoffbedarfs in stark und schwach zehrende ein. Ordnen Sie unter Zuhilfenahme von Abbildung 1 Roggen, Weizen, Gerste, Klee, Kartoffeln und Zuckerrüben dieser Einteilung zu. Worauf basiert diese Einteilung?

③ Manche Landwirte und Verbraucher machen sich Sorgen, dass über organische Düngestoffe, Antibiotika, Hormone und Pflanzenschutzmittel in den Boden gelangen. Welche Folgen könnte das haben?

Mineralstoffhaushalt

Mineralstoffgehalt

Material:
Pflanzenmaterial (Samen, Blätter, Holz, Kartoffeln o. ä.)

Geräte:
Waage, Uhrglas, Veraschungstiegel, Dreifuß, Draht-Dreieck, Bunsenbrenner, Exsikkator, Wärmeschrank

Durchführung:
Wägen Sie 10 g Pflanzenmaterial ab. Trocknen Sie es bei 105 °C bis zur Gewichtskonstanz. Notieren Sie das Gewicht der Trockenmasse. Überführen Sie das trockene Material in einen Veraschungstiegel. Wägen Sie aus. Erhitzen Sie nun den Tiegel über einer offenen Flamme. Achten Sie darauf, dass dabei kein Probenmaterial verloren geht. Wenn der Kohlenstoff verbrannt ist, nimmt die Asche eine weißgraue Farbe an. In diesem Zustand kann nach dem Abkühlen in einem Exsikkator der Tiegel samt der Asche gewogen werden.

Aufgaben

① Berechnen Sie den Wasser- und Mineralstoffgehalt und notieren Sie die Werte in einer Tabelle: Einwaage (g), Wassergehalt (%), Aschegehalt (%)

② Wenn in einer Klasse verschiedenes biologisches Material untersucht worden ist, ordnen Sie dieses Material nach seinem Mineralstoffgehalt von wenig bis viel. Erklären Sie die unterschiedlichen Aschegehalte darin.

Löslichkeit der Mineralien

Material:
die nach Versuch „Mineralstoffhaushalt" gewonnene Asche

Geräte:
Uhrglas, Reagenzglas, Waage, evtl. Trockenschrank und Zentrifuge

Durchführung:
Die Asche wird gewogen und in ein Reagenzglas gegeben, dessen Gewicht zuvor ebenfalls ermittelt und festgehalten worden ist. Die Asche wird in 10 ml Aqua dest. gründlich suspendiert. Danach lassen Sie die nicht wasserlöslichen Bestandteile sich absetzen (zentrifugieren kann dabei hilfreich sein). Der Überstand wird in ein Uhrglas gegossen. Das Sediment verbleibt im Reagenzglas. Trocknen Sie die Proben bei 105 °C und wägen Sie die Ascherückstände aus.

Aufgabe

③ Ermitteln Sie den Anteil der wasserlöslichen und der -unlöslichen Mineralien. Geben Sie die Mengen in Prozent zum Gesamtaschegehalt an. Interpretieren Sie die Resultate vor dem Hintergrund, dass die Pflanze mineralische Nährstoffe nur in löslicher Form aufnimmt.

Eisennachweis im Gewebe

Material:
1%ige wässrige, Lösung von Kaliumhexacyanoferrat $K_4\,[(Fe(CN_6)]$, 5%ige Salzsäure, einige Senfsamen

Geräte:
Glasschälchen, Glasnadel, Objektträger, Deckglas, Mikroskop

Durchführung:
Quellen Sie Senfsamen für einen Tag in Kaliumhexacyanoferrat-Lösung (gelbes Blutlaugensalz) ein. Legen Sie einige Samen auf einen Objektträger und entfernen Sie mit einer (selbst gezogenen) Glasnadel die Samenschale. Fügen Sie verdünnte Salzsäure hinzu, legen Sie ein Deckglas auf und quetschen Sie die Samen unter leichten Druck. Mikroskopieren Sie bei schwacher Vergrößerung.

Aufgabe

④ In den sich entwickelnden Leitbündeln haben sich Eisenionen angereichert. Mit dem gelben Blutlaugensalz bilden sie eine als Berliner Blau $Fe_4\,[(Fe(CN_6)]_3$ bezeichnete Verbindung. Skizzieren Sie das im Entstehen begriffene Leibündelsystem. Formulieren Sie für diesen Eisennachweis die Reaktionsgleichung.

Nährstoffmangel

Material:
15 gut bewurzelte Tradescantia-Stecklinge, 5 x 250 ml Aqua dest. mit Nährlösung folgender Zusammensetzung (s. unten):

Geräte:
5 Weithals-Erlenmeyerkolben (250 ml) mit Pappdeckel und jeweils drei Löchern zur Aufnahme der Stecklinge, Watte, Aluminiumfolie, Präpariernadel

Durchführung:
Füllen Sie in einen der Erlenmeyerkolben Aqua dest. und in jeden der vier anderen Kolben die entsprechende Nährlösung. Beschriften Sie die Kolben wie folgt: 1) voll ernährt, 2) N-Mangel, 3) K-Mangel, 4) P-Mangel, 5) totaler Mangel
Führen Sie vorsichtig jeweils drei Stecklinge durch die Löcher in der Pappe und befestigen Sie diese mit Watte. Nachdem jeder Kolben mit den Stecklingen beschickt ist, werden die Erlenmeyerkolben zur Verhinderung von Algenbewuchs mit Aluminiumfolie umwickelt und an einen hellen Ort gestellt.

Aufgabe

⑤ Kontrollieren Sie die Kulturen in wöchentlichem Abstand bis ca. zwei Monate. Protokollieren Sie alle Auffälligkeiten des Pflanzenwachstums. Erarbeiten Sie einen Bericht: „N-, K- und P-Mangel bei Pflanzen"

Gefäß	1 Vollnährlösung	2 −N	3 −K	4 −P	5 —
Salzmengen in g/Liter:					
$Ca(NO_3)_2 \cdot 4\,H_2O$	2,5	—	2,5	2,5	—
$CaSO_4 \cdot 2\,H_2O$	—	1,8	—	—	—
KH_2PO_4	0,6	0,6	—	—	—
$MgHPO_4 \cdot 3\,H_2O$	—	—	0,7	—	—
K_2SO_4	—	—	—	0,4	—
$MgSO_4 \cdot 7\,H_2O$	0,5	0,5	0,5	0,5	—
2% wässrige Lösung von Eisencitrat	5 ml	5 ml	5 ml	5 ml	—

Pflanzennährstoff oder -schadstoff?

Wachstum ohne Düngung

Auch wenn ein Boden über Jahrzehnte nicht gedüngt wird, bringt er Pflanzenwuchs hervor. Auf einer brach liegenden Fläche entlang von Verkehrswegen, selbst auf einem unbefestigten Fußweg oder zwischen Pflastersteinen, wachsen Kräuter, manchmal auch Bäume und Sträucher. Ohne mineralische Nährstoffe kommen sie natürlich nicht aus.

Woher kommen die für das Wachstum erforderlichen Nährstoffe?
Sind es bestimmte Pflanzenarten, die solche Standorte bevorzugen?
Wie müssen ihre Nährstoffansprüche aussehen?

Düngung und Ertrag

Um hohe Erträge zu erzielen, wird gedüngt. Der Grundsatz „Viel hilft viel!" kann bei der Düngung nicht gelten. Schließlich gilt das Gesetz vom sinkenden Ertragszuwachs: Die Kurve verdeutlicht den Zusammenhang zwischen Düngergaben und Ertragsleistung.

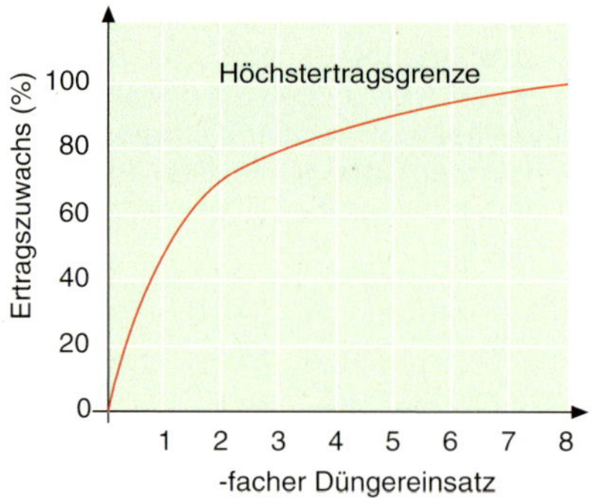

Fassen Sie das Gesetz anhand der Kurvendarstellung in einen Merksatz.
Wieso bedeutet die Berücksichtigung dieses Gesetzes in der Praxis den sinnvollen, umweltschonenenden und sparsamen Einsatz von Mineraldünger?
Wie kann man in der landwirtschaftlichen Praxis erreichen, dass sich die Düngergaben am Bedarf orientieren?

Salzschäden

Eigenartig: Salze setzt der Mensch einerseits ein, um hohe Erträge auf landwirtschaftlichen Nutzflächen zu erreichen, andererseits schadet er damit Pflanzen oder vernichtet sie sogar. Dabei können es oftmals die gleichen Mineralsalze sein, mit denen gedüngt oder Wildkräuter bekämpft werden. Die Dosis ist entscheidend: Magnesium und Chlorid sowie in einigen Fällen auch Natrium sind Mineralstoffe, die von Pflanzen als Nährstoffe aufgenommen und im Stoffwechsel benötigt werden. Als relativ unempfindlich gelten z. B. die Küchenzwiebel, Tabak und Sellerie. Chloridempfindlich sind Weizen, Apfelbäume und Kastanien.

Das Bild zeigt deutliche Salzschäden, wie sie häufig an Straßenbäumen zu beobachten sind. Woran erkennt man solche Schäden? Können Sie die Symptome deuten? Worauf sind solche Schäden in der Regel zurückzuführen? Welche chemische Zusammensetzung haben Streusalze für den Winterdienst?

Sehen Sie Möglichkeiten, solche Salzschäden einzuschränken?
Wieso tritt auch auf intensiv genutzten Böden kein Chloridmangel ein?
Gelegentlich wird auf kleinen Flächen die Bekämpfung von Wildkräutern und -Gräsern durch Ausstreuen von Kochsalz durchgeführt. Worauf beruht der herbizide Effekt des Salzes?

Schadstoff statt Nährstoff

Das natürliche Nährsubstrat der Pflanzen, der Boden, gerät in Gefahr. Auf ihn wirken gefährdende und schädigende Faktoren ein. Salzanreicherung und Überdüngung, Vergiftung durch Pestizide sowie Schadstoffeintrag aus der Luft führen dem Boden Stoffe zu, die direkte, schädigende Auswirkungen auf die Pflanzen haben.

Immissionsbelastungen	in t/a
organische Verbindungen	1600000
Chlorkohlenwasserstoffe	200000
Blei	5600
Cadmium	235
NO_2	3100000
SO_2	3000000
Staub	700000
Streusalz	800000
Pestizide	31500

Welche Stoffe der Tabelle können sowohl Nährstoffe als auch Schadstoffe sein?
Worin liegen dafür die Ursachen?
Welche Maßnahmen des Umweltschutzes helfen, die Leistungsfähigkeit des Bodens zu erhalten?
Welche Folgen für die Pflanzenernährung hat der saure Regen?

Mineralsalze als Standortfaktor

Viele Landwirte ersetzen im Interesse hoher Hektarerträge die infolge der Ernte dem Boden entnommenen Nährstoffe durch Düngergaben in organischer Form oder mineralischer Düngesalze. Der biologisch-ökologische Landbau versucht, geschlossene Stoffkreisläufe zwischen Boden, Pflanzen, Tier und Mensch zu erhalten. Kennzeichnend hierfür ist die Pflege der im Boden vorkommenden Organismen durch umsichtige Bearbeitung und Düngung. Als Dünger werden vorwiegend organische Materialien, wie Stalldung, Kompost oder Pflanzenmasse *(Gründüngung)* verwendet. Die Erträge liegen im ökologischen Landbau meist unter denen der industrialisierten Landwirtschaft. Dafür zeichnen sich die Produkte häufig durch bessere Qualität, hohen Vitamin- und Nährstoffgehalt und besondere geschmackliche Qualität aus.

Zeigerpflanzen

Die Zusammensetzung der Böden hängt in entscheidendem Maße vom Ausgangsgestein, dem Bodenentwicklungsprozess und der Bewirtschaftung ab. Humusgehalt, pH-Wert und Mineralstoffgehalt sind wichtige Kenngrößen für einen Boden.

Zettelkasten

Zeigerpflanzen

- *kalkige Böden:* Hufeisenklee, Bergklee, Warzenwolfsmilch, Gelbklee, Kriechendes Fingerkraut, Leberblümchen
- *saure Böden:* Heidelbeere, Preißelbeere, Kleiner Sauerampfer, Heidekraut
- *Humusböden:* Brennnessel, Siebenstern, Sternmoos
- *Lehmböden:* Adlerfarn, Stiefmütterchen, Filzige Klette, Große Schlüsselblume, Ackerkratzdistel, Klettenlabkraut
- *Sandböden:* Heidekraut, Feldthymian, Gemüsespargel, Sandstrohblume, Bauernsenf, Reiherschnabel, Feldbeifuß
- *Tonböden:* Bergkronwicke, Ackerfuchsschwanz, Steife Wolfsmilch, Geflecktes Ferkelkraut
- *Marschböden:* Grasnelke, Strandbeifuß
- *Moorböden:* Glockenheide, Zwergbirke, Wollgras, Torfmoos
- *Schwermtetallböden:* Galmei-Veilchen, Galmei-Grasnelke
- *trockene Böden:* Mittlerer Wegerich, Echtes Labkraut, Mauerpfeffer, Dachwurz-Arten
- *feuchte Böden:* Kleiner Wegerich, Wiesenknöterich, Hahnenfuß-Arten, Schaumkraut, Seggen-Arten, Kohlkratzdistel
- *tiefgründige, nährstoffreiche Böden:* Brennnessel, Springkraut, Quecke, Taubnessel, Schwarzer Holunder, Hirtentäschel, Guter Heinrich, Bilsenkraut
- *flachgründige Böden:* Waldmeister, Waldgerste
- *magere Böden:* Färberginster, Flügelginster, Feldklee, Rundblättrige Glockenblume, Katzenpfötchen
- *Trittfluren:* Raygras, Breitwegerich, Vogelknöterich, Kamille

Viele Pflanzen stellen an einen Boden bestimmte Ansprüche. Werden sie nicht erfüllt, wachsen die Pflanzen nur spärlich und können sich nicht ausreichend entwickeln. Kartoffeln z. B. lieben tiefgründige, humose und nährstoffreiche Böden. Der Roggen hingegen gedeiht auch auf leichten, nährstoffarmen Böden gut. Seine Ansprüche an den Mineralstoffgehalt der Böden sind gering. Nur wenn der Landwirt die Kulturansprüche kennt und berücksichtigt, kann er auch mit guten Erträgen rechnen.

Manche Pflanzen sind hinsichtlich ihrer Ansprüche ziemlich tolerant. Löwenzahn und Gänseblümchen zeigen sich wenig wählerisch. Es gibt aber auch Pflanzen, die durch ihre Anwesenheit auf ganz bestimmte Bodeneigenschaften hinweisen (Randspalte).

Einige der Zeigerpflanzen sind regelrechte Spezialisten. Zu ihnen gehören solche Arten, die Schwermetalle wie Kupfer, Kobalt, Mangan oder Zink anzeigen, und diese Metalle in beachtlichen Mengen auch in den Organen anreichern. In manchen Böden, so genannten *Salzböden*, werden hohe Ionenkonzentrationen erreicht, wobei Natrium das vorherrschende Kation ist.

Mithilfe des aktiven Transportsystems der K^+-Na^+-Austauschpumpe wird bei den darauf wachsenden Pflanzen die Natriumkonzentration in der Zelle so niedrig wie möglich gehalten. Verschiedene Anpassungserscheinungen der Salzpflanzen an ihren Standort sichern das Überleben und Gedeihen. Solche Anpassungserscheinungen sind:

- Die Pflanzen reichern zum Ausgleich für die hohen Bodensaugkräfte Ionen im Zellsaft an.
- Sie speichern Wasser und reduzieren damit die Ionenkonzentration.
- Sie scheiden Salzlösungen über Drüsen aus oder werfen mit Salzen stark angereichert Organe oder Organteile ab.

Aufgaben

① Schätzen Sie die folgenden Bodenarten hinsichtlich des Nährstoffgehaltes ein: Sandboden, Lehmboden, Humusboden, Kalkboden. Begründen Sie Ihre Entscheidungen.

② Wo finden sich in Deutschland bevorzugt Salzböden? Welche Pflanzen sind an diesen Standorten zu finden?

1 Lichtdurchflutete Blätter

2 Solarmobil

Die Sonne spendet Leben: Die Fotosynthese

Tiere, Pilze und die meisten Bakterien benötigen energiereiche Substanzen, aus denen in Abbauprozessen Energie freigesetzt wird, mit deren Hilfe sie energiereiches ATP synthetisieren (s. Seite 46). Auch die im *Baustoffwechsel* entstehenden körpereigenen Substanzen sind energiereich.

Dies trifft nicht für grüne Pflanzen zu. Sie nehmen in der Regel keine organischen oder anderen energiereichen Substanzen auf. Und dennoch zeigen sie die für alle Lebewesen typischen, Energie benötigenden Merkmale wie Fortpflanzung und Bewegung.

Grüne Pflanzen nutzen das riesige Energiereservoir der Sonne aus. Mithilfe der Lichtenergie werden im Prozess der *Fotosynthese* die anorganischen Stoffe Kohlenstoffdioxid und Wasser zu energiereicher Glucose und zu Sauerstoff umgebaut. Die Glucose ist der Ausgangsstoff für den Baustoffwechsel der Pflanze und auch für die Zellatmung zur Energiebereitstellung (s. Seite 79).

Die meisten Pflanzen bauen allerdings Glucose sofort oder nach dem Transport in die Speicherorgane in Stärke um, da diese nur schwer löslich und osmotisch wenig wirksam ist. Dadurch wird verhindert, dass ein zu hoher osmotischer Druck entsteht, der die Zellen zerstören und die Pflanze schädigen könnte. Vor allem nachts, wenn die Energie des Sonnenlichts fehlt, wird ein Teil der Stärke über Glykolyse, Tricarbonsäurezyklus und die Atmungskette unter Aufnahme von Sauerstoff wieder abgebaut.

Das Reaktionsschema der Fotosynthese entspricht formal der Umkehrung des Reaktionsschemas der Zellatmung:

$$6\ CO_2 + 12\ H_2O \longrightarrow C_6H_{12}O_6 + 6\ O_2 + 6H_2O$$

Daher wird auch genau dieselbe Energiemenge in der Glucose gespeichert (2836 kJ/mol), die bei ihrem Abbau in der Zellatmung frei wird.

Die Nutzung energiereicher organischer Substanz, wie bei der Zellatmung oder der Gärung, stellt einen Abbauprozess *(Dissimilation)* dar. Die Fotosynthese dagegen, bei der mithilfe der Lichtenergie Glucose entsteht, ist ein Aufbauprozess *(Assimilation)*: Unter Energiezufuhr wird aus energiearmen anorganischen Stoffen energiereiche organische Substanz aufgebaut. (→ 134/135)

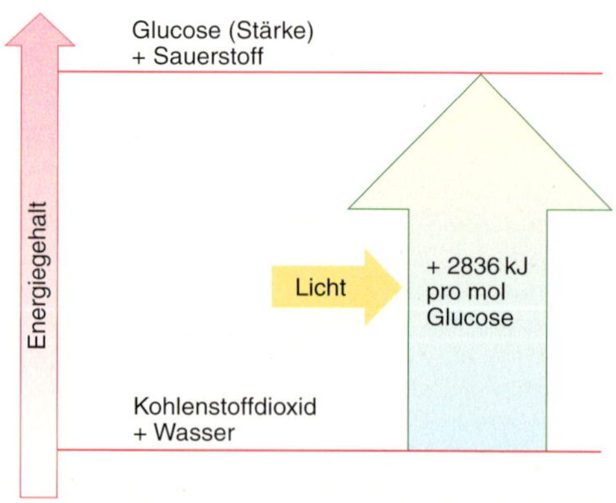

3 Die Fotosynthese – ein Assimilationsprozess

Versuche zur Fotosynthese

Bedeutung der Außenfaktoren

Geräte: großes Becherglas, Diaprojektor, verschiedene Farbfilter: violett, blau, grün, rot
Material: frische Sprosse der Wasserpest (Elodea)

Durchführung:
a) Füllen Sie das Becherglas zur Hälfte mit abgekochtem, abgekühltem Leitungswasser. Geben Sie einen Spross der Wasserpest hinein und schneiden Sie ihn unter Wasser am unteren Ende schräg an. Belichten Sie mit dem Projektor aus ca. 20 cm Abstand und bestimmen Sie über 5 Minuten die Anzahl der Gasblasen, die an der Schnittstelle austreten.
b) Füllen Sie das Becherglas mit CO_2-haltigem Mineralwasser auf (ungefähr gleiche Temperatur wie das Leitungswasser). Bestimmen Sie erneut über 5 Minuten die Zahl der Gasblasen pro Minute.
c) Schalten Sie den Diaprojektor ab und ermitteln Sie wieder über 5 Minuten die Anzahl der Gasblasen pro Minute.
d) Schalten Sie den Diaprojektor wieder an. Schieben Sie anschließend einen Farbfilter in den Diaprojektor. Messen Sie nun über 10 Minuten die Anzahl der Gasblasen. Verwenden Sie gruppenteilig verschiedene Farbfilter.

Aufgaben

① Stellen Sie zur Auswertung die Versuchsergebnisse grafisch dar (Blasenanzahl pro Minute gegen die Wellenlänge des Farbfilters). Welche Schlüsse lassen sich aus den Versuchen ziehen.
② Deuten Sie die Ergebnisse aller Versuche.

Dünnschichtchromatographie

Die Chromatographie ist eine Methode zur Trennung von gelösten Stoffgemischen. Sie wird heutzutage in fast allen Bereichen der biologischen Forschung eingesetzt. Hierzu trägt man das Gemisch auf ein Trägermaterial (z. B. Papier oder Kieselgel) auf. Anschließend lässt man ein Laufmittel durch das Trägermaterial fließen. Die einzelnen Bestandteile des Gemisches haften wegen ihrer verschiedenen Eigenschaften einerseits unterschiedlich fest am Trägermaterial und werden andererseits unterschiedlich gut mit dem Laufmittel transportiert. Dadurch legen sie unterschiedliche Strecken zurück (Laufstrecken), anhand derer sie identifiziert werden können. Als Maßzahl dient dabei der so genannte R_f-Wert. Darunter versteht man den Quotienten aus der Laufstrecke und der Frontstrecke (Startlinie bis zur Lösungsmittelfront).

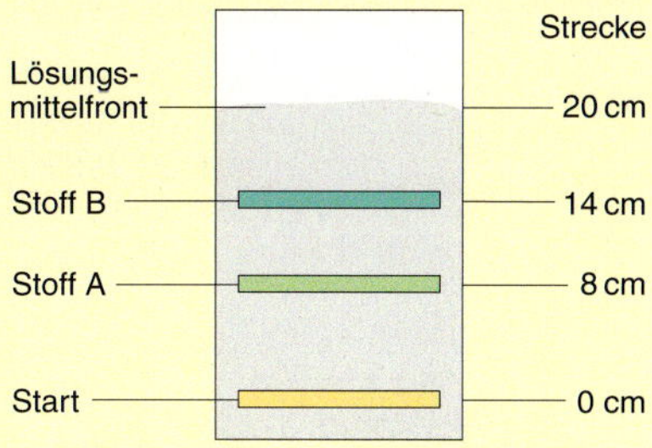

Berechnungsbeispiel: Laufstrecke A = 8 cm
Frontstrecke = 20 cm
R_f-Wert A = 8/20 = 0,4

Isolierung der Blattfarbstoffe

Geräte: Schere, Mörser mit Pistill, Becherglas, Chromatographiekammer, DC-Platten (am besten mit Kieselgel beschichtet), Pipette
Material: Petersilie, Schnittlauch, Brennnessel o. ä., Quarzsand, $CaCO_3$, Propanon (Aceton) [F]
Laufmittel: 100 ml Petrolbenzin (Siedebereich 100 °C – 140 °C), 10 ml 2-Propanol (Isopropanol) [F], 0,25 ml dest. Wasser

a) Das Pflanzenmaterial mit der Schere zerkleinern.
b) Im Mörser mit Quarzsand, einer Spatelspitze $CaCO_3$ und ca. 10 ml Propanon zerreiben (Abzug oder offenes Fenster!).
c) Die tiefgrüne Lösung in das Becherglas abgießen.
d) Mit der Pipette in ca. 2 cm Höhe auf die DC-Platte auftragen (Punktlinie bilden, trocknen lassen, neue Punkte auf dieselbe Linie).
e) Die DC-Platte nun in die Chromatographiekammer stellen, in der sich ca. 1 cm hoch Laufmittel befindet. Die Kammer abdecken und erschütterungsfrei stehen lassen, bis das Laufmittel fast den oberen Rand erreicht hat.

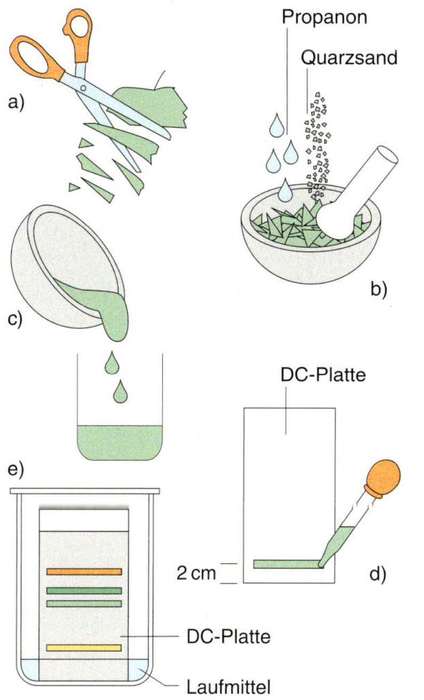

Aufgaben

③ Markieren Sie die Laufmittelfront auf der Platte und messen Sie ihre Entfernung von der Startlinie. Verfahren Sie auf gleiche Weise mit den einzelnen Farbstoffbanden und ermitteln Sie deren R_f-Werte. Bestimmen Sie die Farbstoffe (s. Tabelle).

④ Bestrahlen Sie die Blattfarbstoffe auf der entwickelten DC-Platte mit UV-Licht (360 nm). Augen schützen!

R_f-Werte für Kieselgelplatten und das angegebene Laufmittel:

Stoff	R_f-Wert
β-Carotin	0,95
Chlorophyll a	0,74
Chlorophyll b	0,64
Lutein	0,48
Violaxanthin	0,35
Neoxanthin	0,20

Die Werte können bei Schulversuchen variieren, die Reihenfolge bleibt erhalten.

Äußere Einflüsse auf die Fotosynthese

Am **Kompensationspunkt** ist die O_2-Produktion durch die Fotosynthese genauso groß wie der O_2-Verbrauch durch die Atmung.

Gemüse und andere Pflanzen werden heute vielfach in Gewächshäusern angebaut. Es ist wichtig, den Pflanzen Bedingungen zu bieten, unter denen sie optimal wachsen und Fotosynthese betreiben können. Dazu misst man unter anderem die *Fotosyntheserate* einer Pflanze, indem man die Sauerstoffabgabe oder -aufnahme pro Zeit ermittelt (als Messgrößen sind auch die Aufnahme und Abgabe von Kohlenstoffdioxid möglich). Man unterscheidet dabei die durch die Fotosynthese verursachte Sauerstoffproduktion *(reelle Fotosynthese)* und die nach außen hin messbare Sauerstoffbilanz *(apparente Fotosynthese)*, die von anderen Prozessen wie der Zellatmung mitbestimmt wird.

die Atmung größer als die Produktion durch die Fotosynthese, die Pflanze nimmt daher Sauerstoff auf. Bei höherer Beleuchtungsstärke, am *Kompensationspunkt*, gleichen sich diese beiden Prozesse genau aus. Bei noch höherer Beleuchtungsstärke gibt die Pflanze Sauerstoff ab, da die Produktion durch die Fotosynthese den Verbrauch durch die Atmung übersteigt. Im zweiten Bereich erreicht die Sauerstoffabgabe bei einer bestimmten Beleuchtungsstärke einen Höchstwert. Dieser wird auch bei höheren Beleuchtungsstärken beibehalten. Das Aufnahmevermögen der Pflanze für Licht ist gesättigt, andere Faktoren begrenzen die Stoffproduktion. Einer dieser Faktoren ist

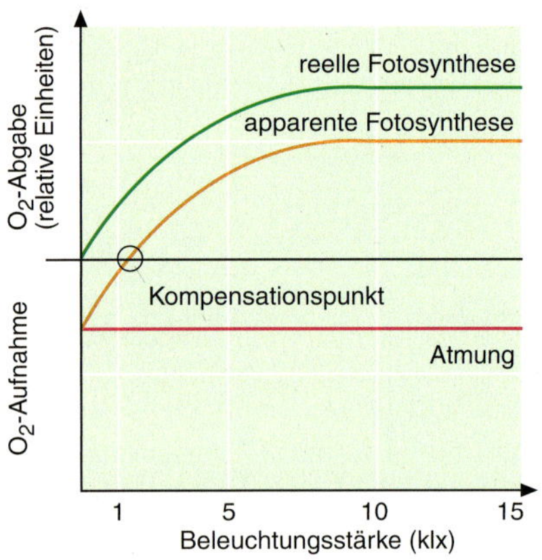

Abhängigkeit von der Beleuchtungsstärke

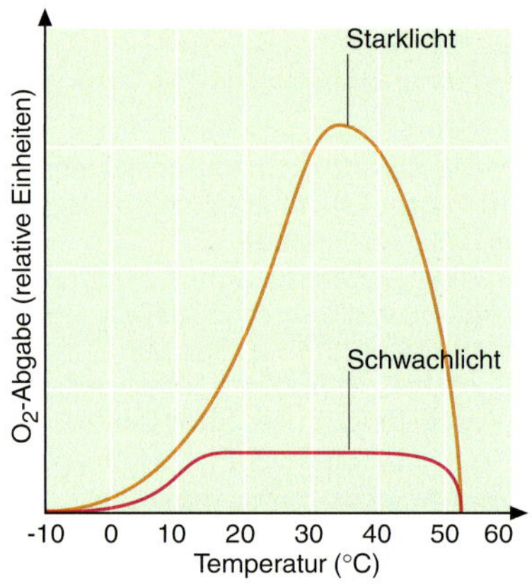

Abhängigkeit von der Temperatur

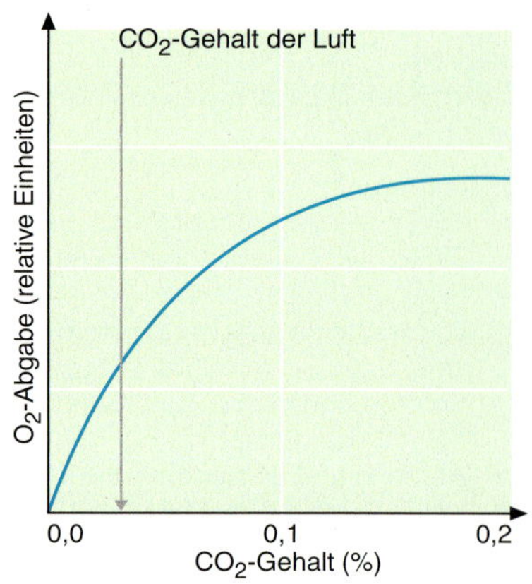

Abhängigkeit vom CO_2-Gehalt

Einer der Faktoren, die die *Fotosyntheserate* beeinflussen, ist die *Beleuchtungsstärke*. Bei der erhaltenen Kurve lassen sich zwei Phasen unterscheiden: Im Bereich niedriger Beleuchtungsstärken nimmt die Fotosyntheserate mit der Stärke der Beleuchtung zu. Sie bestimmt hier die Intensität der Fotosynthese. Bei sehr geringen Beleuchtungsstärken ist der Sauerstoffverbrauch durch die *Temperatur*. Bei Lichtsättigung zeigt sich eine Temperaturabhängigkeit, die für enzymatische Reaktionen typisch ist. Die Geschwindigkeit der Synthesereaktionen bestimmt dann die Geschwindigkeit der Fotosynthese. Dagegen wirkt bei Schwachlicht die Beleuchtungsstärke begrenzend. Ein weiterer Faktor ist die Menge des vorhandenen Kohlenstoffdioxids.

Engpassmodell:

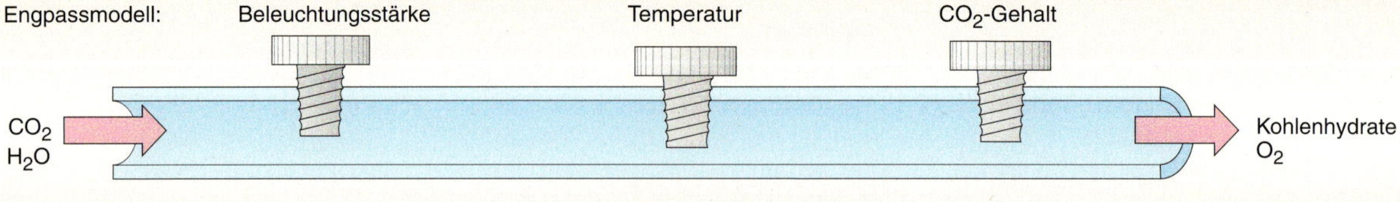

Sonnenblätter – Schattenblätter

Die Rotbuche besitzt *Sonnenblätter* und *Schattenblätter*. Diese unterscheiden sich in Fläche, Dicke und Fotosyntheserate sowie in ihrer Position in der Baumkrone. Der Kompensationspunkt der Schattenblätter liegt bei sehr geringen Beleuchtungsstärken; deshalb erbringen sie auch bei geringem Licht eine positive Stoffbilanz für die Pflanze. Sonnenblätter dagegen können höhere Beleuchtungsstärken besser ausnutzen und sind in diesem Bereich leistungsstärker.

Die unterschiedliche Anzahl von Zellschichten im Palisadengewebe lässt sich anhand eines einfachen Prinzips folgendermaßen erklären:

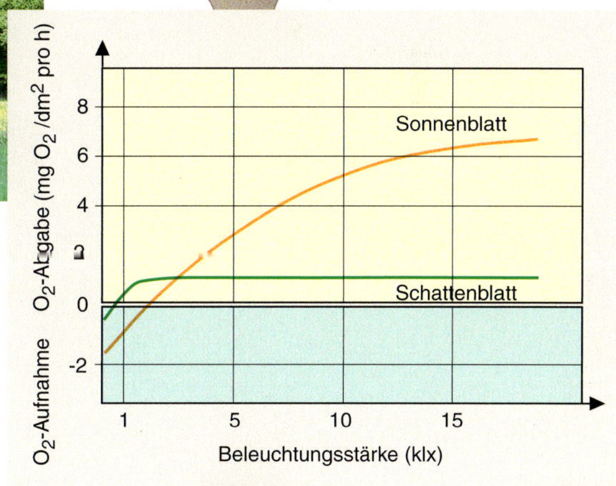

Das Licht trifft auf die Blattoberseite und wird von jeder Zellschicht teilweise absorbiert. Die tiefer liegenden Zellschichten erhalten daher weniger Licht und arbeiten auch bei starker Beleuchtung näher an ihrem Kompensationspunkt. Bei schwacher Beleuchtung wird dieser eventuell von den tiefsten Schichten nicht mehr erreicht. Die Zellen verbrauchen mehr Fotosyntheseprodukte als sie produzieren. Jede Zellschicht ist aber für die Pflanze nur dann vorteilhaft, wenn sie eine positive Stoffbilanz erzielt.

Was für das einzelne Blatt gilt, trifft auch auf die gesamte Pflanze zu. Die vom Einzelblatt oder auch dem gesamten bis zu 500 Quadratmeter großen Blätterdach einer ausgewachsenen Rotbuche produzierte Biomasse in einer bestimmten Zeit bezeichnet man als *Bruttoprimärproduktion*. Vom Bruttoprimärprodukt benötigt der Baum einen Teil zur Aufrechterhaltung seiner Lebensvorgänge. Übrig bleibt die *Nettoprimärproduktion* als echter Zugewinn in Form von Blattmasse, Holz, Wurzeln und Früchten.

Aufgabe

① Erläutern Sie, wie im Interesse der Ertragssteigerung begrenzenden Faktoren der Fotosynthese entgegengewirkt wird.

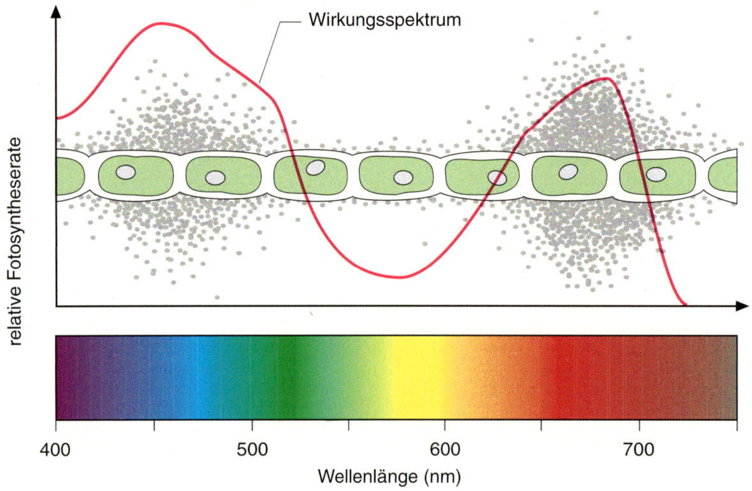

1 Fotosyntheserate bei verschiedenen Wellenlängen

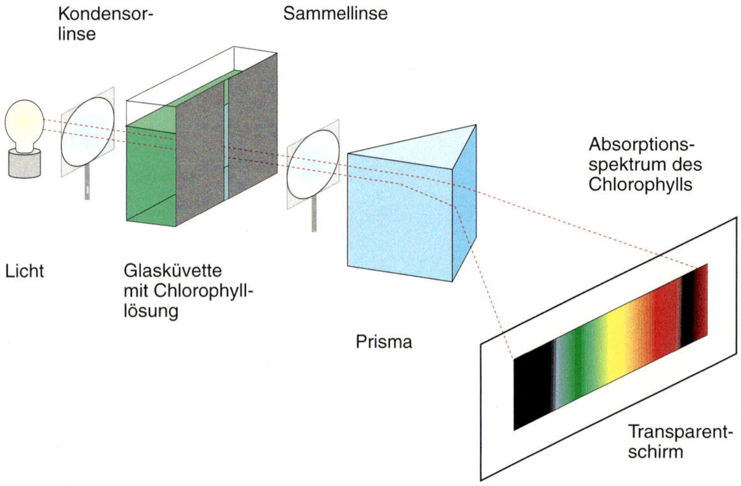

2 Absorption durch Chlorophyll

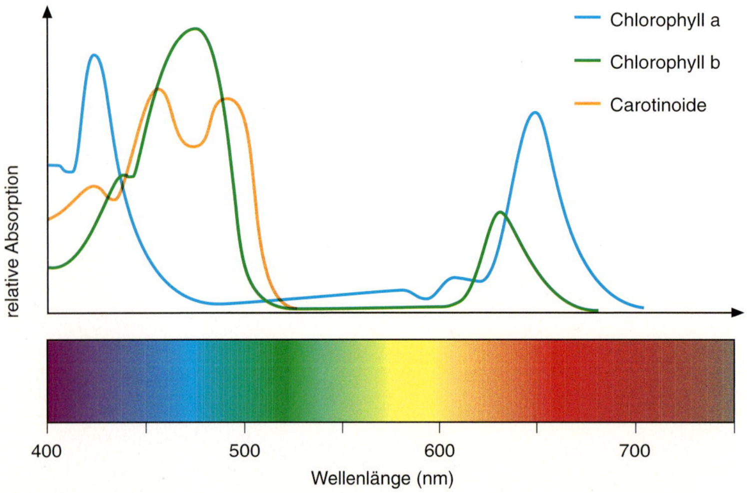

3 Absorptionsspektren der Blattfarbstoffe

Pflanzen brauchen blaues oder rotes Licht

THEODOR WILHELM ENGELMANN konnte 1882 die für die Fotosynthese notwendigen *Wellenlängen* des Lichtes identifizieren. Er verwendete Sauerstoff liebende Bakterien und einen Algenfaden. Als Beleuchtung benutzte er ein *Spektrum* des sichtbaren Lichts.

ENGELMANN stellte fest, dass sich die Bakterien vorwiegend an den Stellen des Algenfadens sammelten, die mit rotem oder blauem Licht bestrahlt wurden. Hier war offenbar besonders viel Sauerstoff entstanden. Die Alge konnte demnach mit rotem oder blauem Licht besonders gut Fotosynthese treiben, während sich die anderen Spektralfarben weniger gut dafür eigneten (Abb. 1).

Mit modernen Methoden lässt sich genauer untersuchen, welche Fotosyntheserate die einzelnen Farben des Lichts erzielen, wie wirksam sie also sind. Die so erhaltenen Werte ergeben das *Wirkungsspektrum der Fotosynthese*. Rotes und blaues Licht erweisen sich als besonders wirksam, während grünes Licht wenig wirksam ist, was ENGELMANNS Ergebnisse bestätigten.

Aus dem gesamten Spektrum des Lichts werden nur das rote und blaue Licht von grünen Pflanzen aufgenommen und die Energie für die Fotosynthese ausgenutzt. Diesen Vorgang nennt man *Absorption*. Andere Farben, vor allem das grüne Licht, werden nicht absorbiert (Abb. 2), sondern reflektiert und deshalb von uns als Blattfarbe wahrgenommen.

Lichtabsorptionen werden mit einem Fotometer gemessen. Ein *Fotometer* enthält dazu eine Lichtquelle, deren weißes Licht durch ein Prisma oder ein optisches Gitter in die einzelnen Spektralfarben zerlegt wird. Mithilfe eines Spaltes wird eine Farbe ausgewählt, durch eine Probe des gelösten Stoffes geschickt und die nach Passage der Probe verbliebene Lichtstärke wird dann wie in einem Belichtungsmesser erfasst. Für ein Absorptionsspektrum (Abb. 3) wird auf diese Weise die Absorption über den gesamten Spektralbereich bestimmt.

Zur Bestimmung der absorbierenden Farbstoffe trennt man die Bestandteile eines Blattextraktes durch *Chromatographie* (s. Seite 107) auf. Es zeigen sich die grünen *Chlorophylle a* und *b* sowie einige gelbe und orange *Carotinoide* als Begleitfarbstoffe.

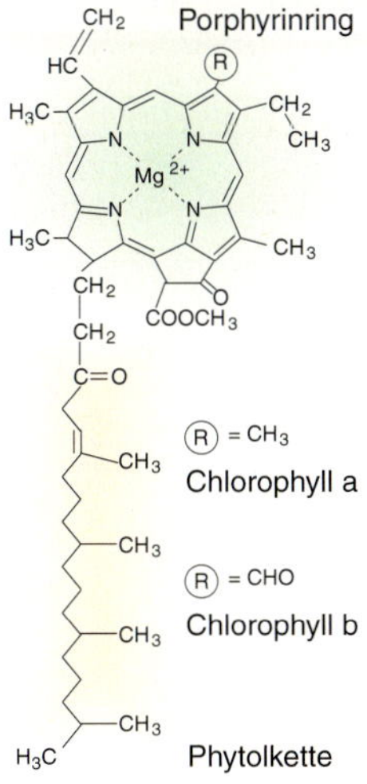

Ein Chlorophyllmolekül besteht aus zwei Bauteilen: Einem *Porphyrinring*, der ein Magnesiumion enthält, und einer *Phytolkette*. Der Porphyrinring ist dabei für die Lichtabsorption verantwortlich. Die Chlorophylle a und b unterscheiden sich hinsichtlich einer am Porphyrinring gebundenen chemischen Gruppe und einer leicht unterschiedlichen Absorption. Alle Chlorophylle absorbieren jedoch im Wesentlichen rotes und blaues Licht.

Die Energie des absorbierten Lichtes wird von den Pflanzen bei der Fotosynthese verwertet. Die verschiedenen Spektralfarben ergeben dabei unterschiedliche Fotosyntheseraten, sie sind unterschiedlich gut wirksam *(Wirkungsspektrum)*. Dies liegt vorwiegend daran, dass einige Spektralfarben stark absorbiert werden, andere dagegen (u.a. im grünen Bereich) fast gar nicht. Der Pflanze steht aber nur die Energie der tatsächlich absorbierten Wellenlängen zur Verfügung.

Welche Farbstoffe aus dem Blattextrakt für die Wirksamkeit verantwortlich sind, ergibt sich daher aus dem Vergleich ihrer Absorption mit dem Wirkungsspektrum. Es zeigt sich, dass es vor allem die beiden Chlorophylle (besonders Chlorophyll a) sind. Daneben sind auch die Carotinoide für die Fotosynthese von Bedeutung. Sie dienen als akzessorische Pigmente *(Hilfspigmente)* und geben die aufgefangene Lichtenergie nahezu verlustfrei an die Chlorophyllmoleküle weiter.

Zettelkasten

Licht, Energie und Chlorophyll

Licht besteht aus einzelnen Quanten, deren Energie von der Wellenlänge abhängig ist:

Nach der Planck'schen Formel
$E = h \cdot f = h \cdot c/\lambda$
erhält man als Energieformel für 1 mol Lichtquanten:
$E = 1{,}196 \cdot 10^5$ (kJ/mol) · nm/λ (λ in nm angegeben)
(h = Plank'sche Konstante, f = Frequenz,
λ = Wellenlänge, c = Lichtgeschwindigkeit)

Aufgabe

① Berechnen Sie den Energiegehalt von Licht bei $\lambda = 430$ nm und $\lambda = 700$ nm.

In Molekülen befinden sich die Elektronen wie in Atomen auf verschiedenen Energieniveaus. Durch Absorption eines Lichtquants gelangt ein Elektron vom Grundzustand auf ein höheres Energieniveau (angeregter Zustand). Die Energie des absorbierten Lichtes entspricht genau der Differenz der beiden Energieniveaus (Grundzustand und angeregter Zustand). Daher können nur bestimmte Wellenlängen absorbiert werden. Bei der Rückkehr in den Grundzustand strahlt das Elektron die absorbierte Energie wieder ab *(Fluoreszenz)*.

Die Chlorophylle absorbieren rotes und blaues Licht. Es existieren also zwei angeregte Zustände. Blaues Licht ist energiereicher als rotes. Der durch diese Lichtabsorption erreichte angeregte Zustand befindet sich daher auf einem höheren Energieniveau. Bei der Rückkehr in den Grundzustand kann das Elektron jedoch erst auf das Niveau der roten Absorption gelangen und von dort in den Grundzustand zurückkehren. Eine Chlorophylllösung zeigt daher bei Belichtung mit blauem Licht eine rote Fluoreszenz.

Die Energiedifferenz zwischen dem angeregten Zustand aus der Absorption von blauem und rotem Licht ist nur gering und entspricht der Emission von unsichtbarem Infrarotlicht.

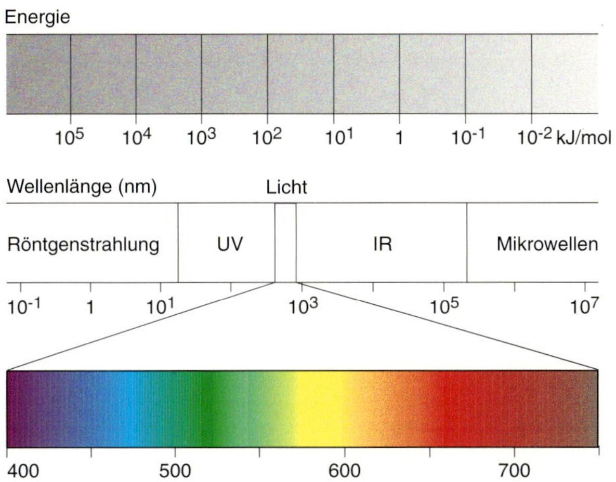

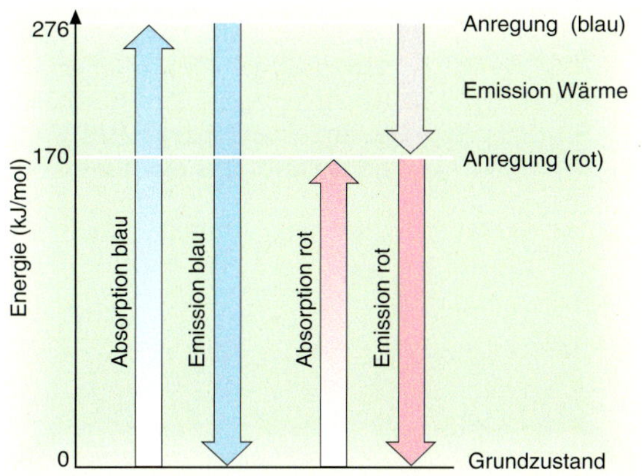

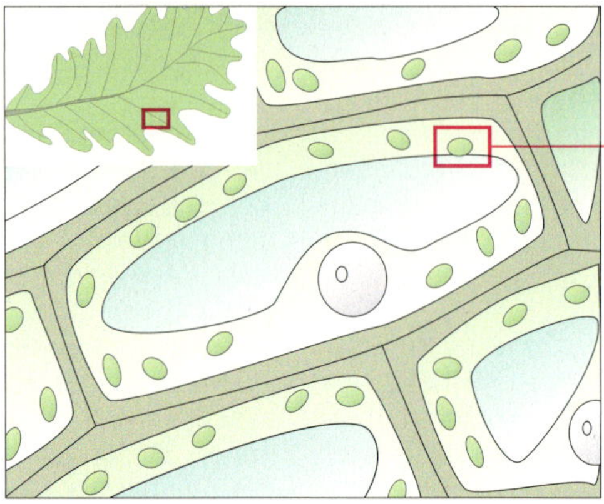

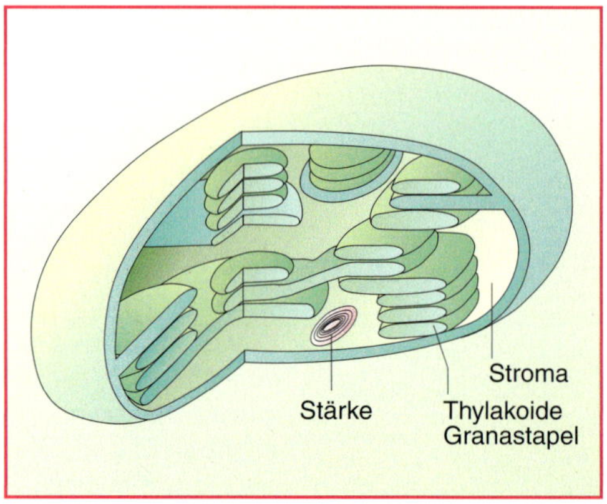

Zweigeteilte Fotosynthese

Das Palisadengewebe ist der Hauptort der Fotosynthese. Seine Zellen enthalten die meisten Chloroplasten mit dem für die Fotosynthese notwendigen Chlorophyll. Erst vor wenigen Jahrzehnten konnte DANIEL ARNON völlig intakte Chloroplasten isolieren und zeigen, dass sämtliche Reaktionen der Fotosynthese in den Chloroplasten ablaufen. Sie besitzen zwei Hüllmembranen. Im Inneren befindet sich das Plasma der Chloroplasten, das *Stroma*, in das die *Thylakoide* als inneres Membransystem eingebettet sind. In den Thylakoidmembranen befinden sich auch die Chlorophylle. An einigen Stellen bilden sie Stapel, die *Granastapel*.

ROBERT HILL entdeckte 1939 bei seinen Versuchen mit isolierten Thylakoidsystemen, dass diese bei Belichtung Sauerstoff entwickeln und dabei Eisen-III-Verbindungen reduzierten. Diese Reaktion, auch *Hill-Reaktion* genannt, benötigt aber kein CO_2 und es wird kein Kohlenhydrat gebildet. Die Eisenverbindung stellt hier einen künstlichen Elektronenakzeptor dar, normalerweise ist dies in der Pflanzenzelle $NADP^+$. Die Hill-Reaktion zeigte: Das entstehende O_2 stammt aus dem Wasser und nicht aus dem CO_2. Dies wurde später mithilfe eines Sauerstoffisotops (^{18}O) belegt. Bietet man zur Fotosynthese Wasser, das ^{18}O gebunden enthält, so besteht das entstehende O_2 ausschließlich aus ^{18}O-Atomen. Das Reaktionsschema der Fotosynthese muss folglich lauten:

$$12\,H_2{}^{18}O + 6\,CO_2 \rightarrow C_6H_{12}O_6 + 6\,{}^{18}O_2 + 6\,H_2O$$

Die Bildung von Sauerstoff stellt damit eine *lichtabhängige Reaktion* dar.

Ein zweiter Prozess ist die Synthese von Kohlenhydraten aus CO_2. ARNON konnte nachweisen, dass sie kein Licht benötigt; sie wird daher *lichtunabhängige Reaktion* genannt. Er konnte die beiden Teilreaktionen auch räumlich zuordnen: Die lichtabhängige Reaktion ist an die Thylakoidmembran gebunden, während die lichtunabhängige Reaktion im Stroma stattfindet. Beide Prozesse sind im Gesamtablauf der Fotosynthese miteinander verbunden: Die lichtabhängige Reaktion produziert ATP und $NADPH + H^+$, die in der lichtunabhängigen Reaktion zum Aufbau von Kohlenhydraten verwendet werden. (→ 132/133)

Hill-Reaktion:

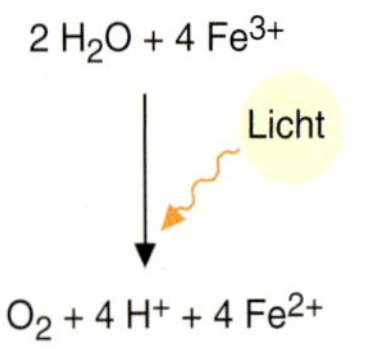

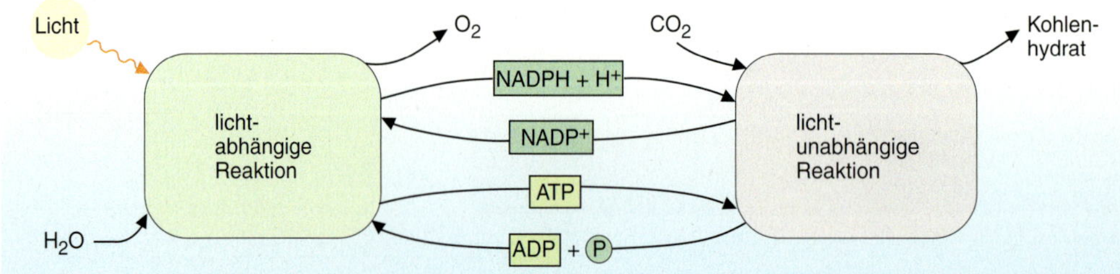

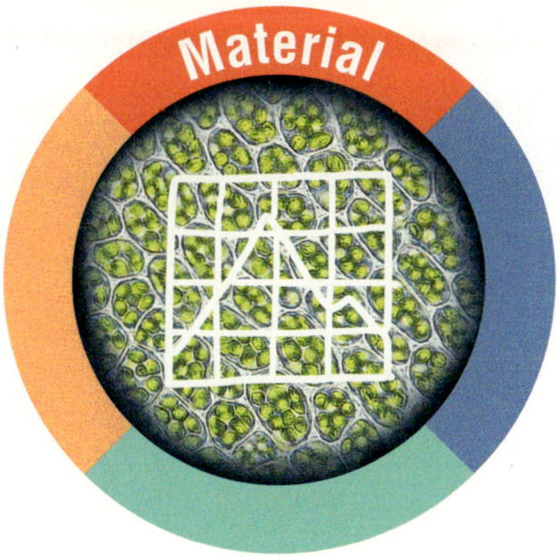

Die Experimente von Trebst, Tsujimoto und Arnon

Die Wissenschaftler der Arbeitsgruppe um DANIEL ARNON wollten herausfinden, welche Substanzen in Chloroplasten mithilfe der Energie des Sonnenlichts gebildet werden und damit die lichtunabhängige Reaktion ermöglichen. Weiterhin wollten sie klären, inwieweit der komplizierte Aufbau der Chloroplasten mit den zwei Hüllmembranen, den Thylakoiden und dem Stroma, für die ablaufende Reaktion notwendig ist.

Um zu untersuchen, in welchen Teilen der Chloroplasten die beiden Prozesse der Fotosynthese, die lichtabhängige und die lichtunabhängige Reaktion, stattfinden, isolierten sie Thylakoide und Stroma aus den Chloroplasten.

In zwei Versuchsansätzen variierten sie die Beleuchtung der Proben bei gleicher CO_2-Zugabe. In zwei weiteren Ansätzen trennten sie nach der Licht- bzw. Dunkelphase die Thylakoide durch Zentrifugation vom Stroma ab und gaben anschließend CO_2 zum Stroma hinzu.

Als CO_2-Quelle wurde eine Lösung von Natriumhydrogencarbonat ($NaHCO_3$) mit dem Isotop ^{14}C verwendet, dessen radioaktive Strahlung eine direkte Möglichkeit zur Messung bot. Das radioaktive Kohlenstoffatom wurde während des Versuchs in die Fotosyntheseprodukte, wie z. B. Glucose, eingebaut. Nach chemischer Abtrennung der Produkte konnte die eingebaute Menge an radioaktivem Kohlenstoff anhand der Strahlung bestimmt werden.

Im einzelnen wurden die Versuche 1 – 4 mit Stroma und Thylakoiden durchgeführt.

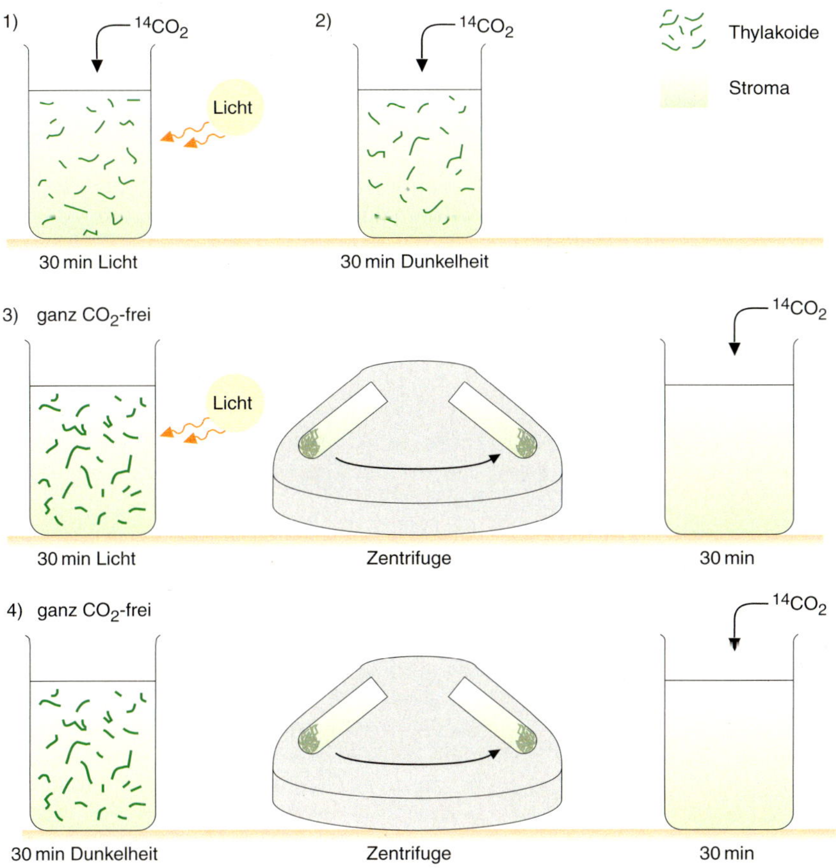

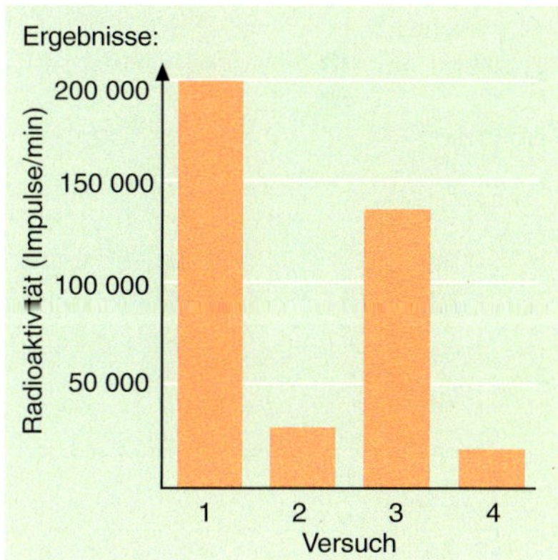

Um den Bedarf an energiereichen Verbindungen bei der Synthese von Glucose zu untersuchen, wurden drei weitere Versuche (A, B und C) mit isoliertem Stroma durchgeführt: (Die Versuchsergebnisse von A, B und C sind lichtunabhängig.)

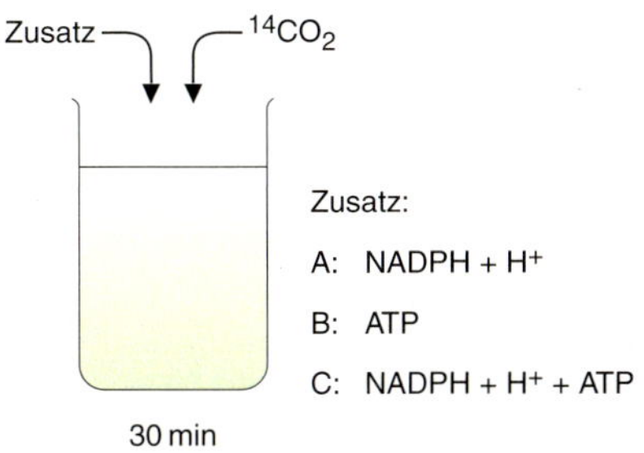

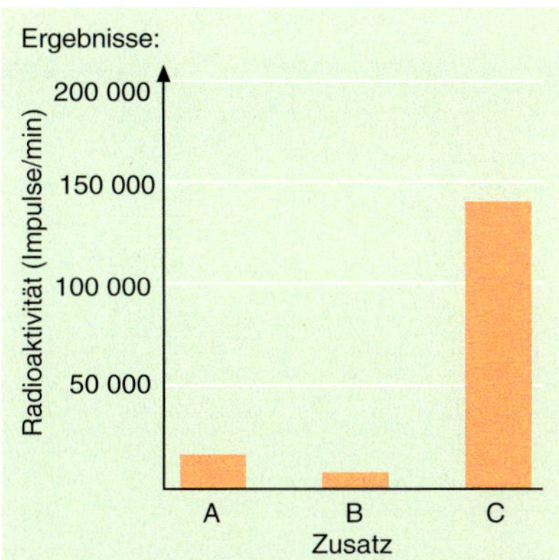

Aufgaben

① Erklären Sie die Ergebnisse der Experimente.

② Belegen Sie mithilfe der Ergebnisse, wo im Chloroplasten die lichtabhängige und die lichtunabhängige Reaktion ablaufen.

Die lichtabhängige Reaktion

Belichtet man ein intaktes Blatt, so zeigt es im Gegensatz zu einer Chlorophylllösung fast keine Fluoreszenz. Die im Licht enthaltene Energie wird also nicht wieder abgestrahlt, sondern in der lichtabhängigen Reaktion für die Fotosynthese genutzt.

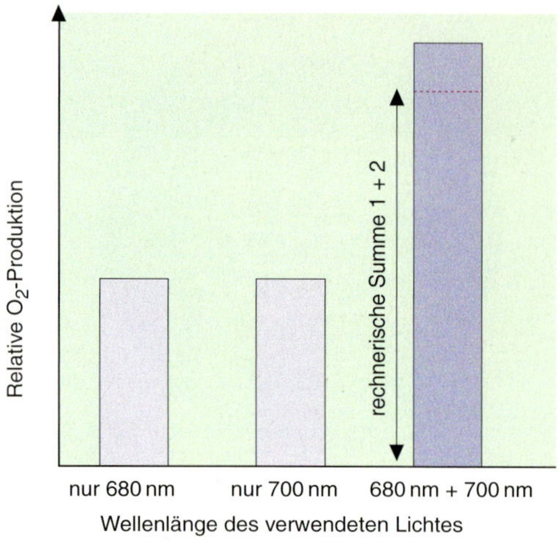

1 Emerson-Effekt

Zwei Fotosysteme

Bei seinen Untersuchungen der lichtabhängigen Reaktion bei verschiedenen Wellenlängen bemerkte EMERSON ein Phänomen, das später nach ihm *„Emerson-Effekt"* genannt wurde: Belichtet man einzellige Algen mit Rotlicht bei 680nm , so erhält man nur eine geringe O_2-Produktion. Ein ähnlicher Effekt zeigt sich bei der Wellenlänge 700nm. Als EMERSON seine Algen jedoch mit Licht beider Wellenlängen gleichzeitig belichtete, erhielt er eine deutlich höhere O_2-Produktion, als die Summe der Einzelbelichtungen ergab (Abb. 1).

Auswahl von Stoffen der Redoxkette und ihre Standard-Redox-Potentiale (V)

Elektronenakzeptor	
H_2O/O_2	+0,82 V
Plastochinon (Q)	+0,06 V
Plastocyanin (PC)	+0,35 bis 0,39 V
Cytochrom-bf-Komplex	+0,37 V
Ferredoxin (Fd)	−0,42 V
$NADP^+$	−0,32 V

Aus EMERSONS Beobachtungen folgerten andere Forscher, dass an der lichtabhängigen Reaktion *zwei Fotosysteme* beteiligt sein müssen, die gekoppelt sind und einzeln weniger leisten als in Kombination. Das *Fotosystem I* (FS I) besitzt seine größte Wirksamkeit bei 700nm mit dem Chlorophyll a 700 (P700) im Reaktionszentrum, für das *Fotosystem II* (FS II) ist dies mit P680 bei 680nm gegeben. Beide Fotosysteme sind in der Thylakoidmembran verankert. Sie geben jedoch unterschiedlich leicht Elektronen ab, besitzen also verschiedene *Redoxpotentiale*.

Fotolyse des Wassers
Zerlegung des Wassers durch Elektronenentzug:

$H_2O \rightarrow 2\,H^+ + 2\,e^- + {}^1/_2\,O_2$

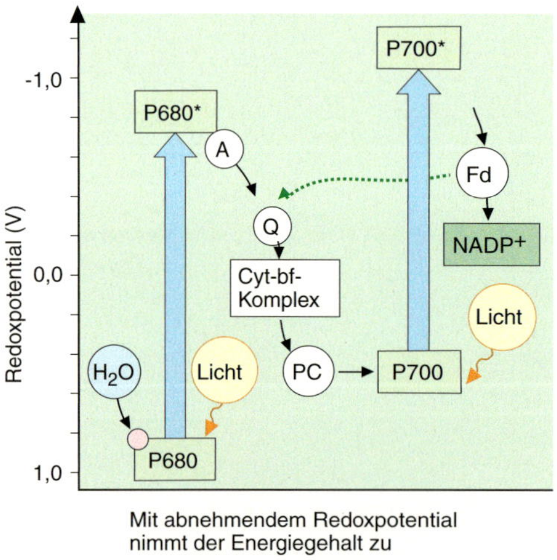

2 Redoxschema der lichtabhängigen Reaktion

Neben den Chlorophyllen sind noch weitere Redoxsysteme beteiligt, die ebenfalls in der Thylakoidmembran verankert sind. Die Reaktionsschritte ergeben insgesamt eine Elektronenübertragung vom Sauerstoffatom eines Wassermoleküls auf ein $NADP^+$-Molekül:

$$H_2O + NADP^+ \rightarrow {}^1/_2\,O_2 + NADPH + H^+$$

Diese Reaktion benötigt stets die Energie des Lichtes. Der Prozess ist stark endergonisch.

Im ersten Schritt absorbiert das Chlorophyll im Fotosystem II (P680) Licht (680nm) und gibt ein Elektron ab, das über Zwischenstufen (Abb. 2) zum *Plastocyanin* (PC) gelangt. Das entstandene P680* erhält ein Elektron aus einem Wassermolekül *(Fotolyse)*. Auch das Chlorophyll im Fotosystem I (P700) gibt nach der Absorption (700nm) ein Elektron ab, das über *Ferredoxin* auf $NADP^+$ übertragen wird. Dieses wird zu $NADPH + H^+$ reduziert. Das entstandene P700* erhält dann ein Elektron vom Plastocyanin. Im Bereich des Fotosystems I gibt es noch einen zweiten Weg für die Elektronen: Nach der Absorption wird ein Elektron an Ferredoxin (Fd) gegeben. Vom reduzierten Ferredoxin gelangt das Elektron dann über Zwischenstufen zum P 700 zurück (Abb. 2). Für die Bildung eines $NADPH + H^+$ sind (neben zwei Protonen) zwei Elektronen erforderlich. Jedes dieser Elektronen benötigt ein Lichtquant am P 680 und eines am P 700. Insgesamt werden vier Lichtquanten für ein $NADPH + H^+$ benötigt. Dieser Weg ergibt einen zyklischen Elektronentransport, bei dem kein $NADPH + H^+$ gebildet wird.

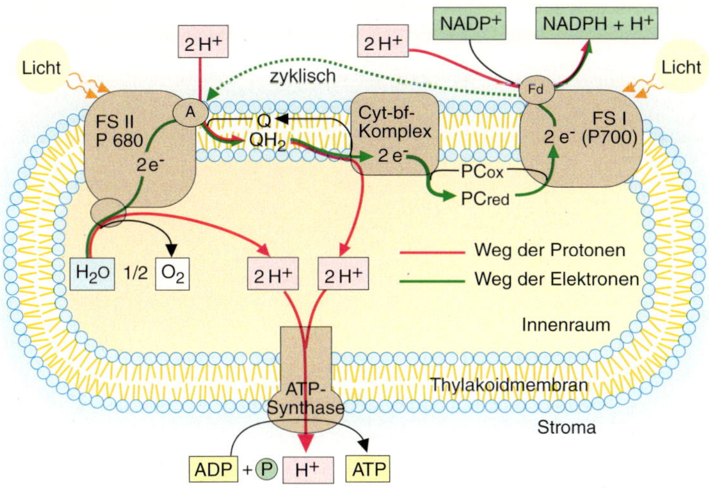

1 Energiegewinnung im Chloroplasten

QH_2
↓ ox
$Q + 2\,e^- + 2\,H^+$

$2\,PC(Cu^{2+})_{ox} + 2\,e^-$
↓ red
$2\,PC(Cu^+)_{red}$

Summe beider Reaktionen
$QH_2 + 2\,PC_{ox}$
↓ Redox
$Q + 2\,PC_{red} + 2\,H^+$

Die Gewinnung von ATP

Für die lichtunabhängige Reaktion der Fotosynthese ist ATP erforderlich, das zuvor in der lichtabhängigen Reaktion gebildet wurde. Die zur ATP-Synthese benötigte Energie stammt ursprünglich aus dem Sonnenlicht. Sie ist nun in einer Differenz der Protonenkonzentration enthalten, die zwischen beiden Seiten der Thylakoidmembran mithilfe des Elektronentransportes in der Membran aufgebaut wird.

Dazu werden Elektronen in der Thylakoidmembran wie durch ein Fließband an mehrere Stoffe weitergegeben. Ihr Transport ist mit dem H^+-Transport vom Stroma in den Thylakoidraum gekoppelt (Abb. 1).

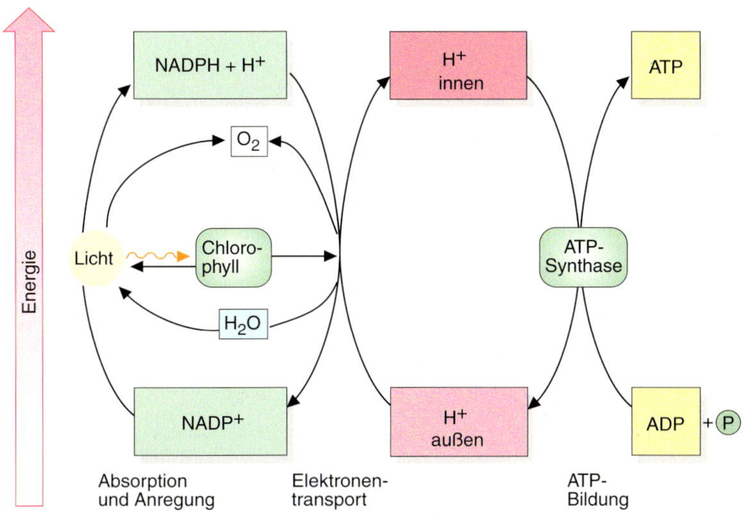

2 Bilanz der lichtabhängigen Reaktion

Am *Cytochrom-bf-Komplex* werden Elektronen vom Plastochinon (Q) übernommen und weiter auf Plastocyanin (PC) übertragen. Plastochinon ist ein Redoxsystem, das nur unter Aufnahme von Protonen reduziert wird; bei der Oxidation werden die Protonen wieder abgegeben.

Wegen der räumlichen Anordnung der Enzyme und Moleküle in der Thylakoidmembran erfolgt die Protonenaufnahme aus dem Stroma (Reduktion des Plastochinons). Die anschließende Protonenabgabe am Cytochrom-bf-Komplex erfolgt jedoch in den Innenraum der Thylakoide. Dieses System bildet daher eine Pumpe, die Protonen mithilfe des Elektronentransports aus dem Stroma in die Thylakoide transportiert.

Im Stroma sinkt deshalb die Protonenkonzentration, der pH-Wert steigt auf pH 8. In den Thylakoiden steigt dagegen die Protonenkonzentration, der pH-Wert sinkt auf pH 5 (s. Seite 76, Atmungskette).

Zusätzlich findet die Oxidation des Sauerstoffs im Wasser im Inneren der Thylakoide statt und setzt dort ebenfalls Protonen frei, während die Protonen verbrauchende Reduktion von $NADP^+$ an der Thylakoidaußenseite stattfindet. Daneben werden ebenfalls durch den zyklischen Elektronentransport Protonen in die Thylakoide gepumpt und verstärken die pH-Differenz. Diese gleicht sich durch Diffusion der Protonen wieder aus. Der Weg auf die andere Seite der Thylakoidmembran führt dabei durch den Enzymkomplex *ATP-Synthase*. Dieser katalysiert mithilfe der Protonen die Synthese von ATP aus ADP und Phosphat. So entstehen mit jedem $NADPH + H^+$ daher auch ein bis zwei Moleküle ATP. (→ 132/133)

Die lichtabhängige Reaktion besteht im Wesentlichen aus zwei Teilprozessen: Einmal entsteht $NADPH + H^+$ (und Sauerstoff). Dabei werden Elektronen bzw. Wasserstoffatome gespeichert. Die endergonische Reaktion wird durch Lichtenergie ermöglicht und das Produkt ist energiereich. Zum anderen wird energiereiches ATP gebildet. Auch dieser Prozess ist endergonisch.

Die Energie für die Bildung von $NADPH + H^+$ und die indirekt daran angekoppelte ATP-Bildung stammt aus dem eingestrahlten Sonnenlicht (Abb. 2). In der Bilanz ergibt sich daher eine zweifache Energiespeicherung in Form von $NADPH + H^+$ und ATP-Molekülen.

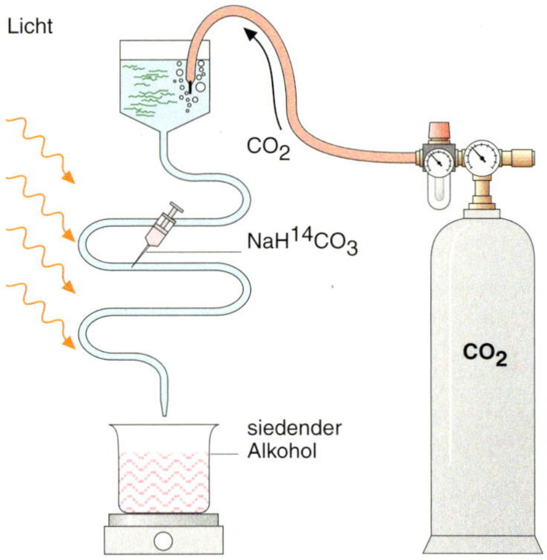

1 Versuchsanordnung nach CALVIN

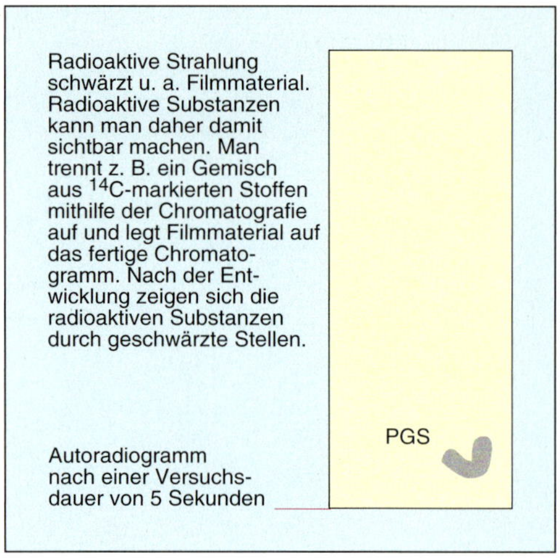

2 Autoradiografie

Die lichtunabhängige Reaktion

In der lichtunabhängigen Reaktion wird Glucose aus Kohlenstoffdioxid (CO_2) aufgebaut. Die Aufklärung der daran beteiligten Schritte leisteten vor allem CALVIN und seine Mitarbeiter. Sie verwendeten dazu das radioaktive Isotop des Kohlenstoffs ^{14}C und boten ihren Algen daraus hergestelltes Natriumhydrogencarbonat ($NaH^{14}CO_3$) an. Dieser Stoff kann CO_2 abspalten. Die damit gebildeten Fotosyntheseprodukte konnten mithilfe von Chromatografie und Autoradiografie identifiziert werden.

Der CO_2-Akzeptor

Bei den Versuchen wurde eine Algensuspension verwendet, aus der man durch einen langen, belichteten Schlauch Proben entnahm (Abb. 1). In diesen Schlauch wurde das $NaH^{14}CO_3$ gegeben. Die restliche Fließzeit bis zum Schlauchende bestimmte die Versuchsdauer, da die Algen anschließend sofort abgetötet wurden.

Eine Versuchsdauer von 5 Sekunden ergab im Autoradiogramm nur ein radioaktiv markiertes Produkt (Abb. 2): *Phosphoglycerinsäure* (PGS). Nähere Untersuchungen ergaben, dass diese durch Anbindung von Kohlenstoffdioxid an ein bereits vorhandenes Akzeptormolekül entstanden sein musste. Zur Identifizierung des Akzeptors wurde den Algenzellen laufend Kohlenstoffdioxid (1 %) angeboten. Dann wurde das Kohlenstoffdioxid entfernt (Abb. 3). Daraufhin nahm *Ribulosebisphosphat* (RubP) zu, ein Zuckerphosphat mit C_5-Körper, während PGS weniger wurde. Daraus kann man schließen, dass RubP nicht mehr so stark verbraucht wurde und sich anreicherte. Weiterhin konnte nur wenig PGS neu entstehen, während die restlichen PGS-Moleküle verbraucht wurden. Offenbar hatte RubP mit Kohlenstoffdioxid reagiert, wobei PGS entstand, und nach Entfernung des Kohlenstoffdioxid konnte diese Reaktion nicht mehr ablaufen. Damit lag RubP als CO_2-Akzeptor nahe, was durch weitere Versuche bestätigt werden konnte. Inzwischen wurden auch die Teilreaktionen aufgeklärt (Abb. 117.1) und es ergab sich folgende Gesamtreaktion:

$$RubP + CO_2 + H_2O \rightarrow 2\,PGS$$

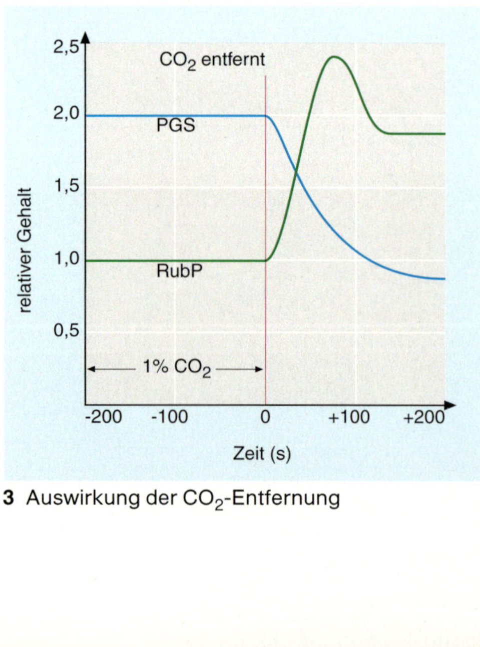

3 Auswirkung der CO_2-Entfernung

Zettelkasten

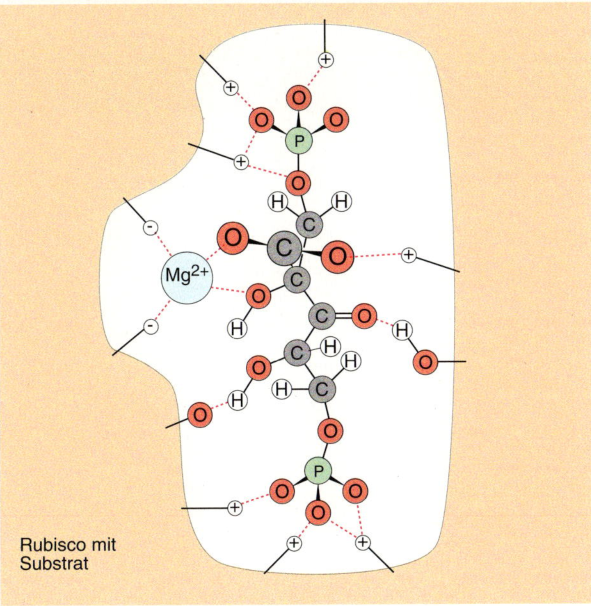

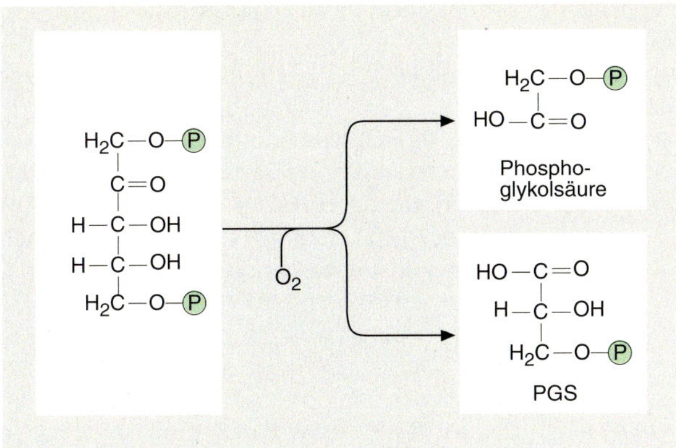

Reaktion von Rubisco als Oxidase

Rubisco — das wahrscheinlich häufigste Enzym auf der Erde

Die Reaktionsschritte der Fixierung von Kohlenstoffdioxid werden von dem Enzym *Ribulosebisphosphat-carboxylase-oxidase (Rubisco)* katalysiert. Rubisco kommt in allen fotosynthetisch aktiven Organismen in großer Menge vor: Je nach Pflanzenart kann Rubisco 20 % bis zu 50 % der Blattproteine ausmachen. Rubisco ist ein sehr langsames Enzym (Wechselzahl: 3 Moleküle/s). Die Menge spiegelt daher wohl weniger seine Bedeutung als vielmehr die geringe Geschwindigkeit wieder. Das Enzym besitzt eine komplizierte Quartärstruktur aus 8 kleinen und 8 großen Untereinheiten. Letztere haben alle ein aktives Zentrum. In diesem ist ein Magnesiumion (Mg^{2+}) vorhanden, das das fixierte CO_2-Molekül hält und ausrichtet.

Bei der Fixierung von Kohlenstoffdioxid wirkt Rubisco als *Carboxylase*. Als konkurrierendes Substrat kann aber auch Sauerstoff dienen. Bei dieser Reaktion wirkt Rubisco als *Oxidase* und es entstehen PGS und Phosphoglykolsäure. Letztere scheint für die Pflanze nicht gut verwendbar zu sein und wird in mehreren Reaktionsschritten zu PGS (oder anderen Stoffen) umgebaut. Dabei verliert die Pflanze aber wieder ein CO_2-Molekül:
2 Phosphoglykolsäure $\rightarrow$ PGS + CO_2

Im Mittel wirkt Rubisco zu etwa 70 % als Carboxylase. Ungünstige Bedingungen (z. B. hohe Temperaturen und geringe CO_2-Konzentration) verstärken aber die Oxidasefunktion und ein großer Teil (bis zu 50 %) der fixierten CO_2-Menge kann dann wieder verloren gehen. Besonders für die Landwirtschaft verringern sich hierdurch die möglichen Ernteerträge. Mithilfe moderner Gentechnik wird deswegen versucht, Rubiscoenzyme zu konstruieren, bei denen die Carboxylasefunktion stärker begünstigt ist.

Die Oxidasefunktion von Rubisco stellt wohl die wesentliche Ursache der Lichtatmung dar. Manche Pflanzen besitzen jedoch Möglichkeiten, die dadurch entstehenden CO_2-Verluste zu vermeiden

Alle Reaktionsschritte (Einbau des Kohlenstoffdioxids und Hydrolyse des Produktes) werden durch das Enzym *Ribulosebisphosphat-carboxylase-oxidase* (Rubisco) katalysiert.

Bei dieser Reaktion wird Kohlenstoffdioxid in die pflanzliche Substanz eingebaut. Kohlenstoffdioxid ist ein anorganisches Gas, das in der unbelebten Natur vorkommt. Es bildet mit Wasser eine anorganische Säure (Kohlensäure) und kommt in Form von Carbonaten als gesteinsbildendes Mineral vor. Bei der Fixierung wird aus Kohlenstoffdioxid ein Bestandteil der Pflanze, deren Masse auf diese Weise zunimmt. Letztlich ist durch diesen Prozess die gesamte Masse jeder Pflanze gebildet worden.

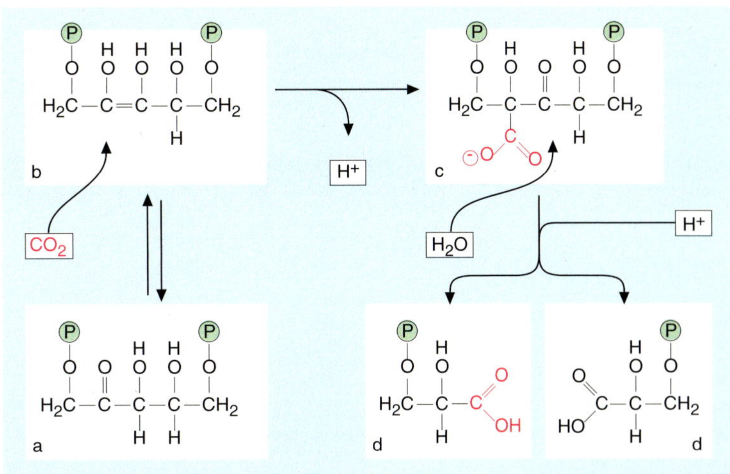

1 Reaktionsschritte der CO_2-Fixierung

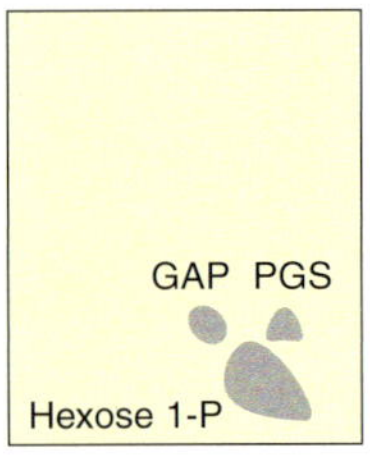

90 Sekunden
Autoradiogramm

Reduktion des fixierten Kohlenstoffs

Die Fixierung von CO_2 führt zu *Phosphoglycerinsäure* (PGS). Einerseits ist dieser Stoff aber noch deutlich energieärmer als Glucose und andere Kohlenhydrate. PGS muss daher *energetisch aktiviert* werden. Andererseits ist PGS eine organische Säure mit einer Carboxylgruppe. Kohlenhydrate, wie beispielsweise Glucose, sind aber keine Säuren, sondern besitzen eine Aldehydgruppe oder eine Ketogruppe. PGS kann deswegen noch kein Kohlenhydrat sein. Da aber aus PGS letztendlich Glucose als Endprodukt der Fotosynthese entsteht, muss die Carboxylgruppe zur Aldehydgruppe *reduziert* werden.

Zur Klärung dieser Reaktionen wurden weitere Versuche mit den Algen durchgeführt. Unter anderem wurde die Belichtung abgestellt. PGS reicherte sich nun an (Abb. 1). Es wurde aus RubP und CO_2 weiterhin gebildet, konnte aber nicht weiter umgesetzt werden. Bei Dunkelheit kann jedoch die lichtabhängige Reaktion nicht mehr ablaufen, in der $NADPH + H^+$ und ATP gebildet werden. Diese Stoffe fehlten offenbar an dieser Stelle des Reaktionsweges und die Gesamtreaktion war unterbrochen. Belege hierfür waren auch, dass Glucose nicht weiter gebildet wurde und der CO_2-Akzeptor RubP verbraucht und nicht regeneriert wurde.

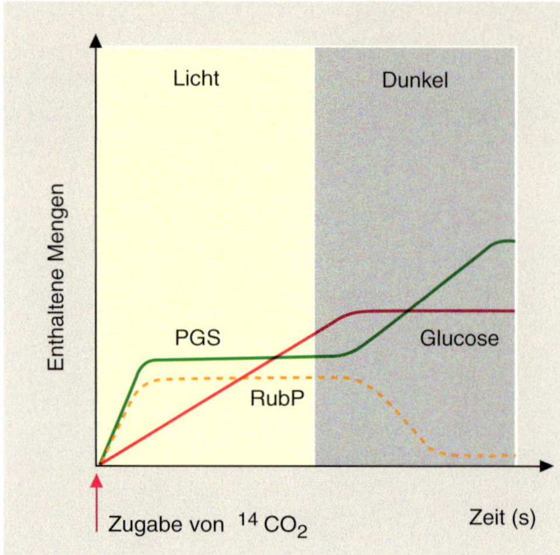

1 Abbruch der PGS-Reduktion

Normalerweise wird also PGS in diesem Schritt der lichtunabhängigen Reaktion durch ATP aktiviert und durch $NADPH + H^+$ reduziert (Abb. 2). Dabei entsteht *Phosphoglycerinaldehyd (PGA)*, wie auch das Autoradiogramm bestätigt: Nach einer Versuchsdauer von 90 Sekunden zeigten sich PGA und eine Hexose mit Phosphatgruppe. PGA ist aber keine Säure mehr, sondern ein Aldehyd (Abb. 2). PGA ist damit das erste Kohlenhydrat (als phosphoryliertes Molekül), das in der Fotosynthese gebildet wird. Aus den anfänglichen RubP und CO_2 sind damit insgesamt zwei Kohlenhydratmoleküle entstanden.

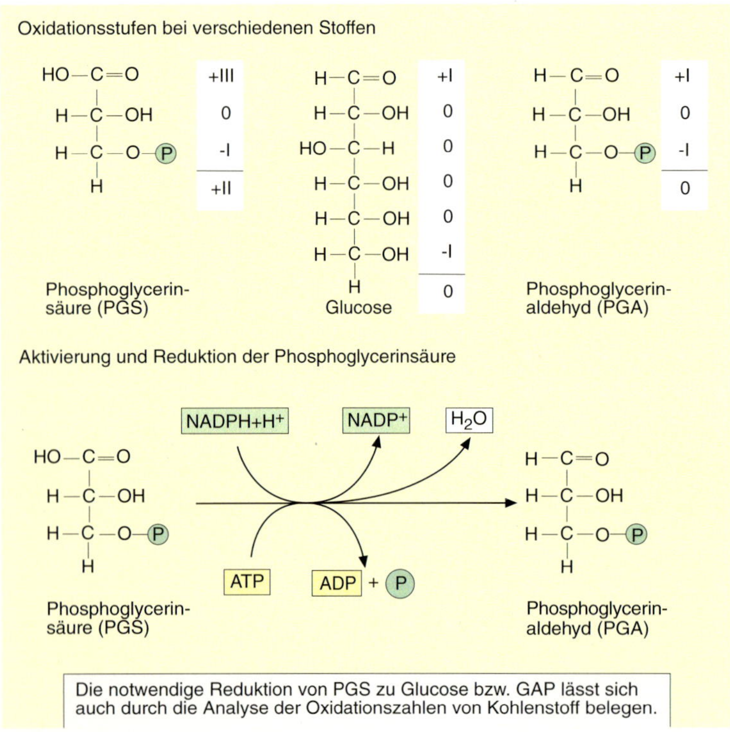

2 Aktivierung und Reduktion von PGS

Calvinzyklus

Die durch CO_2-Fixierung und Reduktion gebildeten Moleküle des Phosphoglycerinaldehyds (PGA) werden auf unterschiedliche Weise weiter verwertet. Einerseits werden zwei Moleküle PGA zu einem Fructosebisphosphatmolekül und weiter zu einem Molekül Glucose verbunden. Auf diese Weise entsteht das bekannte Endprodukt der Fotosynthese.

Andererseits werden RubP-Moleküle aus anderen PGA-Molekülen regeneriert. Sie stehen dann für die weitere Kohlenstoffdioxidfixierung zur Verfügung. Die hierbei ablaufenden Stoffwechselschritte sind inzwischen aufgeklärt. In der Bilanz ergibt sich dann folgender Ablauf: Zur Neusynthese eines

CALVIN

Glucosemoleküls sind 6 CO_2-Moleküle erforderlich. Aus 6 RubP-Molekülen und 6 CO_2-Molekülen entstehen durch Fixierung und Reduktion 12 PGA-Moleküle, von denen zwei zur Bildung einer Glucose dienen. Die verbleibenden 10 PGA-Moleküle enthalten als Triosen (C_3-Zucker) insgesamt 30 C-Atome, ebenso wie 6 RubP-Moleküle. Diese werden daraus in mehreren Schritten zurückgebildet. Bei diesen Regenerationsreaktionen werden weitere 6 ATP-Moleküle verbraucht.

Alle lichtunabhängigen Reaktionen ergeben damit einen Kreislauf, der nach seinem Entdecker *Calvinzyklus* (oder auch *Calvin-Benson-Zyklus)* genannt wird. MELVIN CALVIN erhielt 1961 den Nobelpreis für Chemie.

Aufgabe

① Die Rückgewinnung der 6 RubP erfolgt im Wesentlichen mithilfe von zwei Enzymtypen: Zum einen die *Aldolasen*, die zwei kleine Zuckermoleküle zu einem größeren verbinden. Zum anderen die *Transketolasen*, die ein C_2-Stück eines Zuckermoleküls auf ein anderes übertragen. Die dabei entstehenden Zwischenprodukte sind aber nicht kürzer als C_3 und nicht länger als C_7.
Ermitteln Sie die notwendigen Schritte zur Rückgewinnung der 6 RubP. Verwenden Sie dabei vereinfachend nur C-Körper (Anzahl C-Atome pro Molekül) und vernachlässigen Sie die angebundenen Phosphatgruppen.

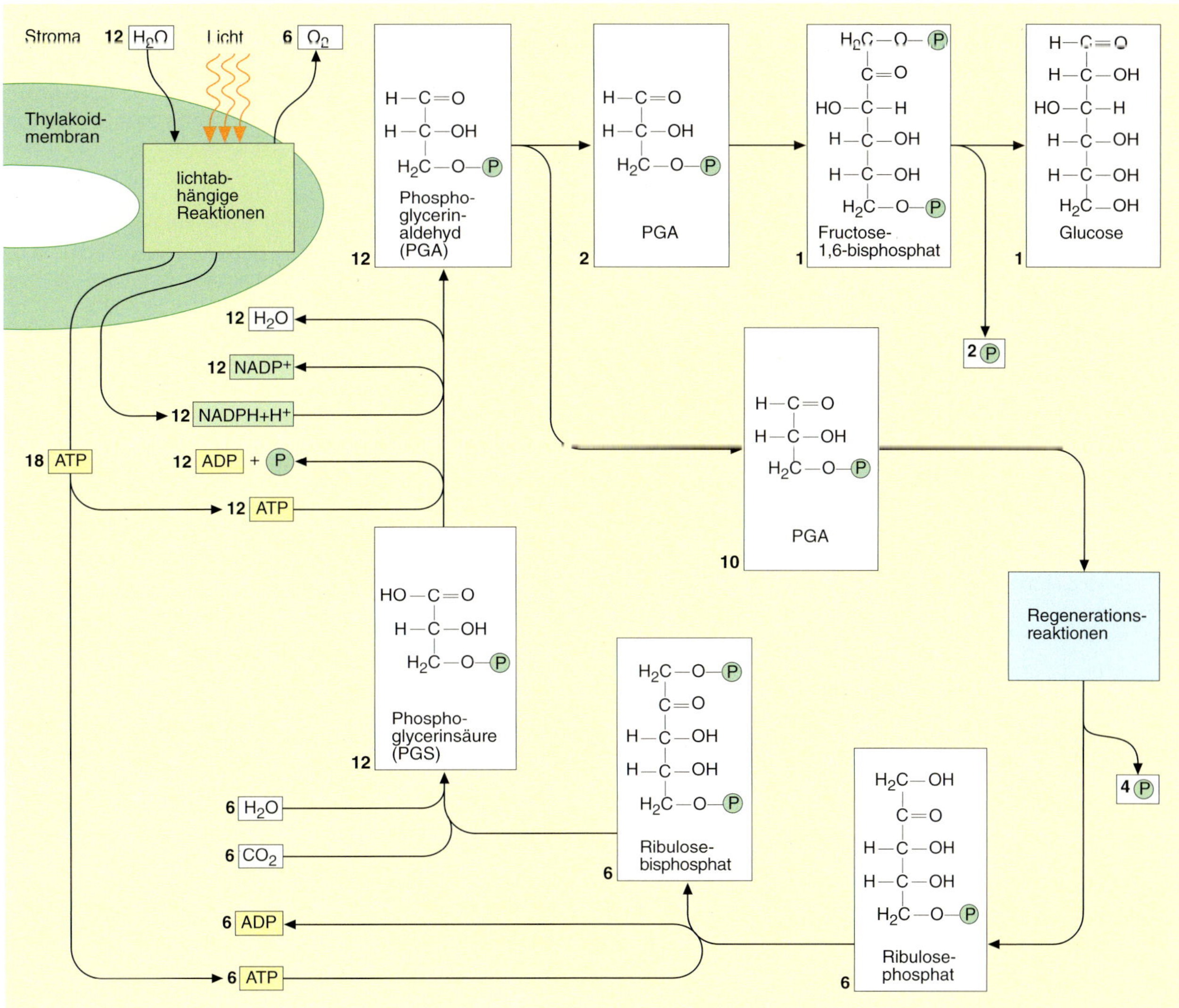

1 Lichtunabhängige Reaktionen

1 Salzseen, deren Oberfläche durch Halobacterium rot gefärbt sind

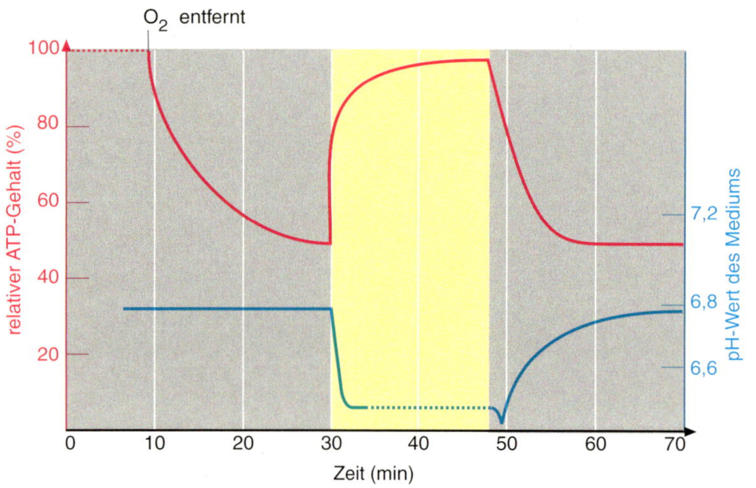

2 pH-Änderung und ATP-Gehalt beim Licht-/ Dunkelwechsel

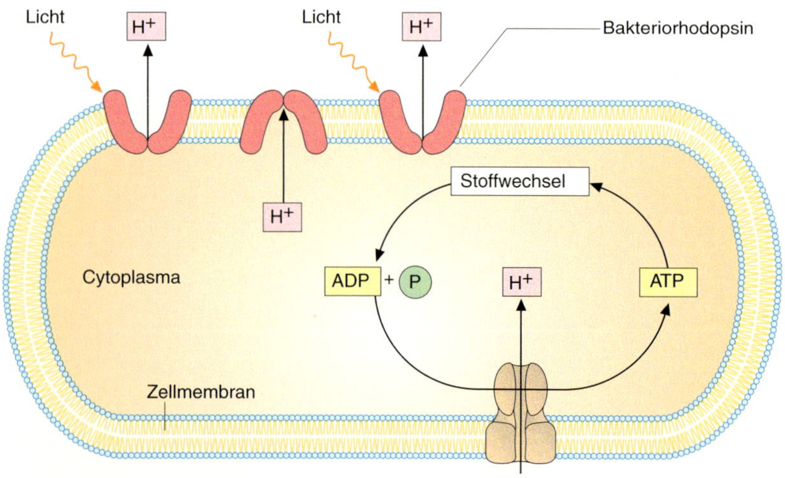

3 Schema des lichtinduzierten Protonentransportes

Halobacterium produziert ohne Chlorophyll mit Licht ATP

Die Salzkonzentration im Toten Meer ist siebenmal höher als in der Nordsee. Trotzdem können dort Organismen *(Halobacterium halobium)*, so genannte Salz liebende Bakterien, leben. Durch ihre intensiv rote Farbe prägen diese Archaebakterien das Erscheinungsbild vieler mediterraner Salzgewinnungsbecken.

Untersuchungen an nicht fotosynthetisierendem Halobacterium zeigen, dass dieser Organismus ATP produziert, solange ihm Sauerstoff und Glucose zur Verfügung stehen. Die Energie für die ATP-Bildung stammt in diesem Fall aus dem Abbau des Zuckers. Wird den Bakterien in der Dunkelheit der Sauerstoff entzogen, kann die Zellatmung nicht weiter ablaufen. Der ATP-Gehalt sinkt. Belichtet man Halobacterium unter diesen Versuchsbedingungen wieder, steigt die ATP-Konzentration in den Bakterien auch in sauerstofffreier Umgebung. Halobacterium kann folglich seine lebenswichtige Energie sowohl aus der Glucose als auch aus dem Licht beziehen.

Misst man parallel zu dieser lichtinduzierten ATP-Bildung den pH-Wert des Mediums, in dem Halobacterium lebt, kann man während der Belichtungsphase eine Ansäuerung messen (Abb. 2). Dies bedeutet eine Erhöhung der Protonenkonzentration in der Umgebung von Halobacterium. Die zusätzlichen Protonen können ausschließlich aus den Bakterienzellen selbst stammen. Für diesen Protonenaustausch scheinen die Licht absorbierenden, purpurrot pigmentierten Zonen in der Zellmembran von Halobacterium verantwortlich zu sein. Bei der Analyse der Pigmentmoleküle fand man zwei Bestandteile. Der Proteinanteil des Bakteriorhodopsins durchspannt die Membran, der Nichtproteinanteil, die *prosthetische Gruppe*, ist mit dem Retinal, dem Sehpigment im Auge der Wirbeltiere, identisch. Sie ist nach außen gerichtet und absorbiert hauptsächlich gelbes Licht.

Bei Belichtung wird das Retinal angeregt und bewirkt so eine Konformationsänderung des Proteinanteils in der Membran (Abb. 3). Dies führt zur Abgabe eines Protons aus dem Innenraum des Bakteriums in das Außenmedium. Anschließend nimmt das Membranprotein innerhalb der Bakterienzelle wieder ein Proton auf und fällt in seine Ausgangsstruktur zurück. Bei starker Belichtung werden so von jedem Proteinmolekül mehrere hundert Protonen pro Sekunde durch die Bakterienmembran geschleust. Wird die Lichtphase beendet, werden keine Protonen mehr nach außen transportiert: Die pH-Werte des Cytoplasmas und des umgebenden Mediums gleichen sich an. Die ATP-Konzentration geht ebenfalls zurück. Dieses Ergebnis deutet auf einen Zusammenhang zwischen dem pH-Gradienten und der ATP-Bildung hin.

Auf diese Weise wird die Lichtenergie direkt in einen Protonengradienten umgesetzt (s. Abb. 120.3). Dieser enthält die Energie, die zur Bildung von ATP genutzt wird. Die Protonen werden durch ein zweites Protein in der Zellmembran, eine ATP-Synthase, wieder in die Zelle aufgenommen. Auf diesem Wege wird ATP gebildet.

Anders als bei der Fotosynthese der höheren Pflanzen wird kein CO_2 fixiert und es entsteht bei den Prozessen in Halobacterium kein Sauerstoff und keine Glucose. Es handelt sich um die einfachste bekannte Umwandlung von Sonnenenergie in Stoffwechselenergie.

Die ATP-Synthese im Vergleich

Vergleicht man die Prozesse des Energiestoffwechsels aller Lebewesen, so stellt man fest, dass ATP der universell genutzte Energieüberträger aller Zellen ist. Die Untersuchungen an den ATP-Bildungsenzymen, den *ATP-Synthasen*, der Chloroplasten, Mitochondrien und Bakterien, wie z. B. E. coli oder Halobacterium, zeigen eine große Ähnlichkeit im Bau dieser Enzymmoleküle.

In allen Fällen ist die ATP-Synthase in einer Membran verankert und verbindet so zwei voneinander getrennte Räume (Abb. 1). In den Mitochondrien und Bakterien werden die Protonen aus der Matrix bzw. dem Cytoplasma nach außen gepumpt. Die ATP-Synthase-Moleküle sind dementsprechend umgekehrt ausgerichtet: Sie lassen die Protonen von außen nach innen einströmen. Dabei wird ATP gebildet.

In den Chloroplasten werden die Protonen vom Stroma in den Thylakoidinnenraum transportiert. Die ATP-Synthase ist so orientiert, dass die Protonen wieder nach außen ins Stroma strömen. Die Thylakoide sind durch abgeschnürte Membraneinstülpungen der Außenmembran entstanden. Aufgrund dieser einander entsprechenden Ausrichtungen der Membranen kann man einen gemeinsamen evolutionären Ursprung vermuten. (→ 132/133)

Aufgabe

① Vergleichen Sie tabellarisch Gemeinsamkeiten und Unterschiede bei der Fotosynthese höherer Pflanzen und der lichtabhängigen ATP-Bildung bei Halobacterium.

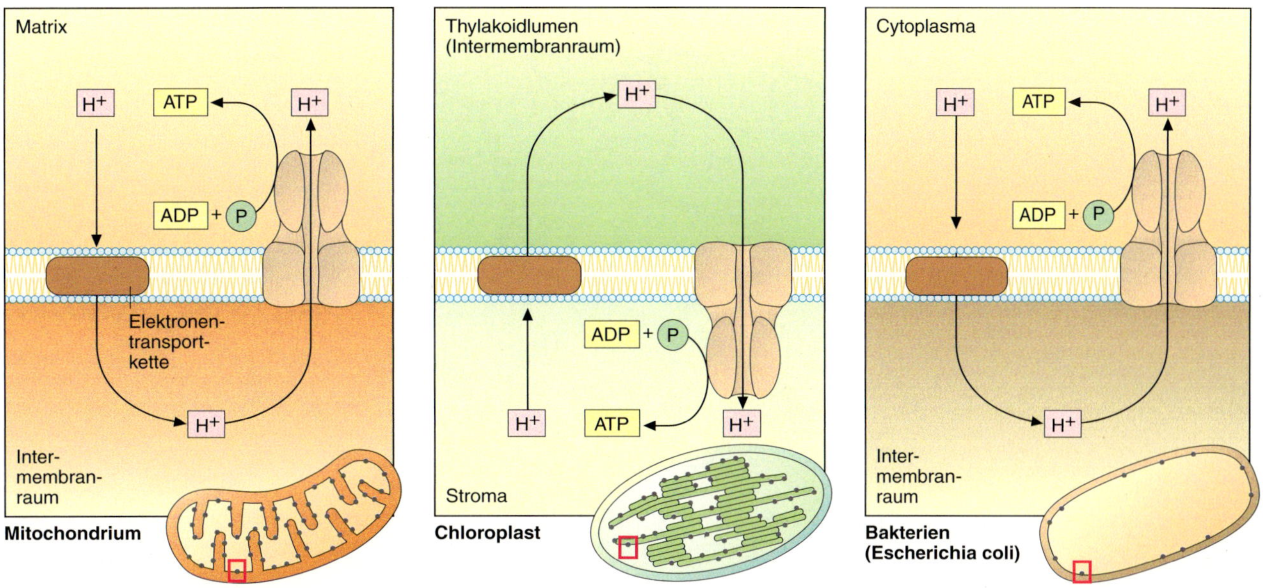

1 ATP-Synthase bei Mitochondrien, Chloroplasten und Bakterien

Überleben trotz Trockenheit

CAM
(Crassulaceen-Säure-Stoffwechsel)
CAM-Pflanzen nehmen nachts CO_2 auf und speichern es durch Bildung von Äpfelsäure in der Zellvakuole.

Alle lebenserhaltenden Stoffwechselvorgänge der Pflanzen benötigen Wasser. Trotzdem wachsen Pflanzen auch an extrem trockenen Standorten, wie Wüsten und Steppen oder auf felsigem Untergrund. Häufig müssen sie lange, heiße Dürreperioden überdauern. Verschiedenartige physiologische und morphologische Überlebensstrategien haben sich herausgebildet. Meist treten sie nicht einzeln, sondern in Kombination miteinander auf.

Manche Pflanzen sind so angepasst, dass sie den größten Teil des Jahres in Form von Samen überstehen. Diese Pflanzen entfalten sich nach einem Regen schnell, blühen und bilden Früchte, deren Samen die nächste Trockenperiode überleben (Abb. 1). Auch geschützte unterirdische Pflanzenteile, wie beispielsweise Zwiebeln, können ein Überdauern während der Trockenphasen ermöglichen.

Pflanzen, die das ganze Jahr oberirdisch leben, sind darauf angewiesen, möglichst viel Wasser während der kurzen Feuchtigkeitsperioden aufzunehmen, zu speichern und die Wasserabgabe in den Dürreperioden gering zu halten. So besitzen die meisten dieser Pflanzen ein ausgeprägtes Wurzelsystem mit hoher Saugkraft. Für manche ist die Fähigkeit, Wasser zu speichern, typisch. Man spricht dann von *Sukkulenz*. Als Wasser speicherndes Organ dient in den meisten Fällen das Blatt oder der Stamm *(Spross)*. Der auffälligste Vertreter der *Blattsukkulenten* ist *Lithops*, welcher in den südafrikanischen Wüsten zu finden ist (Abb. 123.1). Wegen seiner Form, die an Kieselsteine erinnert, wird die Gattung „lebende Steine" genannt.

Die Triebe der Pflanzen bestehen aus zwei miteinander verwachsenen, fleischigen Blättern. Sie sind dick und fast kugelig. Während

1 Wüstenlandschaft bei Trockenheit und nach Regenfällen

der Trockenzeit schauen sie nur zu einem geringen Teil aus der Erde heraus. Im Blattinneren befinden sich große Wasserspeicherzellen. Dieses chloroplastenfreie, farblose Wasserspeichergewebe reicht bis zur Blattoberseite, die aus dem Boden herausragt. Hierdurch entsteht eine Art Fenster, durch welches das Sonnenlicht in das Blatt eindringen kann und zu dem an der Peripherie und tiefer liegenden, grünen Gewebe gelangt (Abb. 1). Durch diesen besonderen Blattaufbau läuft die Fotosynthese teilweise unterirdisch ab.

Bekannteste Vertreter der *Stammsukkulenten* sind die *Kakteen*. Sie sind im Südwesten der USA, Mexiko und den Andenländern heimisch. Besonders große Formen können 12 bis 20 m hoch werden. 91 % des Frischgewichtes eines Kaktus ist Wasser. Dies bedeutet, dass in großen Kakteen, wie dem Kandelaberkaktus, bis zu 3000 Liter Wasser gespeichert werden können (Abb. 1). So lässt es sich auch erklären, dass einige Kakteen Monate ohne Wasser überleben können. Sie verbrauchen in der Trockenphase 60 bis 70 % ihres Wasservorrates. Der Umfang der Kakteen ändert sich daher je nach Wassergehalt. Nach Regenfällen, wenn sich das Rindengewebe mit Wasser vollgesogen hat, sind die Rippen wie bei einem Blasebalg auseinander gezogen (Abb. 1).

Die zahlreichen Stammsukkulenten in den afrikanischen Savannen und Halbwüsten sind keine Kakteen, sondern *Wolfsmilchgewächse*. Bei Wolfsmilchgewächsen wird das Wasser nicht wie bei den Kakteen im Rinden-, sondern im Markgewebe gespeichert. Ihren Namen verdanken diese Pflanzen dem weißen Milchsaft, der Kautschuk enthält.

Die Transpiration der Sukkulenten wird durch eine dicke Kutikula und versenkte Spaltöffnungen herabgesetzt. Meist besitzen die Pflanzen auch kleine Blätter. Bei Kakteen ist die Oberfläche extrem verkleinert, da bei ihnen die Blätter vollständig reduziert zu Dornen umgebildet worden sind. Eine Transpiration kann lediglich noch über die Spaltöffnungen des Stammes erfolgen. Die Fotosynthese läuft in den Rindenzellen des Sprosses ab.

Bei vielen der Sukkulenten, wie z.B. beim Brutblatt, kommt hinzu, dass sie nicht nur morphologisch angepasst sind, sondern auch aufgrund von Besonderheiten im Stoffwechsel ihre Stomata tagsüber kaum zu öffnen brauchen (CAM-Pflanze).

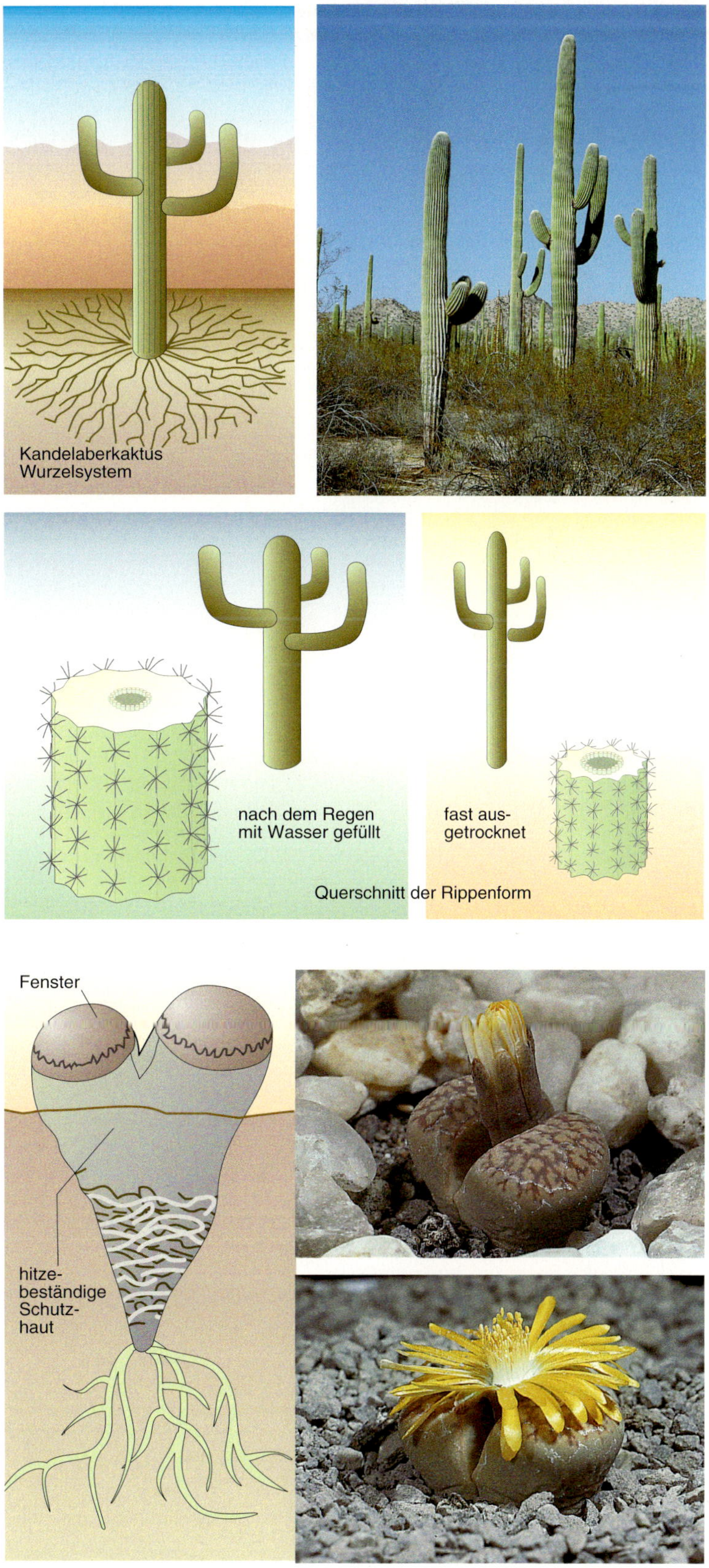

1 Stamm- und Blattsukkulenten

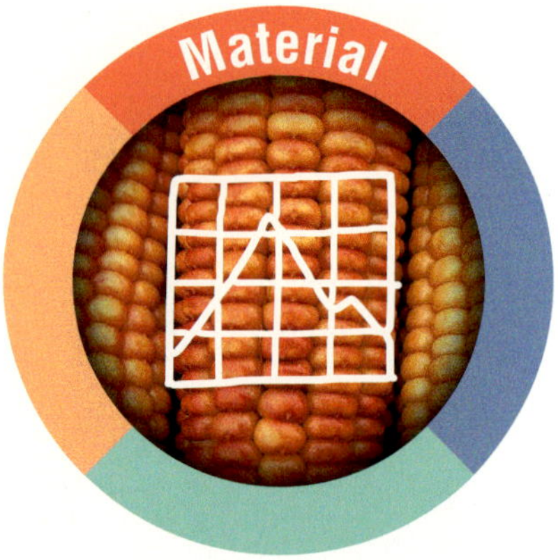

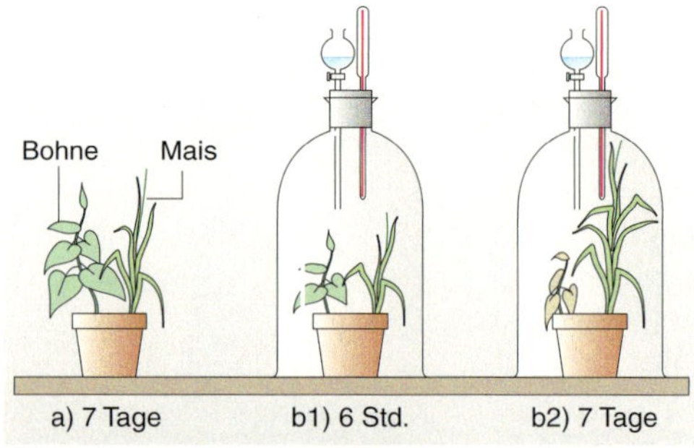

Belichtung der Versuchsansätze: 15 Std./Tag (Starklicht)
Versuchstemperatur: 30 °C (konstant)
luftdichter Verschluss der Glasglocken

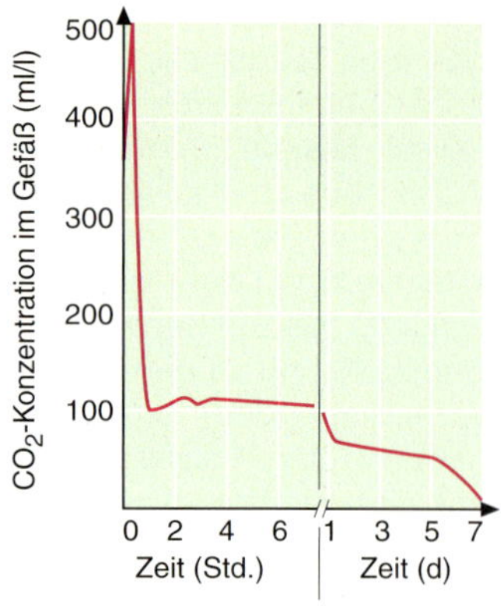

Mais – ein Sonnenspezialist

Mais wurde bereits von den Inkas, Mayas und Azteken angebaut. Seine heutigen Zuchtformen haben von allen Getreidearten den höchsten Kornertrag und die größte Blattmassenproduktion. Durch diese Eigenschaften ist er zur wichtigsten Nutzpflanze Amerikas geworden. Obwohl die Abstammung des Maises noch nicht völlig geklärt ist, so steht sein Ursprungsgebiet fest: Eine heiße Region Mexikos mit hoher Lichteinstrahlung und Wasserknappheit. Vermutlich brachte Kolumbus den Mais nach Europa.

Heute baut man ihn weltweit an. In Deutschland reift der Mais nur selten aus, deshalb nutzen die Bauern ihn als Grünfutter oder Silage.

Besonderheiten im Blattaufbau waren den Wissenschaftlern schon früh aufgefallen. Um die Leitbündel befinden sich kranzförmig große, plastidenreiche *Bündelscheidenzellen*. Sie enthalten viel Assimilationsstärke. Diese Besonderheiten wurden aber erst durch die physiologischen Befunde von Hatch und Slack verständlich. Diese Wissenschaftler fanden in den 60er-Jahren, dass Mais neben den Substanzen des Calvinzyklus größere Mengen an Äpfelsäure und Oxalessigsäure enthielt. Deren Grundstruktur besteht aus 4 C-Atomen. Deshalb bezeichneten sie Pflanzen mit dieser Eigenschaft als *C_4-Pflanzen* und grenzten sie damit von den *C_3-Pflanzen* ab, in denen Phosphoglycerinsäure (3 C-Atome) als erstes Produkt nach der CO_2-Fixierung im Calvinzyklus auftritt.

Heute weiß man ferner, dass die C_4-Pflanzen neben dem CO_2-Bindungsenzym des Calvinzyklus in den Mesophyllzellen ein weiteres CO_2-Bindungsenzym mit fast 100facher Affinität besitzen. Dies bietet den C_4-Pflanzen die Möglichkeit, den Wasserverlust durch effektivere CO_2-Aufnahme zu verringern.

Lichtatmung

Die Prozesse der mitochondrialen Atmung laufen in pflanzlichen und tierischen Zellen gleich ab. Im Unterschied zu den Tieren wird diese Atmung bei Pflanzen jedoch durch Licht gehemmt. Man bezeichnet sie häufig als *Dunkelatmung* und stellt sie der so genannten *Lichtatmung* gegenüber.

Der Prozess der Lichtatmung wird dadurch in Gang gesetzt, dass sich an die katalytische Stelle des CO_2-Bindungsenzyms des Calvinzyklus auch Sauerstoff anlagern kann. Folglich konkurrieren Kohlenstoffdioxid und Sauerstoff miteinander. Wird Sauerstoff gebunden, dann wird das entstehende Zwischenprodukt nicht zu einem Zucker, sondern zu einer Aminosäure umgebaut. Dabei wird weiterer Sauerstoff verbraucht und Kohlenstoffdioxid gebildet. Aus diesen Gründen unterscheiden sich die Prozesse der Lichtatmung grundsätzlich von der mitochondrialen Atmung.

Die Raten der CO_2-Abgabe und der Sauerstoffaufnahme steigen mit zunehmender Lichtintensität. Es können

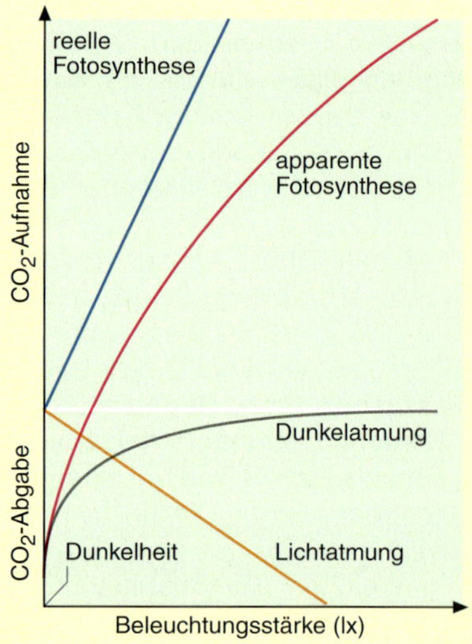

bis zu 50 % des durch die Fotosynthese gebundenen CO_2 an die Umgebung abgegeben werden.

Damit bedeutet die Lichtatmung eine erhebliche Einbuße für den Energiehaushalt und wird häufig als Leck des Calvinzyklus bezeichnet. Eine biologische Bedeutung scheint nicht vorzuliegen.

	Mais (C_4-Pflanze)	**Bohne** (C_3-Pflanze)
apparente Fotosynthese (mg CO_2 cm^{-2} h^{-1})	0,6 – 1,0	< 0,3
Lichtsättigung der apparenten Fotosynthese (W cm^{-2})	0,04 – 0,06	< 0,02
Lichtatmung (ng CO_2)	nicht messbar	43
Transpiration (µg H_2O cm^{-2} s^{-1})	6,8	18,2

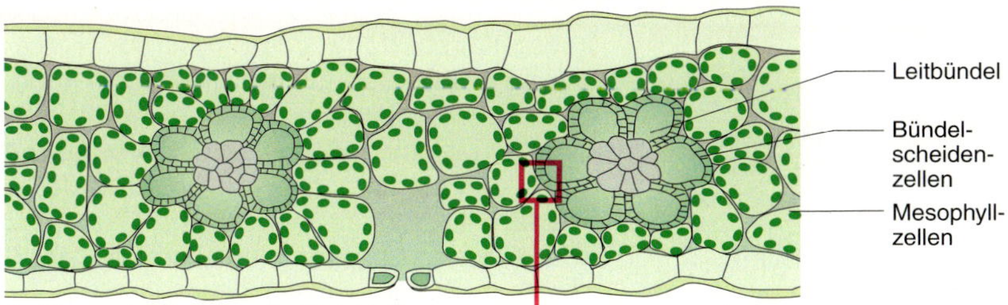

1a Querschnitt durch ein Maisblatt

1b Foto von Chloroplasten

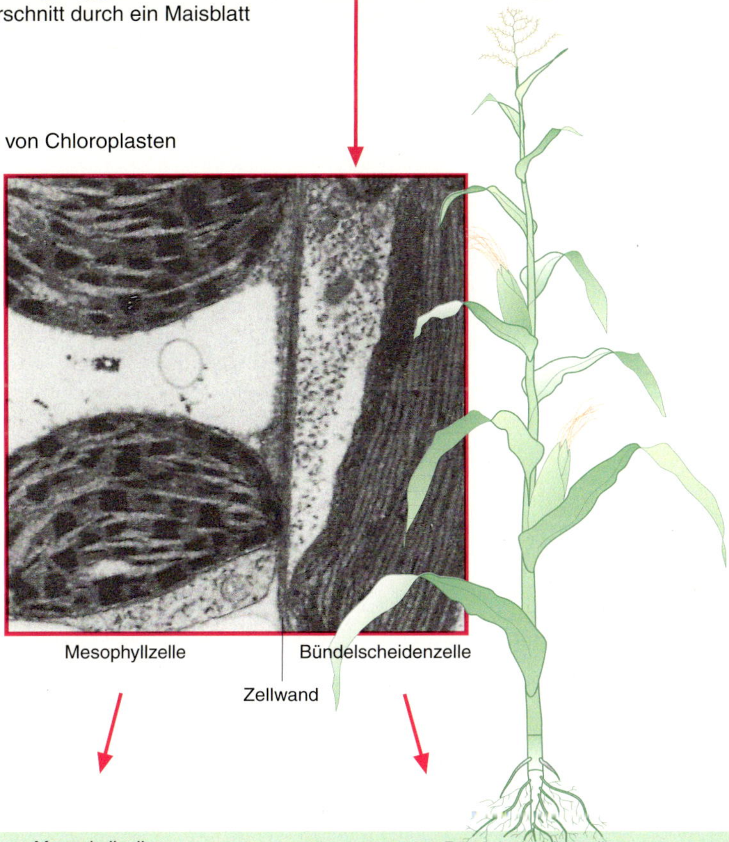

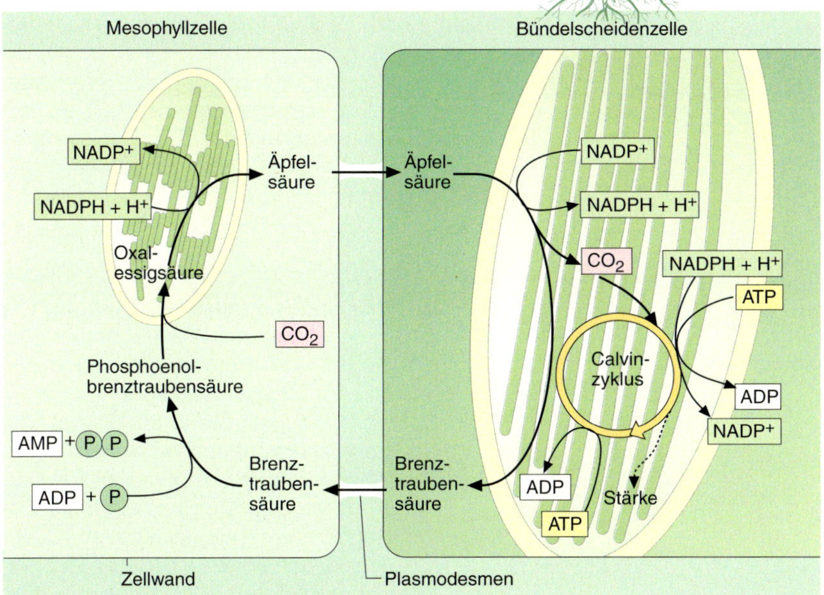

1c Biochemische Abläufe in C_4-Pflanzen

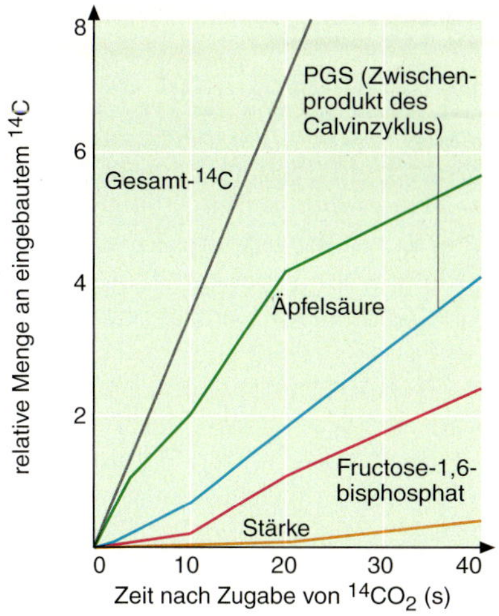

2 C_4-Pflanze

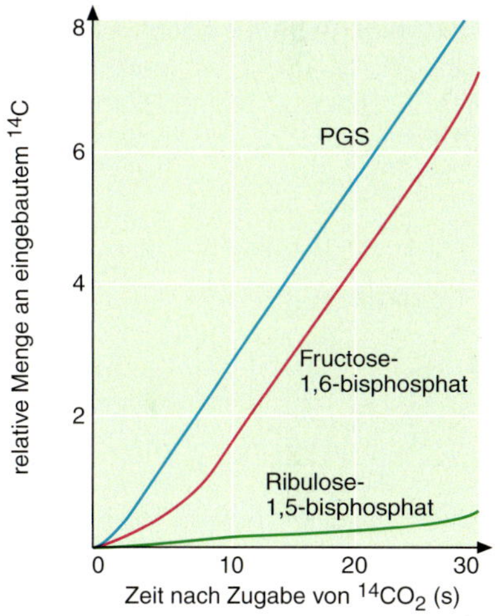

3 C_3-Pflanze

Aufgaben

① Formulieren Sie das stoffwechselphysiologische Dilemma, in dem sich Pflanzen heißer, trockener Klimazonen, wie die C_4-Pflanze Mais, befinden. Beschreiben Sie die Abbildung Seite 124 oben und erstellen Sie eine Hypothese zur Deutung des Experimentes.

② Beschreiben Sie den Aufbau eines Maisblattes (Abb. 1 a, b) und vergleichen Sie ihn tabellarisch mit dem eines Bohnenblattes. Dies entspricht weitgehend dem Sonnenblatt einer Buche (s. Seite 109).

③ Beschreiben und deuten Sie die physiologischen und histologischen Befunde (Abb. 2, 3, 1b und dann 1c). Erläutern Sie auf dieser Grundlage den dargestellten Reaktionsverlauf.

④ Überprüfen Sie Ihre Hypothese aus Aufgabe 1 und erläutern Sie die Überlegenheit der C_4-Pflanze Mais gegenüber der Bohne (s. Seite 124).

Die Nettoprimärproduktion der Pflanzen bestimmt den Ertrag

Nettoprimärprodukt wird jener Anteil der pflanzlichen Stoffproduktion genannt, den die Pflanze als echten Zuwachs an organischer Substanz erbringt. Es wird in der Regel in Kilogramm Trockenmasse pro Quadratmeter Anbaufläche und Jahr angegeben.

Ein Nettoprimärprodukt bildet sich nur, wenn der Stoffaufbau durch Fotosynthese den Stoffabbau durch Atmung überwiegt. Die bei der Fotosynthese gewonnenen Monosaccharide als primäre Stoffwechselprodukte stehen zur Umwandlung in Speicherstoffe und für alle übrigen Stoffwechselwege in der Pflanze zur Verfügung (Abb. 1). Somit ermöglicht die Synthese und Bereitstellung von Kohlenhydraten auch den Aufbau von Aminosäuren und Proteinen, Lipiden sowie einer Vielzahl sekundärer Pflanzenstoffe, wie Carotinoide, Harze, Alkaloide, Lignin u. a.

Nettoprimärproduktion
von der Pflanze produzierte, nicht selbst verbrauchte oder ausgeschiedene Stoffe

Nettofotosynthese
pflanzliche Bruttoproduktion minus durch Atmung verbrauchte Stoffe

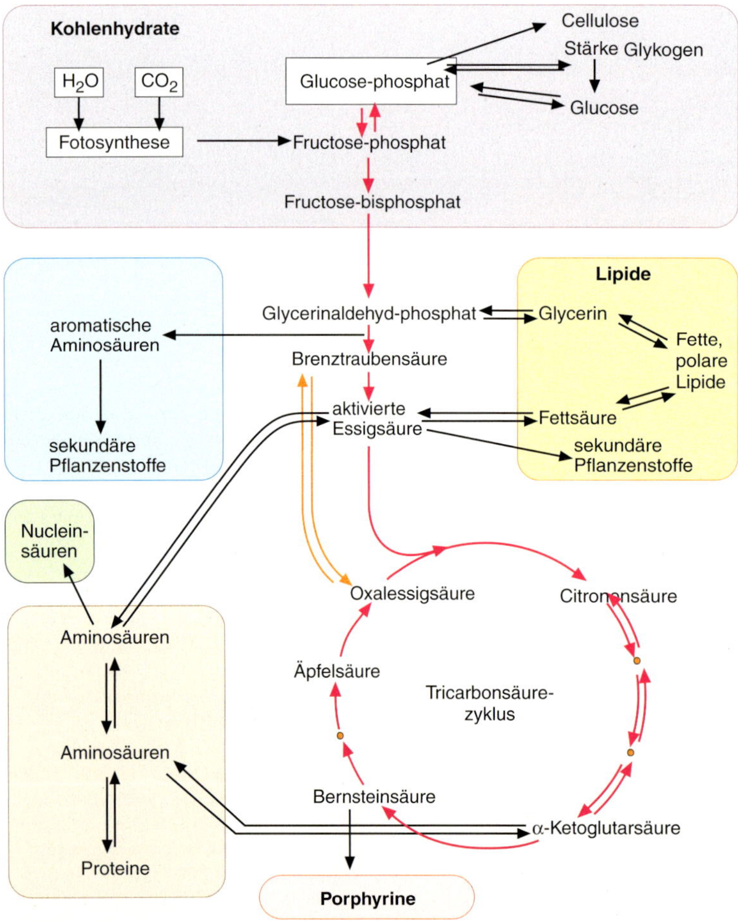

1 Stoffwechsel-Schema

Die *Nettoprimärproduktion* während einer Vegetationsperiode oder Kulturdauer entscheidet über den Ertrag. Dieser ist es, auf den die heterotrophen Lebewesen in ihrer Gesamtheit angewiesen sind. Ganz gezielt nutzt der Mensch diese Produktivität der Pflanzen aus. Mehr noch: Durch Züchtung sowie acker- und pflanzenbauliche Maßnahmen arbeitet er seit Jahrtausenden auf hohe Erträge hin. Beginnend mit dem Sesshaftwerden kultivierte der Mensch Pflanzen und betrieb Felderwirtschaft. Später kamen Fruchtfolgen und intensive Pflegemaßnahmen hinzu.

Den Menschen kam und kommt es dabei nicht auf die gesamte gebildete Pflanzenmasse, sondern den für seine Zwecke nutzbaren Anteil an. Dieser nutzbare Anteil wird als *Ernteindex* bezeichnet. Er errechnet sich aus dem Verhältnis von nutzbarer Biomasse und gesamter gebildeter Biomasse pro Fläche und Jahr. Der Ernteindex bei Grünmasse liegt stets höher als bei Speicherorganen wie Knollen und Rüben oder gar bei Samen und trockenen Früchten (s. Tabelle).

Kultur	Ernteindex (Produkt)
Weizen	0,25 bis 0,45 (Körner)
Mais	0,4 (Körner)
Reis	0,40 bis 0,55 (Körner)
Zuckerrübe	0,45 bis 0,67 (Rüben)
Fichten	0,61 (Stammholz)
Buchen	0,70 (Stammholz)

Der Ernteindex allein reicht bei Kulturpflanzen noch nicht für die Charakteristik der Ertragsleistung aus. Meist sind es die Inhaltsstoffe, die den besonderen Wert ausmachen. Für Backgetreide ist z. B. der Eiweißgehalt entscheidend. Für Zuckerrüben gilt der Zuckergehalt als wichtigstes Qualitätsmerkmal.

Aufgaben

① Beschreiben Sie unter Verwendung von Abbildung 1, welche Auswirkungen eine eingeschränkte Fotosynthese auf den pflanzlichen Stoffwechsel hat.

② Erläutern Sie, was Sie unter Brutto- und Nettoprimärproduktion verstehen.

③ Berechnen Sie den Ernteindex für Kartoffeln unter Verwendung folgender Parameter: Erntemenge der Knollen 200 dt/ha, Wassergehalt der Knollen 78 %, insgesamt gebildete Biomasse auf einem Hektar 52 dt Trockenmasse.

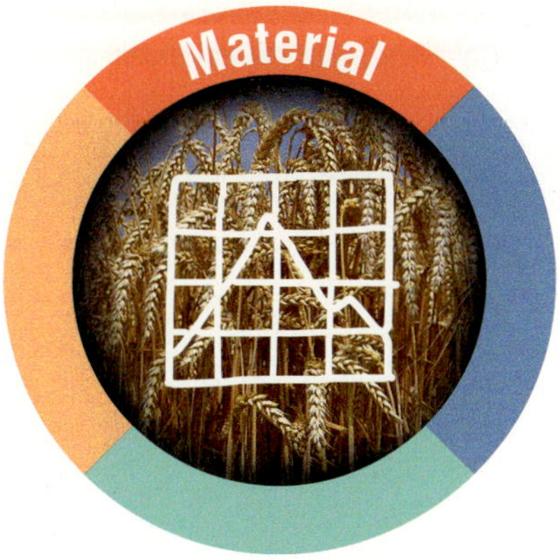

Erträge der Pflanzen steigern — aber wie?

Das für die mineralische Ernährung der Pflanzen formulierte *Gesetz des Minimums* gilt im erweiterten Sinn auch für andere Faktoren. Man kann formulieren: Hängt ein Prozess von mehreren Faktoren ab, so kann seine Intensität nur dadurch gesteigert werden, dass der Minimumfaktor behoben wird. Ertragsbegrenzende Faktoren können dabei solche sein, die in der Pflanze selbst liegen, oder Umweltfaktoren.

Ertragssteigerung durch Züchtung

Die *Pflanzenzüchtung* tut das Ihrige, um die Nettoprimärproduktion und insbesondere den Ernteindex bei gleichzeitig hohem Anteil an gewünschten Inhaltsstoffen zu steigern. Züchter wenden Verfahren wie Kreuzung und Selektion ebenso an wie moderne Techniken der Zellbiologie, der In-vitro-Kultur von Pflanzen oder der Molekularbiologie. Das Ergebnis eines Züchtungsganges ist eine neue Sorte. Die Pflanzenzüchtung hat einen wesentlichen Anteil daran, dass die Erträge bei landwirtschaftlichen und gärtnerischen Kulturpflanzen seit Jahrzehnten kontinuierlich steigen (Abb. 1).

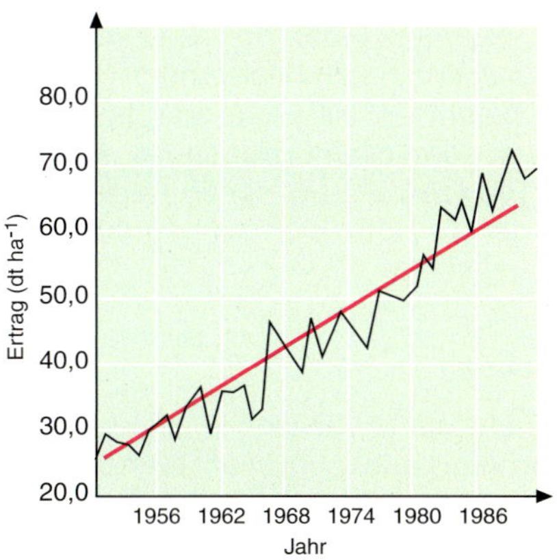

1 Durchschnittliche Kornerträge bei Winterweizen in Deutschland

Aufgaben

① Tragen Sie durch Literaturrecherchen für heimische Kulturpflanzen die Ertragsentwicklung über größere Zeiträume zusammen.

② In welcher Beziehung stehen Pflanzenzüchtung, Genetik und Gentechnik heute?

Zusatzbestrahlung

Bereits die Blätter eines einzelnen Baumes lassen sich einem morphologisch-physiologischen Anpassungstyp zuordnen. Wir sprechen von *Sonnen-* und *Schattenblättern* (s. Seite 108). Schattenblätter haben einen niedrigeren *Lichtkompensationspunkt* als Sonnenblätter. Bereits bei geringer Lichtintensität erzielen sie eine Nettoprimärproduktion. Allerdings tritt die Lichtsättigung sehr schnell ein und die fotosynthetische Produktivität bleibt deutlich unter der der Sonnenblätter. Was für die Blatttypen gilt, trifft auch auf die Pflanzen als Ganzes zu. Wir unterscheiden Starklichtpflanzen *(Sonnenpflanzen)* von Schwachlichtpflanzen *(Schattenpflanzen)*. Hohe landwirtschaftliche Erträge lassen sich nur durch Starklichtpflanzen erreichen (Abb. 2).

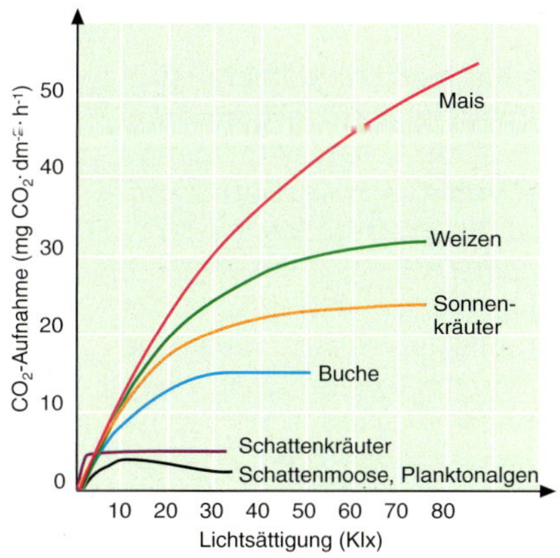

2 Lichtabhängigkeit der Nettofotosyntheserate verschiedener Pflanzen

Die Lichtsättigung der Pflanzen steht mit der Temperatur im Zusammenhang. Erhöht sich die Temperatur, verschieben sich *Lichtkompensation* und *Lichtsättigung* in Richtung höherer Lichtintensität, wobei die Fotosyntheserate gesteigert wird. Mit der erhöhten Fotosyntheserate geht auch eine Atmungssteigerung einher. Steigt die Temperatur, ohne dass die Lichtintensität zunimmt — etwa im Winter — bedarf es der Zusatzbeleuchtung, um den *Kompensationspunkt* zu überschreiten.

Aufgaben

③ Erstellen Sie unter Zuhilfenahme der Abbildungen 2 und 3 eine Beschreibung der optimalen Kulturbedingungen landwirtschaftlich genutzter C_3-Pflanzen.

④ Welche Anforderungen für optimale Wachstumsbedingungen sind an eine Zusatzbestrahlung im Gewächshaus zu stellen? Begründen Sie.

CO_2-Düngung

Bei C_3-Pflanzen liegt der CO_2-Kompensationspunkt bei höchstens 0,01 % CO_2. Die Sättigung der Fotosynthese tritt bei etwa 0,05 bis 0,1 % CO_2 in der Luft ein. Daraus folgt, dass die atmosphärische CO_2-Konzentration mit um die 0,035 % für die Pflanzen unter dem Optimum liegt. Eine Erhöhung des CO_2-Gehaltes in der Umgebung der Pflanzen kann also zu einer gesteigerten Fotosyntheseleistung führen. In Gewächshäusern führt man CO_2-Begasungen durch und erreicht damit Ertragssteigerungen um etwa das Dreifache. Auf dem Feld ist eine solche CO_2-Düngung nicht sinnvoll. Dort versucht man mit acker- und pflanzenbaulichen Maßnahmen die CO_2-Konzentration anzuheben.

Aufgaben

⑤ Wie muss die Belichtung der Pflanzen bei gleichzeitiger CO_2-Düngung gestaltet sein?

⑥ Begründen Sie, warum eine CO_2-Begasung von C_4-Pflanzen uneffektiv ist.

Pflanzentyp	Kompensationsbeleuchtungsstärke Klx	Lichtsättigung Klx	Temperaturabhängigkeit der Nettofotosynthese (°C)		
			Minimum	Optimum	Maximum
Sonnenpflanzen	1–3	30–80	bei –2	20–30	40–50
Schattenpflanzen	0,2–0,5	5–10	bei –2	10–20	40–50

3 Licht- und Temperaturabhängigkeit der Netto-Fotosyntheserate

1 Vegetation in der Halbwüste und im tropischen Regenwald

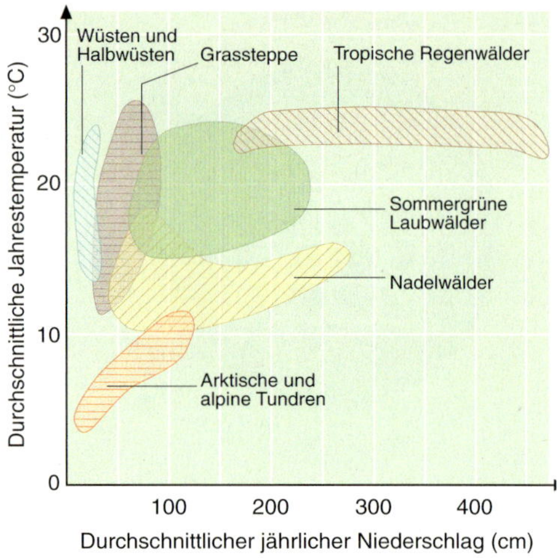

2 Temperatur und Niederschlag der Klimazonen

Klima und Fotosynthese

Chlorophyllgehalte und Nettoprimärproduktion verschiedener Wälder

Sommergrüner Wald
Chlorophyllgehalt g/m^2 Blattfläche: 2,0
Nettoprimärproduktion t/ha und Jahr: 12,0

Tropischer Regenwald
Chlorophyllgehalt g/m^2 Blattfläche: 3,0
Nettoprimärproduktion t/ha und Jahr: 22,0

Wir lesen in einem Reiseführer: „Charakteristisch für das Klima ist die direkte und fast gleich bleibende Dauer der Sonneneinstrahlung im Jahresverlauf. Im ganzen Land herrschen hohe Temperaturen mit nur minimalen jahreszeitlichen Schwankungen, die Jahresmitteltemperaturen liegen zwischen 26 °C und 28 °C. Die Jahreszeiten werden durch den Wechsel von Regenzeit und Trockenheit bestimmt.“ Jedermann ist klar: Das ist nicht Mitteleuropa! Die Reiseinformationen schildern das Klima im westafrikanischen Ghana.

Als *Klima* bezeichnet man den mittleren Zustand der Atmosphäre und den allgemeinen Witterungsverlauf. Jener Teil der Atmosphäre, mit dem die Vegetation in Berührung kommt, nennt man die Wetterzone der Lufthülle oder *Troposphäre*. Es sind vorwiegend die jahreszeitlichen Temperaturen und die jährlichen Niederschläge, die zusammen mit dem Boden das Bild der Vegetation in einer bestimmten Klimazone prägen. Wir sprechen von *Vegetationszonen* oder *Biomen* (Abb. 2).

In Mitteleuropa dominieren sommergrüne Laubwälder und Nadelwälder. In der Region herrscht gemäßigtes Klima mit dem jahreszeitlichen Wechsel von Sommer und Winter sowie reichlich Niederschlägen. Bei vielen einheimischen Pflanzenarten beschränkt sich die Fotosyntheseaktivität und damit das Wachstum auf etwa ein halbes Jahr. Während der Winterpause können zwar durchaus für die Fotosynthese geeignete Bedingungen herrschen, die fehlenden Fotosyntheseorgane gestatten dennoch keine Primärproduktion (*Nettoprimärproduktion*, s. Seite 126). Ein Teil der über die Vegetationsperiode angereicherten Fotosyntheseprodukte wird jetzt sogar verbraucht. Die Biomasse nimmt ab. Wir rechnen solche Pflanzen zu den *Akkumulierern*. Sie sind langlebig, produzieren in der Zeiteinheit wenig und speichern das Nettoprodukt im Pflanzenkörper.

Beim Betrachten der Vegetation in den Tropen offenbart sich uns ein völlig anderes Bild. Ganzjährig feucht-warmes Klima und fehlende Temperaturextreme erlauben eine große Artenvielfalt und üppigen Pflanzenwuchs. Die Nettoprimärproduktion in einem tropischen Regenwald ist hoch. Mit dem ganzjährig bei der Fotosynthese freigesetzten Sauerstoff stellen die Regenwälder die grünen Lungen der Erde dar.

Nur die Giganten unter den Bäumen, die in den Kronenbereich kletternden Lianen und die Epiphyten als „Aufsitzerpflanzen“, kommen in den vollen Lichtgenuss. Für die meisten Pflanzen im tropischen Regenwald ist Licht der die Fotosynthese begrenzende Faktor.

Aufgaben

① Wie sieht die Stoffbilanz für einen sommergrünen Laubbaum in unseren Breiten zu den verschiedenen Jahreszeiten aus?
② Wie ist es zu erklären, dass Zuckerrohr etwa 5-mal mehr CO_2 aufnimmt als Weizen in Mitteleuropa?

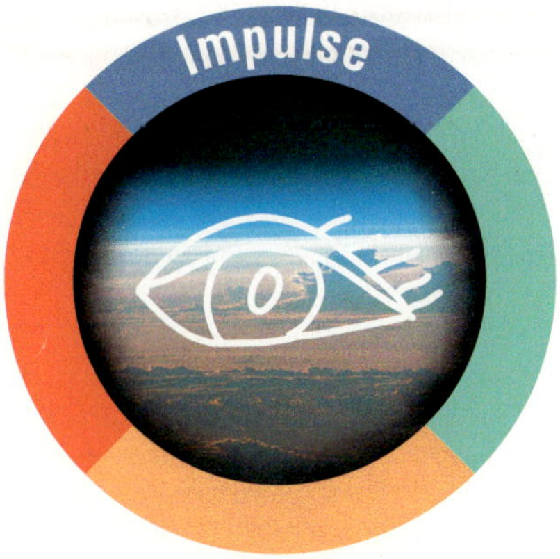

Luftverunreinigung und Treibhauseffekt

Nicht nur der Boden und das Wasser, auch die Zusammensetzung der Luft werden infolge menschlichen Tuns verändert. Die Ausbildung dichter Siedlungsräume, die unaufhaltsame Industrialisierung und zunehmender Verkehr bleiben nicht ohne Auswirkungen auf die Atmosphäre. Es sind vorwiegend Verbrennungsvorgänge durch die der Erdatmosphäre jährlich ca.

- $13 \cdot 10^9$ Tonnen Kohlenstoffdioxid
- $14{,}7 \cdot 10^7$ Tonnen Schwefeldioxid
- $5{,}3 \cdot 10^7$ Tonnen Nitrosegase
- $2{,}3 \cdot 10^7$ Tonnen Staub

und verschiedene andere Stoffe zugeführt werden.

Wie ist der Anstieg des CO_2-Gehaltes in der Atmosphäre in den letzten 100 Jahren von 0,029 % auf 0,035 % aus Sicht der Fotosyntheseleistung der Pflanzen zu bewerten. Welche Folgen sind Ihnen noch bekannt? Welche Erscheinungen in der Natur sind auf den hohen Gehalt an SO_2 zurückzuführen? Wie reagieren Pflanzen auf SO_2-Belastung?

Klimaforscher haben herausgefunden, dass der CO_2-Anteil der Luft seit 1800 um 30 % angestiegen ist. Die Erhöhung der CO_2-Konzentration hat zusammen mit anderen Gasen, wie Methan, Ozon und Chlorkohlenwasserstoffen zur Erwärmung bodennaher Luftschichten durch Absorption der terrestrischen Strahlung und Rückstrahlung auf die Erde geführt. Diese komplexe Klimaerscheinung bezeichnet man als den *Glashaus-* oder *Treibhauseffekt.* In den letzten 100 Jahren wurde ein globaler Temperaturanstieg von 0,5 °C gemessen.

Die Grafik zeigt die vorhersehbaren Folgen der globalen Klimaerwärmung. Stellen Sie diese in einer Übersicht zusammen. Welche Auswirkungen hat der Treibhauseffekt auf das Pflanzenleben, die Tierwelt und den Menschen?

Biologen fanden bei Untersuchungen heraus, dass die Einwirkung hoher CO_2-Konzentrationen, etwa in der Nähe von Thermalquellen, zu Veränderungen der pflanzlichen Gewebe und der Inhaltsstoffe führen. Der Kohlenhydratgehalt hatte deutlich zugenommen und Proteine wurden weniger gebildet.

Wie sind solche Befunde aus Sicht des Stoffwechsels zu deuten? Welche Bedeutung haben sie für die Nutzpflanzen und ihre Verwertung?

Unbestritten ist, dass gegen den Treibhauseffekt weltweit etwas getan werden muss. Auf Weltklimaschutzkonferenzen ist man sich in diesem Grundsatz weitgehend einig. Wie dies geschehen soll, ist aber umstritten.

Die Karikatur gibt Anlass zum Schmunzeln. Welche Wahrheit steckt in ihr? Erarbeiten Sie ein Poster zum Thema „Klimaschutz geht alle an — Probleme, Maßnahmen, Vorhaben“.

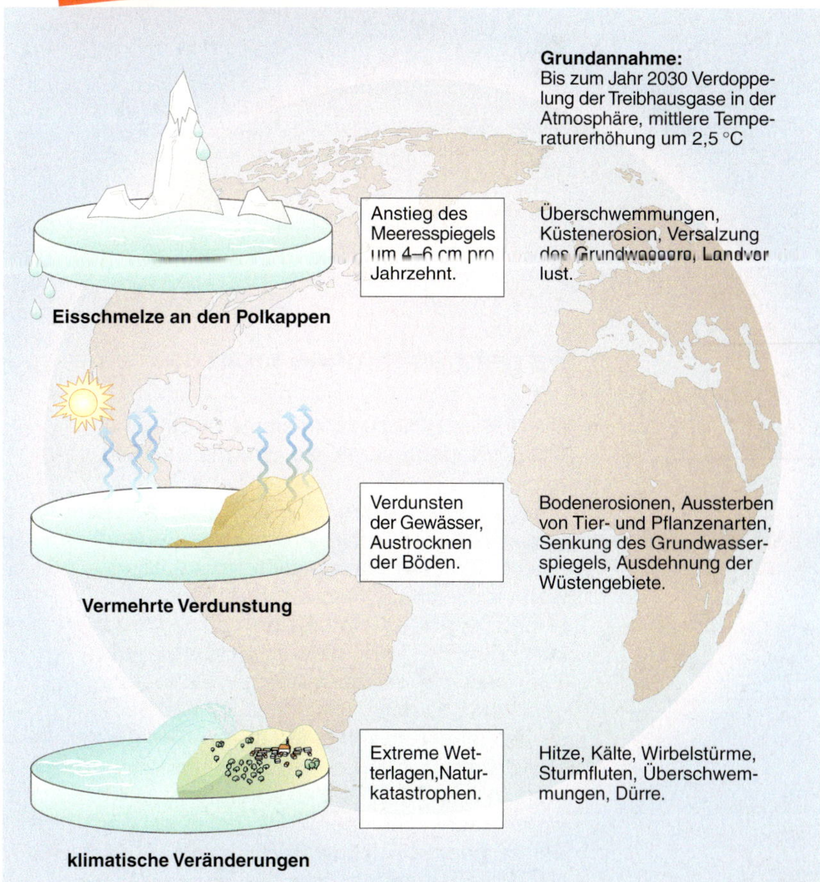

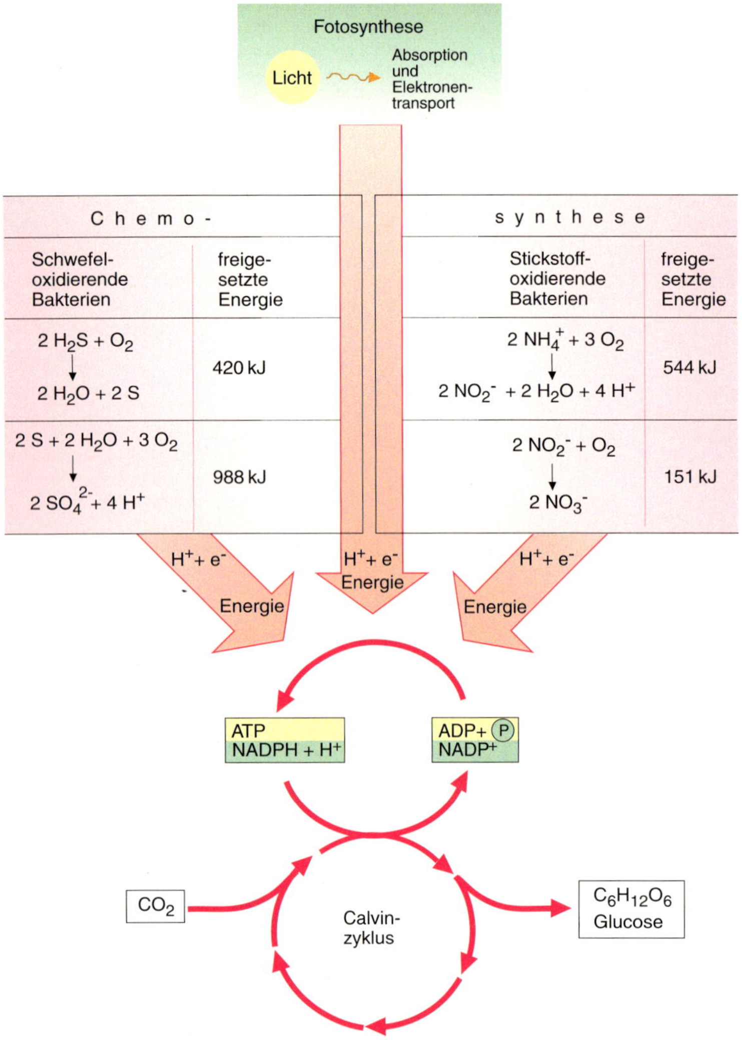

1 Schematische Darstellung von Chemo- und Fotosynthese

Es geht auch ohne Licht

Die grünen Pflanzen und einige farbstoffhaltige Bakterien nutzen die Energie des Sonnenlichtes. So sind sie in der Lage, aus den energiearmen anorganischen Substanzen CO_2 und H_2O energiereiche organische Stoffe wie Glucose herzustellen. Ihre Lebensweise bezeichnet man als *photoautotroph*. Daneben gibt es eine Reihe von farblosen Bakterien. Bei ihnen dient nicht das Licht als Energiequelle, sondern energiereiche anorganische Substanz, wie Schwefel- und Stickstoffverbindungen. Die Substanzen werden aus der Umgebung in die Zelle aufgenommen, oxidiert und die Oxidationsprodukte werden ausgeschieden. Die hierbei frei werdende Energie wird in Form von ATP und NADPH + H^+ gespeichert. Die weiteren Prozesse der Glucosesynthese laufen wie bei grünen Pflanzen im *Calvinzyklus* ab. Da chemische Verbindungen Ausgangsstoffe der Energiequellen sind, bezeichnet man diese Stoffwechselprozesse als *Chemosynthese* und die Organismen als *chemoautotroph*. Die Chemosynthese ist, wie die Fotosynthese, ein Assimilationsprozess.

Schwefel oxidierende Bakterien, wie z. B. *Thiobacillus* oder die fädigen *Thiotrix*, oxidieren Schwefelwasserstoff oder Schwefel zu Sulfat (Abb. 1). Die Energieausbeute bei diesen Reaktionen ist beachtlich. Diese Bakterien leben vorrangig in Schwefelquellen, aber auch in nährstoffreichen Tümpeln. Sie tragen zur Selbstreinigung der Flüsse bei und kommen bei der Abwasserreinigung vor, wo durch Fäulnisprozesse H_2S frei wird.

Organisches Material von abgestorbenen Pflanzen und Tieren wird von Fäulnisbakterien im Boden zersetzt. Bei der Zersetzung der Eiweiße wird Ammoniak frei. Die im Boden lebenden *nitrifizierenden Bakterien* wandeln Ammoniak in zwei Schritten über Nitrit zu Nitrat um (Abb. 1). Bei dieser Oxidation sind immer zwei Bakteriengattungen notwendig. *Nitrosomonas* oxidiert Ammoniak zu Nitrit. Dieses ist für Nitrosomonas jedoch ein Giftstoff. Ein Zusammenleben mit *Nitrobacter* ist notwendig, da Nitrobacter das Nitrit in das ungiftige Nitrat oxidiert. Nitrosomonas setzt bei dieser Reaktion pro mol Ammoniak 272 kJ frei. Nitrobacter muss für den gleichen Energiegewinn fast die vierfache Menge an Substrat umsetzen. Dies gewährleistet, dass giftiges Nitrit sich nicht im Boden anreichert. Die Nitrifikation ist für die Bereitstellung von Nitrat im Boden ein wichtiger Prozess, da das Nitrat die Hauptstickstoffquelle für die Pflanzen ist.

Aufgaben

① Erklären Sie, weshalb die Chemosynthese im Gegensatz zur Fotosynthese keinen Energiegewinn im Energiehaushalt unserer Erde, sondern nur eine Energieumverteilung darstellt.

② Berechnen Sie mithilfe der Daten aus der Fotosynthese, wie viel mol Ammoniak Nitrosomonas für ein mol Glucose mindestens umsetzen muss.

③ In einem Glaszylinder kann man zur Anreicherung chemoautotropher Bakterien Hackfleisch, Schlamm mit Gips, Sand und Teichwasser übereinanderschichten.
Welche Organismen finden hier günstige Wachstumsbedingungen?

Chemosynthese in der Tiefsee

Proben aus dem völlig dunklen Meeresboden zeigen bei oberflächlicher Betrachtung nur wenige lebende Organismen. Daher überraschten die Funde, die Geologen 1977 auf einer Exkursion mit einem Forschungs-U-Boot in 2 600 m Tiefe machten. Sie fanden eine Oase überquellenden Lebens. *Röhrenwürmer* mit mehr als 1 m Länge, 30 cm große Muscheln, Trauben von Miesmuscheln, Garnelen, Krabben und Fischen. Die Organismen dieses Lebensraumes konnten in der völligen Dunkelheit nicht auf fotosynthetisch hergestellte Nährstoffe angewiesen sein. In der Umgebung der großen Muscheln oder der Röhrenwürmer konnten auch keine Nahrungspartikel entdeckt werden.

Das Besondere dieser Tiefseestandorte sind Lavaspalten mit heißen Tiefseequellen oder *„Black Smokern"* (Abb. 1). Durch diese Spalten dringt Wasser in den Meeresboden ein und wird in der Erdkruste stark erhitzt. Das kochend heiße, von Schwefelverbindungen pechschwarze Wasser wird mit Druck herausgepresst. Diese Thermalquellen enthalten viel Schwefelwasserstoff aus der Erdkruste.

Die hier lebenden Röhrenwürmer sind Tiere, die weder einen Mund noch andere Teile eines Verdauungssystems besitzen (Abb. 2). Der größte Teil der Körperhöhle ist ein Organ, in dem das Gewebe mit Schwefel oxidierenden Bakterien vollgepackt ist *(Trophosom)*. Diese Bakterienkultur wird von einem effektiven Blutsystem mit Sauerstoff und Schwefelwasserstoff aus dem Seewasser versorgt. Die Bakterien gewinnen durch die Oxidation von Schwefelwasserstoff Energie. Mithilfe dieser Energie und dem aufgenommenen Kohlenstoffdioxid wird über den Calvinzyklus Glucose gewonnen (Abb. 3). Diese energiereichen Verbindungen gelangen in den Blutkreislauf der Röhrenwürmer und dienen als Energiequelle.

Auffallend sind die leuchtend roten Kiemenbüschel, über die Röhrenwürmer nicht nur Sauerstoff und Kohlenstoffdioxid austauschen, sondern auch Schwefelwasserstoff aufnehmen. Transportiert werden Sauerstoff und Schwefelwasserstoff durch dieselben Hämoglobinmoleküle.

Schwefelwasserstoff ist zwar energiereich, aber für die meisten Lebewesen auch äußerst giftig. Bei uns Menschen verdrängt er z. B. den Sauerstoff vom Hämoglobin. Das Hämoglobinmolekül der Röhrenwürmer ist nicht nur größer als das des menschlichen Blutfarbstoffs, sondern besitzt auch eine andere Struktur und veränderte biochemische Eigenschaften. So befinden sich an diesem Hämoglobin eine Bindungsstelle für den Sauerstoff und eine zweite für den Schwefelwasserstoff. Die Sauerstoffversorgung des Gewebes wird somit durch den Schwefelwasserstoff nicht beeinträchtigt.

Aufgabe

① Beschreiben Sie die gegenseitige Abhängigkeit von Röhrenwürmern und Schwefel oxidierenden Bakterien.

1 Black Smoker

2 Röhrenwürmer

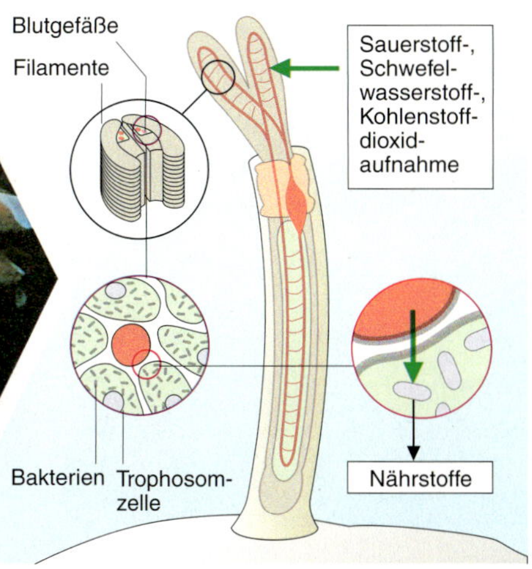

3 Röhrenwurm mit symbiontischen Bakterien

Basis Konzepte

Kompartimentierung

Lebende Systeme bestehen aus abgegrenzten Reaktionsräumen. Diese *Kompartimente* (frz. *compartiment* = Abteil, Fach) sind innerhalb einer Zelle von Membranen umschlossen. Durch die Abgrenzung wird es möglich, dass auf- und abbauende Stoffwechselprozesse in derselben Zelle zur gleichen Zeit stattfinden können, Substanzen und Energie gespeichert werden und auch die Erbsubstanz unbeschadet bleibt.

Membranen sind aber nicht nur Grenzen: Für einige Substanzen stellen sie unüberwindliche Barrieren dar, andere lassen sie passiv durchtreten oder transportieren sie aktiv in eine bestimmte Richtung. Nervenzellen ermöglichen z. B. durch Aufrechterhaltung eines Konzentrationgradienten den Transport von Informationen.

Das Prinzip der Unterteilung eines Systems in Teilräume ist jedoch nicht auf Zellen beschränkt. Jedes Lebewesen ist gegen seine Umgebung durch Strukturen abgegrenzt, die den Stoffaustausch beeinflussen und Energieverluste minimieren. Ebenso gibt es in der unbelebten Umwelt „Kompartimente": Mauern umgrenzen Wohnräume oder Straßen umgeben Wohngebiete.

Baukastenprinzip

Jede Zelle wird von einer Membran umschlossen, die den Ein- und Austritt von Stoffen kontrolliert. Bei Einzellern übernimmt eine einzige Zelle alle Lebensfunktionen, bei Vielzellern teilen die Zellen die Arbeit untereinander auf. Ähnlich spezialisierte Zellen sind wie die Teile eines Baukastens zu Zellverbänden *(Geweben)* und diese wiederum zu Organen zusammengeschlossen.

Auch der Körper vieler Tiere ist bausteinartig in Kompartimente untergliedert. Die Segmente des Regenwurms sind in Bau und Funktion mehr oder weniger ähnlich. Bei Gliederfüßern wie Insekten oder Spinnen sind die Segmente spezialisiert und zu Gruppen mit unterschiedlichen Funktionen vereinigt.

Baukastenprinzip

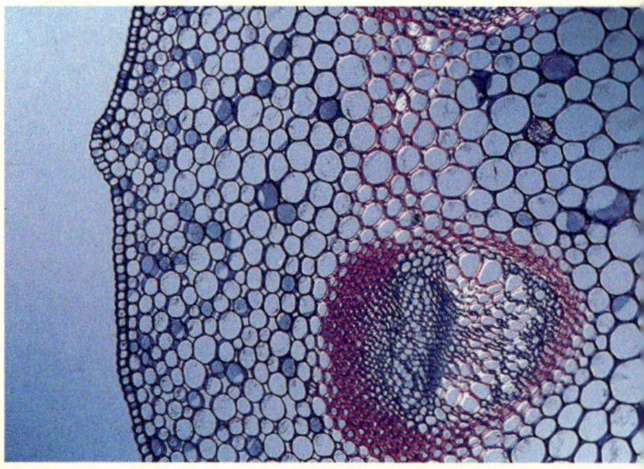

Schutz

Schutz

Abgrenzungen durch Membranen, Sekretionsprodukte oder spezifische Abschlussgewebe halten schädigende Einflüsse von den Organellen, Zellen oder Individuen fern. Beispiele sind unsere Haut, die Zellwand der Pflanzenzellen oder die Schleimkapseln von Bakterien.

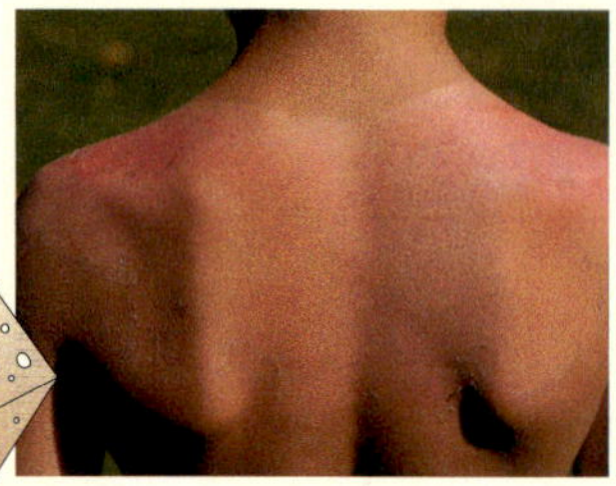

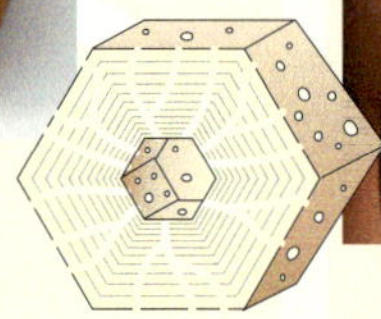

Spezialisierung

Jede Eukaryotenzelle ist durch Membranen in mehrere ineinander geschachtelte Reaktionsräume unterteilt. Jedes Kompartiment besitzt charakteristische Enzyme und nimmt besondere Aufgaben wahr. So sind z. B. Mitochondrien für die Energiegewinnung durch die Zellatmung zuständig und Chloroplasten für die Fotosynthese.

Die spezialisierten Kompartimente stehen aber untereinander in Kontakt: ER, Golgi-Apparat und die Plasmamembran sind z. B. durch Abschnürungs- und Fusionsprozesse verbunden. Man spricht von *Membranfluss*. Endo- und Exocytose zeigen beispielhaft, wie damit Substanzen transportiert werden.

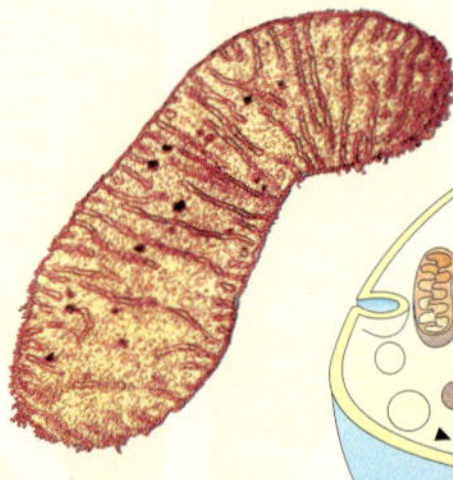

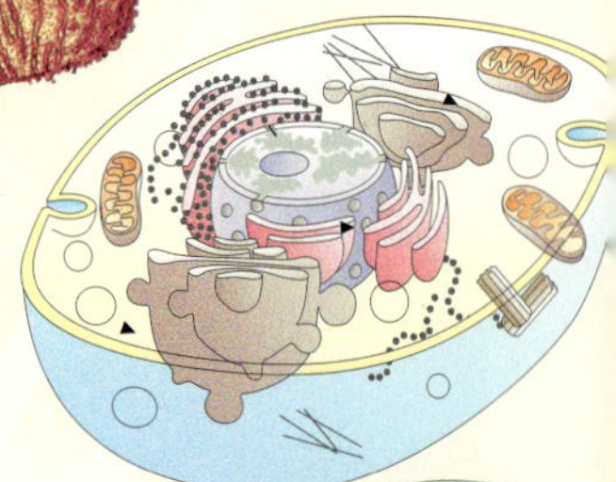

Spezialisierung

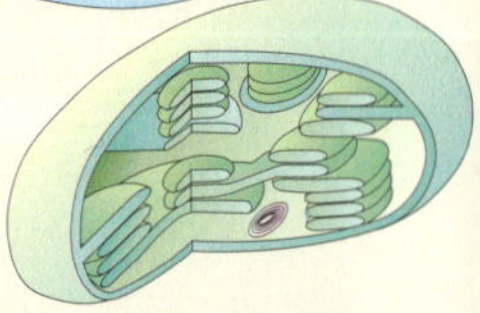

● Zusammenhänge denken ● Zusammenhänge erkennen ● Zusammenhänge erarbeiten

Ökosysteme

Ökosysteme

Die Biosphäre umfasst den gesamten von Lebewesen besiedelten Bereich der Erde. Eingebettet darin sind Ökosysteme, die durch Stoffkreisläufe und Energieflüsse verbunden sind. Die vielfältigen Strukturen in den Ökosystemen sind die Grundlage der Biodiversität: Die unterschiedliche Verteilung von Ressourcen oder Ausprägung von abiotischen Faktoren (z. B. Temperatur) erlauben Spezialisierungen auf unterschiedliche Bereiche des Lebensraums. Daraus resultiert eine Abgrenzung, welche die Konkurrenz vermindert und die Vielfalt erhöht.

In den verschiedenen Flussregionen entstehen z. B. durch die unterschiedlichen Eigenschaften des Gewässers die Lebensbedingungen für charakteristische Fischarten.

Energiespeicherung

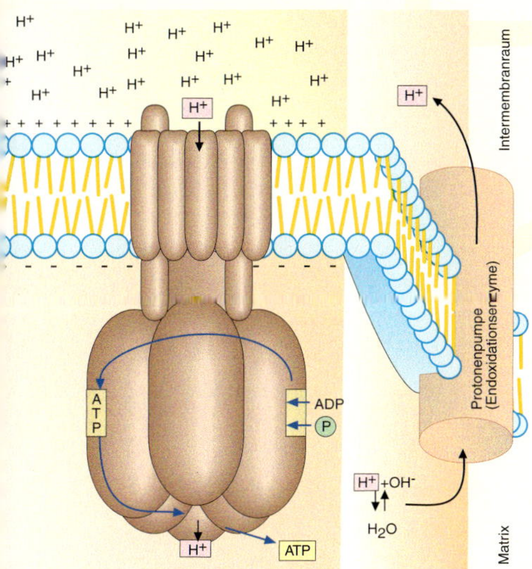

Energiespeicherung

Molekulare Pumpen wie die Natrium-Kalium-Pumpe in der Membran der Nervenzellen helfen, Potentiale aufrecht zu erhalten. Sie gewährleisten dadurch nicht nur das Ruhepotential, sondern spielen z. B. auch bei der Wiederherstellung von Ionengradienten an der Membran der Nervenzellen oder bei der Energiespeicherung in Form von Protonenpumpen eine Rolle. Dabei werden in der Atmungskette Elektronen- und Protonen-Transportsysteme an spezifische Membranen gekoppelt.

Stoffanreicherung

Ein auffälliges Beispiel für eine Stoffanreicherung sind die Vakuolen der Pflanzenzellen: Zahlreiche Substanzen werden dem cytoplasmatischen Stoffwechsel entzogen und entweder als Vorrat zur weiteren Verwendung oder als Abfall gespeichert. Sie können aber auch, wie verschiedene Giftstoffe zeigen, zur Abwehr von Fressfeinden dienen. Die Stoffanreicherung kann durch spezifische Moleküle in der Membran oder ähnlich dem Ionenfallenprinzip erfolgen.

Stoffanreicherung

Aufgaben

1. Welche Vorteile bietet die Kompartimentierung?
2. „Die Identität eines Zellkompartiments beruht im Wesentlichen auf spezifischen Proteinbestandteilen seiner Membran." Begründen Sie diese Aussage.
3. Welchen Beitrag leistet die Endosymbiontentheorie, um die Entstehung der Zellkompartimentierung zu erklären?
4. Mitochondrien und Plastiden sind Organellen mit einer Doppelmembran. Welche Reaktionsräume werden jeweils gegeneinander abgegrenzt und welche Prozesse laufen dort ab?
5. Von E. SCHNEPF wurde 1965 die Regel formuliert, dass eine biologische Membran immer eine plasmatische Phase von einer nicht plasmatischen Phase trennt. Überprüfen Sie dies anhand der Kompartimente der Eucyten.
6. Vom Biotop zur Biosphäre lässt sich ebenso wie von der Zelle bis zum Organismus eine „Einschachtelung von Kompartimenten" verschiedener Organisationsstufen sehen. Erläutern Sie dies und nennen Sie Beispiele.
7. *Lysosomen* enthalten Verdauungsenzyme in einem stark sauren Milieu, das durch Energie verbrauchende Protonenpumpen aufrecht erhalten wird. Welche Bedeutung hat dabei die Kompartimentierung?

Basis Konzepte

Stoff- und Energieumwandlung

Lebewesen können nur existieren, indem sie ihrer Umwelt ständig Stoffe und Energie entnehmen, diese umwandeln und in anderer Form wieder abgeben. Es sind offene Systeme in einem Fließgleichgewicht. Dabei sind die meisten natürlichen Prozesse darauf abgestimmt, keinen „Abfall“ zu erzeugen und — angetrieben durch die Energie der Sonne — „rückstandsfrei“ zu arbeiten. Viele Produktionsverfahren der Menschen bauen mit Energieaufwand Rohstofflager ab und setzen sie — wiederum unter großem Energieaufwand — in Konsumgüter um, die dann zumindest teilweise auf Müllhalden landen.

Nachhaltigkeit

Nachhaltigkeit

Das „Prinzip der Nachhaltigkeit“ bezog sich im 18. Jahrhundert nur auf die Forstwirtschaft. Es bedeutete, dass nur soviel Holz geerntet werden sollte, wie in dem jeweiligen Anbaugebiet nachwächst. Der Begriff steht heute für die Nutzung eines Ökosystems, ohne dessen Ressourcen zu erschöpfen. Da der Mensch dieses Prinzip häufig in bedrohlicher Weise verletzt, wurde erstmals 1992 auf der Umweltkonferenz in Rio de Janeiro eine „nachhaltige Entwicklung“ *(sustainable development)* eingefordert. Entsprechend der später formulierten Agenda 21 werden damit Produktionsmethoden bezeichnet, die neben sozialen und ökonomischen Aspekten auch an einem schonenden Umgang mit den Ressourcen der Erde orientiert sind, wozu auch die Vielfalt der Arten gehört.

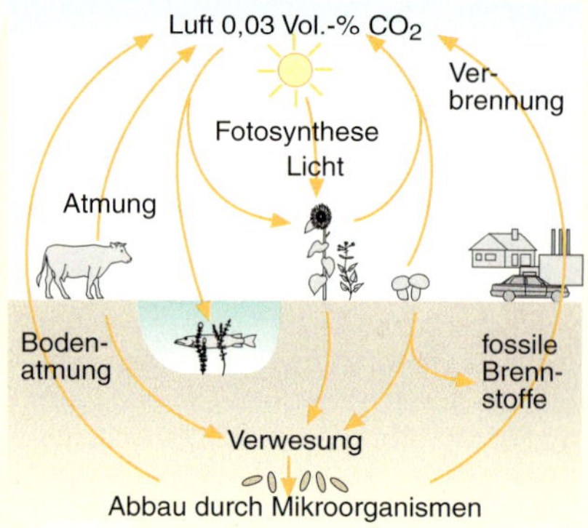

Fließgleichgewichte

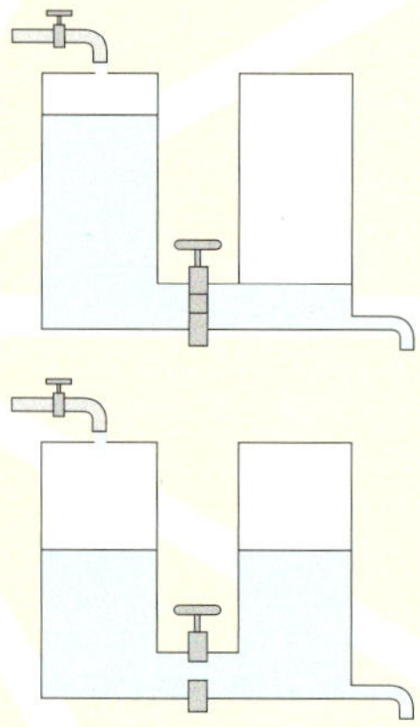

Fließgleichgewichte

Organismen zeigen Fließgleichgewichte in Bau- und Energiestoffwechsel. Auch ein ausgewachsener Mensch benötigt eine fortwährende Nährstoffzufuhr. Durch die Energieaufnahme stellen sich dann Fließgleichgewichte ein, denen Energie zur Verrichtung von Arbeit entnommen werden kann und die steuerbar sind. Seine Masse bleibt konstant. Fließgleichgewichte gibt es auf molekularer, zellulärer und organismischer Ebene und auf der Ebene von Ökosystemen.

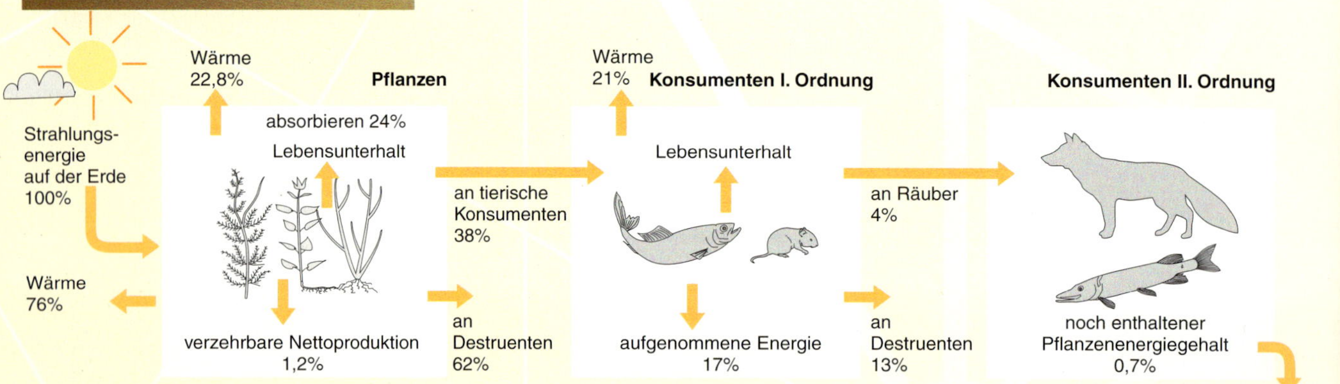

Energieentwertung

Energieentwertung

Der Energiegehalt von einem mol Glucose kann in der Zelle maximal zu 40 % genutzt werden. Ein Benzinmotor arbeitet mit einem Wirkungsgrad von 20 %. Nach den Hauptsätzen der Thermodynamik können Lebewesen Energie weder neu erschaffen noch vernichten. Sie setzen eine Energieform nur in eine andere um. Da stets Wärme an die Umgebung abgegeben wird, ist der Wirkungsgrad deutlich kleiner als 100 %.

● Zusammenhänge denken ● Zusammenhänge erkennen ● Zusammenhänge erarbeiten

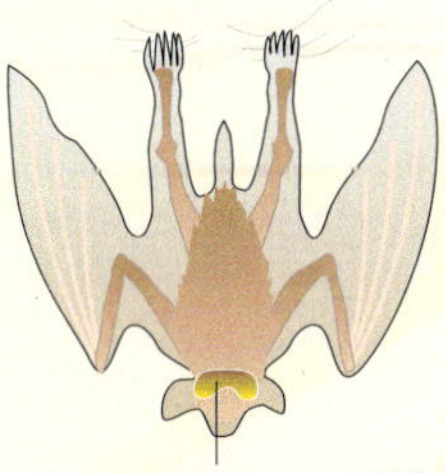

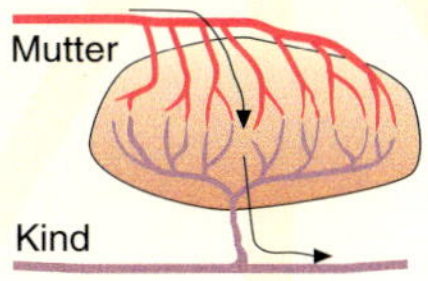

Speicherung

Speicherung

Wird mehr Energie bereitgestellt als verbraucht wird, kann der Organismus energiereiche Verbindungen als Vorrat für schlechte Zeiten anhäufen. ATP als die „universelle Energiewährung" im Zellstoffwechsel gewährleistet dabei die Übertragung zwischen Energie bereitstellenden und Energie benötigenden Reaktionen. Fette stellen häufig die Speicherform dar. Sie ermöglichen beispielsweise verschiedene Strategien zum Überleben kalter Jahreszeiten: Winterschläfer besitzen braunes Fettgewebe. Pflanzenkeimlinge nutzen Vorratsstoffe im Samen, Frühblüher die Vorräte in Wurzelstock und Zwiebel. Die Embryonalstadien von Tieren, die sich noch nicht selbstständig ernähren können, sind auf Reservestoffe der Eier oder die unmittelbare Versorgung über den Mutterkuchen angewiesen.

Assimilation und Dissimilation

Ohne die Fotosynthese gäbe es auf der Erde kein Leben in der uns bekannten Form. Der Aufbau energiereicher organischer Verbindungen aus energiearmen anorganischen Molekülen mithilfe des Sonnenlichts ist aber nur eine Form der Assimilation. Hierunter versteht man allgemein die Überführung körperfremder Ausgangsstoffe in körpereigene Substanzen. Alle Lebewesen beziehen die für die Lebensprozesse notwendige Energie aus der Dissimilation, die durch den schrittweisen Abbau der organischen Verbindungen mithilfe von Enzymen gekennzeichnet ist. „Baustoffwechsel" und „Betriebsstoffwechsel" sind durch gemeinsame Zwischenprodukte vernetzt.

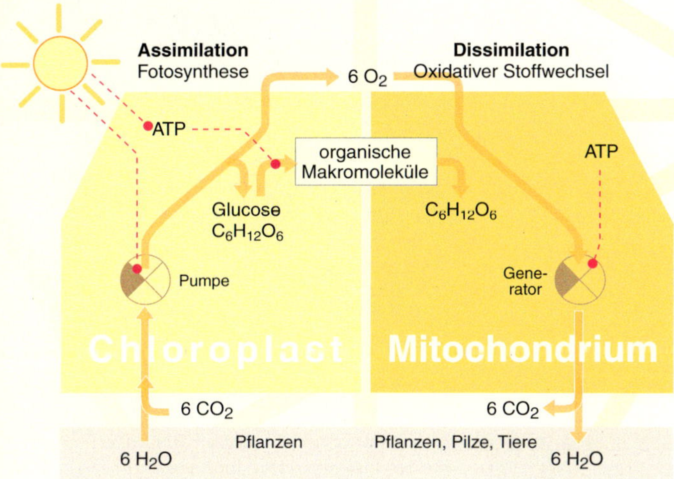

Assimilation und Dissimilation

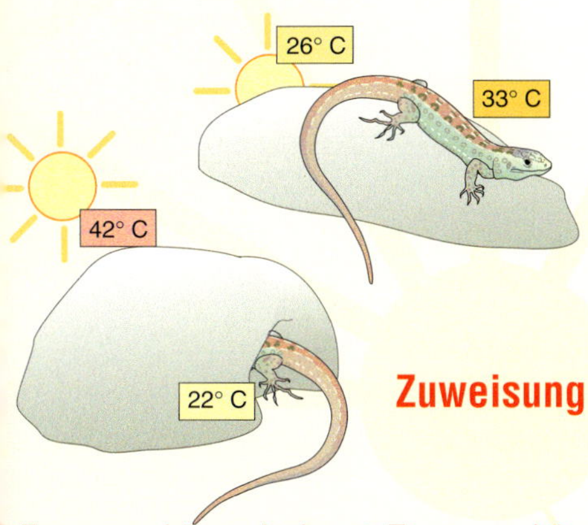

Zuweisung

Prinzip der Zuweisung

Jedem Organismus steht nur eine beschränkte Energiemenge zur Verfügung, die er in verschiedene Prozesse oder Verhaltensweisen investieren kann. *Konformer* wie Heuschrecken, Krabben oder Amphibien können mehr Energie in Wachstum und Reproduktion investieren als *Regulierer*, die hohe Energieanteile zur Aufrechterhaltung der individuellen Anpassungsprozesse nutzen. Offensichtlich lohnt sich aber diese Investition und ermöglicht die Besiedlung klimatisch ungünstiger Bereiche.

Aufgaben

① Die Reaktionsgeschwindigkeit-Temperatur-Regel (RGT-Regel) besagt, dass durch eine Temperaturerhöhung um 10 °C die Reaktionsgeschwindigkeit um das 2- bis 4-fache steigt. Belegen Sie die Gültigkeit dieser Regel an Beispielen aus der Biologie.

② Die Zellatmung hat für die Energiegewinnung aerober Organismen eine zentrale Bedeutung. Welche Stoffwechselwege münden in die Glykolyse, den Tricarbonsäurezyklus und die Atmungskette? Vergleichen Sie diese Vernetzungen mit einem geeigneten technischen Beispiel.

③ Auf den ersten Blick erscheint es energetisch günstiger, ein wechselwarmes Tier *(Konformer)* zu sein. Auch in die ungeschlechtliche Fortpflanzung scheinen Organismen weniger Energie investieren zu müssen. Trotzdem sind zahlreiche Tierarten Regulierer bzw. pflanzen sich erst nach aufwändiger Partnersuche fort. Beurteilen Sie dies.

④ Je höher die Körpertemperatur eines Tieres ist, desto schneller kann es sich bewegen. Analysieren Sie die begrenzenden Faktoren.

⑤ Manche Samen und Dauerstadien von Tieren können sehr lange Zeiträume überdauern. Wie gelingt das?

• Zusammenhänge denken • Zusammenhänge erkennen • Zusammenhänge erarbeiten •

Basis Konzepte

Struktur und Funktion

Lebewesen zeichnen sich unter anderem dadurch aus, dass die meisten Strukturen und Lebensprozesse eine funktionale Bedeutung haben. Sieht man eine Vogelfeder oder eine Blüte, ist die Frage nach der biologischen Funktion sinnvoll. Betrachtet man Salzkristalle oder Gesteinsformationen, ist dies nicht der Fall. Den Zusammenhang von Struktur und Funktion gibt es in der Natur nur bei den Lebewesen. Er lässt sich durch den Evolutionsprozess, dem die Organismen unterliegen, erklären und anhand verschiedener Prinzipien erkennen.

Bausteinprinzip

Makromoleküle sind meist aus identischen oder ähnlichen Grundeinheiten zusammengesetzt: Einfachzucker, Aminosäuren und Nucleotide legen die zum Teil hochspezifische Struktur der Polysaccharide, Proteine und Nucleinsäuren fest. Kleinste Veränderungen können dazu führen, dass bestimmte Funktionen nicht mehr möglich sind. Umgekehrt können aber auch Kombinationen von ähnlichen Grundbausteinen nach geringfügigen Abwandlungen völlig andersartige Funktionen wahrnehmen. Beispiele sind das Porphyrinsystem im Häm, Cytochrom und Chlorophyll oder ATP als Energieträger bzw. in der AMP-Form als Bestandteil der Erbsubstanz.

Schlüssel-Schloss-Prinzip

Jeder Organismus verfügt über eine Vielzahl von Molekülen, die eine spezifische Struktur besitzen. Sie treten mit räumlich passenden Molekülen in *Wechselwirkung*. Dieses *Schlüssel-Schloss-Prinzip* gilt beispielsweise für die Passung zwischen Enzym und Substrat sowie für die Bindung von Transmittern an ihre Rezeptormoleküle. Die Passgenauigkeit der betreffenden Molekülpartner lässt sich auf Aufbau, Form und die Verteilung der elektrischen Ladungen zurückführen. Sie bedingen die Spezifität der Wechselwirkungen.

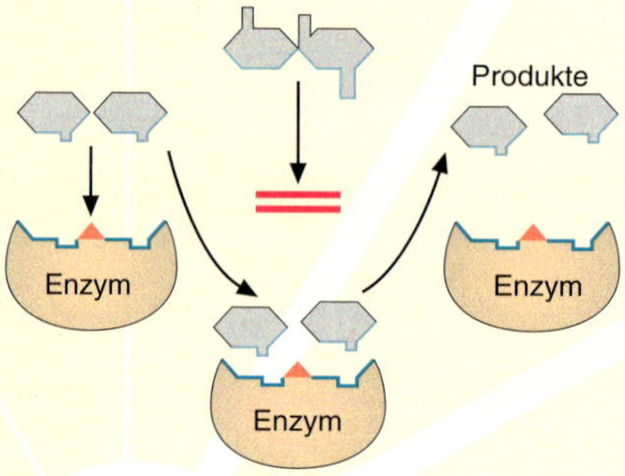

Baustein-prinzip

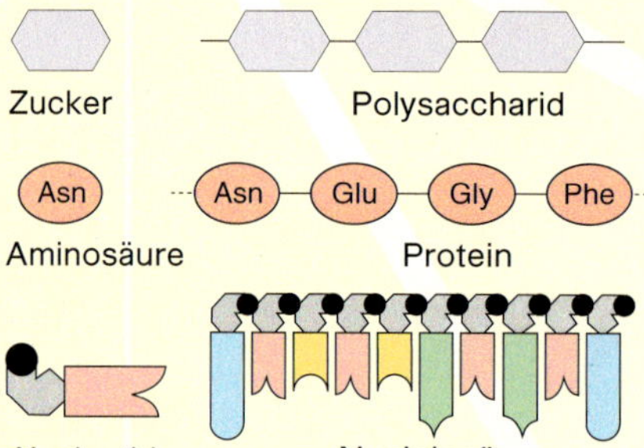

Porphyrinring

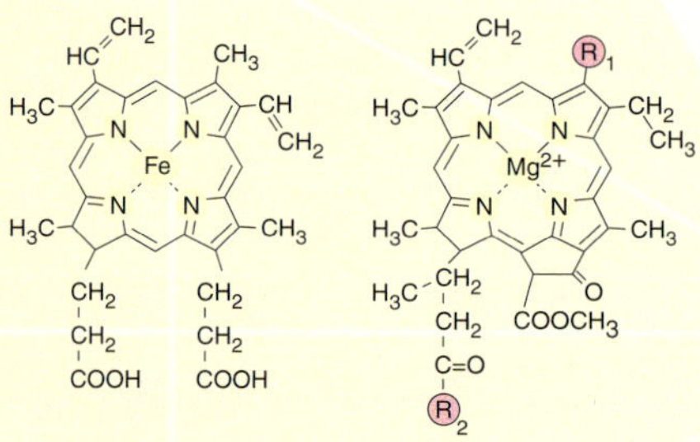

mit Eisen — mit Magnesium

Schlüssel-Schloss-Prinzip

Präsynaptische Membran, synaptischer Spalt und postsynaptische Membran

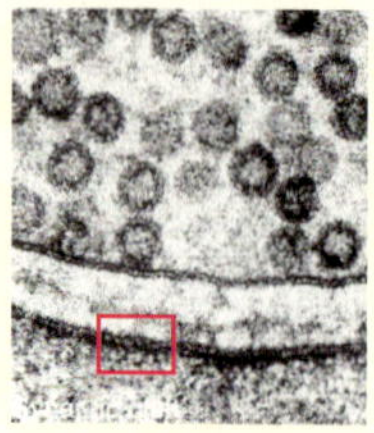

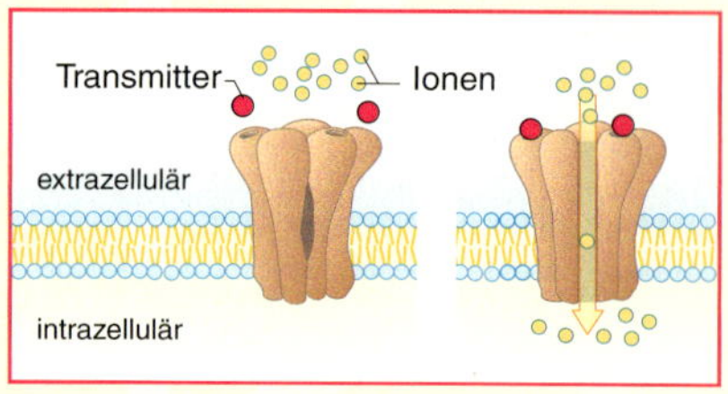

Abwandlungsprinzip

Alle Organismen bestehen aus Zellen. Sie sind die kleinsten lebens- und vermehrungsfähigen Einheiten und zeigen ähnliche Grundbaupläne. Unterschiedliche Differenzierung führt zu vielfältigen Variationen. So verdeutlicht der Bau der Nervenzelle anschaulich ihre Funktion. Strukturen können aber auch so abgewandelt sein, dass sie trotz eines ursprünglich unterschiedlichen Aufbaus gleichartige Aufgaben wahrnehmen *(analoge Organe)*.

Ab-wandlungs-prinzip

● Zusammenhänge denken ● Zusammenhänge erkennen ● Zusammenhänge erarbeiten

Prinzip des Gegenspielers

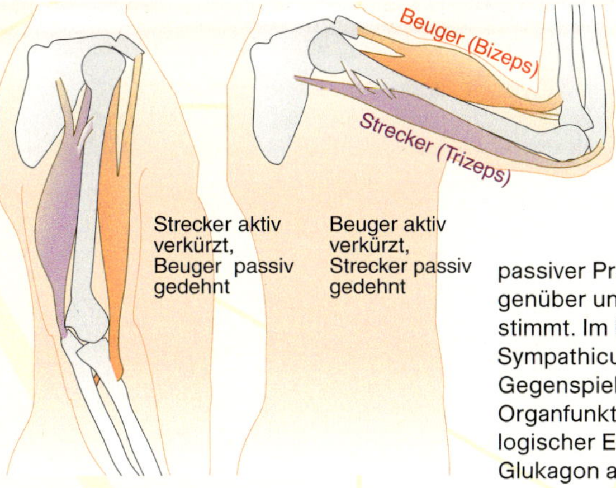

Prinzip des Gegenspielers

Beuge- und Streckmuskeln oder Muskel und dehnbare Sehne sind Antagonisten, durch deren Wechselwirkung Bewegungen möglich werden. Vergrößerung und Verkleinerung der Pupille durch die Irismuskulatur folgt ebenso dem antagonistischen Bewegungsprinzip. Kontraktion als aktiver Prozess und Dehnung als passiver Prozess stehen einander gegenüber und sind aufeinander abgestimmt. Im Nervensystem findet man Sympathicus und Parasympathicus als Gegenspieler bei der Steuerung von Organfunktionen, auf stoffwechselphysiologischer Ebene wirken z. B. Insulin und Glukagon antagonistisch.

Gegenstromprinzip

Dieses Prinzip dient der Rückführung oder Konzentrierung von Stoffen oder Wärme. Es arbeitet auf der Basis der Diffusion bzw. Wärmeleitung und wird durch einen möglichst steilen Gradienten zwischen den Transportmedien aufrechterhalten. Ein Beispiel: Aus peripheren Bezirken zurückfließendes, kaltes Blut umfließt in venösen Gefäßnetzen die zu diesen Bezirken führenden Arterien. Das arterielle Blut wird abgekühlt, das venöse angewärmt. So erreicht die Gans auf dem Eis in den Füßen fast den Gefrierpunkt und verliert dabei nur wenig Wärmeenergie.

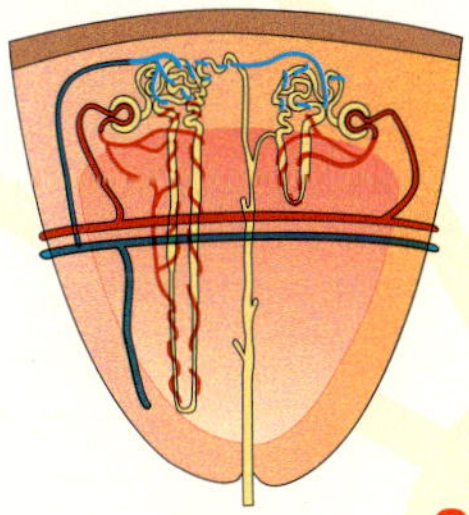

Gegenstromprinzip

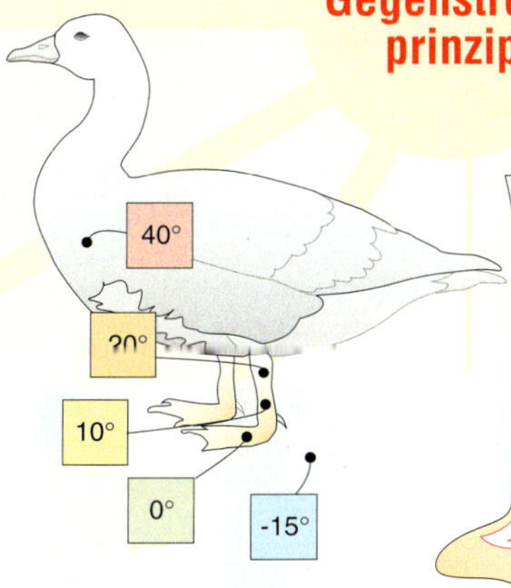

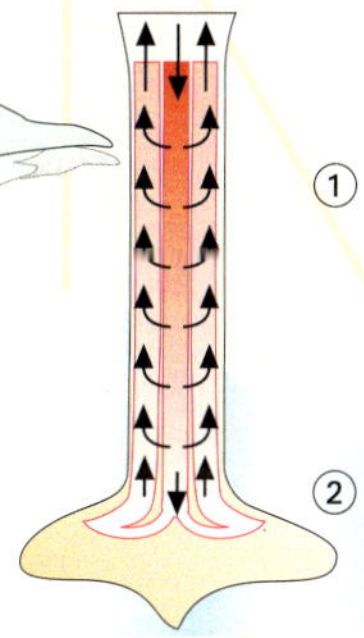

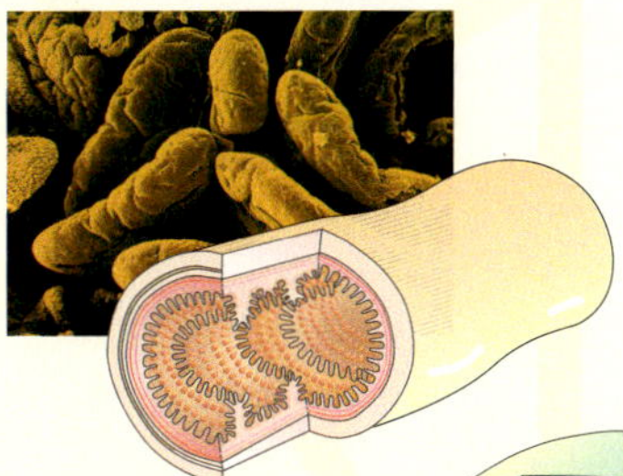

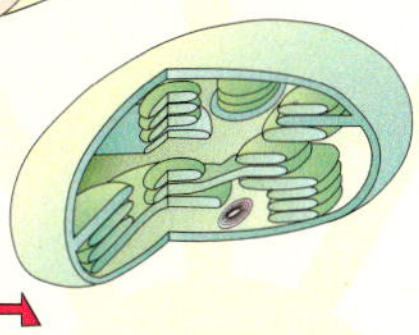

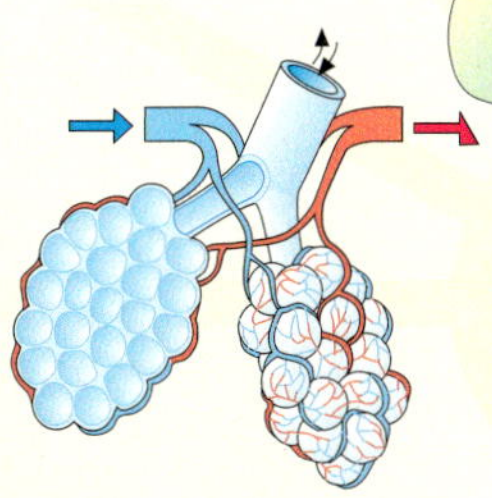

Oberflächenvergrößerung

Prinzip der Oberflächenvergrößerung

Die innere Membran von Mitochondrien und Chloroplasten enthält Enzyme in einer festen räumlichen Anordnung. Diese Membran ist bei beiden Organellen stark gefaltet. Dadurch wird die Membranfläche beträchtlich vergrößert und die Stoffwechselleistung gesteigert. Dies gilt auch für Organe: Die zahlreichen Bläschen der Lunge und die große Anzahl von Faltungen, Einstülpungen und Zotten im Darm erhöhen die Austauschfläche pro Volumeneinheit.

Aufgaben

① Beweisen Sie an ausgewählten Beispielen, dass Ordnung in der Struktur auch Ordnung in der Funktion bedeutet, Unordnung in Strukturen hingegen Funktionsänderungen bzw. -verlust nach sich zieht.

② Gegeneinander gerichtete Effekte gibt es auch bei Stoffwechsel-, Wachstums- und Entwicklungsprozessen. Erläutern Sie Antagonismus im Gegensatz zu Synergismus (harmonisches Zusammenwirken) jeweils an einem Beispiel.

③ Bei Hunden, Schafen und anderen Säugetieren findet man ein so genanntes Wundernetz, das durch Aufspaltung der Kopfarterien in hunderte parallel verlaufender Gefäße entsteht. Es durchzieht eine blasenartig aufgetriebene Vene, die Blut aus der Nasen- und Mundschleimhaut führt.
Warum kann der Hund einen Hasen zu Tode hetzen?

● Zusammenhänge denken ● Zusammenhänge erkennen ● Zusammenhänge erarbeiten ●

Absorption
Schwächung bzw. Aufnahme von Strahlungsanteilen beim Durchgang durch Materie; auch Aufnahme von Flüssigkeiten, Gasen oder Energie

aerob
werden Stoffwechselprozesse genannt, die nur in Gegenwart von Sauerstoff ablaufen bzw. die Lebensweise in sauerstoffhaltiger Umgebung (vgl. *anaerob)*

Agglutination
Zusammenballung von Blutzellen oder Bakterien unter dem Einfluss von Brückenmolekülen (z. B. Antikörpern)

Aktivierungsenergie
der Mehrbetrag an Energie, der zusätzlich zum durchschnittlichen Energiegehalt der kleinsten Teilchen eines Stoffes notwendig ist, um eine chemische Reaktion zwischen ihnen auszulösen

allosterisch
Fähigkeit eines Moleküls, reversibel mehrere stabile Formen einnehmen zu können

Aminosäure
organische Säure, die neben der Carboxylgruppe eine Aminogruppe enthält; in freier Form und als Baustein von Peptiden und Proteinen in der Zelle allgemein verbreitet

anaerob
werden Stoffwechselprozesse genannt, die ohne Beteiligung von Sauerstoff ablaufen bzw. die Lebensweise von Organismen in sauerstofffreier Umgebung (vgl. *aerob)*

Angepasstheit
Eigenschaft eines Lebewesens, die sein Überleben in einer bestimmten Umwelt fördert

Archaebakterien (Archaea)
urtümliche, an extreme Lebensbedingungen angepasste Prokaryoten mit ungewöhnlichen physiologischen Leistungen; im Zellaufbau den echten Bakterien *(Eubacteria)* ähnlich

Assimilation
bei Stoffwechselvorgängen: Aufbau organischer Substanzen aus anorganischen Ausgangsstoffen; aber auch Umbau aufgenommener Nährstoffe in körpereigene Stoffe (vgl. *Fotosynthese)*

Atmung
äußere Atmung: Sauerstoff- und Kohlenstoffdioxidaustausch mit der Umgebung;
innere Atmung bzw. Zellatmung: aerobe Stoffwechselvorgänge zur Energiefreisetzung in Zellen

Atmungskette
Kette von Redoxreaktionen in Mitochondrien, bei der Elektronen von wasserstoffhaltigen Verbindungen auf Sauerstoff übertragen werden; aufgrund des entstehenden H^+-Gradienten wird ATP gebildet (siehe *Endoxidation)*

ATP (Adenosintriphosphat)
wichtigster Energiespeicher und -überträger des Stoffwechsels, entsteht aus ADP und Phosphat unter Energieaufnahme; setzt beim Zerfall 30,5 kJ/mol frei und treibt dadurch endergonische Reaktionen an oder macht durch Übertragung von Phosphat andere Stoffe energiereicher und damit reaktionsfähiger

Autotrophie
Ernährungsweise, bei der nur anorganische Stoffe benötigt werden *(Fotosynthese, Chemosynthese;* vgl. *Heterotrophie)*

Bakterium
Angehöriger einer systematischen Gruppe von einzelligen, zellkernlosen (prokaryotischen) Kleinstlebewesen; man unterscheidet echte Bakterien *(Eubacteria)* von den *Archaebakterien (Archaea)*

Baustoffwechsel
Aufbau zell- oder körpereigener Stoffe aus aufgenommenen oder vorher hergestellten Nährstoffen (vgl. *Betriebsstoffwechsel)*

Bergmann-Regel
Bei nahe verwandten, gleichwarmen Tierarten nimmt die Größe von warmen Zonen in Richtung kalter häufig zu.

Betriebsstoffwechsel
Abbau organischer Substanzen in Zellen zur Energiebereitstellung (vgl. *Baustoffwechsel)*

Biomasse
die gesamte Frischmasse (bzw. Trockenmasse) aller Lebewesen in einem Lebensraum oder Areal; wird oft nur auf bestimmte Teilbereiche (Populationen, Trophiestufen etc.) bezogen

Biomembran
Doppelmembran, bestehend aus zwei Lipidschichten und Proteinen mit einer immer gleichen Grundstruktur, die jede Zelle umgibt bzw. in kleinere Räume aufteilt

Biosphäre
der vom Leben erfüllte Raum der Erde

Biotechnologie
Einsatz und Nutzung von biologischen Prozessen oder Lebewesen in technischen Verfahren bzw. industriellen Produktionen

Biotop
Lebensraum einer Lebensgemeinschaft

blotten
Basismethode der Molekularbiologie, mit der Moleküle (Proteine, Nucleinsäuren) aus Elektrophorese-Gelen zur weiteren Bearbeitung in gleicher Anordnung auf Membranen übertragen und damit isoliert werden

Brown'sche Molekularbewegung
durch Kollisionen und Schwingungen in Geschwindigkeit und Richtung ständig wechselnde Bewegungen kleinster Teilchen

Bruttoprimärproduktion
die gesamte durch *Fotosynthese* oder *Chemosynthese* gebildete Biomasse in einer bestimmten Zeit (siehe *Nettoprimärproduktion)*

Calvinzyklus
zyklische Reaktionsfolge, die der lichtabhängigen Reaktion der *Fotosynthese* nachgeschaltet ist, bei der CO_2 fixiert und Glucose gebildet wird

Carrier
integrales Protein in der Biomembran, das einen Transport spezifischer Substanzen durch die Biomembran ermöglicht; Transportproteine, Translokatoren

chemiosmotische ATP-Bildung
die Bildung von ATP im ATP-Synthase-Komplex mithilfe des Energiegehaltes eines Protonengradienten

Chemosynthese
die Form der *autotrophen* Lebensweise, bei der anorganische Verbindungen für eine Gewinnung von Reduktionsäquivalenten und ATP oxidiert werden

Chloroplast
fotosynthetisch aktives, Chlorophyll enthaltendes Zellorganell (siehe *Plastid)*

Chromatographie
Verfahren zur Auftrennung von Stoffgemischen, das die unterschiedliche Beweglichkeit von Stoffen in einem Strom aus Trägersubstanz (Flüssigkeit oder Gas) ausnutzt

Chromosom
Hauptträger der Erbinformation in einer Zelle; Chromosomen enthalten Gene (DNA) in spezifischer Anordnung und können identisch verdoppelt werden *(Replikation)*.

Citronensäurezyklus
wichtigste, zyklisch verlaufende Reaktionsfolge zum oxidativen Endabbau von Kohlenstoffverbindungen (siehe *Tricarbonsäurezyklus)*

Coenzym
Hilfsmolekül bei Enzymen, das Elektronen, Protonen oder Substratbestandteile bei enzymatischen Reaktionen vorübergehend übernimmt (auch *Cosubstrat* genannt)

Cytoplasma
von der Zellmembran umgebener Zellinhalt mit Ausnahme des Zellkerns; in der Grundsubstanz des Cytoplasmas liegen die Organellen

Cytoskelett
Netzwerk feiner Proteinstrukturen, die der Zelle Stabilität und Festigkeit verleihen und Transportaufgaben erfüllen

Denaturierung
durch Hitze, organische Lösungsmittel, pH-Wert-Änderungen oder Salze verursachte Konformationsänderung von *Nucleinsäuren* oder *Proteinen*; Denaturierung ist in der Regel mit Funktions- oder Aktivitätsverlust verbunden

Dictyosom
Zellorganell, bestehend aus einem Stapel flacher Membranvesikel; exportiert Proteinsekrete; die Gesamtheit der Dictyosomen einer Zelle bildet den *Golgi-Apparat*

Diffusion
Konzentrationsausgleich durch Vermischung verschiedener Teilchen aufgrund der Brown'schen Molekularbewegung

Dissimilation
Gesamtheit aller abbauenden, der Energiefreisetzung dienenden Stoffwechselwege

DNA = DNS (Desoxyribonucleinsäure)
schraubig gewundene, zweisträngige Kette von *Nucleotiden* (besteht aus dem Zucker Desoxyribose, Phosphat und einer der 4 Basen Adenin, Thymin, Guanin und Cytosin); die Reihenfolge der Nucleotid-Typen in einem Nucleinsäurestrang verschlüsselt die genetische Information einer Zelle

Dunkelreaktion
lichtunabhängige biochemische Reaktionsfolge der Fotosynthese (siehe *Calvinzyklus*)

Elektronenmikroskopie
Vergrößerungsverfahren, die in Elektronenmikroskopen Elektronenstrahlen statt Licht benutzen, wodurch feine Strukturen, Viren und Moleküle sichtbar gemacht werden können

Elektrophorese
Methoden, mit denen Moleküle *(Proteine, Nucleinsäuren)* in einem Gleichspannungsfeld nach ihrer Masse und Ladung aufgetrennt werden

Endoplasmatisches Retikulum (ER)
Organell in Eukaryotenzellen, das aus einem Membransystem besteht; es wirkt bei Synthese, Umwandlung und Transport von Stoffen mit

Endosymbionten-Hypothese
gut belegte Hypothese über den Ursprung der Eukaryotenzelle *(Eucyte)*; demnach ist die Eucyte aus einer symbiontischen Gemeinschaft von Zellen hervorgegangen; *Mitochondrien* und *Plastiden* entstanden aus bakterienartigen Zellen

Endoxidation
Übertragung von Elektronen im aeroben Stoffwechsel von wasserstoffhaltigen Verbindungen auf Sauerstoff unter Bildung von Wasser in den Mitochondrien zur Gewinnung von ATP (siehe *Atmungskette)*

Energie, freie
genauer: *freie Reaktionsenthalpie* (Symbol ΔG); Energieangabe, die *Enthalpie* und *Entropie* in Beziehung setzt; gibt an, ob eine Reaktion freiwillig ablaufen kann ($\Delta G < 0$) oder nicht ($\Delta G > 0$)

Energiefluss
Weitergabe von energiereichen Stoffen in einer Nahrungskette

Enthalpie
genauer: *Reaktionsenthalpie*; Menge an Wärmeenergie, die bei einer chemischen Reaktion bei gleich bleibendem Druck umgesetzt wird (Symbol: ΔH)

Entropie
Maß für die Unordnung bzw. Wahrscheinlichkeit eines Zustandes in einem System (S); bei allen Veränderungen in einem abgeschlossenen System nimmt die Entropie zu ($\Delta S > 0$)

Enzym
Protein, das als Biokatalysator die chemische Umsetzung bei Stoffwechselprozessen beschleunigt

Epidermis
Abschlussgewebe bei Pflanzen und Tieren

Eucyte
Zelltyp; Grundbaustein aller *Eukaryoten*; besitzt einen Zellkern *(Nucleus)*, *Mitochondrien* und eine reiche Kompartimentierung

Eukaryoten (auch Eukaryonten)
ein- und vielzellige Lebewesen, deren Zelltyp die Eucyte ist; dazu gehören Protisten, Pflanzen, Pilze und Tiere

Exkretion
Ausscheidung von Substanzen durch Exkretionsorgane, wie Haut, Lunge, Niere, Dickdarm oder Schweißdrüsen

Fließgleichgewicht
Zustand gleicher Konzentrationen von Stoffen in einem offenen System bei dauerndem Zu- und Abfluss von Stoffen und Energie

Fluoreszenz
Aufleuchten von Stoffen bei Bestrahlung mit Licht, wobei das ausgesandte Licht eine größere Wellenlänge aufweist als das absorbierte

Fotosynthese
wichtigste Form der *autotrophen Assimilation*, bei der mithilfe des Chlorophylls unter Einwirkung des Sonnenlichtes aus CO_2 und Wasser Glucose und Sauerstoff entstehen

Fungizid
das Wachstum von Pilzen hemmender Stoff

Gärung
anaerobe Form der Energiefreisetzung; je nach Gärungstyp entstehen Endprodukte wie Ethanol und CO_2 oder Milchsäure

Gegenstromprinzip
optimierte Form des Wärme- oder Stoffaustausches zwischen unterschiedlichen Flüssigkeiten oder Gasen, die sich durch eine dünne Barriere getrennt in entgegengesetzter Richtung bewegen

Gen
Funktionseinheit der Erbinformation, die auf einem Chromosom liegt, aus DNA besteht und für ein RNA-Molekül codiert

Gewebe
durch spezifische Leistungen gekennzeichneter Verband gleichartig differenzierter Zellen

Glykolyse
erster Teil des Glucoseabbaus bis zur Brenztraubensäure

Golgi-Apparat
Gesamtheit der *Dictyosomen* in einer Zelle; modifiziert und speichert Produkte des ER

Grundumsatz
minimaler Energieumsatz eines homoiothermen Tieres in Ruhe; setzt sich zusammen aus dem Erhaltungsumsatz für die Lebensvorgänge in Zellen und der Energie für die Tätigkeitsbereitschaft des Organismus

Hemmung, allosterische
durch die Veränderung der räumlichen Struktur des Enzymmoleküls bedingte Hemmung der Enzymfunktion

Hemmung, kompetitive
Hemmung der Enzymfunktion durch mit dem Substrat konkurrierende, ähnlich strukturierte Substanzen an der Substratbindungsstelle

Herbizid
Pflanzen schädigende Substanz, die zur Unkrautvernichtung eingesetzt wird (siehe *Pestizid)*

Heterotrophie
Ernährungsweise, bei der organische Nahrungsstoffe als Energie- und Kohlenstoffquellen aufgenommen und in körpereigene Verbindungen umgewandelt bzw. abgebaut werden

homoiotherm (gleichwarm)
Temperaturkonstanz von Organismen, die ihre Körpertemperatur stoffwechselphysiologisch unabhängig von den Außenbedingungen innerhalb enger Grenzen regeln; homoiotherm sind Säugetiere und Vögel

Hormon
in Drüsen gebildeter Signalstoff, der physiologische Veränderungen hervorruft

hydrophil
Wasser liebend, in Wasser löslich; polare Substanzen, die Wassermoleküle anziehen und locker binden (Wasserstoffbrückenbindungen); Gegensatz zu *hydrophob, lipophil*

hydrophob
Wasser abweisend, wasserunlöslich; unpolare Substanzen, die Wassermoleküle nicht binden und daher von ihnen ausgegrenzt werden (siehe *lipophil*, Gegensatz zu *hydrophil)*

hypertonisch
Die Konzentration der gelösten Teilchen in der Lösung ist höher als in einer Vergleichslösung (siehe *Osmose).*

hypotonisch
Die Konzentration der gelösten Teilchen in der Lösung ist geringer als in einer Vergleichslösung (siehe *Osmose).*

Insektizid
Insekten schädigendes bzw. abtötendes Gift (siehe *Pestizid)*; wird z. B. als Pflanzenschutzmittel eingesetzt

isotonisch
Die Konzentration der gelösten Teilchen in der Lösung ist identisch mit der in einer Vergleichslösung (siehe *Osmose).*

Kohlenhydrat
stickstofffreier, weit verbreiteter biologischer Bau-, Gerüst- und Reservestoff der allgemeinen chemischen Zusammensetzung $C_n(H_2O)_n$; Beispiele: Zucker, Stärke, Zellulose

Kompartimentierung
Unterteilung des Zellinhaltes in durch Membranen abgegrenzte Reaktionsräume

Kompensationspunkt
jener Zustand, bei dem die Sauerstoffproduktion durch die *Fotosynthese* genau so groß ist wie der Sauerstoffverbrauch durch die *Atmung*; bestimmende Größe ist die Beleuchtungsstärke (Lichtkompensationspunkt)

Konformation
räumliche Anordnung eines Moleküls; ein Molekül kann z. B. ringförmig oder gestreckt vorliegen

Krebszyklus
nach Sir Hans Krebs benannter Teil des oxidativen Nährstoffabbaus (siehe *Tricarbonsäurezyklus)*

Kutikula
von Epidermiszellen der Pflanze nach außen abgesonderte, meist wenig durchlässige Schutzschicht aus wachsartigen Substanzen

lichtabhängige Reaktion
erste Schrittfolge der *Fotosynthese*, in der unter Nutzung der Lichtenergie *ATP* und *NADPH* + H^+ gebildet werden sowie Sauerstoff freigesetzt wird; Reaktionsorte sind die Thylakoidmembranen der *Chloroplasten*

Lichtatmung (auch Fotorespiration)
lichtabhängige, O_2-verbrauchende Produktion von CO_2, bei der Chloroplasten, Peroxisomen und Mitochondrien zusammenwirken

lichtunabhängige Reaktion
Teil der *Fotosynthese*, in dem CO_2 fixiert und mithilfe der Produkte der *lichtabhängigen Reaktion* zu Glucose reduziert wird (= Dunkelreaktion, siehe *Calvinzyklus)*

Liebig'sches Minimumgesetz
Das Gedeihen von Pflanzen wird maßgeblich von dem Mineralstoff bestimmt, der im Vergleich zum Bedarf in der geringsten Konzentration vorliegt.

Lipid
unpolare chemische Verbindung, die sich schlecht in Wasser löst; Fette und fettähnliche Substanzen

lipophil
Fett liebend; unpolare Substanzen, die sich mit anderen unpolaren (z. B. *Lipiden)* mischen (siehe *hydrophob*, Gegensatz *hydrophil)*

Liposom
winzige Kugeln aus einer oder mehreren Phospholipid-Doppelschichten mit wässrigem Inhalt in einer polaren Flüssigkeit

Lymphe
Gewebsflüssigkeit ohne Rote Blutzellen; Filtrat des Blutes von Tierarten mit geschlossenem Blutsystem

Lyse
Auflösung, insbesondere von Zellen und Organellen

Matrix
Grundstruktur, Grundsubstanz, z. B. der Chloroplasten

Meristem
pflanzliches Bildungsgewebe mit teilungsfähigen, undifferenzierten Zellen

Mikrovilli
fingerförmige Ausstülpungen der Zellmembran zur Vergrößerung der Oberfläche; besonders an Epithelzellen des Dünndarms

Mineralstoffe (auch MIneralsalze)
anorganische Verbindungen, die vom pflanzlichen und tierischen Organismus für den Aufbau von Körpersubstanz und für einen geregelten Stoffwechsel aufgenommen werden müssen

Mitochondrium
in der Eucyte vielfach vorhandenes Organell mit einer Doppelmembran, in dem die *Zellatmung* abläuft

molar
Konzentrationsangabe; gibt die gelöste Stoffmenge in einem bestimmten Volumen an (Einheit: mol/l)

NAD$^+$
Nicotinamid-Adenin-Dinucleotid;
ein in allen Zellen vorhandenes, bei Redoxreaktionen Wasserstoff und Elektronen übertragendes *Coenzym* (Cosubstrat); reduzierte Form NADH + H$^+$

NADP$^+$
Nicotinamid-Adenin-Dinucleotid-Phosphat; Wasserstoff und Elektronen übertragendes *Coenzym* (Cosubstrat) bei Redoxreaktionen, vor allem Reduktion beim Stoffaufbau in der Fotosynthese; reduzierte Form NADPH + H$^+$

Natrium-Kalium-Pumpe
ATP verbrauchender Transportmechanismus in der Zellmembran, der auch gegen einen hohen Konzentrationsgradienten Na$^+$- gegen K$^+$-Ionen austauschen kann. Diese Pumpen sind besonders wichtig für das *Ruhepotential*: vor allem an Muskel- und Nervenzellen

Nettoprimärproduktion
die durch Fotosynthese oder Chemosynthese gebildete Biomasse in einer bestimmten Zeit nach Abzug des von den Pflanzen selbst verbrauchten Anteils (siehe *Bruttoprimärproduktion)*

Nucleinsäure
aus *Nucleotiden* aufgebautes Makromolekül, das als DNA oder RNA in allen Lebewesen und Viren Erbinformation speichert bzw. überträgt

Nucleolus
Kernkörperchen; Syntheseort der ribosomalen RNA im Zellkern

Nucleosid
aus Zucker und stickstoffhaltiger Base bestehende Verbindung, die nach Veresterung mit Phosphorsäure ein *Nucleotid* bildet

Nucleotid
aus Zucker, Phosphat und einer stickstoffhaltigen Base zusammengesetzter Baustein der *Nucleinsäuren* bzw. der Coenzyme ADP, NAD$^+$ und NADP$^+$

Nucleus (Zellkern)
enthält den größten Teil der Erbinformation; Steuerzentrum der Zelle; kommt nur in der *Eucyte* vor

Oberflächenvergrößerung
bei Lebewesen zu beobachtendes Strukturprinzip; eine möglichst große Oberfläche bei gegebenem Volumen verbessert die Funktion als Austausch- und Reaktionsfläche

Organell
abgrenzbare Bau- und Funktionseinheit im Cytoplasma der Zelle

Osmose
Diffusion zwischen zwei durch eine *semipermeable Membran* getrennten Lösungen, bei denen nur die Lösungsmittelteilchen, nicht aber die Teilchen des gelösten Stoffes die Membran passieren können

Oxidation
Elektronenabgabe einer Substanz; in biologischen Systemen meist einhergehend mit der Abgabe von Wasserstoff oder der Aufnahme von Sauerstoff (vgl. *Reduktion)*

Ozon
kurzlebiges, reaktionsfreudiges Molekül aus drei Sauerstoffatomen

Peptidbindung
chemischer Bindungstyp zwischen zwei Aminosäuren in Peptiden und Proteinen, der die Primärstruktur erzeugt; dabei reagiert die Carboxylgruppe der einen Aminosäure mit der Aminogruppe der anderen Aminosäure

Pestizid
Giftstoff zur Bekämpfung von unerwünschten Insekten *(Insektizid)*, Pilzen *(Fungizid)* oder Pflanzen *(Herbizid)*, der vorwiegend in Landwirtschaft, Forstwirtschaft und Gartenbau eingesetzt wird

Phagocytose
Anlagerung, Einverleibung und Verdauung körperfremder Materialien, insbesondere durch Zellen des Immunsystems; alle Weißen Blutzellen phagocytieren

Phloem
auch als Siebteil bezeichnetes Leitgewebe in Pflanzen; dient vorwiegend dem Transport gelöster organischer Verbindungen, z. B. Zucker

Phosphorylierung
Übertragung einer Phosphatgruppe auf ein Molekül; oft zur Aktivierung des Stoffes oder Steuerung der Enzymaktivität

Plasmolyse
Abgabe von Wasser aus der Zellvakuole aufgrund osmotischer Vorgänge, bis sich der Protoplast von der Zellwand löst; Umkehrung: Deplasmolyse

Plastid
in Pflanzenzellen und verschiedenen Algen vorkommendes, von zwei Membranen umgebenes, formenreiches Zellorganell mit eigener *DNA* und 70 S-Ribosomen; wichtigster Typ sind die *Chloroplasten*; außerdem kommen Chromoplasten und Leukoplasten vor

poikilotherm (wechselwarm)
Organismen, deren Körpertemperatur weitgehend von der Umgebungstemperatur abhängt

polyploid
Organismus mit mehr als zwei kompletten homologen Chromosomensätzen in den Zellen

Primärproduktion
von *Produzenten* am Anfang einer *Nahrungskette* bzw. an der Basis von *Nahrungspyramiden* hergestellte organische Biomasse; bezieht sich auf einen bestimmten Zeitraum; man unterscheidet die gesamte durch Fotosynthese und Chemosynthese hergestellte Biomasse *(Bruttoprimärproduktion)* von jener Biomasse, die nach Abzug des Eigenverbrauchs übrig bleibt *(Nettoprimärproduktion)*

Produzent
Organismus, der organische Biomasse durch *Fotosynthese* oder *Chemosynthese* erzeugt; größte Gruppe sind die autotrophen Pflanzen

Prokaryot (auch Prokaryont)
einzelliges, aus einer *Protocyte* (auch *Procyte)* bestehendes Lebewesen; zu den Prokaryoten gehören Eubakterien, und Archaebakterien (vgl. *Eukaryot)*

prosthetische Gruppe
Nichteiweißanteil eines Proteids (= *Protein* + prosthetische Gruppe), der wichtig für dessen Funktion ist, z. B. als metallhaltiger Molekülanteil eines Enzymkomplexes

Protocyte (Procyte)
Zelltyp der Prokaryoten, der keinen Zellkern besitzt (vgl. *Eucyte)*

Protein (Eiweiß)
hochmolekulare Kette aus verschiedenen Aminosäuren mit einer dreidimensionalen Struktur, die eine große Bedeutung in der Zelle als Gerüstsubstanz, Enzym bzw. kontraktiles Filament hat

Proteinbiosynthese
Herstellung von *Proteinen* nach den Informationen der *DNA* mit den beiden Teilschritten *Transkription* und *Translation*

Protonengradient
Unterschied in der Protonenkonzentration zwischen zwei durch eine Membran abgegrenzten Räumen in Zellen oder Organellen, z. B. in *Mitochondrien* oder *Chloroplasten*; z. B. wichtig bei der ATP-Synthese

Rasterelektronenmikroskopie (REM)
Variante der Elektronenmikroskopie, bei der das Präparat mit einem Elektronenstrahl abgetastet wird; für die Darstellung von Oberflächen besonders geeignet

Redoxpotential
Maß für die Bereitschaft zur Aufnahme oder Abgabe von Elektronen von einem bzw. an einen anderen Stoff

Reduktion
Elektronenaufnahme durch eine Substanz; in biologischen Systemen meist verbunden mit der Anlagerung von Wasserstoff bzw. Abgabe von Sauerstoff (vgl. *Oxidation)*

Resorption
Stoffaufnahme durch lebende Zellen, im Allgemeinen aktiver Transportprozess ins Zellinnere bzw. ins Blut

respiratorischer Quotient (RQ-Wert)
Verhältnis von CO_2-Abgabe zu O_2-Aufnahme durch ein lebendes System; ein Maß für Art und Anteil der Nährstoffe, die abgebaut werden

Rezeptor
membrangebundenes Molekül, das spezifische Moleküle bindet und damit Prozesse im Zellinneren auslöst

R_f-Wert
Maßeinheit bei der *Chromatographie;* Quotient aus zurückgelegter Strecke einer Substanz und der Strecke vom Start bis zur Lösungsmittelfront

RGT-Regel
Zusammenhang zwischen Reaktionsgeschwindigkeit einer chemischen Reaktion und der Umgebungstemperatur; im Allgemeinen steigt die Reaktionsgeschwindigkeit bei einer Temperaturerhöhung um 10 °C auf das Doppelte bis Dreifache.

Ribosom
aus RNA und Proteinen aufgebautes Organell, an dem die Proteinsynthese (Translation) stattfindet

RNA (Ribonucleinsäure)
im Vergleich zur *DNA* kurze Kette von *Nucleotiden*, bestehend aus dem Zucker Ribose, einem Phosphatrest und einer der vier Basen Adenin, Uracil, Guanin und Cytosin; man unterscheidet messenger-RNA, transfer-RNA und ribosomale RNA; m-RNA dient der Transkription, t-RNA der Translation und r-RNA ist Bestandteil der Ribosomen; außerdem Erbsubstanz der *Retroviren*

Rückkopplung
Ein Zustand oder Vorgang übt eine Wirkung aus, die ihn selbst wieder positiv in Form eines Aufschaukelungskreises oder negativ in Form eines Regelkreises beeinflusst.

Schlüssel-Schloss-Prinzip
räumliches Passen zweier Moleküle zueinander, z. B. Enzym und Substrat

semipermeabel
Membraneigenschaft: durchlässig für das Lösungsmittel und undurchlässig für gelöste Stoffe; führt bei Membrankontakt unterschiedlich konzentrierter Lösungen zu *Osmose*

Steuerung
im Unterschied zur *Regelung* die Beeinflussung der Richtung oder Intensität von Größen oder Vorgängen

Stoffkreislauf
Zirkulation von Stoffen bzw. chemischen Elementen in einem Ökosystem; ein Kreislauf besteht aus Speichern (z. B. Biomasse, Atmosphäre, Ozeane, Gesteine) und Flüssen (z. B. Assimilation, Zersetzung, Fossilisierung). *Produzenten* binden in ihrer Biomasse Elemente aus den Speichern Atmosphäre und Boden. *Konsumenten* bzw. *Destruenten* setzen sie meist in die gleichen Speicher wieder frei.

Stoma
Spaltöffnung in der Pflanzenepidermis, bestehend aus dem Spalt und (meist zwei) Schließzellen

Sukkulenz
Fähigkeit von Pflanzen, Wasser in spezifischen Geweben zu speichern, z. B. im Spross und / oder in Blättern

Symbiose
Abhängigkeit zwischen zwei Arten mit gegenseitigem Nutzen

Trachee
von der Körperwand ausgehender, verzweigter, luftführender Hautschlauch, der Insekten (Spinnen) zur Atmung dient; bei Samenpflanzen ist die Trachee Bestandteil des Wasser leitenden Gefäßsystems *(Xylem).*

Transkription
Synthese von m-RNA-Molekülen am DNA-Strang; Teil der Proteinbiosynthese

Translation
Polypeptid-Synthese anhand einer m-RNA an Ribosomen; Teil der Proteinbiosynthese

Transpiration
bei Pflanzen: die regulierbare Wasserdampfabgabe über die Spaltöffnungen der Blätter (stomatäre Transpiration) und die nicht regulierbare Wasserdampfabgabe über die Kutikula (kutikuläre Transpiration); bei Tieren: Abgabe von Schweiß zur Thermoregulation

Transportmechanismus
Weise der Ein- und Ausfuhr von Stoffen und Partikeln durch die Zellmembran; es wird zwischen passivem und aktivem Transport unterschieden

Treibhauseffekt
globale Temperaturerhöhung aufgrund einer höheren Konzentration bestimmter Gase, vor allem von CO_2, in der Erdatmosphäre

Tricarbonsäurezyklus
der auch als *Citronensäurezyklus* bezeichnete, in Mitochondrien ablaufende Abbauprozess der Brenztraubensäure im Anschluss an die *Glykolyse*; Teilprozess der *Zellatmung*

Turgor
osmotisch bedingter Innendruck von Zellen mit stabiler Zellwand

Umweltfaktor
Einfluss, der von außen auf ein Lebewesen wirkt; zu unterscheiden sind *abiotische Faktoren* der unbelebten Umwelt (physikalisch, chemisch) und *biotische Faktoren*, die von anderen Lebewesen ausgehen (etwa Beute, Räuber, Konkurrenten)

Vakuole
mit Flüssigkeit gefüllter, von einer einfachen Membran umgebener Raum in der Zelle

Van-der-Waals-Kräfte
schwache, zwischenmolekulare Kräfte durch Schwankung der Ladungsverteilung innerhalb der Moleküle; kurzzeitig entstehende Dipole ziehen sich an

Variabilität
die Erscheinung, dass Individuen einer Population ungleich sind; dies kann genetisch *(genetische Variabilität, Polymorphismus)* oder durch Umweltunterschiede bedingt sein *(modifikatorische Variabilität)*

vegetativ
ungeschlechtlich; Vermehrungsform ohne sexuelle Fortpflanzung

Vermehrung
Kennzeichen des Lebens, bei dem die Anzahl der Individuen vergrößert wird; Vermehrung ist stets mit *Fortpflanzung* verbunden

Wachstum
irreversible Volumenzunahme eines Organismus mit Zunahme körpereigener Substanz; bei Vielzellern durch Zellwachstum und Zellteilung

Wasserstoffbrückenbindung
Wechselwirkung zwischen Molekülgruppen mit einem partiell positiv geladenen Wasserstoffatom und Nachbarmolekülen mit einem freien Elektronenpaar

Xylem
auch als Holzteil bezeichnetes Leitgewebe in Pflanzen; es dient der Stabilität der Pflanze, dem Transport von Wasser und den darin gelösten Mineralstoffen

Zellatmung
Energiefreisetzung in der Zelle durch Oxidation von energiereichen chemischen Verbindungen unter Sauerstoffaufnahme

Zelle
kleinste, mit allen Merkmalen des Lebens ausgestattete Bau- und Funktionseinheit aller Lebewesen; Zellen entstehen aus Zellen. Die Zelle kommt als *Protocyte* (auch *Procyte)* und *Eucyte* vor. Die aus Eucyten bestehenden Lebewesen können ein-, mehr- oder vielzellig sein.

Zellzyklus
die regelmäßige Abfolge von Zellteilung sowie Protein- und DNA-Synthese einer Zelle; der Zellzyklus wird in verschiedene Phasen untergliedert und sein Ablauf wird durch unterschiedliche Steuer- und Regelmechanismen kontrolliert

Gefahrensymbole und Experimente im Unterricht

Experimente im Unterricht

Eine Naturwissenschaft wie Biologie ist ohne Experimente nicht denkbar. Auch in Natura Oberstufe findet sich eine Reihe von Versuchen. Experimentieren mit Chemikalien ist jedoch nie völlig gefahrlos. Deswegen ist es wichtig, vor jedem Versuch mit dem Lehrer die möglichen Gefahrenquellen zu besprechen. Insbesondere müssen immer wieder die im Labor selbstverständlichen Verhaltensregeln beachtet werden. Die Vorsichtsmaßnahmen richten sich nach der Gefahr durch die jeweils verwendeten Stoffe. Daher sind in jeder Versuchsanleitung die verwendeten Chemikalien mit den Symbolen der Gefahrenbezeichnung gekennzeichnet, die ebenfalls auf den Etiketten der Vorratsflaschen angegeben sind. Dabei bedeuten:

C = ätzend, *corrosive:*
Lebendes Gewebe und Material, das mit diesen Stoffen in Berührung kommt, wird an der betroffenen Stelle zerstört.

F = leicht entzündlich, *flammable:*
Stoffe, die durch das kurze Einwirken einer Zündquelle entzündet werden können.

Xi = reizend, *irritating*
(X für Andreaskreuz):
Stoffe, die reizend auf Haut, Augen oder Atemorgane wirken können.

Xn = gesundheitsschädlich, *noxius* (schädlich):
Stoffe, die bei Einatmen, Verschlucken oder Hautkontakt Gesundheitsschäden hervorrufen können.

Register